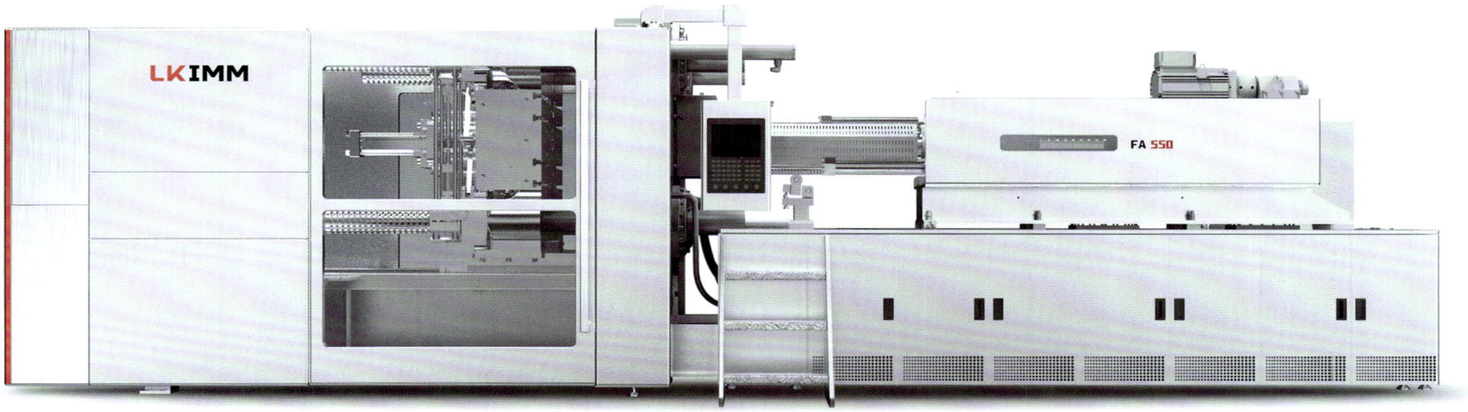
LKIMM
FA 550

全球知名的全系列薄膜装备制造及智慧工厂一体化方案解决专家

34年潜心探索，34年精益求精
金明精机秉持34年工匠之心，立足于产品创新
为您提供全球先进的薄膜装备解决方案

● 薄膜吹塑上吹风冷机组
带在线纵向拉伸(MDO)装置

● 薄膜吹塑下吹水冷机组

● CPP/CPE薄膜流延机组

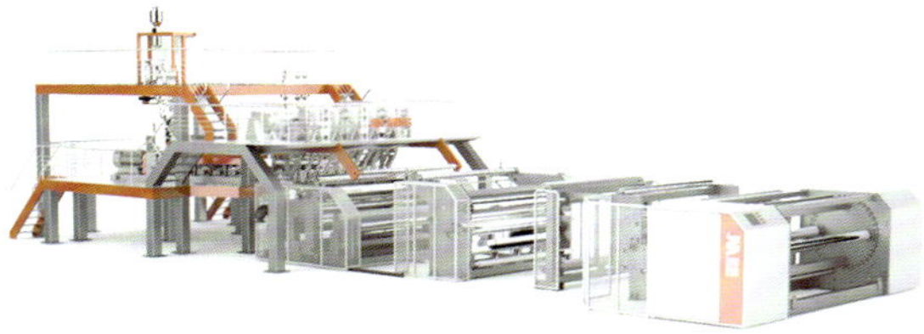

● BOPP/BOPET双向拉伸机组

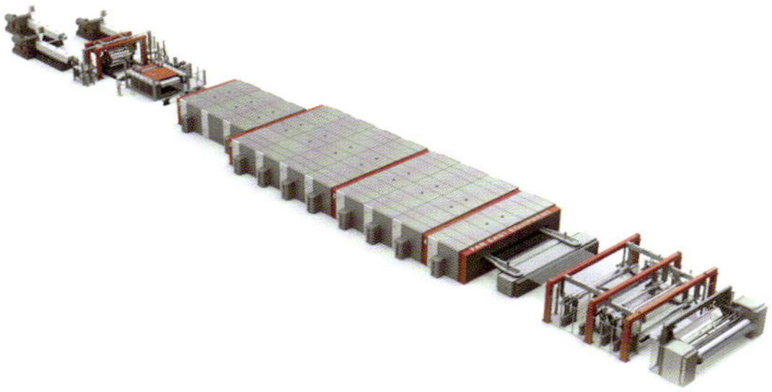

● 高精密涂布复合机组

● 高速淋膜机组

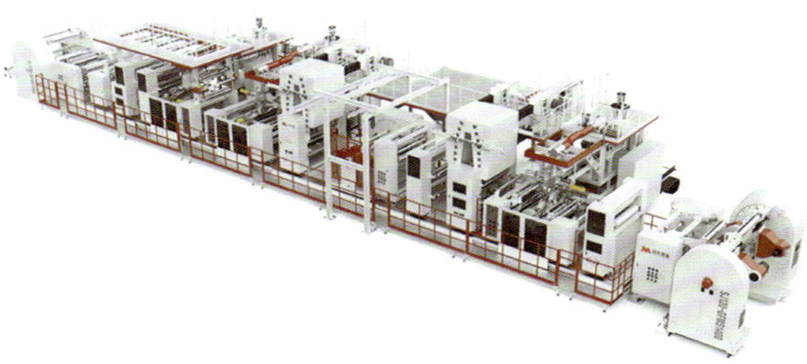

广东金明精机股份有限公司
JINMING MACHINERY(GUANGDONG)CO.,LTD.

广东省汕头市濠江区河浦大道（深汕高速路河浦出口）
电话：0754－8820 7788　传真：0754－8820 6886
网址：www.jmjj.com　Email：sales@jmjj.com

CHEN HSONG
SPEED-PACK II 260
SPEED-PACK II 260

HAYEUR®华业

www.huaye-machinery.com

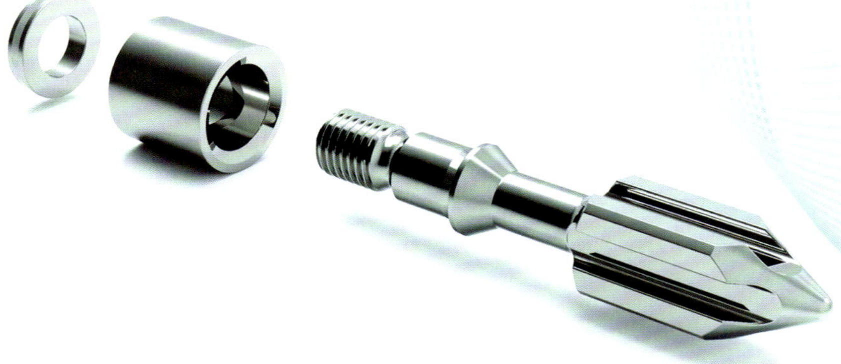

专注专业 · 超越卓越

塑机行业优选螺杆制造商

创办于1994年的浙江华业塑料机械股份有限公司是一家专业从事塑机螺杆、机筒及配套件开发、生产、销售的制造企业，是国家火炬计划重点高新技术企业，被认定为“专、精、特、新”小巨人企业、浙江省细分行业“隐形冠军”企业。

华业公司坐落于中国塑机螺杆小镇——舟山金塘，下设单螺杆、双螺杆和哥林柱三个产品事业部，有先进的机械加工、金属热处理、氮化、合金浇铸和电镀生产线。公司秉持“专注专业、超越卓越”的经营理念，经过20多年的发展，通过持续创新，凭借雄厚的技术力量、先进的加工设备、多年的专业技术沉淀积累，打造成世界一流的塑机螺杆制造企业，成为全球塑机螺杆产业中生产规模巨大的精密机筒、螺杆制造企业，产品工艺技术和质量标准与美日欧同步。

华业在巩固国内市场份额和地位的基础上，积极拓展国外塑机市场，产品远销加拿大、美国、德国、印度、日本等国家和地区，建立起与世界优质品牌企业的配套合作关系，成为全球塑机产业指引者和顾客优选的配套与业务合作伙伴。

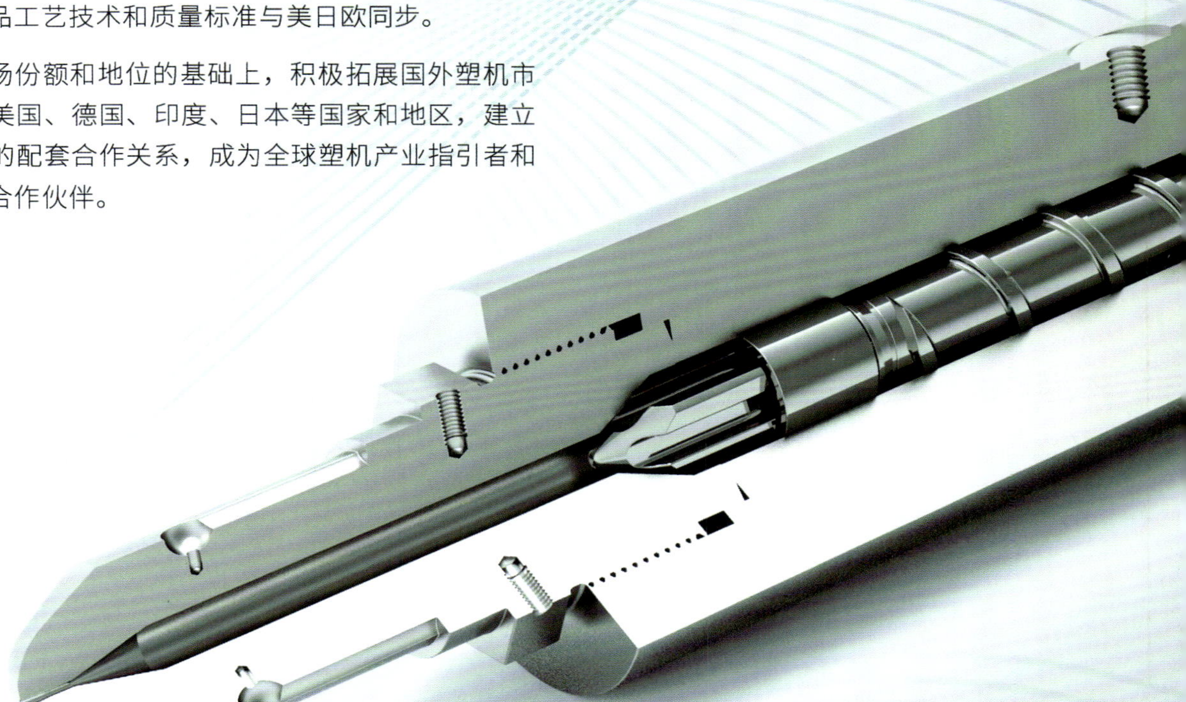

浙江华业塑料机械股份有限公司　0580-8051668　8051989

地址：浙江省舟山市金塘镇西堠工业区沥港路1号　传真：0580-8052060　8052390

平双/锥双销售热线：0580-8050286　8050183　哥林柱销售热线：0580-8052282　8052287

广告

battenfeld-cincinnati

我们的创新解决方案:

- 允许使用回收材料
- 以节能的方式生产
- 保证您的持续投资

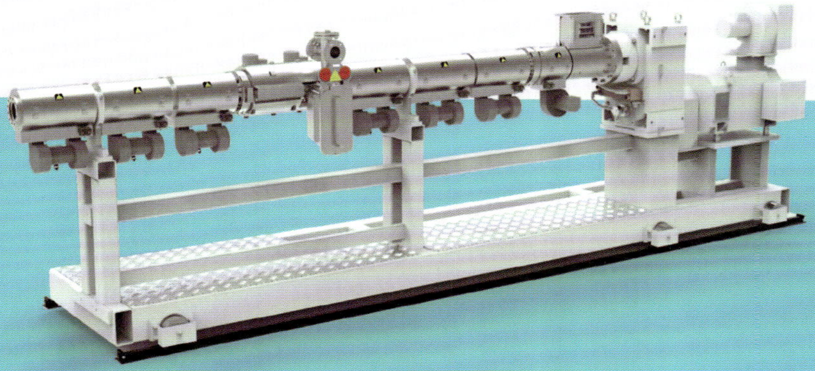

STARextruder 行星挤出机

- 降低干燥成本, 大幅节能
- 技术成熟, 坚固耐用
- 干燥时间缩短, 生产灵活性提高
- 系统易操作, 易维护
- 无需更换螺杆就可用于加工 PP 或 PS

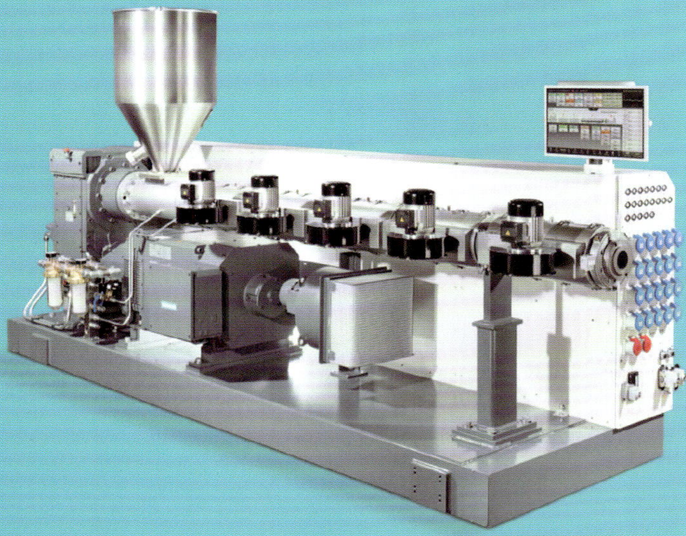

solEX NG 75

- 温度降低10℃以上, 提高能效
- 与标准同类型系列相比, 能源成本降低高达15%
- 每台挤出机的产量比前身增长 25%

海星 HAIXING

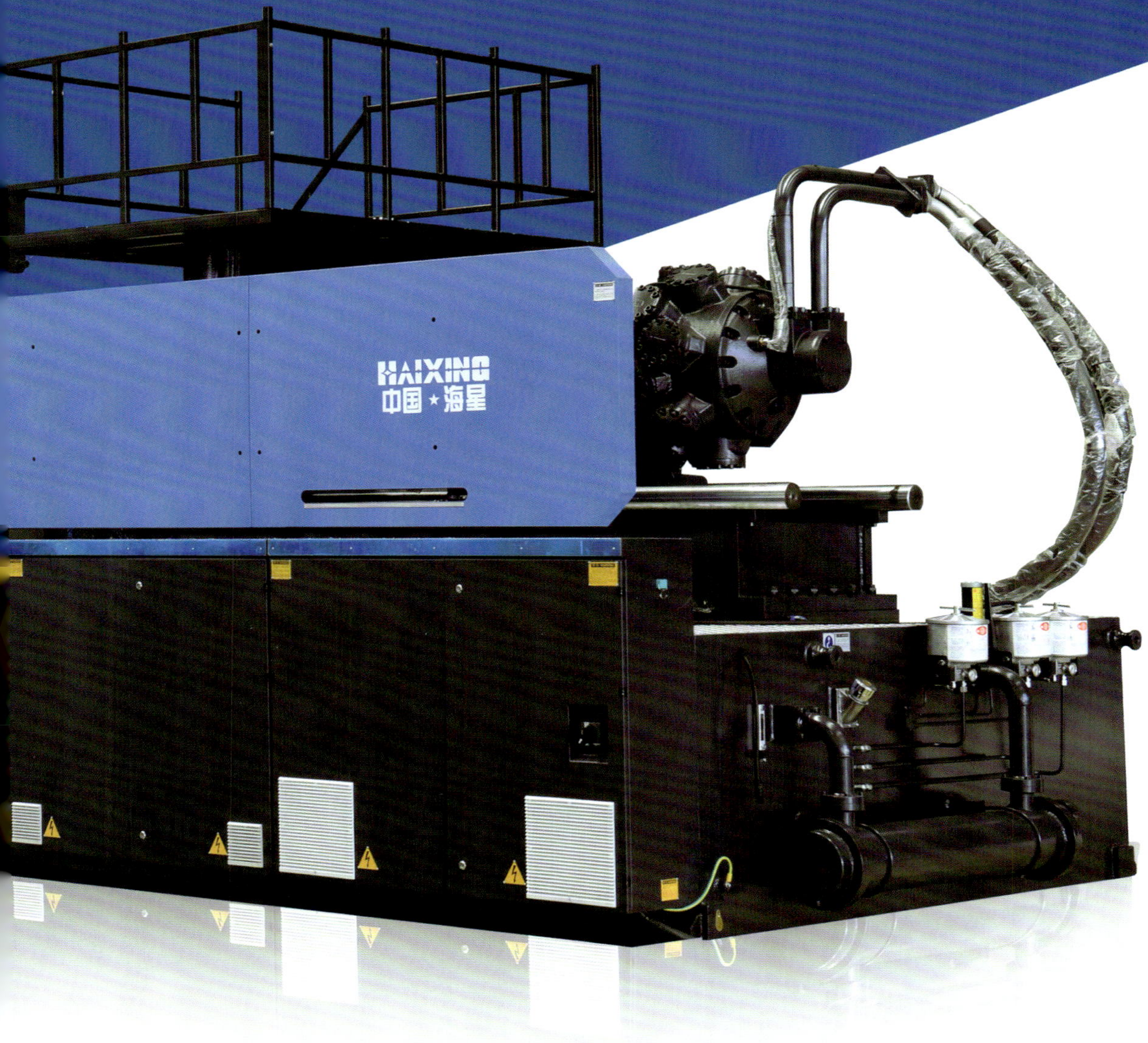

广告
FCS
高精度
High measurement accuracy
高智能
High intelligent control
高良率
High production quality
FCS
www.fcs.com.tw
J0518
Shape a better world
FCS CT-180e
Agility is more than speed.
跃然拔群 风驰电掣
CT-e SERIES
全电式注塑机
All-Electric
Injection Molding Machine
富强鑫集团 FCS Group
台湾富强鑫
+886 6 5950688
fcsco@fcs.com.tw
东莞富强鑫
+86 769 83313753
cdg@fcs.com.tw
宁波富强鑫
+86 574 56138688
cnb@fcs.com.tw
印度富强鑫
+91 99 74107787
fcsindia@fcs.com.tw
www.fcs.com.tw

中国机械工业年鉴系列

中国塑料机械工业年鉴

2021

中国机械工业年鉴编辑委员会
中国塑料机械工业协会
编

机械工业出版社
China Machine Press

《中国塑料机械工业年鉴2021》设置了综述、专文、行业与地区发展概况、市场专题、统计资料、企业概况、产品项目与技术、标准与专利8个栏目，系统地介绍了我国塑料机械工业在2020—2021年面临的局面、总体发展情况及发展趋势，分析了塑料机械工业行业及地区发展状况，展现了行业骨干企业的新面貌，记录了行业发生的大事及产品的发展方向，直观地反映了行业经济发展的新变化和新成就。

《中国塑料机械工业年鉴2021》的主要发行对象为政府决策机构、塑料机械行业和塑料制品行业相关企业的决策者，从事市场规划、企业规划的中高层管理人员。

图书在版编目（CIP）数据

中国塑料机械工业年鉴：2021/中国机械工业年鉴编辑委员会，中国塑料机械工业协会编．—北京：机械工业出版社，2022.7

（中国机械工业年鉴系列）

ISBN 978-7-111-71110-0

Ⅰ．①中…　Ⅱ．①中…　②中…　Ⅲ．①塑料—化工机械—中国—2021—年鉴　Ⅳ．①F426.45-54

中国版本图书馆CIP数据核字（2022）第114716号

机械工业出版社（北京市西城区百万庄大街22号　邮政编码100037）
策划编辑：董　蕾
责任编辑：董　蕾
责任校对：李　伟
责任印制：刘超琼
北京宝昌彩色印刷有限公司印制
2022年8月第1版第1次印刷
210mm×285mm · 17.75印张 · 44插页 · 481千字
标准书号：978-7-111-71110-0
定价：260.00元

购书热线电话（010）88379838、68326294

中国机械工业年鉴系列

作为『工业发展报告』
记录企业成长的每一阶段

中国机械工业年鉴

编辑委员会

中国塑料机械工业年鉴

记录历史

塑造品牌

中国塑料机械工业年鉴
执行编辑委员会

中国塑料机械工业年鉴

记录历史
塑造品牌

中国塑料机械工业年鉴
执行编辑委员会

中国塑料机械工业年鉴
编辑出版工作人员

地　　　址　北京市西城区百万庄大街22号（邮编100037）

编 辑 部　电话（010）88379828　　传真（010）68997966

发 行 部　电话（010）88379838　　传真（010）68994469

http://www.cmiy.com

中国塑料机械工业年鉴特约顾问单位特约顾问与特约编辑

（排名不分先后）

特约顾问单位	特约顾问	特约编辑
震雄集团	蒋丽婉	钟效良
海天国际控股有限公司	张静章	高世权
宁波市海达塑料机械有限公司	蒋忠定	刘　维
博创智能装备股份有限公司	朱康建	饶启琛
上海金纬机械制造有限公司	何海潮	刘惠明
宁波华美达集团有限公司	刘　翔	刘娟儿
力劲集团	邱　歌	刘婉华
东华机械有限公司	杜　江	陈玉城
广东伊之密精密机械股份有限公司	廖昌清	张　涛
广东金明精机股份有限公司	马佳圳	王童刚
广东乐善智能装备股份有限公司	郭锡南	李真梅
浙江华业塑料机械股份有限公司	夏增富	蒋静飞
佛山巴顿菲尔辛辛那提塑料设备有限公司	Toni Bernards	谭玉娟
苏州同大机械有限公司	徐文良	朱建新
宁波海星机械制造有限公司	陈兴良	孙　坚
泰瑞机器股份有限公司	郑建国	郑佳辰
科倍隆（南京）机械有限公司	沈　君	付　晓
富强鑫（宁波）机器制造有限公司	王俊杰	陈晓周
宁波甬华塑料机械制造有限公司	张允升	吴　群
广东拓斯达科技股份有限公司	黄代波	许　鹏
大连橡胶塑料机械有限公司	王元江	芦　迪
宁波弘讯科技股份有限公司	俞田龙	郑　琴
信易集团	吴峻睿	陈彦良
佛山市宝捷精密机械有限公司	杨伟杰	庾小军

前　　言

2020 年中美贸易摩擦和新冠肺炎疫情对我国社会运行与经济发展产生了巨大的影响，给我国塑料机械行业的生产运行带来了很大的挑战。中国塑料机械工业协会积极发挥专业协会的组织协调优势作用，为企业发展争取了政府支持。2020 年下半年行业产品销售呈现爆发式增长，弥补了上半年疫情影响的亏损，全年行业实现历年来的最佳增长，不少企业的订单排到了 2021 年。2020 年，488 家规模以上企业取得了有史以来的最好业绩，实现营业收入 810 亿元，同比增长近 25%；贸易顺差首次突破 10 亿美元，达到 10.57 亿美元，同比增长 29%。从经济效益指标看，塑料机械行业继续优于同期全国机械工业的平均水平。

2021 年在中国塑料机械行业发展中具有特殊意义。4 月 12 日在东莞举行了中国塑料机械工业协会第七届一次会员代表大会，选举产生了第七届理事会成员和第二届监事会成员，第七届理事会聘任了秘书长和副秘书长。新一届理事会会长、监事长、副会长及秘书处团队庄严宣誓：“遵守中国塑料机械工业协会章程，认真履行行规行约和协会决议，维护政府决策部署，带领广大会员提质增效，推动中国塑机做优做强，提升国际市场竞争力和影响力。”会议还结合《中国塑料机械行业“十四五”发展规划》进行了工作部署，共同为科学把握未来行业的发展而努力。

2021 年也是我国现代化建设进程中具有特殊重要性的一年，强化国家战略科技力量、增强产业供应链自主可控能力被列入 2021 年国家重点任务。对塑料机械行业而言，一定要加强科技创新，打造具有自主知识产权、具备核心竞争力的产品，提倡企业间的差异化竞争，加强发展数字化经济，这样才能与国际同行一较高下。另外，我们还要关注供应链可控性，使塑料机械行业更具发展潜力。

在新一届理事会的领导下，协会将继续维护行业利益，同时努力做好下列工作：建设中国塑机云平台，提高协会数字化、信息化服务水平；继续加快团体标准制定，为制造高质量塑料机械奠定基础；提升智能制造水平，开展节能塑机示范应用；做好优势企业评选宣传工作；促进行业企业弘扬工匠精神，打造高质量的塑料机械产品；促进行业企业加快管理创新、技术创新、产品创新，加快行业企业的数字化、智能化、网络化步伐。在协会的带动下，中国塑料机械行业将实现规范发展，进一步提升技术水平和企业实力，行业企业在实现自身价值的同时仍将积极承担起社会责任。

《中国塑料机械工业年鉴》记载我国塑料机械行业的发展变化，以及塑料机械行业企业加快转型升级、实现高质量发展的过程，与相关企事业单位的领导、用户和长期关心、支持我国塑料机械行业发展的读者一起，见证我国塑料机械行业在制造强国的道路上不断发展前行。让我们共同努力，不断克服困难，为实现塑料机械行业高质量发展联手奋斗！

中国塑料机械工业协会会长

2021 年 9 月

大连橡胶塑料机械有限公司
DALIAN RUBBER & PLASTICS MACHINERY CO., LTD.

企业概况
Enterprise Overview

大连橡胶塑料机械有限公司（简称大橡塑）始建于1907年，是国内早期的橡胶塑料机械设备专业供应商，被誉为中国“橡塑机械摇篮”。

大橡塑具备国际化的产品研发、制造、营销和服务能力。目前建有一个总部、两个国内研制基地、两个海外研制基地、两个技术服务公司。公司现有从业人员1800余人，占地面积近53万平方米，总资产近37亿元。

公司主要为汽车工业、石油化工、农业、军工、环保、航空航天、新材料等重要领域提供成套技术装备、高新技术产品和服务，企业传统产品不断升级换代，新产品、新领域不断开拓创新，形成了橡胶机械、石化装备、拉膜装备、吹膜装备、特种装备、核心零部件六大业务板块和“设备 + 制品”优势产业链延伸的产业结构，可为用户提供产品研发、制造、安装、调试、维保、工程总包的全生命周期服务。多次完成国家重大技术装备攻关任务，研发了百余项新产品，为国家经济发展和民族装备制造业腾飞做出了重大贡献。

组织架构
Organizational Structure

大连橡胶塑料机械有限公司

- 大橡塑营城子制造基地
- 大连大橡机械制造有限责任公司
- 大连大橡塑工程服务有限公司
- 大连大橡工程技术有限公司
- 加拿大麦克罗机械工程有限公司
- 捷克布祖卢科股份有限公司

经营理念
Management Idea

国际化技术研发平台

International Technology R & D Platform

围绕“技术高端、制造高端、供应链高端、产品高端、客户高端、服务高端”的产品定位持续升级，逐步成为国际领先的高端装备制造商和解决方案提供商。

荣获国家、省、市及行业科技进步奖78项，拥有专利近200项。

中国大连
全球石油和化工行业高分子材料混炼挤出与装备工程研究中心

多次完成国家重大石化设备攻关任务，拥有完全自主知识产权。

加拿大
北美技术研发中心

以多层共挤高阻隔膜、多层流延膜机组为主要研究方向。

捷克
欧洲技术研发中心

以密炼机、压延机、开炼机为主要研究方向。

1. 引进院士专家团队

以拉伸流变技术在大型挤压造粒机组应用为研究方向打造企业科研成果。

2. 博士后工作站

国家批准建立，主攻方向为密炼机混炼技术研究。

3. “1＋1”协同研发

在智能化、新工艺应用等前沿技术领域与高端用户及高科技公司协同研发。

4. 校企合作

与北京化工大学、华南理工大学等院校签订校企合作方案，依托高校技术创新平台培育科技发展新功能。

服务理念

一切以顾客满意为最高价值导向

满足客户需求　引导客户需求　超越客户期待　实现客户满意

产品介绍
Product Presentation

高分子材料混炼成型设备

钢丝纤维帘布两用压延机

开炼机组

高端串联密炼机

大连橡胶塑料机械有限公司

DALIAN RUBBER & PLASTICS MACHINERY CO., LTD.

三至七层共挤农用复合膜吹膜机组

大橡塑公司的多层共挤农用复合膜吹膜机组结构独特，具有自主专利的机头及挤出机技术，适用面广，制品强度高、透明度好、厚度更均匀、幅宽达22米。

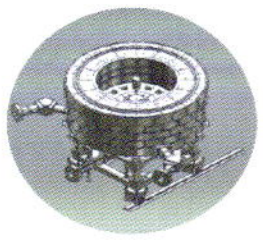

三层机头

五层机头

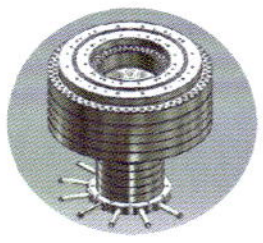

七层机头

五层共挤农用复合膜吹膜机组

流延膜生产线

大橡塑的流延膜生产线，针对薄膜工艺的完善进行了全新设计开发，以高效和合理成本的方式为食品、医疗、包装等行业提供高性能的薄膜，材料包含PVC、EVA、PET、PVDC、EVOH等原材料。

震雄 CHEN HSONG

匠心独韵　卓越非凡

时光荏苒，如果从现在翻阅到 1958 年需要 64 本日历。64 年间，震雄从一间小规模的机械加工厂发展成为全球规模领先的注塑机生产企业之一，一幕幕动人心魄的发展画面，一部部呕心沥血的建设诗歌，一张张坚毅凝聚汗水的脸庞……共同交织着震雄集团华美成长的诗篇。

回首过往，过去的 60 多年，震雄凭借着对技术突破、创新生产的永恒追求，奠定了自己在注塑行业的领导地位；展望未来，震雄也将继续坚持用完美品质和先进科技助力中国民族工业发展，书写“工业富民，民富国强”的全新篇章。

高歌响唱，企业雄风

2020 到 2021 年，在持续的新冠疫肺炎疫情影响下，全球经济面临着前所未有的考验，众多行业对注塑机的需求呈现下降趋势。出口成本上涨，内需的放缓，芯片供应不足，限电限产等诸多不利因素，使注塑机行业的发展面临着前所未有的挑战。

得益于震雄集团超前的部署能力，震雄集团快速找到了突破点。多年来对高端新技术新产品的研发、对新产业的积极布局，为集团业绩的逆势增长奠定了先决条件。

在蒋丽婉女士的带领下，震雄在医疗、新能源汽车、环保等新兴领域积极布局，一系列性能更优秀、性价比更高、对客户更具吸引力的新产品陆续面市，为震雄赢得了新兴领域中众多合作伙伴的认可，并建

立起长期的战略合作关系。这也为震雄集团经营业绩领跑全行业、实现逆势增长打下了坚实的基础。

科技为擎，创新潮涌

时代涌动，科技闪耀，“先进科技”是震雄骨子里的信仰。震雄懂得只有一如既往地投资开发创新的产品与专业应用技术，才能为客户带来高价值。

如今，国家提出的实现碳达峰、碳中和的“3060”目标，为经济社会带来了一场广泛而深刻的系统性变革。在“3060”双碳目标下，低碳化发展已成为整个汽车产业的核心课题，各车企、零部件企业想方设法在不影响性能和安全性的前提下减少车身重量以减少燃油消耗。这其中，具备质量轻、强度高、韧性好、易加工、可重复使用等特点的塑料，被众多专家认为是汽车轻量化和环保化最为理想的替代材料之一，而现阶段塑料加工机械中产量大、使用量多的注塑机正伴随节能减排、新能源汽车的热潮迎来新的发展机遇。

震雄集团作为全球规模领先的注塑机生产商之一，始终步履不停，不断追求用最新的科技提升注塑机的性能和质量，在新能源汽车领域的持续钻研取得了技术上的突破性进展 —— 低压注射、微发泡注射和薄壁成型等成型工艺技术可以实现轻量化汽车部件的效益成本生产；4500T 二板机、震雄专用高速自动调模功能及极速移模设计等系列创新成果，助力新能源行业持续发展，可有效缩短生产周期，提高生产精度及效率……

在 2022 年的开年，震雄更是与比亚迪集团股份有限公司（下文简称比亚迪）达成 3.5 亿元人民币的注塑机采购合作协议。此次采购的注塑机类型比较多样化，锁模力从 1000kN 到 20000kN 不等共计 600 多台注塑机，主要包括震雄二板机及 MK6 系列注塑机，用于生产比亚迪“汉”“唐”“宋”等当前主流的新能源车型内不同尺寸的内外饰件。

既往开来，震雄不断突破自我，以匠心铸钢性品质，以创新突破设备性能。全新推出的 MK6.6/A（Artisan）匠心系列注塑机，不仅拥有广泛的适用性，更以震雄专利的“Precision Hydraulics”让注塑机在高速运行的同时依然能够平稳丝滑。震雄坚持用完美品质和先进科技全方位服务注塑行业，再次以卓越的产业重新定义注塑行业的“精密、高速稳定”。

未来，震雄集团将一如既往地坚持自主创新，依靠注塑机产品与国内外汽车行业携手前进，为“双碳”目标的达成、新能源汽车行业的发展添砖加瓦！

SM-TP伺服驱动二板注塑机

胸怀祖国，推进战略

民族工业，是中国特色社会主义的重要物质基础，也是国民经济的重要力量。震雄作为民族工业的代表企业，始终胸怀“国之大者”，与国家发展同频共振，以实际行动推进国家战略的实施。

在“中国制造 2025”的支持下，国内制造业形势向好，特别是汽车行业的持续回暖，使得塑机行业景气度得以延续。而随着国家“碳达峰”“碳中和”战略的提出，“汽车轻量化”“新能源”等政策的持续深入，震雄亦积极响应国家的碳中和、环保、可持续方针，在新能源与环保领域持续发力，不断在技术上精益求精，以足够的专注度和研发投入，实现了环保科技的重大突破。

对于汽车行业而言，保险杠、内饰、车门等塑料零部件的生产，对模具精度和保护要求极其严苛，在注塑工艺上更是要求采用多组流道法，以及多次低压合模、低压注射等。震雄集团作为国内较早研发二板式注塑机的企业，一直非常注重技术的研发和创新，针对汽车行业塑料制品对注塑机的要求，不断研发推出性能卓越的注塑机产品。

除此之外，震雄全方位为行业客户提供量身定制服务，为新能源汽车行业提供专业化的解决方案，推进国家战略实施。

二次腾飞，再创辉煌

作为一家从香港走向世界的集团公司，震雄集团继承了港人同舟共济、刻苦耐劳、不屈不挠的狮子山精神，在企业 60 多年的历史中，从一间小规模的机械加工厂发展成为全球较大的注塑机生产企业。“工业富民，民富国强”的企业发展理念，更是深深根植于每一位震雄员工的心中。以支持与推动中国制造工业技术的前行与发展为目的，风雨兼程，一路前行。

在如今这个全球竞争日益激烈的商业社会，震雄稳立行业潮头的重要因素除了技术的创新、产品的升级，还有强大的研发能力和科学的管理体系。在接手震雄之后，蒋丽婉女士以踏实的管理作风、持续的技术创新以及具有前瞻性的产业布局，抢抓机遇，带领着震雄这家工业“老字号”不断发展壮大。

“除了智能化之外，震雄还兼顾全球市场客户所重视的价值观，例如产品安全、环保、节能等，协助客户研发针对新的高分子环保材料生产技术，如成功的话将会更耐热、更轻。希望我们不断追求进步和创新，为同业带来冲击，带动整个业界进步，这是做工业应有的 Passion！”蒋丽婉如是说。

MK6.6/A（匠心版）

2022 年，是向第二个百年奋斗目标进军的重要一年，也是召开中国共产党第二十次全国代表大会的重要一年。震雄集团将继续坚持用完美品质和先进科技助力中国制造业发展，担负起民族企业代表中国文化和中国制造走向世界的重任，在迈向新时代的进程中，继续以博大的胸怀描绘“工业富民，民富国强”的宏伟蓝图，与业界共同研发新的技术及解决方案，书写中国制造的全新华彩篇章，以优异的成绩向党的二十大献礼。

广告
TECHMATION 弘訊科技
Innovation in Motion
联网MES系统
MES
油泵
Oil Pump
位移传感器
Position Sensor
驱动器模块
Driver
称重传感器
Weighting Sensor
液压机
Hydraulic Press Machine
扩展模块
Extension Module
HMI
压力传感器
Pressure Sensor
扫描枪
Scanner
电机
Motor
股票代码
603015

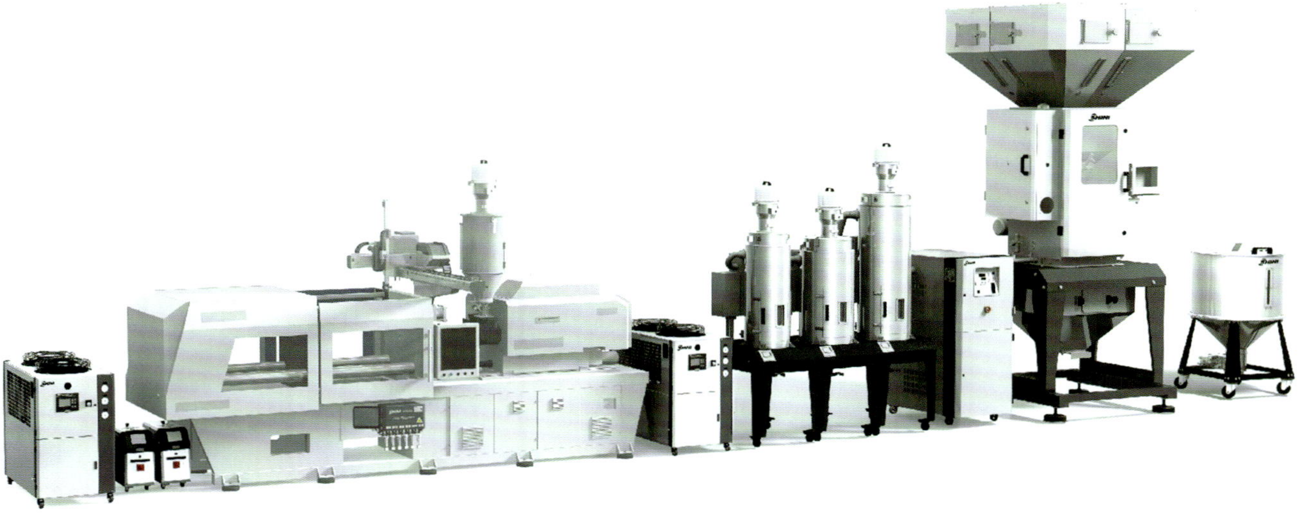

SHINI

专注于橡塑胶成型工艺

信易集团具有八大系列塑胶辅助产品、配套完善的系统解决方案，
我们可以让顾客享受到一站式购买的便捷体验。

1 除湿干燥系列

2 供料输送设备

3 混合拌料系列

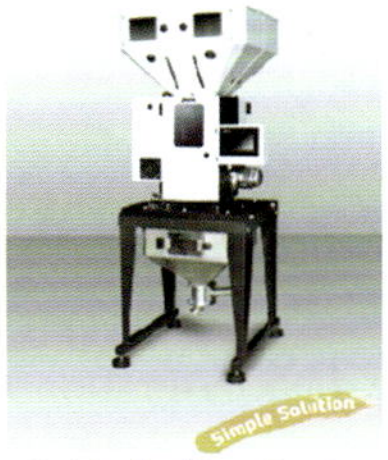

4 冷热交换系列

5 粉碎回收系列

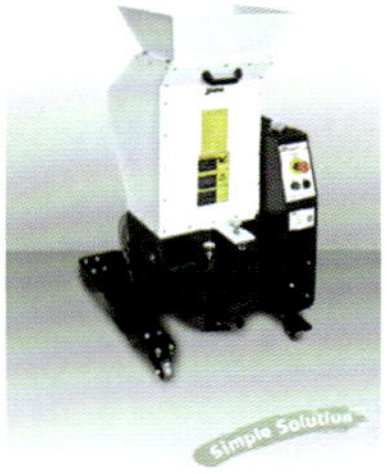

6 系统化对策

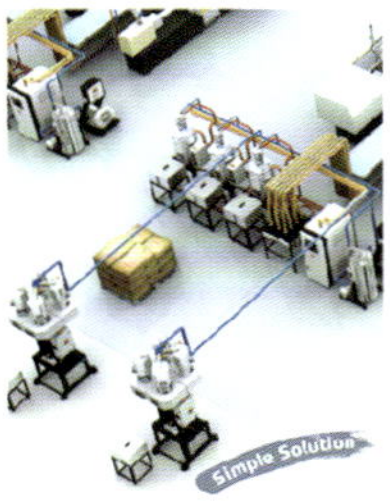

7 自动化对策

8 热流道系统

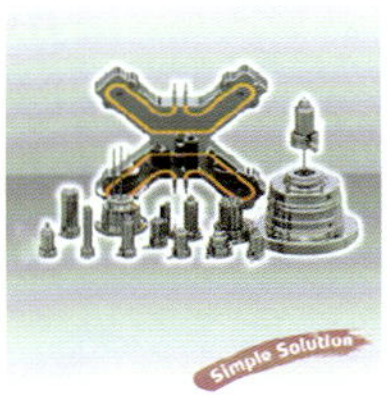

专用注塑机行业先锋

The Leader in Special Injection Molding Machinery

宝捷精机——注塑、吹瓶等专用塑机的高新技术企业！

佛山市宝捷精密机械有限公司成立于2000年，总部坐落于广东省佛山市三水高新技术工业园，拥有现代化厂房十多万平方米，是一家集研发、制造、销售、售后服务于一体的注塑、吹瓶等专用塑料机械的高新技术企业。设有伺服驱动注射成型工程技术研究中心，拥有80多项实用新型专利及发明专利，以及20多项著作权。

宝捷公司一直专注于以品质塑造企业品牌，至今已发展成创新专用注塑机行业先锋！专业的团队成就了宝捷塑机“节能、高效、高速、精密”的几大优势，主导产品V6/S6系列节能注塑机节电量可达25%~60%，成本效益明显。公司更关注客户的个性化需求，凭借雄厚的技术开发和产品创新转化实力，开发出针对PET瓶坯、薄壁包装容器、多物料、中空成型、硅胶、电木、PVC/PPR管件等制品的专用型注塑机，并为客户提供高性价比的定制性整体解决方案。目前，宝捷在国内的薄壁餐饮市场、PET包装市场已经达到了行业领先水平，同时还有众多专用项目在推进，如PVC管件专用市场、LED灯罩专用市场等。

面对下一个十年日益提升的客户需求，我们以前所未有的力度推进公司产品的升级换代，将“中小型机器油电和全电化、中大型机器两板化”作为公司的中长期产品发展策略，并兼顾产品

欢迎关注宝捷微信
了解最新资讯

占地面积
Covering an area of
100000+
(平方米)
m²

员工数量
Number of employees
500+
(人)
people

专利技术
Patented technologies
80+
(项)
numbers

营销网络
Marketing network
60+
(国家/地区)
countries

的智能、环保、信息化方向，为公司的未来发展奠定坚实基础。宝捷标准型节能注塑机产品覆盖500~35000kN,加上吹瓶机生产线，涉及50多个系列、上万个规格，为中国乃至全球的高端客户市场应用提供更有竞争力的解决方案。

随着公司综合实力的不断增强，产能和服务也同步得到延伸和完善。以立足国内、布局全球的方针构建营销网络和服务体系，真正把“以客户为中心”的经营理念和树立长期品牌战略结合起来，全心全意为中国和海外客户提供周到的服务。目前， 国内在华南、华东、华中和西南、东北等设立20多个办事处、经销点，海外在泰国、马来西亚、印尼、越南、乌兹别克斯坦、美国、墨西哥、巴西、巴基斯坦等设立经销商，产品远销60多个国家和地区，成功进入更多行业，实现了品牌、销量的双提升。

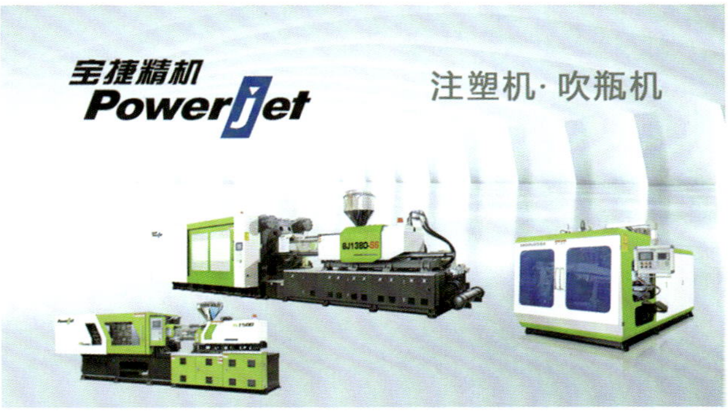

佛山市宝捷精密机械有限公司
POWERJET PLASTIC MACHINERY CO., LTD.
厂址: 中国 • 广东省佛山市三水区乐平镇创新大道西5号　邮编：528137
Service line: 86-400 830 0005 | TEL:86-757-86697588 | FAX:86-757-86697861 | E-mail: powerjet@126.com
www.powerjet.cn

节能型注塑机　国家高新技术企业　CNAS　IAF　ISO9001:2015　CE　SGS

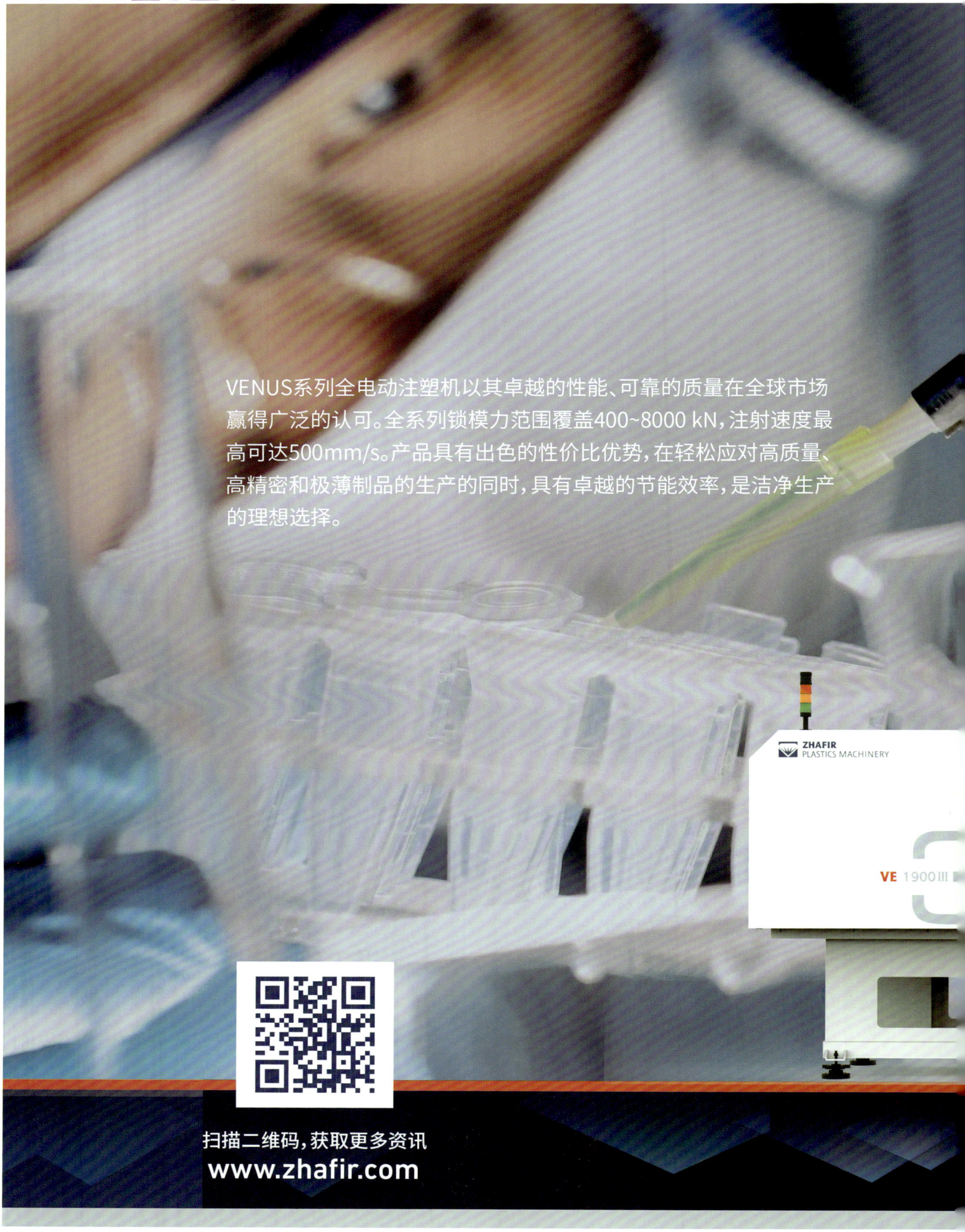
VENUS系列全电动注塑机以其卓越的性能、可靠的质量在全球市场赢得广泛的认可。全系列锁模力范围覆盖400~8000 kN，注射速度最高可达500mm/s。产品具有出色的性价比优势，在轻松应对高质量、高精密和极薄制品的生产的同时，具有卓越的节能效率，是洁净生产的理想选择。
ZHAFIR
PLASTICS MACHINERY
VE 1900III
扫描二维码，获取更多资讯
www.zhafir.com

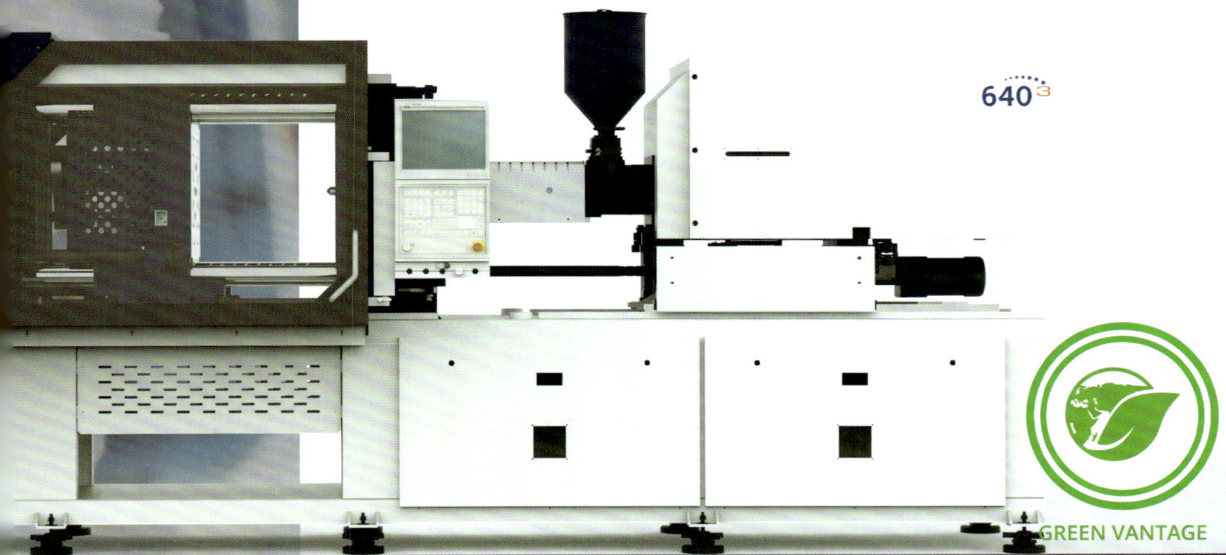
640
GREEN VANTAGE

ZE系列为电动注塑技术与传统液压注塑技术应用之间搭建了一座桥梁，拓展了电动注塑的更多可能。ZE系列在机械设计上与VE系列保持一致，并整合了伺服液压系统。模板运动和注塑等主要动作采用电动解决方案，而喷嘴接触、抽芯、顶针等辅助动作为伺服液压驱动。两者的有机结合拓展了应用范围。
ZHAFIR
PLASTICS MACHINERY
ZE 2300III
扫描二维码，获取更多资讯
www.zhafir.com

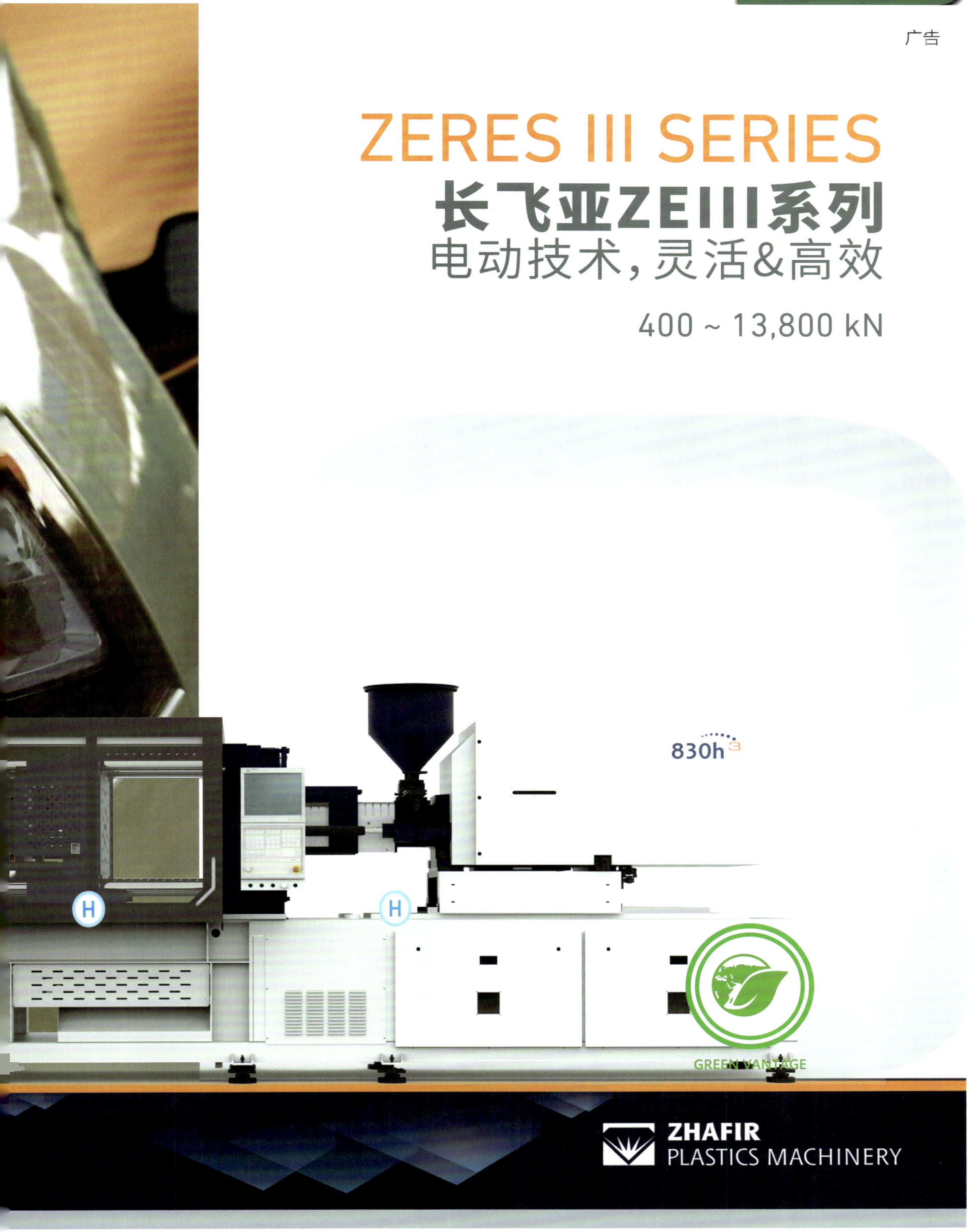
ZERES III SERIES
长飞亚ZEIII系列
电动技术，灵活&高效
400 ~ 13,800 kN
830h
GREEN VANTAGE
ZHAFIR
PLASTICS MACHINERY

全新海天MA系列
软硬件领域的持续提升，赋予了全新一代海天MA系列诸多匠心独具的创新。全新优化的高驱力伺服液压动力系统结合智能化运动控制技术，实现注射过程的全闭环控制，提升了注射精度，并使得机器运行更加平稳、效率更高，可出色满足日用品、电子消费品、家电、汽车等广泛行业的多样化需求。
精密+ 动态+ 交互+
HAITIAN
PLASTICS MACHINERY
扫描二维码，获取更多资讯
www.haitianinter.com

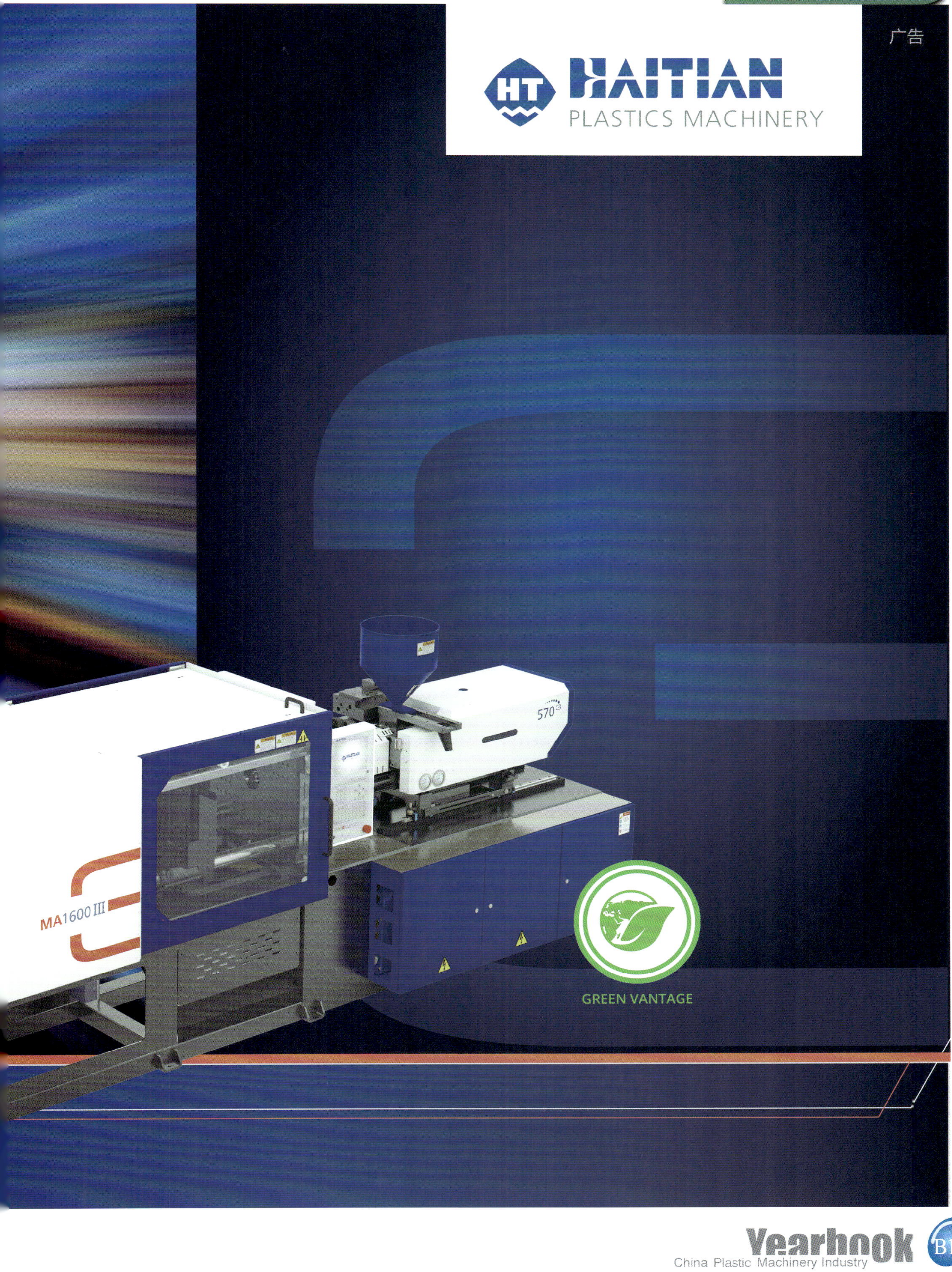
广告
HAITIAN
PLASTICS MACHINERY
570
MA1600 III
GREEN VANTAGE

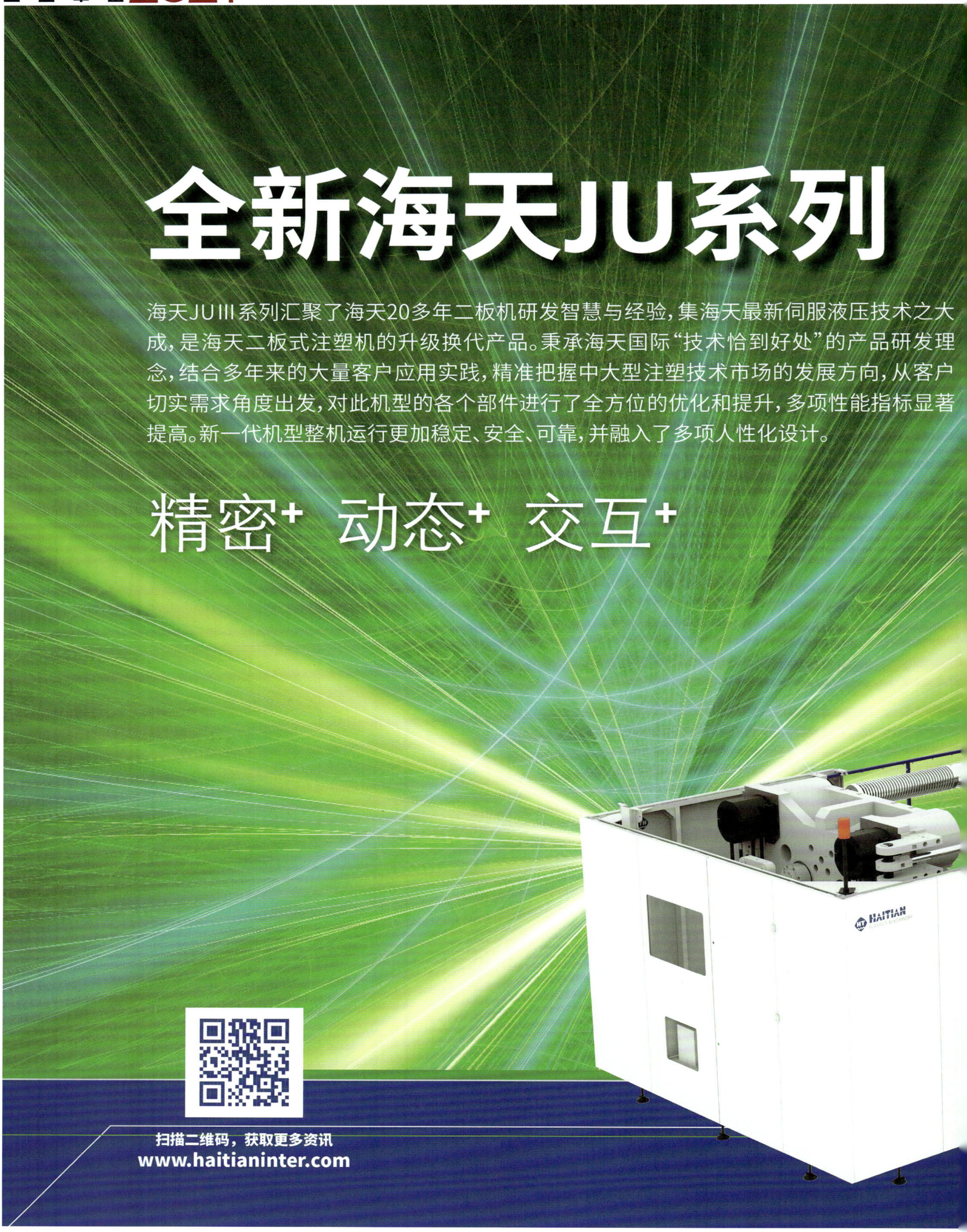
全新海天JU系列
海天JUIII系列汇聚了海天20多年二板机研发智慧与经验，集海天最新伺服液压技术之大成，是海天二板式注塑机的升级换代产品。秉承海天国际“技术恰到好处”的产品研发理念，结合多年来的大量客户应用实践，精准把握中大型注塑技术市场的发展方向，从客户切实需求角度出发，对此机型的各个部件进行了全方位的优化和提升，多项性能指标显著提高。新一代机型整机运行更加稳定、安全、可靠，并融入了多项人性化设计。
精密+ 动态+ 交互+
HAITIAN
扫描二维码，获取更多资讯
www.haitianinter.com

广告
HT
HAITIAN
PLASTICS MACHINERY
8930
JU 10800Ⅲ
GREEN VANTAGE

ABOUT US
公司简介

宁波市海达塑料机械有限公司是专业制造海达系列全自动塑料注射成型机的生产厂家，系中国塑料机械工业协会副会长单位，也是中国塑料注射成型机行业 10 强企业。公司在行业内已享有较高的知名度，近年来，已陆续获得国家高新技术企业、浙江省著名商标、浙江省名牌产品、浙江省知名商号、浙江省安全生产标准化达标企业等国家、省级荣誉。公司于 2000 年获批自营进出口权，目前已在世界上几十个国家和地区办理商标注册。 在管理上，公司已通过 ISO9001 质量认证、ISO14001 认证、OHSAS18001 认证和 CE 认证。公司已推行 5S 管理、PLM 产品生命周期管理和 ERP 企业信息化管理，并取得了显著的成效。

公司创建于 1992 年，目前公司占地面积 20 余万平方米，总资产 5 亿元，员工近 500 人，其中具有中高级职称的技术骨干占 30% 以上，并常年聘请行业知名专家和教授担任技术顾问和管理顾问，并与国内著名学府联合创办了研究中心。公司一直致力于高效、个性化、性价比优的注塑机的开发、生产与销售。已成功推出的有伺服节能注塑机、快速高性能精密注塑机、油电混合注塑机、全电动注塑机、二板注塑机及清双色、夹层混双色等注塑机。

公司大力拓展销售市场，已在国内外建立了 60 多处销售及服务机构，销售业绩稳步提升。

Ningbo Haida Plastic Machinery Co., Ltd. is a manufacture specialized in manufacturing HAIDA series automatic plastic injection molding machine, vice president of China Plastic Machine Industry Association, and one of top 10 enterprises in plastic injection molding machine industry of China. The company enjoys higher brand awareness in the industry. In recent years, the company has obtained various honors and awards, e.g. National High-tech Enterprise, Famous Brand of Zhejiang Province, Celebrated Products of Zhejiang Province, Well-known Trademark of Zhejiang Province, and Work Safety Standard Enterprise of Zhejiang Province, etc. In 2000, the company has obtained self-support import and export right, and has registered brand in dozens of nations and regions around the world. In terms of management, the company has passed ISO9001, ISO14001, OHSAS18001 and CE authentication The company has implemented 5S management, PLM Product Lifecycle Management and ERP Enterprise information management and obtained significant results.

Established in 1992, the company covers an area more than 200,000 square meters , with total assets of RMB 500 million Yuan, and about 500 employees; above 30% of employees are technicians with intermediate or senior professional titles, and famous senior experts and professors are invited regularly as technical consultant and management consultant. The company also cooperated with famous domestic universities to co-found research center, and has been devoted to development, production and sales of efficient, individual injection with high cost performance; launched injection machines include servo energy-saving injection machine, efficient high-performance precision injection machine, oil-electric hybrid injection machine, fully electric injection machine, two-platen injection machine, unmixed two color injection machine and mixed two color injection machine, etc.

The company has expand sales market, and has established more than 60 sales and service agencies at home and abroad, with sales performance rising steadily.

全电动注塑

高精度节能电动注塑机

HDJ 海达 ®
海达塑机

海达在总结多年伺服节能注塑机的设计开发基础上，充分汲取欧洲、日本等地的全电动注射技术精粹，为用户全新研发设计了性能更加优越，精密、稳定、节能、高效为一体，性能卓越的JE全电动系列注塑机。

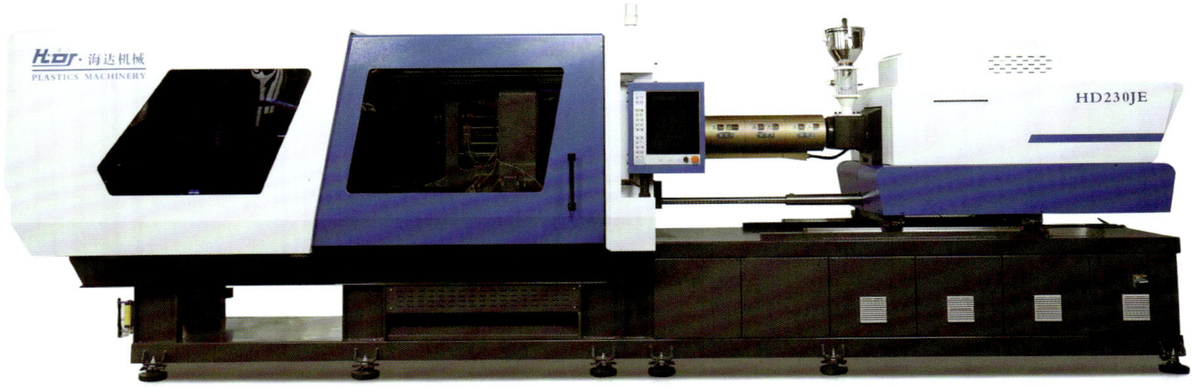

精密

注射采用高刚性整体式结构，高速重载注射专用丝杠、射出线性滑轨导向，可实现注射高精度定位。

稳定

机架加强整体结构、焊接后回火时效处理，大幅降低机架变形。

节能

可实现高加速射出；注射部件模块化设计实现注射压力、速度等多种组合。

高效

采用稳定可靠的射出机构、专业螺杆料筒塑化装置、高精度温度场闭环控制，高刚性锁模机构，伺服电动机与伺服驱动匹配合理优化，确保塑料制品重复精度、生产效率明显提升。

■ 应用领域

海达JE全电动系列注塑机，适用于精密注塑成型，广泛应用于食品包装、医疗器械、汽车配件、通信、电子电器、仪器仪表等领域。

K系列
高性能快速薄壁注塑机

海达塑机

海达K系列高性能快速薄壁注塑机针对目前市场高速薄壁制品、多腔类制品及有关民用制品而精心研发。该机型是根据目前国际先进的设计理念结合海达几十年设计制造经验精心打造而成的。

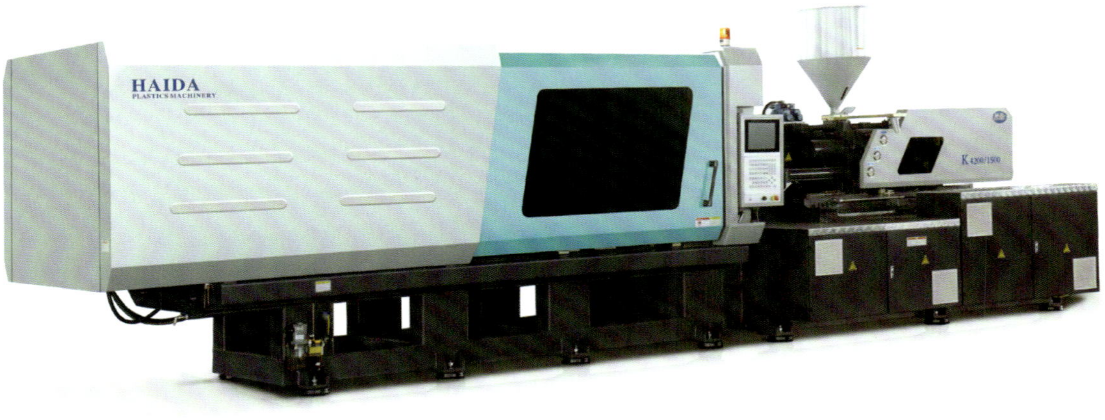

快

针对注塑生产的特点，将注塑、合模、液压、控制进行一体优化组合设计，大大缩短生产周期时间。

强

框架式机架设计，在有限元分析的基础上提高刚度和强度，大幅提升了机架精度，减少了机架的变形，使整机运行更平稳顺畅。

稳

符合国家强制安全标准，确保人员操作安全。

省

多动作复合运动设计，高速低压注塑提高薄壁制品生产效率；高质量材料的使用，高寿命设计的机构结构，大大降低了维护成本。

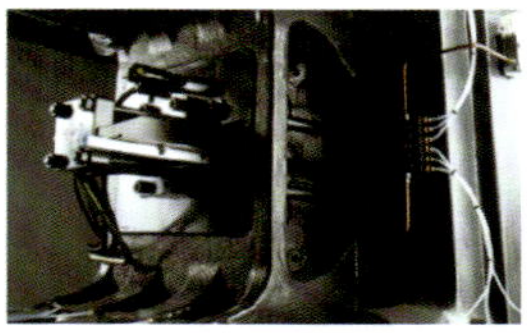

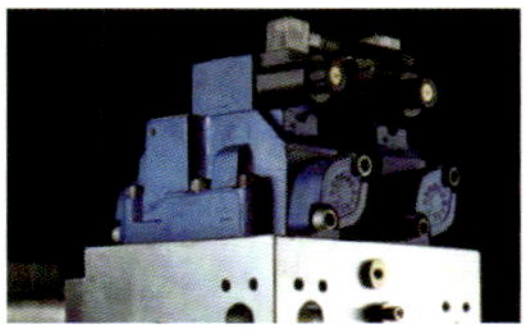

BORCHE

中国塑料机械工业协会2021活动掠影

会议活动

七届一次会员代表大会召开

七届一次会员代表大会投票选举

第七届理事会、监事会负责人宣誓

七届二次理事扩大会议（视频）

协会战略合作伙伴签署仪式

2020中国塑机优势企业颁奖

第三届中国好塑才颁奖

中国塑料机械工业年鉴2020新书首发

参与大型系列工业专题片《装备中国》之会长谈产业

《高速精密塑料注射成型机》
和《立式塑料注射成型机》团体标准审查会

展会论坛

2021中国国际塑料机械技术创新论坛

2021中国国际塑料机械产业论坛

2021第五届中国（重庆）国际塑料工业展览会

交流合作

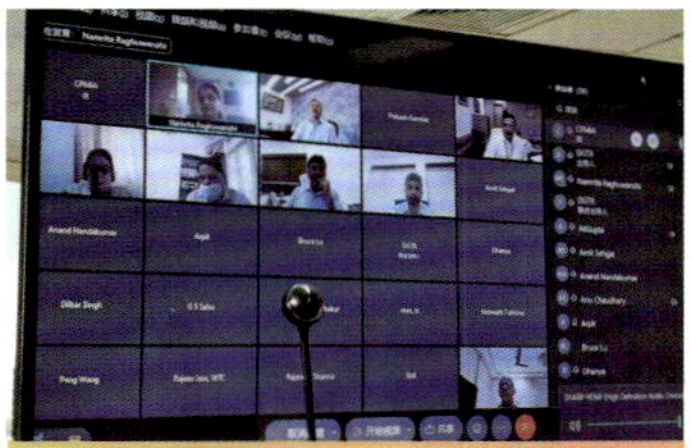

参加印度贸易救济总署对自中国进口塑机反倾销调查视频听证会

签订应诉印度对华注塑机反倾销律师协议

与贵州省塑料行业协会交流

与云南省塑料行业协会交流

与中国包装联合会交流

与中国合成树脂协会交流

与中国铸造协会交流

与重庆沪渝、西麦克达成三方合作

中国塑料机械工业协会2021活动掠影

调研互访

矿物复合材料行业调研

装备制造业“十四五”
高质量规划专家组到同大调研指导

山东通佳来访协会

到访成都技术包装协会

到访黄岩模具

到访四川大学

到访四川省包装联合会

到访重庆市经济和信息化部门

到访长寿经济技术开发区管理委员会

到访重庆大学机械与运载工程学院

到访重庆理工大学材料科学与工程学院

到访重庆市包装协会

到访重庆市塑料行业协会

到访巴斯夫聚氨酯（重庆）有限公司

到访大橡塑

到访海特克

调研互访

到访弘大科技

到访华为

到访联冠

到访宁波海达

到访宁波海星

到访宁波华美达

到访四川中旺科技有限公司

到访太极集团重庆塑胶有限公司

到访泰瑞

到访浙江赛豪

到访重庆顾地塑胶电器有限公司

到访重庆国际复合材料有限公司

到访重庆力标汽车部件有限公司

到访重庆沃特智成新材料科技有限公司（建设中）

到访重庆信鼎精密机械有限公司

到访重庆云天化天聚新材料有限公司

宁波市塑料机械行业协会
2021活动集锦

拜访宁波市外经贸部门

宁波市塑料机械行业协会五届四次会员大会暨五届八次理事会

《二板卧式塑料注射成型机》团体标准制定工作启动会暨研讨会

走访企业

走进张家港塑饮机协会，参观企业

张家港塑饮机协会来宁波交流参观企业

宁波塑机企业与舟山企业进行产业对接

张家港市塑料饮料机械协会2021活动掠影

2月，筹建张家港市塑饮机产业园座谈会

2月，协会第五届二次理事会

3月，组织理事单位赴贝尔机械公司参观学习

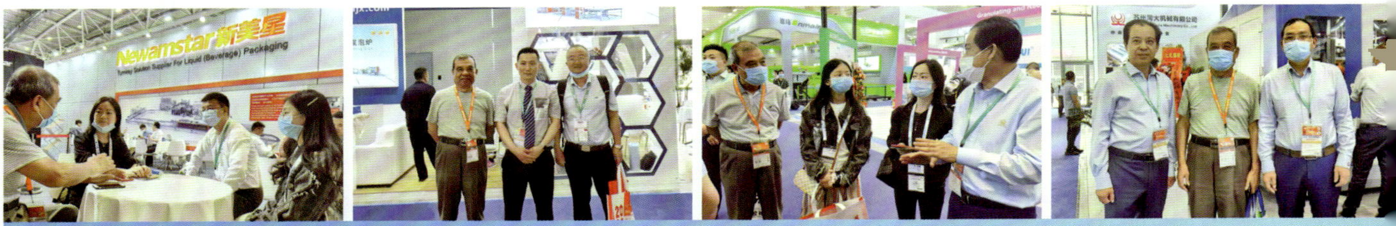

4月，赴深圳考察CHINAPLAS 2021国际橡塑展

5月，赴苏州市自行车电动车行业协会交流学习

5月，协会第五届三次理事会通过团结协作共谋发展倡议书

5月，中国塑料管道专委会2021年年会暨2021年塑料管道行业交流会

6月，宁波市塑料机械行业协会一行48人由会长、海天塑机集团总裁张剑峰带队参观考察

Google

6月，组织会员企业前往谷歌广告（上海）有限公司参观考察

7月，与腾讯云（张家港）工业云基地联合举办工赋大讲堂

10月，协会组织苏州同大等16家企业赴宁波对标考察学习

安全生产培训

2021年度张家港市工伤预防主题宣讲培训

市人力资源和社会保障局
市塑料饮料机械协会

组织企业参加张家港市组织的工伤预防和安全生产培训

广东省塑料工业协会注塑专业委员会
活动集锦

2021年标准化活动多样化

广东省轻工业联合会
团体标准起草单位授牌

2021年通过参加注塑机国际标准
制定工作

2021年广西塑协年会，分享塑料行业标准制定工作目标

2021年广东省塑料工业协会
第六届代表大会

2021年副秘书长蔡恒志获深圳市优秀科技人才证书

2021年国际橡塑展

综合索引

记录历史 塑造品牌

中国机械工业年鉴系列

《中国机械工业年鉴》

《中国电器工业年鉴》

《中国工程机械工业年鉴》

《中国机床工具工业年鉴》

《中国通用机械工业年鉴》

《中国机械通用零部件工业年鉴》

《中国模具工业年鉴》

《中国液压气动密封工业年鉴》

《中国重型机械工业年鉴》

《中国农业机械工业年鉴》

《中国石油石化设备工业年鉴》

《中国塑料机械工业年鉴》

《中国齿轮工业年鉴》

《中国磨料磨具工业年鉴》

《中国机电产品市场年鉴》

《中国热处理行业年鉴》

《中国电池工业年鉴》

《中国机器人工业年鉴》

《中国工业车辆年鉴》

《中国机械工业集团有限公司年鉴》

编辑说明

一、《中国机械工业年鉴》是由中国机械工业联合会主管、机械工业信息研究院主办、机械工业出版社出版的大型资料性、工具性年刊，创刊于 1984 年。

二、根据行业需要，1998 年中国机械工业年鉴编辑委员会开始出版分行业年鉴，逐步形成了中国机械工业年鉴系列。该系列现已出版了《中国电器工业年鉴》《中国工程机械工业年鉴》《中国机床工具工业年鉴》《中国通用机械工业年鉴》《中国机械通用零部件工业年鉴》《中国模具工业年鉴》《中国液压气动密封工业年鉴》《中国重型机械工业年鉴》《中国农业机械工业年鉴》《中国石油石化设备工业年鉴》《中国塑料机械工业年鉴》《中国齿轮工业年鉴》《中国磨料磨具工业年鉴》《中国机电产品市场年鉴》《中国热处理行业年鉴》《中国电池工业年鉴》《中国机器人工业年鉴》《中国工业车辆年鉴》和《中国机械工业集团有限公司年鉴》。

三、《中国塑料机械工业年鉴》由中国机械工业年鉴编辑委员会和中国塑料机械工业协会共同编撰，于 2009 年首次出版。《中国塑料机械工业年鉴 2021》由综述、专文、行业与地区发展概况、市场专题、统计资料、企业概况、产品项目与技术、标准与专利 8 个栏目构成，集中反映了塑料机械行业 2020—2021 年的发展情况及发展趋势，记录了行业发生的大事及产品发展方向，直观反映了行业经济发展的新变化和新成就。部分数据因四舍五入的原因，分项之和与总项略有出入。书中未署名的文章均由中国塑料机械工业协会提供。

四、《中国塑料机械工业年鉴 2021》主要发行对象为政府决策机构、塑料机械行业和塑料制品相关企业的决策者、从事市场规划与企业规划的中高层管理人员。

五、《中国塑料机械工业年鉴 2021》在编撰过程中得到了中国塑料机械工业协会及行业内众多专家、学者、工程技术人员和企业的大力支持和帮助，在此表示衷心感谢。

七、由于水平有限，难免出现错误和疏漏，敬请批评指正。

中国机械工业年鉴编辑部

2022 年 5 月

目　　录

综　　述

专　　文

行业与地区发展概况

市 场 专 题

统 计 资 料

企 业 概 况

产品项目与技术

标准与专利

Contents

Summary

Features

Industrial & Regional Development Overview

Market Focus

Statistical Data

Enterprises Overview

Products & Technology

Standards & Patents

综述

以宏观视角，分析2020年至2021年我国塑料机械工业的经济运行情况，记录对塑料机械工业产生重要影响的事件

综述

2020—2021年中国塑料机械行业运行报告

2020年是“十三五”收官之年，年初发生的新冠肺炎疫情给社会经济、人们生活造成很大的冲击。塑料机械作为高分子复合材料工业母机，为口罩、护目镜、呼吸面罩等防护物资以及酒精瓶、消毒水瓶、喷雾瓶、测温计和医用便盘等医疗物品的生产提供了极为重要的装备保障，行业整体实现新的增长，为“十三五”画上了较为圆满的句号。进入2021年，疫情对全球的影响仍较为广泛而深远，国际环境依然多变，塑料机械行业迎来新的发展阶段。

一、塑料机械行业面临的新机遇和新挑战

疫情让国际环境变得更加错综复杂，也让人们更加注重日常防护，医疗健康、智能家居、远程办公等越来越受到重视，新的应用市场需求也逐渐增长。疫情也驱使塑料机械企业管理者重新定义生产与经营模式，行业发展面临新的机遇和挑战。

（一）新机遇

1. 政策支持力度加大

为了缓解疫情对经济造成的冲击，国家层面及全国各地方政府相继出台了减税降费、金融支持、推动经济循环畅通和稳定持续发展等大量政策措施。塑料机械行业以民营企业为主，对减税降费和金融支持的敏感度高，这些政策在一定时期内的持续实施对塑料机械企业降低经营和融资成本的效果明显。

2021年，国务院总理李克强主持召开国务院常务会议，部署对制造业中小微企业等实施阶段性税收缓缴措施，进一步加大助企纾困力度。其中，对年销售收入2 000万元以下的制造业小微企业（含个体工商户），其实现的税款全部缓税；对年销售收入2 000万元至4亿元的制造业中型企业，其实现的税款按50%缓税，特殊困难企业可依法特别申请全部缓税。缓税自2021年11月1日起实施，至2022年1月申报期结束，预计可为制造业中小微企业缓税2 000亿元左右。

2. 资本市场助力推进

由于我国疫情防控成效显著，国内经济恢复迅速。2021年1月下旬联合国贸易和发展组织发布的《全球投资趋势监测报告》显示，2020年全球外国直接投资（FDI）同比下降44.22%，但对中国的投资额达到创历史新高的1 630亿美元，占全球总额的18.98%，同比增长15.42%。

商务部数据显示，2021年中国实际利用外资以人民币计首次突破万亿元，达到11 493.6亿元，同比增长14.9%；以美元计，达到1 734.8亿美元，同比增长20.2%。和2019年相比，两年平均增长12.1%，高于全球平均水平6.4个百分点。

FDI主要集中在制造业，国内各大投资公司也纷纷看好制造行业，在塑料机械领域寻找投资项目的意愿显著增强。

3. 出现弯道超车契机

目前我国塑料机械在高精端产品上与欧美日尚存在一定的差距，一些国产重大产品取得突破后被市场接受的过程艰难漫长。在供给产能由暂停逐步修复后，疫情发酵对全球供需端的制约成为影响我国经济发展的因素，这为塑料机械装备国产化、加速进口替代提供了新的机遇。行业企业还需抓住新的契机，争取在高端产品上取得突破，实现传统产品差异化，拓宽海外销售渠道，扩大出口。

4. 未来市场空间广阔

新冠肺炎疫情使得以数字技术为支撑的新产

业、新模式加速发展并展现出强大的抗冲击能力和发展韧性。医疗健康、生物医药等大健康产业以及新能源汽车、新一代信息基础设施和新型智慧城市建设、制造业数字化与智能化升级等势头强劲，塑料机械为这些行业提供重要配套装备，同时也受益于这些行业的发展，预期将迎来新的黄金发展期。

（二）新挑战

1. 中小企业融资难

塑料机械行业中小企业居多，融资难是普遍性的问题，而造成融资难的原因一般是中小企业规模小、不稳定、风险大、缺乏抵押物。虽然国家已出台较多的贷款金融政策，但最终实现政策落地的仍以银行贷款为主。除此之外，中小企业资金来源还有民间借贷和自筹资金。民间借贷的高利息势必会拉低企业利润率，进一步挤压生存空间。自筹资金则主要通过股东追加投资来实现，这需要股东对企业有较好的前景预期且资金实力允许，而大多数中小企业不具备这样的条件。增高的财务费用势必影响企业的经营利润和持续造血机能。

2. 用工问题仍旧突出

大部分塑料机械企业没有因疫情出现大规模裁员的现象，部分企业甚至存在结构性招工难的问题。疫情过后，大小企业分化加剧，落后产能加速出清，部分细分行业集中度进一步上升，对人才的需求非常迫切。

3. 国内竞争加剧

受国际疫情和全球互通阶段性受阻影响，出口市场的持续需求存在较大的不确定性，很多企业也放缓了海外布局，国内市场将成为企业发展的重中之重，可以预见国内市场竞争进一步加剧。而国际资本和企业对中国市场的看好，将进一步挤占国内中小企业的生存空间。此外，塑料机械行业受困于原材料、国际物流和人力资源等要素成本上涨，未来利润空间可能进一步被压缩。

4. 中小企业转型升级难

中小企业的转型升级实际上就是产业链由低端走向中高端、核心竞争力由低价格走向高技术的过程。转型升级需要技术创新，而技术创新的不确定性、复杂性和长期性决定了创新的过程需要充足稳定的资金支持和人员保障。中小企业普遍更关注的是生存，而较难主动寻求转型升级，不愿意承担转型升级过程中的风险。如何负重前行、化危为机，是众多塑料机械行业中小企业面对的问题。

5. 生产成本上涨

2021年黑色金属材料、有色金属材料及电线、化工原料等价格持续同比上涨，大幅推升了企业成本。国家统计局发布的数据显示，2021年工业生产者购进价格上涨11.0%，其中5—12月工业生产者购进价格指数连续8个月的同比增幅超过12%，10月和11月的增幅则超过17%。

根据中国机械工业联合会发布的机械工业运行情况，2021年机械工业营业成本为21.89万亿元，同比增长16.48%，高于同期营业收入和利润总额的增速；每百元营业收入中的成本为84.21元，比上年增加0.64元，高于同期全国工业0.47元。塑料机械制造企业同样面临原材料采购成本持续上涨的压力。

二、2020年我国塑料机械行业概况

2020年年初疫情发生的时候，全国面临停工停产，塑料机械行业难以独善其身。但塑料机械是涉及国计民生各个领域的重要装备，因此成为较早复产、复工率较高的行业之一。在复工复产初期，塑料机械行业在外协配套、物流运输和人员流动等方面也遇到了很大的困难。以民营企业为主的塑料机械行业发挥内生增长驱动力强、市场响应速度快的特点，面对疫情造成的困难，果断调整企业经营思路，根据市场实际需要，扩大业务范围，开展多元化经营，实现核心业务转型升级，拓展医疗健康、民生保障、基建、运输包装和循环经济等领域的相关业务，并加快智能制

造步伐逐，步缓解招工难、用工难的问题。随着全球疫情的进一步蔓延，全球产业链遭遇了巨大挑战，我国塑料机械行业在国际疫情防控和经济复苏中持续发挥不可替代的作用。行业骨干企业也纷纷为疫情防控捐资捐物，体现出高度的社会责任感。在此期间，用于生产熔喷布、口罩、护目镜、防护服、呼吸面罩、医用瓶管袋等的塑料机械装备制造企业营收利润均创新高。

据中国塑料机械工业协会分析，2020 年我国塑料机械产量虽然同比下降 5%，但年营业收入首次突破 810 亿元，同比增长近 25%；利润总额同比增长 49%；营业收入利润率超过 10%。从效益指标看，塑料机械行业营业收入利润率、成本费用利润率、总资产利润率、资产负债率和资产保值增值率等指标继续优于同期全国机械工业的平均水平，位居机械工业前列。

2020 年塑料机械进出口总额 46.35 亿美元，同比增长 0.86%。其中进口额 17.89 亿美元，同比下降 5%；出口额 28.46 亿美元，同比增长 5%；贸易顺差 10.57 亿美元，同比增长 29%，塑料机械贸易顺差有史以来首次突破 10 亿美元。2020 年塑料机械进出口季度增长情况见表 1。2020 年我国塑料机械贸易顺差月度走势见图 1。

表 1　2020 年塑料机械进出口季度增长情况

时间	进口		出口	
	数量同比增长（%）	金额同比增长（%）	数量同比增长（%）	金额同比增长（%）
第一季度	-27	-20	7	-11
第二季度	-21	-21	147	-5
第三季度	85	5	92	15
第四季度	-35	18	86	18

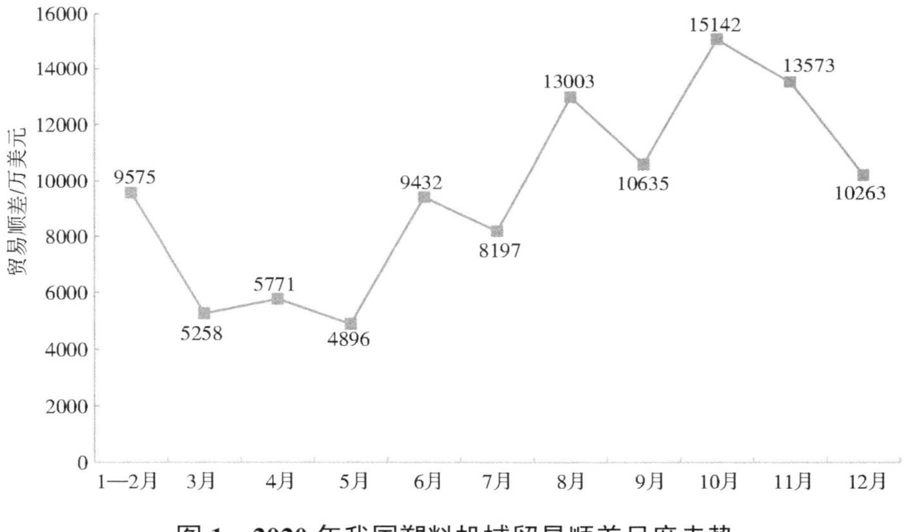

图 1　2020 年我国塑料机械贸易顺差月度走势

2020 年，我国注塑机进口额延续下滑态势，降幅逐步收窄，1—12 月同比下降 11%；出口额自 11 月起增速开始转正，1—12 月同比增长 4%。挤出机进口额保持高速增长，同比增长 24%，出口额同比下降 14%。其中，塑料造粒机进口额同比增长 24%，出口额同比下降 32%；其他挤出机进口额同比增长 24%，出口额同比下降 7%。吹塑机进口额同比下降 45%，出口额同比增长 11%。其中，注射吹塑机、挤出吹塑机和其他吹塑机的出口额同比分别增长 37%、3% 和 15%。塑料中空成型机进口额和出口额同比分别增长 43%、11%。塑料压延成型机进口额和出口额同比分别下降 29%、32%。2020 年重点塑料机械产品进出口额增长情况见图 2。

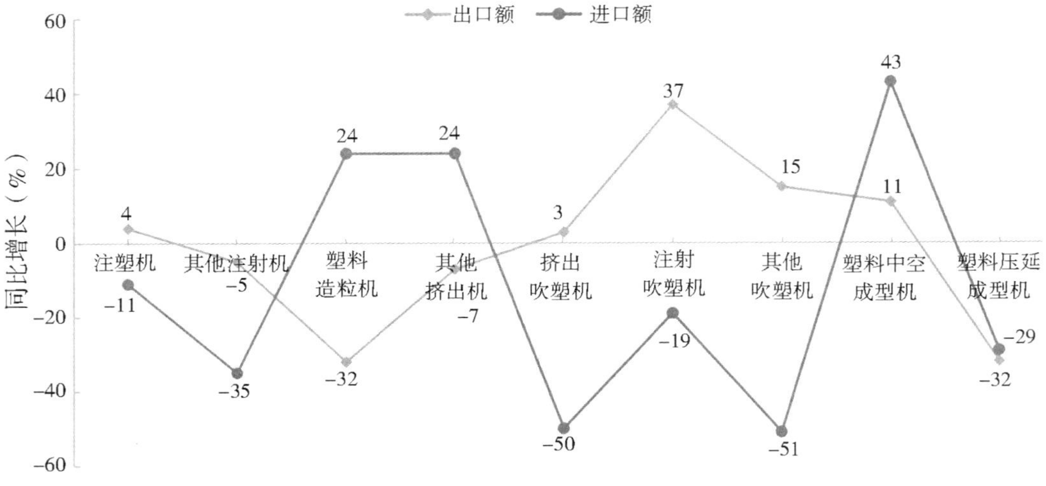

图 2　2020 年我国重点塑料机械产品进出口额增长情况

三、2021 年塑料机械行业整体运行情况

中国塑料机械工业协会根据重点联系企业情况估算，2021 年行业继续保持增长态势，但增长幅度逐步收窄，特别是进入第三季度后下行压力显著增大。分季度看，第一季度产销同比增长均超 60%，主要是由于 2020 年受疫情影响停工停产基数过低；第二季度产销同比增长不到 20%；第三季度虽然产量出现负增长，但由于在手订单履行，营收尚保持近 17% 的增长；第四季度产量和营收下滑幅度较大。随着市场压力的增大，产成品存货大幅增加，行业应收账款也较上年同期增长，资产负债率与上年同期水平较为接近。同时，由于原材料、零部件和能源价格上涨，成本上升幅度超过收入，利润空间压缩，第二和第三季度的利润总额均出现不同程度的下滑。

2021 年塑料机械 12 个重点税号产品实现进出口总额 59.27 亿美元，同比增长 27.88%。其中，进口额 21.61 亿美元，出口额 37.66 亿美元，同比分别增长 20.81%、32.32%。贸易顺差再创新高，达到 16.05 亿美元，同比增长 51.80%。

按季度看，出口额同比增幅由 57.07% 至 14.94% 呈逐季收窄态势；进口额在第二季度同比增长 57.32% 后，第三季度增速下降至 12.78%，第四季度再次出现同比负增长。2021 年塑料机械进出口同比增长情况见图 3。2021 年我国塑料机械贸易顺差月度走势见图 4。

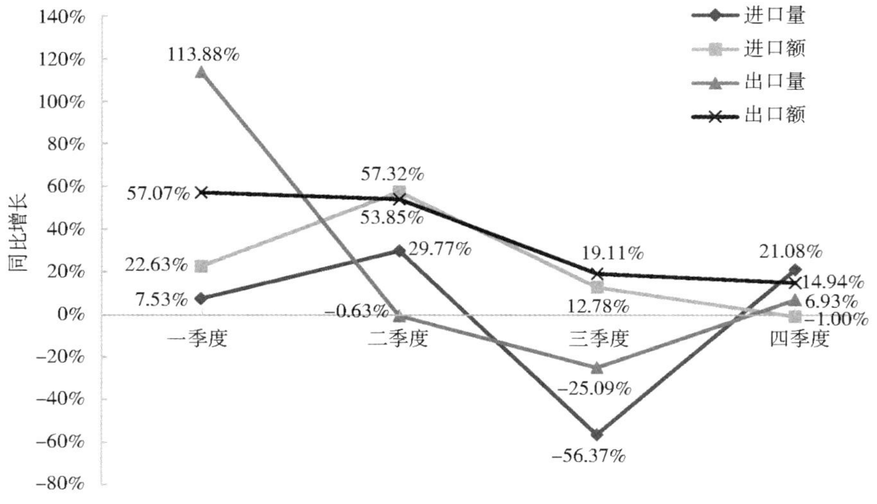

图 3　2021 年塑料机械进出口同比增长情况

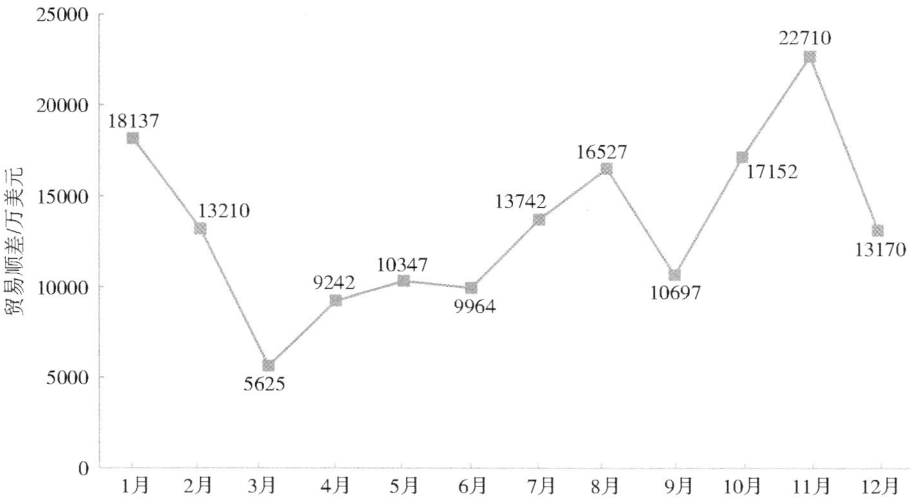

图4　2021年我国塑料机械贸易顺差月度走势

从细分产品看，注塑机和挤出机的进出口额均继续高位增长，且出口增速高于进口。其中，注塑机进口额和出口额同比分别增长25.21%、38.98%；塑料造粒机进口额和出口额同比分别增长12.70%、45.05%；其他挤出机进口额和出口额同比分别增长22.08%、36.43%；挤出吹塑机和塑料中空成型机的进口额增速明显高于出口额；注射吹塑机出口额同比下降2.81%，是唯一出口额下降的分类塑料机械产品；塑料压延成型机进口额同比下降23.92%，出口额同比增长52.35%。2021年重点税号塑料机械产品进出口情况见图5。

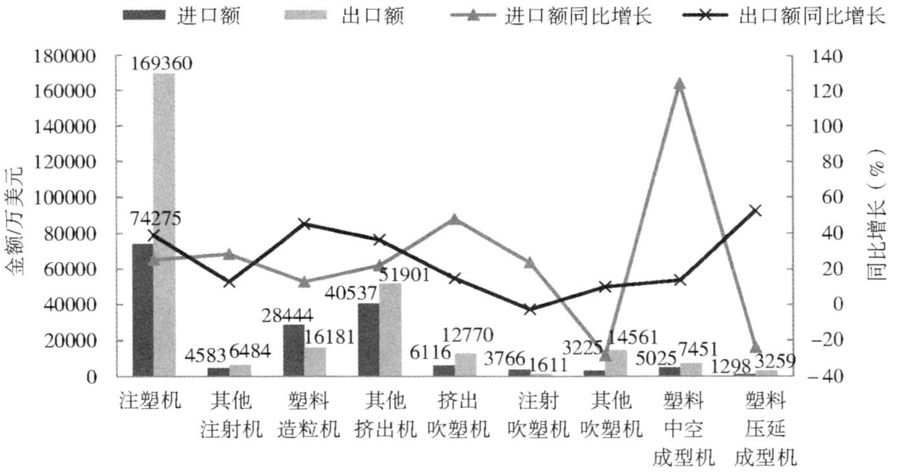

图5　2021年重点税号塑料机械产品进出口情况

按进口来源看，2021年从亚洲进口12个税号塑料机械，合计金额12.59亿美元，同比增长27.10%，占塑料机械总进口额的58.25%；从欧洲进口8.44亿美元，同比增长13.00%，占塑料机械总进口额的39.03%；从北美洲进口5 734万美元，同比增长11.12%，占塑料机械总进口额的2.65%。

2021年塑料机械进口来源地前10位的进口额合计占塑料机械进口额的96.18%。其中，从日本进口10.21亿美元，同比增长28.68%；从德国进口6.36亿美元，同比增长22.99%；从意大利、韩国和美国进口产品的金额同比分别增长13.78%、62.31%和28.62%；从奥地利、瑞士和加拿大进口产品的金额则同比分别下降22.28%、61.01%和21.91%。

按出口分布看，2021 年塑料机械出口亚洲 19.31 亿美元，同比增长 29.24%，占塑料机械出口额的 51.27%；出口欧洲 6.67 亿美元，同比增长 30.12%，占塑料机械出口额的 17.71%；分别出口拉丁美洲和北美洲 4.09 亿美元、3.91 亿美元，同比分别增长 63.08%、26.04%，分别占塑料机械出口额的 10.87% 和 10.38%；出口非洲 3.23 亿美元，同比增长 32.01%，占塑料机械出口额的 8.56%；对大洋洲的出口额同比增长 48.32%，占塑料机械出口额的 1.21%。

2021 年我国塑料机械出口前 10 位市场分别是越南、美国、泰国、土耳其、印度、印度尼西亚、墨西哥、俄罗斯联邦、巴西和马来西亚，出口额合计占塑料机械出口额的 52.11%，其中对越南和美国的出口额占比分别为 10.28%、9.53%。出口前 10 大市场的出口额同比增速均超过 19%，其中对泰国、印度、墨西哥、俄罗斯联邦、巴西和马来西亚的出口额同比增速均超过 42%。2021 年我国塑料机械出口前 10 位市场见图 6。

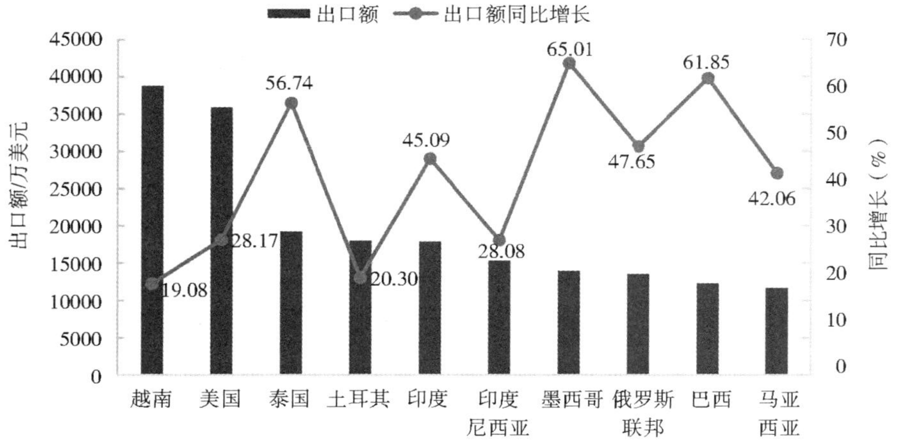

图 6　2021 年塑料机械出口前 10 位市场

四、塑料机械行业未来展望

当前塑料机械行业面临诸多新的机遇和挑战，同时也将迎来新的黄金发展期。

1. 加速转型升级

新冠肺炎疫情倒逼企业转型升级，催化行业企业智能化和数字化发展。塑料机械企业应适时调整经营战略和业务方向，及时淘汰落后产能，用数字化、网络化、智能化赋能生产制造，增强发展后劲，提高发展质量。

2. 提升效益空间

碳达峰碳中和行动、国内国际双循环格局、限塑令等国家发展战略与政策导向影响着塑料机械行业的发展，行业发展将重点结合这些相关领域，更加重视塑料的循环利用和环境友好，并结合医疗健康、新材料、新能源等行业的发展诉求，实现更多跨行业跨产业的合作共赢，提升装备附加值、企业盈利能力与行业整体水平。

3. 产业链协同发展

未来塑料机械行业的技术突破将更有赖于基础材料、工业设计和加工工艺等多学科的配合与系统解决方案的提供，产业链上下游的提前介入与协同发展是降低装备设计成本、生产成本和交易成本的重要路径。

4. 竞争更加全面化

技术、数据、标准、知识产权也将成为影响塑料机械企业综合竞争力的重要因素，行业企业需要看清全球政治经济形势，充分把握机遇，科学优化企业的发展方向。对于塑料机械企业来说，尤其要在生产制造之余，更加注重技术积累沉淀以及人员、销售、经营管理和企业文化等方面的培训，全方位提升软硬实力。

当前，我们正站在“两个一百年”的历史交汇点，中国塑料机械工业发展新征程的号角已经吹响。中国塑料机械工业协会有信心继续发挥好政府与企业之间的桥梁纽带作用，引领行业全体同仁坚定发展信心、增强发展动力，开创塑料机械装备发展新局面做出新的贡献！

2020年中国塑料机械行业大事记

1月

7—19日 中国塑料机械工业协会常务副会长粟东平一行赴印度开展协调中印塑机贸易摩擦工作并实地考察中国塑料机械行业企业在印度投资建厂情况，参加2020年印度（孟买）国际塑料展览会（Plastivision2020）和第六届中印塑料工业产能合作企业家对接会。

10日 2019年度国家科学技术奖励大会在北京召开。中国塑料机械工业协会监事长单位博创智能装备股份有限公司与华中科技大学、浙江大学等合作伙伴共同承担的“塑料注射成形过程形性智能调控技术及装备”项目获2019年度国家科学技术进步奖二等奖。

13日 中国塑料机械工业协会副会长单位东华机械有限公司所属大同机械集团与国家复合改性聚合物材料工程技术研究中心在贵阳科学城举行共建化学注塑微发泡创新示范基地揭牌仪式。

2月

10日 中国塑料机械工业协会发布《关于共同做好疫情防控与行业企业有序复工复产服务工作的通知》。

19日 雅式展览服务有限公司发布关于延期举办Chinaplas2020国际橡塑展的公告，将原定于2020年4月21—24日在上海国家会展中心举办的第34届Chinaplas延期至2020年8月3—6日举行，举办地点不变。

24日 中国塑料机械工业协会会长单位海天塑机集团有限公司（简称海天集团）为期一周的注塑机技术应用网络直播培训开播。

本月 中国塑料机械工业协会副会长单位震雄集团出资500万元助力抗疫，子公司震德捐赠首批70万元医疗物资。

3月

4日 中国塑料机械工业协会发出《关于对受疫情影响严重的湖北地区会员单位免收2020年度会费的通知》。

5日 大连市副市长靳国卫到中国塑料机械工业协会副会长单位大连橡胶塑料机械有限公司实地调研指导企业疫情防控及复工复产情况。

13日 中国塑料机械工业协会就在行业内开展的关于延期举办第三十四届中国国际塑料橡胶工业展览会征求意见情况正式致函雅式展览服务有限公司。

18日 由全国人大财经委主任委员徐绍史担任组长的中央复工复产调研工作组，在浙江省委副书记郑栅洁等领导的陪同下莅临中国塑料机械工业协会会长单位海天集团考察调研。

4月

8日 浙江省委副书记、省长袁家军率有关部门领导莅临中国塑料机械工业协会会长单位海天集团考察调研。

24日 雅式展览服务有限公司再次发布第三十四届中国国际塑料橡胶工业展览会Chinaplas延期举办及变更地点的通知。

5月

12日 中国塑料机械工业协会以“携手同行战疫情 共克时艰谋发展”为主题召开六届七次理事会视频会议。

13日 中国塑料机械工业协会发布《关于进一步开展塑机行业“十四五”发展规划调研的通知》。

★ 中国塑料机械工业协会理事单位广东星联科技有限公司与华南理工大学完成专利技术转让，以超2000万元的价格购得由中国工程院院士、华南理工大学教授瞿金平发明的“基于拉伸流变的高分子材料塑化输送方法及设备”专利技术。

28日 “医路有爱‘伊’心为你——血液透析患者及其家属支持计划”在暨南大学附属顺德医院启动，中国塑料机械工业协会副会长单位广东伊之密精密机械股份有限公司捐资100万元。

本月 宁波市塑料机械行业协会发布2020宁波市塑料机械制造业综合实力十强企业及2020宁波市塑料机械制造业增速前五企业名单。

6月

1日 中国塑料机械工业协会在北京化工大学组织召开中国塑机大平台建设研讨会，宁波市塑料机械行业协会与张家港市塑料饮料机械协会通过视频方式参会。

18日 由中国塑料机械工业协会会长单位海天集团和宁波职业技术学院合作共建的海天大学正式成立，双方举行签约暨设备捐赠仪式。

29日 为期两周的中国塑料机械工业协会负责人2020年上半年工作会议以视频方式正式启动。

7月

9日 广东佛山顺德区人民政府与中国塑料机械工业协会会长单位海天集团举行高端智能装备生态产业基地项目签约仪式。

8月

11日 中国塑料机械工业协会发布2020中国塑机制造业综合实力30强企业、2020中国塑料注射成型机行业15强企业、2020中国塑料挤出成型机行业10强企业、2020中国塑料中空成型机行业5强企业和2020中国塑机辅机及配套件行业5强企业名单。

19日 中国塑料机械工业协会团体标准工作委员会完成《熔喷布成型生产线》和《聚丙烯（PP）熔喷料制备用双螺杆挤出机》团体标准起草工作组组建。

20日 中国塑料机械工业协会团体标准工作委员会正式发布《多组分塑料注射成型机》团体标准，自2020年11月20日起实施。

24日 中国塑料机械工业协会团体标准工作委员会与全国橡胶塑料机械标准化技术委员会发表关于我国塑料机械标准体系的联合声明。

25日 中国塑料机械工业协会副会长单位苏州同大机械有限公司智能化塑机高端装备生产基地破土动工。

9月

16日 中国塑料机械工业协会以视频形式召开六届八次理事扩大会议。

16—18日 中国塑料机械工业协会会长单位海天集团组织开展全国区域首期应用工程师培训活动。

19日 富强鑫集团举行杭州湾新区新厂奠基仪式。

本月 中国塑料机械工业协会副会长单位大连橡胶塑料机械有限公司与瞿金平院士团队签署建立专家团队科研工作

站合作协议书。

10月

13日 由中国塑料机械工业协会专家委员会主办、瞿金平院士领衔的中国塑机科技创新论坛（云直播公益大讲堂）正式开讲。

20日 宁波市塑料机械行业协会第五届七次理事会在舟山举行。

★ 佛山市2020年下半年重大项目集中开工投产活动顺德分会场正式启动仪式，在中国塑料机械工业协会副会长单位伊之密高端智能装备产业园项目现场举行。

23日 工业和信息化部发布《国家工业节能技术装备推荐目录（2020）》《“能效之星”产品目录（2020）》《国家绿色数据中心先进适用技术产品目录（2020）》，中国塑料机械行业企业13个系列产品入选。

27日 中国塑料机械工业协会在北京组织召开新能源汽车锂电池隔膜产业链重点企业交流会，并组织参观了北京奔驰汽车有限公司整车组装工厂、发动机二工厂及动力电池工厂。

本月 中国塑料机械工业协会常务副会长粟东平受佛山市工业和信息化局邀请参加佛山重点产业链调研。

11月

3日 中国塑料机械工业协会理事单位南京创博机械设备有限公司举行新基地启用仪式。

13日 工业和信息化部公布第二批专精特新“小巨人”企业公示名单，中国塑料机械工业协会副会长单位山东通佳智能装备有限公司，理事单位广东星联精密机械有限公司、中蓝晨光化工研究设计院有限公司，会员单位上海辰竹仪表有限公司入榜。

18日 中国机械工业联合会、中国机械工程学会联合发布《关于表彰2020年度中国机械工业科学技术奖奖励项目的决定》，中国塑料机械行业企业获2项二等奖、3项三等奖。

27日 中国塑机创新人才培养基地2020年创新训练营启动暨2019年训练营结营仪式在北京化工大学昌平校区举行。

本月 中国塑料机械工业协会组织专家组对广东金明精机股份有限公司“三泡法吹塑成型九层共挤高性能热收缩膜成套装备”项目开展鉴定。鉴定结果为：国内首创，整体技术处于国际先进水平，可替代进口同类设备。

12月

3日 北京化工大学—金明专项奖学金颁奖典礼在北京化工大学昌平校区举行。

9—11日 中国塑料机械工业协会团体标准工作委员会在浙江嘉兴平湖召开2020年中塑机团标委年会暨《高速精密塑料注射成型机》《立式塑料注射成型机》《熔喷法非织造布生产设备》和《聚丙烯熔喷料制备用同向平行双螺杆挤出机》四项团体标准起草工作会。期间，代表赴理事单位信易集团平湖工厂参观交流。

15日 由商务部外贸发展事务局、中国塑料机械工业协会、西麦克国际展览有限责任公司联合主办的2020年越南国际塑料展览会线上展开幕。

26日 张家港市塑料饮料机械协会召开第五届换届大会。

27日 中国塑料机械工业协会副会长单位东华机械有限公司获2020年东莞工程师创新方法（TRIZ）应用成果大赛一等奖。

29日 中国塑料机械工业协会、重庆沪渝国际展览有限公司与西麦克国际展览有限责任公司就做大做强重庆塑料工业展览会举行视频交流会。

本月 中国塑料机械工业协会副会长单位泰瑞机器股份

有限公司大型精密多组分塑料成型装备被认定为 2020 年度浙江省制造业首台（套）产品。

★ 中国塑料机械工业协会理事单位宁波华美达被评为“宁波市推进‘六争攻坚、三年攀高’行动 加快高质量发展”百强企业。

★ 经国家知识产权局商标局核准，“金塘螺杆”集体商标在第 7 类注册，成为舟山市首件注册成功的制造业集体商标。

2021 年中国塑料机械行业大事记

1 月

本月 浙江省委常委、宁波市委书记彭佳学莅临中国塑料机械工业协会会长单位海天塑机集团有限公司检查指导疫情防控和安全生产工作。

2 月

17 日 印度商工部发布公告，对原产于或进口自中国大陆“塑料成型机 Plastic Processing Machine（PPM）”或“注塑机 Injection Moulding Machine”启动反倾销立案调查。

20 日 中国塑料机械工业协会发布《关于启动应对印度对华塑机反倾销调查工作的重要通知》。

22—23 日 中国塑料机械工业协会、重庆沪渝国际展览有限公司与西麦克国际展览有限责任公司在重庆达成中国（重庆）国际塑料工业展览会战略合作伙伴关系。

3 月

17 日 装备制造业“十四五”高质量规划专家组一行在张家港市工业和信息化局领导陪同下，对中国塑料机械工业协会副会长单位苏州同大机械有限公司高端制造方面进行调研指导。

18 日 中国塑料机械工业协会会长单位海天塑机集团有限公司高端智能装备产业基地启动仪式暨省市区共建顺德高端装备产业基地签约仪式在顺德（龙江）数字产业城举行。

29 日 中国塑料机械工业协会发布 2021 第三届“中国好塑才”名单，包括 12 位管理精英、15 位技术能手和 23 位科技英才名单。

本月 由中国塑料机械工业协会副会长单位大连橡胶塑料机械有限公司研制的我国首台（套）双三辊一次双面擦胶压延生产线顺利通过试车，正式发运交付国内某大型 V 带企业。

4 月

12 日 中国塑料机械工业协会七届一次会员代表大会、七届一次理事会暨 2021 中国国际塑料机械产业论坛在东莞召开。会议选举产生了新一届理事会和监事会成员。

13—16 日 第三十四届中国国际塑料橡胶工业展览会首次在深圳国际会展中心举办。

5 月

24 日 中国塑料机械工业协会以视频形式召开七届二次

理事扩大会议，达成“团结起来 一致行动”的决议：我们共同以两年为一届、参加雅式展览服务有限公司在上海主办的Chinaplas国际橡塑展。

6月

25日 国家知识产权局发布《关于第二十二届中国专利奖授奖的决定》，中国塑料机械工业协会副会长单位广东伊之密精密机械股份有限公司、震德塑料机械有限公司、广东金明精机股份有限公司，理事单位力劲集团深圳领威科技有限公司，会员单位深圳市英威腾电气股份有限公司和山东莱芜新甫冠龙塑料机械有限公司获优秀奖。

7月

19日 工业和信息化部公示第三批专精特新“小巨人”企业名单，中国塑料机械工业协会14家会员单位入榜。

29日 中国塑料机械工业协会团体标准工作委员会以视频形式召开《高速精密塑料注射成型机》和《立式塑料注射成型机》标准审查会。

8月

31日 中国塑料机械工业协会发布2021中国塑机制造业综合实力30强企业、2021中国塑料注射成型机行业18强企业、2021中国塑料挤出成型机行业12强企业、2021中国塑料中空成型机行业5强企业、2021中国塑机辅机及配套件行业5强企业名单。

本月 大连重工下属大连华锐重工铸业有限公司研制的85 000kN锁模力注塑机模板顺利交付。

9月

7日 印度贸易救济总署召开对自中国进口塑机反倾销调查视频听证会。印度国内产业代表、全印塑料制造厂商协会（AIPMA）和中国塑料机械工业协会（CPMIA）的代表在会上发表意见。协会委托的印度律师于听证会后分别提交了反倾销无损抗辩书面意见和对印度国内产业观点的反驳意见。

10月

14—16日 第五届中国（重庆）国际塑料工业展览会在重庆国际博览中心举办，同期召开2021中国国际塑料机械技术创新论坛。

28日 中国塑料机械工业协会理事单位力劲集团与北京化工大学合作的先进注塑研发中心揭牌仪式在中山力劲机械有限公司举行。

11月

1日 由中共广州市委统战部、广州市工业和信息化局、广州市工商业联合会主办的广州市民营经济服务大会暨民营企业服务周启动仪式在广州举行。中国塑料机械工业协会监事长单位博创智能装备股份有限公司获“2021年广州市民营领军企业”称号。

8日 工业和信息化部公示制造业单项冠军第六批遴选和第三批通过复核企业名单，中国塑料机械工业协会副会长单位宁波弘讯科技股份有限公司、会员单位江苏国贸减速机股份有限公司和中国化学工业桂林工程有限公司入榜。

9日 中国机械工业联合会、中国机械工程学会联合发布《关于表彰2021年度中国机械工业科学技术奖奖励项目的决定》，中国塑料机械工业协会副会长单位泰瑞机器股份有限公司的“光学级塑料零件形性控制技术与成型装备的研发及产业化”获科技进步类一等奖，会长单位海天塑机集团有限公司的“大型电液混合动力塑料注射成型智能装备关键技术及产业化”获科技进步类三等奖。

10日 西安翻译学院举行金纬奖学金捐赠仪式。

18日 中国塑料机械工业协会接工业和信息化部装备一司通用机械处咨询，就矿物复合材料情况展开为期近一个月的调研。

22日 中国塑料机械工业协会副会长单位信易集团与东莞理工学院粤台产业科技学院签订战略合作协议。

本月 由中国塑料机械工业协会副会长单位大连橡胶塑料机械有限公司自主开发的国内首台（套）高端650L密炼生产线顺利完成出厂前的负荷试车和鉴定工作。

12月

24日 宁波市委人才工作会议暨2021中国浙江·宁波人才科技周综合启动仪式举行，中国塑料机械工业协会会长、海天塑机集团有限公司总裁张剑鸣获“2021年度宁波市杰出人才”称号。

27日 工业和信息化部公示2021年工业互联网APP优秀解决方案名单，中国塑料机械工业协会副会长单位广东伊之密精密机械股份有限公司的“注塑智能生产管理解决方案Yi-MES”入榜。

28日 工业和信息化部公示2021年度智能制造试点示范工厂揭榜单位和优秀场景名单，中国塑料机械工业协会监事长单位博创智能装备股份有限公司获“2021年度智能制造示范工厂揭榜单位”称号。

专文

展示塑料机械行业发展规划及发展方向，分析塑料机械行业用户发展情况，记录人才培养基地建设情况

综述
专文
行业与地区发展概况
市场专题
统计资料
企业概况
产品项目与技术
标准与专利

专文

中国塑料机械行业“十四五”发展规划

中国塑料机械行业是为高分子复合材料（俗称塑料）在航空航天、国防、石化、电子、光电通信、生物医疗、新能源、建筑材料、包装、电器、汽车及交通、农业和轻工业等国民经济各领域应用提供重要装备的产业。经过60多年的发展，中国塑料机械行业已经形成了以科技创新为先导、门类齐全、具有世界最大规模和较先进水平的产业体系，产量连续19年位居世界第一，是进入21世纪以来中国机械工业中增长最快、利润率最高的行业之一。据中国塑料机械工业协会测算，中国塑料机械产量占世界的比例已超过50%，销售收入占比约为35%。我国已成为名副其实的塑料机械制造大国和出口大国，在全球塑机市场上具有重要影响力。

自1980年塑料机械行业有了第一个五年计划（“七五”发展计划）以来，发展规划已逐渐成为推进行业转型升级的重要手段，对于优化生产力布局、构建现代产业体系和提升行业经济竞争力具有重要的推动作用。“十四五”时期是我国经济社会发展的重要历史性窗口期，是向全面建成社会主义现代化强国迈进的关键时期，做好行业“十四五”发展规划编制工作意义重大。

本规划共包括6个部分内容：一、塑料机械行业的作用和地位；二、中国塑料机械行业“十三五”时期发展情况；三、“十四五”时期面临的发展形势；四、“十四五”发展规划指导思想、发展战略和目标；五、中国塑料机械行业“十四五”重点发展产品；六、建议措施。

一、塑料机械行业的作用和地位

作为高分子复合材料的“工作母机”，塑料机械是先进制造业的重要组成部分，与七大战略性新兴产业紧密相连，产业带动能力强；符合科技革命发展方向，具有良好的经济技术效益；产品应用领域广泛，具有广阔的市场空间。

（一）塑料机械行业是先进制造业的重要组成部分

随着科学技术的进步，塑料机械行业在广泛采用先进制造技术和设备的同时，还普遍推行现代化管理方法和先进制造生产模式，从而使传统产业发生了重大变革，转型升级工作取得了令人瞩目的成绩。行业骨干企业基本实现了“五化”，即产品设计和企业管理信息化、制造工艺和制造装备智能化、生产过程和产品制造绿色化、生产备件和产品质量标准化、产品营销和售后服务全球化。目前，中国塑料机械行业不仅在产量方面实现世界“19连冠”，而且产业结构不断调整优化，为新能源、新材料、节能环保、生物医药、信息网络和高端制造产业提供专用设备。例如，生产汽车配件、微电子塑料制件、精密光学器件、精密医用高分子器件的精密成型设备；满足大飞机、大轮船、高铁动车、新能源汽车等用关键塑料制件需求的大型注射成型装备；满足先进功能材料、微机电系统、微电子系统领域需求的微注塑成型、微挤出成型和微压印成型等装备。

（二）塑料机械行业符合新科技革命发展方向

以新一代信息技术、新能源技术、新生物技术、新材料技术为主要突破口的新一轮科技革命和产业变革正在加速演进，深刻改变人们的生产和生活方式。在材料与制造领域，材料技术的发展趋向于结构功能一体化、材料器件智能化、制备过程绿色化。而绿色智能制造技术将引发产业全面变革。人机共融的智能制造模式、智能材料与4D

打印技术将推动大批量集中式生产转向高度灵活、个性化、数字化新生产模式。智能机器人的研发应用将成为前沿和热点，基于信息物理系统的智能装备、智能工厂等智能制造将引领制造方式的变革。中国塑料机械产业具有智能数字化、绿色环保化和带动系数大、综合效益好等特点，符合新科技革命绿色、智能、健康可持续发展的方向。

（三）塑料机械应用领域广泛

塑料是继木材、金属、水泥之后的第四大结构材料。欧、美等国家的专家曾预言：21 世纪是塑料的世界，未来世界就是塑料 + 芯片的世界。同时，他们还预言：中国将是 21 世纪全球塑料工业最大的市场。中国汽车工业专家曾经指出，随着汽车向轻量化、环保化方向发展，塑料在汽车工业中的应用将越来越广泛，一个塑料化的汽车工业时代即将到来。国家“973”计划生物医用材料项目首席科学家顾忠伟曾经提到，全球医疗器械市场发展趋势可与汽车和信息产业相比，正在成为世界经济的一个支柱性产业。随着老龄化人口的增加，心脏起搏器、人工晶体、人工髋关节、人工膝关节等生物材料和植入体的需求不断增加，医用塑料具有市场需求大、发展潜力大和利润大等特点。

2020 年年初发生的新型冠状病毒肺炎疫情对社会经济、人们生活造成很大的冲击。塑料机械作为高分子复合材料工业母机，疫情防控期间为口罩、护目镜、呼吸面罩等防护物资以及酒精瓶、消毒水瓶、喷雾瓶、测温计和医用防护等医疗物品的生产提供了极为重要的装备保障。可以预见，随着国家新基建政策频出、医疗健康行业重视程度加强、汽车释放限制消费呼声提高、电子产品更新换代提速以及发展循环经济迫在眉睫，塑料机械行业在这些领域的应用需求将拥有很大的增长空间。

多年来，党和国家领导对塑料机械行业的发展非常关心并高度重视，对塑料机械行业的工作充满期待。当前，塑料机械作为单列行业已列入国家发展改革委、工业和信息化部《重点产业振兴与技术改造专项》《产业关键共性技术发展指南》《工业企业技术改造升级投资指南》《“数控一代”装备创新工程行动计划》《节能机电设备（产品）推荐目录》《重大技术装备自主创新指导目录》《首台（套）重大技术装备推广应用指导目录》、“中国制造 2025”智能制造试点示范等，在国民经济发展中日益显示出极为重要的作用。

二、中国塑料机械行业“十三五”时期发展情况

“十三五”期间，面对复杂多变的国内外经济形势和频发的国际贸易摩擦，我国塑料机械行业的发展表现出强大的韧性，保持了稳中有进、进中有新的总体态势，从“十二五”时期的高速增长稳步转向高质量发展，主要经济指标增速和利润率水平依然处于全国机械工业的前列，行业全球影响力和企业国际竞争力进一步提升。

（一）行业整体经济绩效

“十三五”时期，我国塑料机械行业规模企业数、产销、利润总额和进出口总额又创新高，在国际塑料机械市场的份额不断提高。特别是在 2017 年，工业总产值达到 670 亿元，利润总额 70 亿元，出口交货值 110 亿元，达到历年的峰值；进入 2018 年，随着国际贸易摩擦的加剧，经济形势更为严峻，塑料机械行业很难独善其身，经济指标增长放缓，有些月份出现了负增长；2020 年年初发生的新冠肺炎疫情，更是对行业提出了前所未有的挑战。整体来看，我国塑料机械行业“十三五”期间的发展呈现如下三个阶段特点：

1. 2016—2017 年冲高阶段

两年间行业延续高速增长态势，主营业务收入同比分别增长 14%、13%，利润总额同比分别增长 15%、22%。在这一阶段，行业开始对塑料机械在汽车轻量化领域的应用加大投入力度，开拓了新的蓝海领域；注塑机、挤出机、吹塑机三

个大类37个项目进入工业和信息化部《首台（套）重大技术装备推广应用目录》（2016年版），塑料机械成为入选该目录产品最多的行业之一；在国家发展改革委、工业和信息化部“重点产业振兴和技术改造专项”中，高效节能塑机被列入“基于国产智能装备的数字化制造技术能力提升和示范应用”支持方向，节能、环保继续领跑行业主题；与此同时，自2015年起掀起的智能制造热潮引发行业新的转型方向，一些此前在两化融合方面做得较好的企业迅速转到智能制造的轨道上来，在智能工厂、智能装备和产品、智能化管理及服务等方面取得了新的突破。

2.2018—2019年放缓阶段

进入2018年，我国经济发展面临的国内外形势出现了较大变化。总体来看，世界经济呈现动能趋缓、分化明显、规则调整加快的特点，2019年面临的不确定、不稳定因素增多。随着中美贸易摩擦的加剧，在形势复杂严峻、经济下行压力增大的背景下，我国塑料机械行业发展面临着风险增加、运行稳中有变的新局面。特别是2018年起，汽车行业连续下滑，塑料机械作为塑料汽配件的工作母机受到较大的影响，2018年5月起产量持续走低，2018—2019年规模以上企业主营业务收入同比分别下降4%、9%，利润总额同比分别下降4%、13%。

3.2020年抗击疫情特殊驱动阶段

2020年是“十三五”的收官之年，年初发生的新冠肺炎疫情给社会经济、人们生活造成很大的冲击。在以习近平同志为核心的党中央坚强领导下，全国人民众志成城、同舟共济，疫情防控形势持续向好，生产生活秩序加快恢复的态势不断巩固和拓展。从国家统计局发布的数据来看，虽然第一季度国民经济运行受到较大影响，但我国经济稳中向好、长期向好的基本趋势不会改变，经济转型升级和高质高效发展的势头将更加强劲。

塑料机械行业以民营企业为主，具有内生增长驱动力强、市场响应速度快的特点。面对疫情造成的困难，多家企业果断调整经营思路，实施新的应对措施，根据市场实际需要，实现核心业务转型升级，拓展医疗健康、民生保障、基建、运输包装和循环经济等领域相关的业务，并加快智能制造步伐来逐步缓解招工难、用工难的问题。

随着全球疫情的进一步蔓延，全球产业链遭遇巨大挑战。我国塑料机械行业近十年来的出口一直保持较快的增长，进口则呈增长放缓的趋势。2019年在贸易摩擦频发、外部环境收紧的情况下，我国塑料机械出口额仍增长10.66%；实现贸易顺差8.23亿美元，同比增长87.35%。2020年贸易顺差更是首次突破了10亿美元，凸显出塑料机械作为工业母机的重要地位。很多企业的出口销售占公司总销售收入的比重超过30%，部分企业出口比重达50%以上，个别企业则100%完全依赖出口市场。未来行业出口可能会面临更多复杂因素的挑战，但经过60多年的发展，我国塑料机械行业已经形成门类齐全、具有世界最大规模和较先进水平的完整产业链体系，若能加大力度扶持国内产业，系统性地激活国内消费市场，有助于实现国内供需循环，在一定程度上弥补出口不确定所导致的损失。

受新冠肺炎疫情影响，2020年规模以上塑料机械企业第一季度产量、营业收入和利润总额同比分别下滑63%、23%和43%。第二季度复苏明显，产量同比增长15%，较第一季度环比增长66%；营业收入同比增长36%，较第一季度环比增长80%；利润总额同比增长96%，环比增长312%。产量、营业收入和成本呈逐季度递增态势，而利润总额在第二季度达到峰值后，第三、第四季度增幅逐步收窄。2020年488家规模以上塑料机械企业完成产量333 689台，同比下降5%；营业收入810.56亿元，同比增长近25%；营业成本619.14亿元，同比增长近22%；利润总额85.72

亿元，同比增长 49%；营业收入利润率 10.58%，比 2019 年高 1.73 个百分点。

从效益指标看，2020 年塑料机械行业整体营业收入利润率、成本费用利润率、总资产利润率、资产负债率和资本保值增值率等指标保持优于同期全国机械工业的平均水平。2020 年塑料机械行业与机械工业规模以上企业主要效益指标比较见图 1。

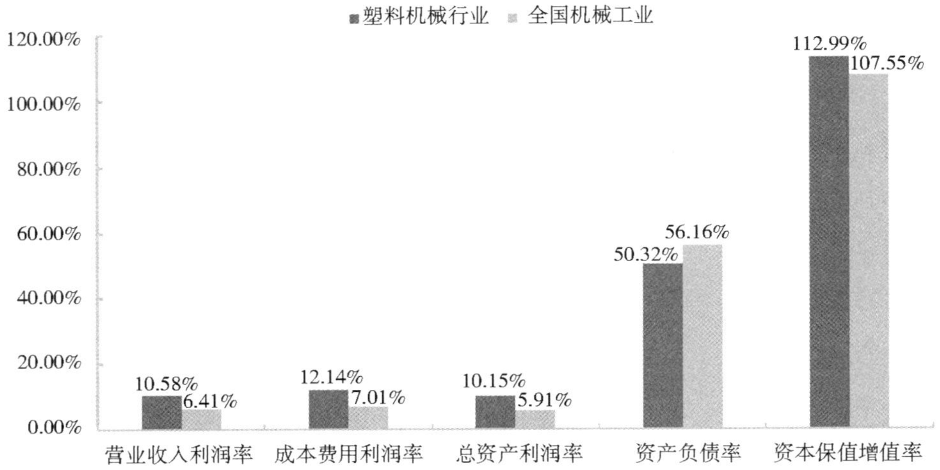

图 1　2020 年塑料机械行业与机械工业规模以上企业主要效益指标比较

2020 年塑料机械实现进出口总额 46.35 亿美元，同比增长 0.86%。其中进口额 17.89 亿美元，同比下降 5%，降幅较前 11 个月累计进一步收窄；出口额 28.46 亿美元，同比增长 5%，增幅较前 11 个月扩大；贸易顺差 10.57 亿美元，同比增长 29%，我国塑料机械贸易顺差有史以来首次突破 10 亿美元。（后略）

（二）出口态势好于进口

“十三五”期间，由于我国塑料机械整体水平的提升，替代进口效应显著，进口设备从 2015 年的 15.25 亿美元增长到 2020 年的 17.89 亿美元，年均增长 3.24%；出口则从 2015 年的 18.91 亿美元增长到 2020 年的 28.46 亿美元，年均增长 8.52%；贸易顺差进一步增大，从 2015 年的 3.66 亿美元增长到 2020 年的 10.57 亿美元，年均增长 23.63%。塑料机械出口占国内生产的比重从 2015 年的 22.95% 提升到 2019 年的 28.73%，2020 年下降至 24.24%。国产设备在国内市场的占比于 2016 年达到 84% 的峰值后，2019 年占比回落至 78%，2020 年再次提高至 83%。

按产品来看，挤出机的进口增长快于注塑机。2015 年注塑机进口额为 6.57 亿美元，2019 年为 6.63 亿美元，年均增长仅为 0.25%；塑料造粒机进口额从 2015 年的 1.74 亿美元增长到 2019 年的 2.04 亿美元，年均增长 4.1%；其他挤出机进口额从 2015 年的近 2 亿美元增长到 2019 年的 2.68 亿美元，年均增长 7.69%。吹塑机按具体类型细分，挤出吹塑机进口额从 2015 年的 8 471 万美元下降到 2019 年的 8 188 万美元，年均下降 0.85%；注射吹塑机 2015 年进口 2 410 万美元，2019 年为 3 779 万美元，年均增长 11.9%；其他吹塑机进口额则从 2015 年的 5 763 万美元增长到 2019 年的 9 144 万美元，年均增长 12.23%。2016—2019 年我国塑料机械进口额增长情况见图 2。2016—2019 年我国塑料机械出口额增长情况见图 3。

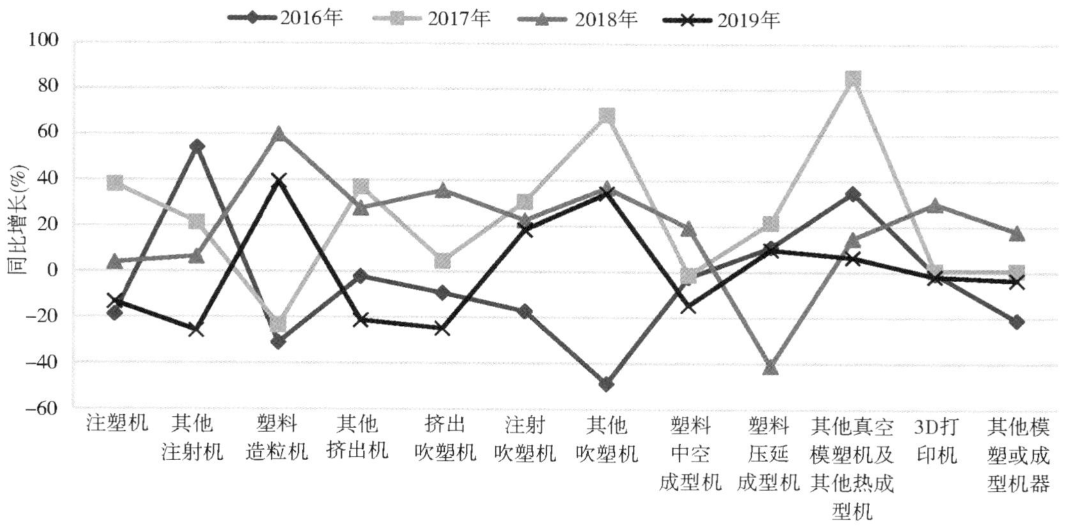

图2 2016—2019年我国塑料机械进口额增长情况

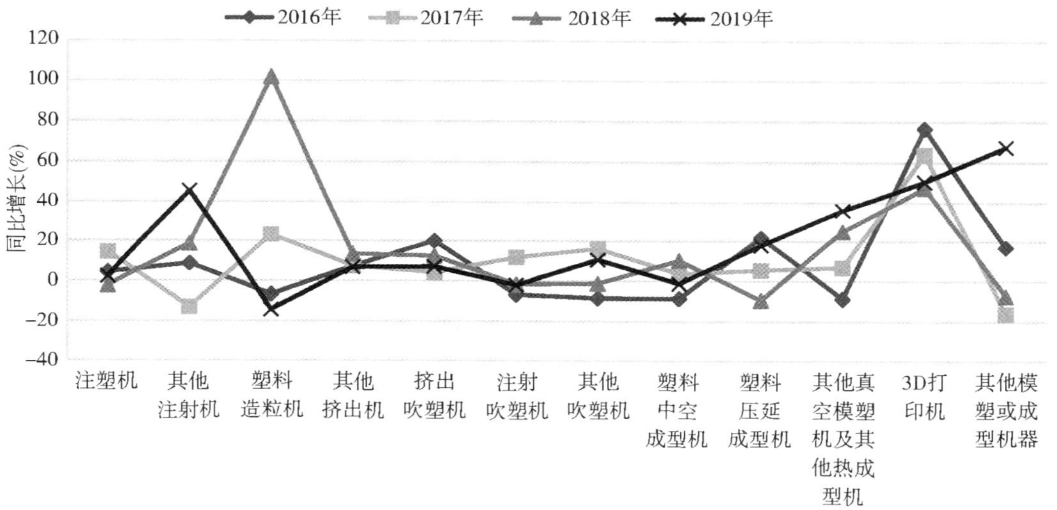

图3 2016—2019年我国塑料机械出口额增长情况

（三）行业硕果累累

“十三五”时期，行业多家企业多项产品荣获国家级、行业级重要奖项。在“改革开放40周年——机械工业杰出产品”选树活动中，塑料机械行业共有13家企业的14项产品入选，占194项总入选产品的7.22%。2016—2019年，塑料机械行业有3个项目获中国机械工业科学技术奖一等奖、2个项目获二等奖、12个项目获三等奖；有13项专利获中国专利奖优秀奖；在由中国塑料机械工业协会组织的6家企业新产品、新技术成果鉴定中，有5个项目整体技术或关键技术达到了国际先进水平，1个项目总体技术处于国内领先、部分指标达到国际先进水平。博创智能装备股份有限公司（简称博创）与华中科技大学、浙江大学等合作伙伴共同承担的塑料注射成形过程形性智能调控技术及装备项目获2019年度国家科学技术进步奖二等奖。2020年桂林电器科学研究院有限公司获中国机械工业科学技术奖技术发明类二等奖，海天塑机集团有限公司（简称海天）获中国机械工业科学技术奖科技进步类二等奖，苏州同大机械有限公司（简称同大）、广州数控设备有限公司分别荣获中国机械工业科学技术奖科技进步类三等奖。改革开放40周年——机械工业杰出产品名单（塑料机械部分）见表1。2016—2019

年获中国机械工业科学技术奖的塑料机械项目见表 2。2016—2019 年获中国专利奖的塑料机械专利见表 3。2016—2020 年中国塑料机械工业协会新技术、新产品成果鉴定统计见表 4。

表 1 改革开放 40 周年——机械工业杰出产品名单（塑料机械部分）

序号	公司名称	产品名称
1	海天塑机集团有限公司	MA 系列伺服节能塑料注射成型装备
2	博创智能装备股份有限公司	大型塑料箱体高速智能无人化生产线
3	大连橡胶塑料机械有限公司	20 万 t/a 聚丙烯大型同向双螺杆挤压造粒机组
4	大连橡胶塑料机械有限公司	XY-4S1730C/XY-F4S1730C 橡胶四辊压延生产线
5	富强鑫（宁波）机器制造有限公司	FB-600LV 型直角式三色注塑机
6	广东金明精机股份有限公司	风电、航空专用宽幅多层膜吹塑成套装备
7	浙江申达机器制造股份有限公司	大容量挤出注射成型千吨级注塑装备
8	东莞信易电热机械有限公司	欧化除湿干燥送料组合 SCD
9	艾克森（江苏）节能电热科技有限公司	纳米远红外电热圈
10	苏州锦珂塑胶科技有限公司	“锦珂”牌石英超导双效节能加热器
11	佛山市顺德区震德塑料机械有限公司	SVP/3 系列伺服驱动注塑机
12	泰瑞机器股份有限公司	Dream-J 梦想系列大注射量挤注式塑料注射成型机
13	苏州同大机械有限公司	高效节能中空成型自动化成套装备
14	震雄机械（深圳）有限公司	超大型双射台 SM6500-TP 注塑成型机

表 2 2016—2019 年获中国机械工业科学技术奖的塑料机械项目

年度	序号	项目名称	完成单位	获奖等级
2019	1	大型双支撑连续混炼挤压造粒机组	大连橡胶塑料机械有限公司、大连理工大学	一等奖
	2	城市地下管网大型复杂塑料零部件成型工艺及装备	泰瑞机器股份有限公司、北京化工大学	二等奖
	3	造纸废渣再生 PE 建筑模板关键技术及其成套生产装备	江苏贝尔机械有限公司、张家港江苏科技大学产业技术研究院	三等奖
	4	高端数控注塑机的控制、驱动等关键技术研究	震雄机械（深圳）有限公司	三等奖
	5	风电、航空专用宽幅多层膜吹塑成套装备研发及产业化	广东金明精机股份有限公司、深圳智慧金明科技有限公司	三等奖
2018	1	高精密高性能塑料注射成形技术及装备	华中科技大学、浙江大学、博创智能装备股份有限公司、宁波方正汽车模具股份有限公司、瑞声光电科技（常州）有限公司、深圳市兆威机电股份有限公司	一等奖
	2	TJT-（F）1320/JJT-（F）1275 碳纤维涂浸胶机组	大连橡胶塑料机械有限公司	二等奖
	3	塑料微结构零件注射成型系统及配套设备的研发	浙江申达机器制造股份有限公司、浙江大学、杭州科技职业技术学院	三等奖
	4	智能数控伺服省电注塑机产业化升级换代	佛山市顺德区震德塑料机械有限公司	三等奖
	5	数字化控制九层共挤薄膜吹塑机组	广东金明精机股份有限公司	三等奖

（续）

年度	序号	项目名称	完成单位	获奖等级
2016	1	绿色智能大型纯二板式塑料注射成型装备的研发及产业化	海天塑机集团有限公司	一等奖
	2	超大型二板式智能注塑装备	博创智能装备股份有限公司	三等奖
	3	基于工业4.0控制技术的SVP/3系列伺服驱动注塑机	震德塑料机械有限公司	三等奖
	4	农用生态型斑马膜智能装备	广东金明精机股份有限公司	三等奖
	5	UN650MG Ⅱ半固态镁合金注射成型机	广东伊之密精密机械股份有限公司	三等奖
	6	节能型3.3m幅宽双轴定向聚苯乙烯薄膜生产线研制	桂林电器科学研究院有限公司	三等奖
	7	XMN-320×（5-50）Y啮合型密闭式炼胶机	大连橡胶塑料机械股份有限公司	三等奖

表3　2016—2019年获中国专利奖的塑料机械专利

序号	专利号	专利名称	专利权人	发明人	奖项	时间
1	ZL201410265885.8	注塑机无滞留柱塞注射储料缸结构	广东伊之密精密注压科技有限公司	蒋小军、卢嘉诚、黄茂敬	第21届中国专利奖优秀奖	2019年
2	ZL200910192111.6	基于伺服电机控制的多泵组合控制液压动力系统	佛山市顺德区震德塑料机械有限公司	谭树发、胡军	第20届中国专利奖优秀奖	2018年
3	ZL201210576118.X	塑料膜拉伸生产线的厚膜链铗	桂林电器科学研究院有限公司	陈甘霖、徐兰、冯勇刚	第20届中国专利奖优秀奖	2018年
4	ZL200910131017.X	伺服控制半固态镁合金高速注射成型机	广东伊之密精密机械股份有限公司	刘勇兵、张涛、隋铁军、李斌礼、崔晓鹏、沈锋利	第19届中国专利奖优秀奖	2017年
5	ZL201210165932.2	同心套筒式多层共挤吹膜机头	广东金明精机股份有限公司	李浩、林楚漂、马佳圳	第19届中国专利奖优秀奖	2017年
6	ZL201210422570.0	一种双阶双螺杆挤出机连续制备再生胶的方法	北京化工大学	张立群、史金炜、任冬云、陈成杰、邹华、王士军	第19届中国专利奖优秀奖	2017年
7	ZL201180004212.1	一种同步电机电感参数辨识方法及其实现系统	深圳市英威腾电气股份有限公司	王玉雷、徐铁柱	第19届中国专利奖优秀奖	2017年
8	ZL201410135993.3	纳米叠层复合挤出设备	苏州同大机械有限公司、北京化工大学	杨卫民、贾辉、刘程林、邱建成、丁玉梅、何建领	第18届中国专利奖优秀奖	2016年
9	ZL201310088020.4	一种吹瓶机	江苏新美星包装机械股份有限公司	董海龙、芮校举、蔡同经、何德平	第18届中国专利奖优秀奖	2016年
10	ZL201310356393.5	一种分配器内轴机构的防转装置	广州达意隆包装机械股份有限公司	杨恢光、樊衡益、张聪敏	第18届中国专利奖优秀奖	2016年
11	ZL201320044770.7	一种整卷塑料边角料粉碎和定量包装机组	王昌佑	王昌佑	第18届中国专利奖优秀奖	2016年
12	ZL201110039891.8	侧面锁紧复合橡胶挤出机头	桂林橡胶设计院有限公司	黄发国、欧安林、周立新、兰新亮	第18届中国专利奖优秀奖	2016年
13	ZL201010108545.6	一种高性能杂环芳纶及其制备和应用	中蓝晨光化工研究设计院有限公司	王凤德、彭涛、邱锋、陈超峰	第18届中国专利奖优秀奖	2016年

表 4　2016—2020 年中国塑料机械工业协会新技术、新产品成果鉴定统计

序号	单位名称	鉴定项目	鉴定结果	鉴定时间
1	广东金明精机股份有限公司	三泡法吹塑成型九层共挤高性能热收缩膜成套装备	国内首创，整体技术处于国际先进水平，可替代进口同类设备	2020 年 11 月
2	苏州同大机械有限公司	TDB-250L 柔性多工位高效吹塑智能化生产线	总体技术处于国内领先、部分技术指标达到国际先进水平	2019 年 8 月
3	苏州锦珂塑胶科技有限公司	塑料加工节能加热技术	关键技术达到国际先进水平	2018 年 4 月
4	江苏维达机械有限公司	全自动三角横梁模内 360° 环标注吹中空成型机	整体技术达到国际先进水平，关键技术处于同类产品国际领先水平	2017 年 11 月
5	广东金明精机股份有限公司	数字化控制九层共挤薄膜吹塑机组	整体技术处于国际先进水平	2017 年 1 月
6	群达模具（深圳）有限公司、深圳市福达智能系统有限公司、广州市香港科大霍英东研究院	注塑机高性能控制系统	整体技术性能达到国际先进水平	2016 年 7 月

（四）“十三五”中国塑料机械优势企业发展情况

自“十二五”起，中国塑料机械工业协会已连续 10 年面向社会各界推出了中国塑机行业优势企业榜单，分别有中国塑机制造业综合实力 30 强企业、中国塑料注射成型机行业 15 强企业、中国塑料挤出成型机行业 10 强企业、中国塑料中空成型机行业 3 强企业和中国塑机辅机及配套件行业 5 强企业等。入榜企业影响力越来越大，带动作用也越来越强，不仅得到了行业的广泛关注和肯定，也成为国内外相关产业及用户了解中国塑料机械企业发展的风向标。

“十三五”期间，中国塑料机械优势企业体量继续扩大，集中度进一步提升。据中国塑料机械工业协会统计，2016—2020 年入榜中国塑机优势企业工业总产值年均增速达 9.92%，工业销售产值年均增长 9.77%，资产总额年均增长 7.97%，主营业务收入年均增长 10.03%，利润总额年均增长 11.33%，净利润年均增长 12.45%，纳税总额年均增长 13.13%，出口额年均增长 6.34%，研发费用年均增长 12.11%；主营业务收入在行业的占比由 2015 年的 39.4% 提高至 2019 年的 46.3%，资产总额在行业的占比由 2015 年的 63.2% 提高至 2019 年的 65.6%，利润总额在行业的占比由 2015 年的 50.2% 提高至 2019 年的 66.1%，出口额在行业的占比由 2015 年的 66% 提高至 2019 年的 75%。可见，作为行业头部企业群，优势企业是拉动行业增长的重要引擎。

（五）“十三五”塑料机械重大技术装备主要发展成效

1. 关键技术攻关

近年来行业关键技术不断取得突破，以注塑机的大型二板式、全电动机型，挤出机的大型塑料管道生产线、大幅宽薄膜生产线等为代表，我国塑料机械与发达国家的差距不断缩小。

（1）绿色智能大型纯二板式塑料注射成型装备的研发及产业化。中小型塑料注射成型机的主流型式是三板连杆式合模机构，该结构用于大型注射成型装备时存在能耗高、精度控制难度大、生产效率低等问题，难以满足绿色制造的迫切需求。二板式塑料注射成型机因在节省资源及空间、生产效率、制品精度、容模效率及智能化生产等方面的显著优势，已经取代三板式成为大型塑料注射成型装备的发展方向。此类大型高端装备在七八年前几乎被德国和日本企业垄断，我国每年此类高端注塑机的进口额至少达国内注塑机产业规模的 10%。为了改变这一现状，实现大型绿色二板式塑料注射成型装备及应用的国产化，以海

天、博创、震雄、广东伊之密精密机械股份有限公司（简称伊之密）等为代表的骨干企业与北京化工大学、浙江大学、华中科技大学等高校、科研院所通过产学研合作进行联合攻关，近年来取得重要突破。

（2）“基于拉伸流变的高分子材料绿色加工成型技术”研究取得重大突破。华南理工大学聚合物新型成型装备国家工程研究中心在学术带头人瞿金平院士的带领下，针对高分子材料加工产业高耗能、石油短缺、环境污染日益严峻等问题，从机理入手开展了创新研究，将高分子材料加工机理由剪切形变支配变革成拉伸形变支配，在国内外率先提出了完全正位移特性的高效体积输运方法、拉伸流变起支配作用的塑化混炼原理以及非螺杆挤压系统结构的几何拓扑技术，发明了一系列基于拉伸流变的高分子材料绿色加工成型新方法及装备，实现了高分子材料“基于剪切流变加工”到“基于拉伸流变加工”的重大转变，被鉴定为处于国际领先水平。解决了长期困扰螺杆塑化加工的热机械历程长、能耗高、分散混合差、物料适应面窄等一系列难题，成功研制出具有国际领先水平的高分子材料挤出、注射成型以及连续密炼技术与设备，与国内塑料机械龙头企业合作开发，形成了系列化的高分子材料拉伸流变绿色加工成型技术装备，经济效益显著。

该项新技术节能效果显著，打破了传统螺杆式高分子材料加工设备的应用局限，促进了多项高分子产品绿色制造新工艺的应用。例如，新技术应用于面向乙烯工程的新型非螺杆大型挤压造粒机组，推动大型挤压造粒机组国产化进程，并用于黏度更大、更难加工的茂金属聚乙烯造粒；结合自主创新的动态分配多层共挤吹塑成型技术，在薄膜厚度不变的前提下，提高横向强度 50% 以上，保证整张地膜机械化全回收，解决残膜污染问题并促进回收地膜高值化利用；与新研发的大直径管道熔体喷射堆砌 3D 打印成型技术相结合，实现耐压要求更高的大直径管道制品的柔性生产。新技术正在轻量化材料、超高分子量聚合物等高分子材料的高端应用领域进一步发展应用，将为许多以前无法高效加工甚至难以加工的高性能、特种高分子材料及其产品制造开辟崭新的发展道路。

2020 年 5 月 13 日，广东星联科技有限公司与华南理工大学完成专利技术转让，以超过 2 000 万元的价格购买了“基于拉伸流变的高分子材料塑化输送方法及设备”（简称 ERE 技术），抢占新材料制备及加工产业发展先机。此次合作也是华南理工大学以专利直接转让方式首次转化超过 2 000 万元的项目。

（3）天然植物纤维与高分子材料复合技术及装备突破。植物纤维与高分子复合材料是以农作物秸秆纤维、农作物种壳纤维和高分子复合为主要材料，添加功能性助剂，再通过专用挤出机塑化挤出生产出的新型纤维增强填充复合材料，具有外形美观、零甲醛、阻燃、比强度高等特点。可完全替代纯木制品，原料廉价丰富，可回收，可减少环境污染，保护森林资源。

项目围绕新型植物纤维填充增强高分子装饰材料市场需求和技术需要，针对天然植物纤维增强复合材料产业链的共性和关键技术进行重点攻关，建立起以挤出成型技术为核心，拥有自主知识产权、总体技术国际先进的植物纤维增强复合材料的制造技术体系。

项目深入研究了植物纤维与高分子材料复合成型机理，以及结构形态与制品性能之间的关系，建立了植物纤维界面改性、相容分散、包覆技术体系；研制了高性能植物纤维增强高分子复合材料制品成套技术及装备。开发配备了低剪切、低温均化螺杆元件的超锥形、短流程、异向双螺杆排气式挤出机等关键设备，显著提高了成型制品综合性能；设计了植物纤维增强复合材料模内微分叠层挤出成型方法，植物纤维在复合体系中呈三维立体空间增强结构，强度和刚性及握钉力提高 3 倍以上；研发了多组分复合发泡和成核剂以及渐扩式模具，攻克了聚烯烃材料相态转变时熔融黏度急剧下降造成的气泡破裂的技术难题。形成闭孔高强度自结皮制品结构，降低了产品密度，钝化了制品应力，提高了产品质量。

2. 重点产品突破

行业围绕下游产业重点应用，如汽车、食品包装等，在轻量化材料生产成套装备和环保装备等领域开发了一系列重点产品。

（1）纤维增强复合材料技术，主要应用于汽车的结构件和次结构件，实现轻量化。以海源机械为代表的 LFT-D（长纤维增强压制成型）技术，以双马伯乐塑机为代表的 CIML（长纤维增强注塑成型）技术，以南京创博机械设备有限公司为代表的 LFT-G（长纤维增强颗粒料）技术均获得了较广泛的市场应用。

（2）超临界流体发泡技术，主要应用于汽车的内饰件，实现轻量化和隔音降噪等功能，例如以南京创博为代表的超临界二氧化碳发泡聚丙烯和 PET 等成套技术装备等。

（3）广东金明精机股份有限公司开发的多层复合功能膜，已经处于国际先进水平。企业具有较强的自主研发能力。

（4）泰瑞机器股份有限公司（简称泰瑞）研发固体废弃高分子材料在线处理系统。该系统将废弃固体塑料破碎后熔融挤出，直接送入注射机注射成型，降低了能耗，提高了经济效益。挤出机与注射机之间通过新型柔性连接结构连接，连接结构上有储料缸，实现了挤出机连续生产和注射机间歇生产的协调配合。

（5）同大联合南京航空航天大学、江苏科技大学研发成功 30L 全电动中空吹塑机、250L 三层双工位吹塑机智能化生产线。该智能化生产线系国内首创，采用 2 套六轴机器人系统，整套生产线采用了多项独立研发的新技术与创新设计，具有独立知识产权。

（6）江苏维达机械有限公司研发生产的全自动单横梁同步升降注吹中空成型机经中国塑料机械工业协会组织行业专家鉴定，产品各项关键性能达到国际先进水平，高效节能的同时降低了生产成本，提高了制品的质量。

（7）博创列入国家首台（套）重大技术装备的注塑成型智能无人化生产线，取得美国 UL 认证，出口美国佛罗里达州。项目从客户精益生产流程出发，革新大型塑料箱类产品生产工艺流程，将传统的多工位作业模式整合成一站式智能解决方案，集成博创新一代智能注塑机、六轴机器人、把手安装设备、贴标机、视觉检测、缠膜机、AGV 小车等设备，整合整个生产工艺流程，实现注塑成型智能无人化生产线。

（8）苏州金韦尔在特种膜拉伸、光伏行业特种膜、锂电池隔膜产品方面特色比较突出。

3. 创新能力建设

塑料机械是一种典型的工作母机，虽然行业本身规模不大，但是具有强大的杠杆撬动效应，所带动的上游相关材料行业年产值有 1.5 万多亿元，所支撑的下游塑料加工行业年产值 3 万多亿元，塑料工业产业链合计产值约占我国国内生产总值的 1/20。

我国塑料机械行业 99% 的企业为民营企业。这些企业一直坚持以用户和市场为导向，经过 60 多年的砥砺前行，形成了较强的抗压能力，是行业的创新主力。不断地贴近用户需求，开发适应用户的各类定制化产品，并提供相应的技术服务是塑料机械行业的典型特点，建立了以企业为主体、市场为导向的技术创新体系。

创新人才建设方面，以海天、博创、伊之密、双马等为代表的行业骨干企业坚持“稳定”是基础、“引进”与“稳定”并重的指导思想，坚持“广开渠道，按需引进，重视质量，讲求实效”的原则，从高校引进优秀毕业生；聘请多名博士生导师、高级研究员为科技创新顾问，广泛地吸收国内外一流的人才、知名专家学者汇集技术中心，为取得国际前沿研究成果建立了人才保障；研发人员参加各种科技培训，对其开展各种专业技能培训；由北京化工大学、浙江大学分别为企业培养各类专业工程硕士在职研发人员，为企业的创新进步提供了强劲的驱动力。

创新激励机制方面，加强人才队伍建设，制

定了企业技术创新奖评审和奖励、企业技术创新建议（提案改善）专项评审和奖励、企业内部技术职称评审和相关待遇、技术雏鹰计划、国家授权专利奖励等措施，提高研发人员技术创新热情和积极性。

平台建设方面，为了更好地走自主创新之路，海天加强了对信息、人才、设备等技术力量的整合，建立了技术创新中心，为公司的发展提供了强有力的技术支撑。震雄集团与深圳大学建立了稳定的产学研合作关系，深圳大学为项目提供实验平台、实验场地和技术支持。山东通佳机械有限公司（简称通佳）先后建成了山东省塑料机械物理发泡工程技术研究中心、山东省企业技术中心、山东省工业设计中心、山东省博士后创新实践基地等省级创新平台，2016 年技术中心被山东省科技厅评为山东省示范工程技术研究中心。通佳立足自主创新，积极开展产学研合作，与北京化工大学共建智能成形装备创新研究中心，与西门子签订智能装备联合开发战略合作协议，并依托公司现有 5 大省级创新平台，计划投资 1 500 万元建设塑料机械装备云数据技术服务中心。泰瑞在建设创新中心、打造具有行业影响力的核心技术学术带头人和创新团队、建设强大的创新资源保障力量、设立三级创新管理制度、完善科技创新项目管理工作流程、采取中心核心技术保护措施、人才引进及培养机制等方面做了大量卓有成效的探索与尝试。博创是国家火炬计划重点高新技术企业，拥有广东省塑机工程技术中心、广东省企业技术中心、博士后科研工作站。2016 年成功入选工业和信息化部智能制造新模式应用示范项目，2016 年经广东省大数据局批准建设“注塑成型智能装备行业大数据服务平台”，2017 年再次获得工业和信息化部“面向智能制造的注塑装备互联互通与互操作标准化与试验验证”重大专项，并入选国家首批绿色工厂示范企业。

4. 质量品牌

质量是企业的生命，品牌是客户对一个企业及其产品、售后服务、文化价值的一种评价和认知，是一种信任。品牌是一种综合品质的体现和代表，是企业重要的无形资产。塑料机械行业企业都非常重视品牌的树立与建设。当前，行业知名品牌群体已经初步形成，例如注塑机领域的海天、震雄、伊之密、博创、泰瑞、东华、海达、申达等，挤出机领域的金纬、通佳、金明、贝尔、大橡塑、三垒等，吹塑机领域的同大、乐善、维达等。

（六）存在的问题与不足

“十三五”期间，中国塑料机械工业在节能、智能化装备及加工成型技术、天然植物纤维与高分子材料复合技术及装备、轻量化材料生产成套装备及环保装备等领域取得了重要突破，但仍存在一定的问题和不足，需要在“十四五”期间改进提高，主要表现在：

（1）塑料机械关键件的“卡脖子”问题仍待解决，例如熔喷布用的喷丝板，从基础原材料、加工机床，甚至钻头、研磨液等全部依赖进口，做出来还不到进口价格的 1/4；很多塑料模具关键的配套件也基本上是此类状态。

（2）关键配套件的精度、稳定性无法保障，急需提升。例如国产的失重式喂料机、上料机、液压泵和阀门等均难以满足整机连续稳定运转的要求，需要大量进口配套件。

（3）工业控制系统仍然受制于人，西门子、施耐德、三菱和欧姆龙等国外公司占据主要市场份额，一些关键的电器配套件也大量使用进口或合资品牌。这些意味着国产塑料机械的“大脑”几乎全部是进口或者合资的产品。

（4）国外尤其是德国的塑料机械行业已经走上了另一条快速发展的道路，材料、工艺与控制更加紧密结合起来，为实现高附加值、高集成度的全套设备开发奠定了坚实的基础。而国内很多塑机厂家对于工艺和材料知识的欠缺，极大地制约了设备技术的开发，尤其是面向汽车、医用、航空航天等尖端领域的设备技术的开发。

（5）塑料机械产业人才培养模式和技术创新转移转化模式有待加强。为此，中国塑料机械工业协会已于 2018 年联合北京化工大学创建了中国塑机创新人才培养基地，打造产学研相结合的创新平台。一期建设中共有 19 家行业企业参与并捐赠了价值 800 余万元的高端装备，中国塑料机械工业协会副会长单位泰瑞向北京化工大学教育基金会捐赠 1 000 万元用于推动校企在人才培养、科技研发等方面的战略合作，全面构建校企协同创新长效机制。

三、“十四五”时期面临的发展形势（略）

四、“十四五”发展规划指导思想、发展战略和目标

（一）指导思想

中国塑料机械行业“十四五”发展规划以习近平新时代中国特色社会主义思想为指导，全面贯彻党的十九大和十九届历次全会精神，坚持党的领导，坚持以人民为中心，坚持新发展理念，坚持稳中求进工作总基调，坚持以供给侧结构性改革为主线，着力增强行业自主创新能力，全方位提升产业综合竞争力。充分把握时代特征，强化战略思维，统一规划体系，提高规划质量，更好发挥发展规划的战略导向作用，为中国塑料机械行业高质量发展提供规划保障和政策指引。

（二）发展战略

塑料机械行业“十四五”规划编制的基本原则是把新发展理念、“四个全面”战略布局、“五位一体”总体布局落实在本行业持续发展上，从战略上厘清发展思路，从战术上确定好发展定位。

1. 坚持高质量发展

发展是永恒的主题，高质量发展是实现我国塑料机械由大变强的根本路径。构建新时代塑料机械产业体系，形成长效发展新格局，推进产业转型升级和供给侧结构性改革，完善优化产业结构，进一步加强行业对生态环境保护和提高人民群众生活水平的贡献度。

2. 坚持开放发展

我国塑料机械出口市场已遍布全球，产品的高性价比为用户所青睐。尽管国际贸易摩擦将成为新常态，不确定性国际环境使行业经济发展面临风险也将成为新常态，但世界历史车轮的前进需要中国塑料机械的驱动，中国塑料机械的发展同样离不开广阔的国际市场。因此，“十四五”时期塑料机械行业将本着稳步扩大开放、增强应对风险挑战实力的思路，全面提升行业对外开放水平，把雄踞国际塑料产业链价值链中高端作为战略推手，促进重点产品和企业国际化发展，推进扩大海外市场新动力。

3. 坚持创新发展

发展的动力源泉在于不断创新，“十四五”期间创新发展将作为塑料机械发展的重要战略支点。大力盘活行业内聚集的科技、教育、人才、资本等创新要素，推进存量资源向现实生产力和核心竞争力转变，形成行业创新发展新引擎。积极支持产学研用金有机结合用于研发和转化科研成果，大力发展具有自主知识产权的名牌产品，推进产业集群地特色价值链、竞争链的完善，全面培育壮大行业集群经济创新发展新活力。

4. 坚持协调发展

塑料机械行业将坚持走符合时代要求、具有中国特色的绿色塑机装备和可持续发展之路，坚持经济效益与社会效益相统一的原则，合理利用资源，鼓励与新能源、再生技术紧密关联的塑机装备的研发和生产。

（三）中国塑料机械行业“十四五”发展目标

1. 行业总体量化目标

继续推动行业自主创新和技术进步，提高我国塑料机械产品的科技含量、附加值和质量可靠性，营业收入、利润总额等主要经济指标力争实现年均 6% 的持续稳定增长，争取到 2025 年行业年产值突破 1 000 亿元，营业收入利润率保持在 10% 左右的水平。

准确辨识当前和今后一段时间国内外发展环境的复杂性，科学应变、主动求变，“危”中创造新“机”，畅通产业链内循环，国内国际双循环相互促进，兼顾国内外市场的协调增长，保持出口占国内塑料机械生产总值 30% ～ 40% 的平均水平。

2. 研发和技术水平目标

“十四五”时期，行业力争新增 20 个以上国

家级、省级企业研发机构和技术中心；重点骨干企业的研发投入占营业收入的比重达到6%以上，专业技术人员占从业人员的比例达到25%以上，提高具有自主知识产权的高新技术和“专、精、特、新”产品比例。

3. 产业发展布局

进一步加强对产业集群的培育和支持，提升产业集聚规模效应和质量水平，强化优势突出、配套完备、具有更强国际竞争力的塑机生产基地；通过供应链协同整合，帮助具有细分产品特色、但因配套匮乏而导致生产能力提升受限的企业在一定程度上降低供应链成本。

五、中国塑料机械行业“十四五”重点发展产品

中国塑料机械工业协会在广泛调研的基础上，结合行业专家和企业的意见与建议，拟定出“十四五”时期重点产品发展方向。

（一）塑料成型机械

1. 注塑机产业重点发展的产品

（1）面向高端复杂应用，具有高精度、稳定性和拓展性的注塑成型系统，如面向医用等高洁净要求的非接触全自动成型系统，面向5G应用的工程塑料精密制件成型系统，面向汽车的大型全自动成型系统，面向电子电器、移动通信行业等高精密要求的全电动注塑机基础系统的研发和产业化。

（2）开发满足复合材料成型且可拓展的注塑成型系统，实现复合材料的高效率、高精度成型加工。

（3）开发满足特种工程塑料成型的专用注塑机，如PEEK、PI、PPS等高性能特种工程塑料，满足尖端应用领域的需求。

（4）与各种先进注塑工艺相结合的高性能注塑成型系统，如大产量高速热流道瓶坯机、微孔发泡注塑成型机、定制触感的多层复合注塑成型机、热塑性纤维增强复合成型机、无螺杆超声塑化微注塑成型机、锁模力自动补偿一步法注塑机、智能模塑集成制造系统（3D复印机）等。

（5）对成型精度及稳定性要求极高的高精密镜头光学注塑机，应用于手机、汽车、安防等成像监控领域。

（6）重点应用于汽车密封系统的TPE接角智能化注射成型机，巩固C型注塑机在行业的领先地位。

（7）节能环保型注塑机，如回收塑料在线配置再制造绿色注塑成型技术及装备。

2. 挤出机产业重点发展的产品

（1）微型精密、高精度和稳定性的智能化挤出成型系统。

（2）可降解聚合物的挤出成型系统，包括膜、片、板材等。

（3）融合高精度多层复合技术的挤出成型系统，如多层的拉伸膜生产线、多层保鲜阻隔薄膜生产线等。

（4）大幅宽高产量双向拉伸薄膜挤出生产线，如电池隔膜生产线。

（5）超高压电缆挤出生产线。

（6）大口径（不小于150mm）过氧化物交联聚乙烯管材螺杆挤出成套技术及装备。

（7）聚四氟乙烯（PTFE）连续挤出技术及装备。

（8）具有双螺杆功能的强力剪切混合型强制喂料单螺杆挤出机。

3. 吹塑机产业重点发展的产品

（1）超大型（20 000L以上）多层中空吹塑成型机械开发，替代传统大型中空吹塑制品制造工艺，用于生产大型中空塑料制品。

（2）高效率高精度吹塑成型机的开发。

（3）高性能环保薄膜吹塑成型装备。

4. 其他塑料成型机械重点发展的技术及产品

（1）塑料高品质分拣回收造粒一体化系统。

（2）高性能长效保温管道成型加工技术（油气、市政供暖等）。

（3）宽幅高效双向拉伸成型系统的开发。

（二）塑料改性加工机械

1. 同向双螺杆挤出混炼系统重点发展的产品

（1）高速高扭矩双螺杆共混改性挤出机（比扭矩高于15，转速高于1 000r/min）。

（2）年产量≥ 50 万 t 超大型挤压造粒机组进行设计开发与应用，实现国产化替代。

（3）TPV 动态硫化用双阶混炼造粒系统。

（4）TPU 弹性体反应造粒一体化系统。

（5）一步法熔喷布改性成型一体化生产线。

（6）强化传热传质高效塑化混炼挤出系统。

2. 高性能色母粒专用大型双转子混炼机组（产量大于 5t/h）

3. 高分子材料强力剪切混合型单螺杆连续混炼技术及混炼机

（三）复合材料机械

1. 长纤维增强复合材料机械重点发展的产品

（1）LFT-G 长纤维增强热塑性塑料造粒生产线。

（2）LFT-D 长纤维增强热塑性塑料压制成型生产线。

（3）IMC 长纤维增强直接注塑成型生产线。

（4）LFT-G 专用复合注塑成型系统。

2. 连续纤维增强复合材料机械重点发展的产品

（1）热塑性塑料/碳纤（玻纤）连续拉挤成型生产线。

（2）宽幅热塑性塑料/碳纤（玻纤）单向预浸带生产线（大于 600mm）。

（3）宽幅热塑性塑料/碳纤（玻纤）织物预浸带生产线（大于 600mm）。

（4）宽幅热塑性塑料/碳纤（玻纤）复合材料板材连续生产线（大于 600mm）。

（5）宽幅热塑性夹心复合材料连续成型生产线（泡沫/蜂窝夹心）（大于 600mm）。

（6）热塑性复合材料热压成型专用设备。

（7）用于大口径管材连续纤维增强热塑性复合材料片材缠绕机组。

3. 其他复合材料机械重点发展的产品

（1）连续纤维/预浸带多轴智能铺放成型生产线。

（2）连续纤维/预浸带多轴缠绕成型生产线。

（3）纤维增强 RTM 成型生产装置。

（四）配套辅机

1. 数位通信的控制设备

2. 可联网通信的干燥机、上料机、冷水机、模温机、三机一体等

3. 解决大造粒齿轮箱的国产化问题，实现对 PP、PE 大造粒机的升级换代

4. 柔性制造智能机器人

5. 适合不同类型树脂体系的浸渍模具的开发设计与优化

6. 高性能纤维收卷机

（五）关键功能部件

优先发展为智能高速塑料机械主机配套、以国产化制造技术替代进口的传动功能部件和零件，如高速无齿隙弹性联轴器、安全弹性联轴器、高速弹性联轴器等。

六、建议措施

经过 60 多年的发展，中国塑料机械行业发生了巨大的变化。虽然相对于我国国民经济总体而言，塑料机械工业总产值规模并不大，但是与关联产业的发展相结合，塑料机械就是塑料产业名副其实的“光刻机”。当前我国塑料机械行业撬动的是航空航天、国防、石化、汽车及交通、电子电器、包装、光电通信、生物医疗、新能源、建筑材料、农业、轻工等工业配套产品近 4.5 万亿元的产值，约占我国国内生产总值的 1/20，为国民经济的建设和发展做出了积极贡献。为保障我国塑料机械行业“十四五”发展规划的顺利实施及发展目标的实现，建议措施如下。

1. 加大国家产业政策支持力度

做好本规划的宣贯工作，呼吁国家及有关部门对塑料机械行业政策倾斜，继续推进落实鼓励使用国产首台（套）装备、重大技术装备专项、自主创新指导目录、国家工业节能技术装备、强基工程等产业政策。加大财税政策支持力度，提供专项经费优先予以扶持，加强对行业创新活动和完善国内供应链的支撑，助力行业创新力和竞争力的整体提升。

2. 调整国民经济分类，凸显塑料机械的重要地位

塑料机械是高分子材料成型的“工业母机”，为国民经济各领域提供重要技术装备。而在目前我国国民经济行业分类中，塑料机械被划分在制造业—专用设备制造业—化工、木材、非金属加工专用设备制造项下的第四层级分类里，在国家统计数据中难以体现本行业细分领域的发展情况。强烈建议将塑料机械提升至“制造业”项下的第二层级分类，与其工业母机的地位相匹配，并建立相对完整的信息收集、统计与评价体系，增强协会在统计工作中的作用和职能。

3. 重视标准制定与执行

强化中国塑料机械工业协会团体标准制定工作，积极倡导会员单位执行标准，从而带动行业良性竞争发展。

4. 加大基础研究与创新支持力度

鼓励高校初级阶段多进行一些基础数据的研究及整理，引导行业企业重视技术创新人才培养资金投入，鼓励企业与高校合作承担国家项目以加速科技成果的产业化进程。破除“四唯”评价体系，技术创新成果应优先在中文期刊发表，主科研院校应用研究成果的水平评价工作应主要由行业协会来承担。

鼓励创新发明，努力营造行业适合创新发明的宽松环境，注重知识产权保护。可考虑设立塑机行业创新技术产业化示范园区，由中国塑料机械工业协会联系有关对口企业与研究开发技术单位进行对接，为创新技术尽快产业化创造便利条件。

5. 促进相关产业配套能力的提升

（1）鼓励自主性研发高端控制系统及温控系统等关键配套产品。

（2）鼓励促进钢材、加工中心等基础工业的能力提升。

当前，我们正站在“两个一百年”的历史交汇点，中国塑料机械工业发展新征程的号角已经吹响。中国塑料机械工业协会有信心继续发挥好政府与企业之间的桥梁纽带作用，引领行业全体同仁坚定发展信心、增强发展动力，全面做好“十四五”发展规划的实施保障工作，为开创塑料机械新局面做出新贡献！

2020年中国塑料加工业发展报告

2020年是极不平凡的一年，面对严峻复杂的国际形势和突如其来的新冠肺炎疫情，我国塑料加工行业坚守初心，担当使命，攻坚克难，创新奉献，行业各项经济运行指标在2、3月份探底后回升，降幅逐月收窄，盈利水平大幅提升，全年经济恢复实现预期。

一、经济运行稳中转好

1. 产量

据国家统计局数据，2020年全国塑料制品行业累计完成产量7 603.22万t，同比下降6.45%。

（1）按塑料制品分类。产量最高的塑料制品是塑料薄膜，为1 502.95万t，同比下降6.37%，占总产量的19.77%。同比增长率最高的是泡沫塑料制品，产量为256.57万t，同比增长0.54%，也是唯一一类正增长的塑料制品。2020年塑料制品产量情况见表1。2020年塑料制品分品种产量占比见图1。2020年塑料制品分品种产量增长情况见图2。

表 1　2020 年塑料制品产量情况

产品类别	产量/万t	产品类别	产量/万t
塑料制品	7 603.22	人造革、合成革	323.07
塑料薄膜	1 502.95	日用塑料制品	651.09
其中：农用薄膜	77.39	其他塑料制品	4 869.53
泡沫塑料制品	256.57		

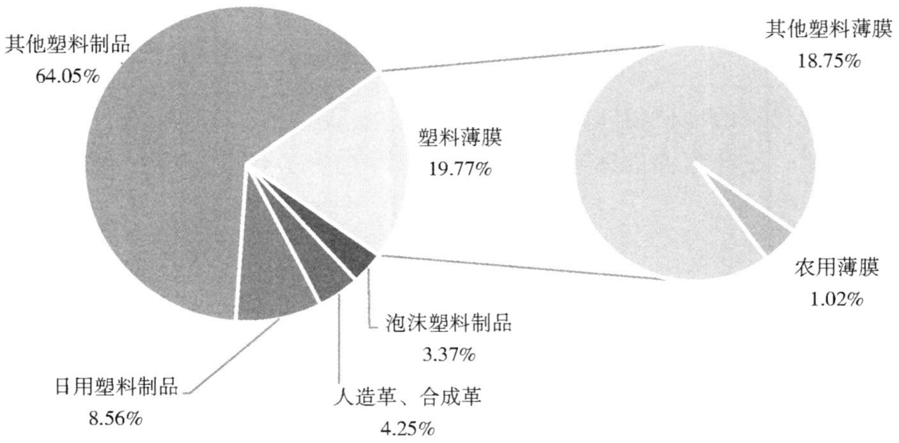

图 1　2020 年塑料制品分品种产量占比

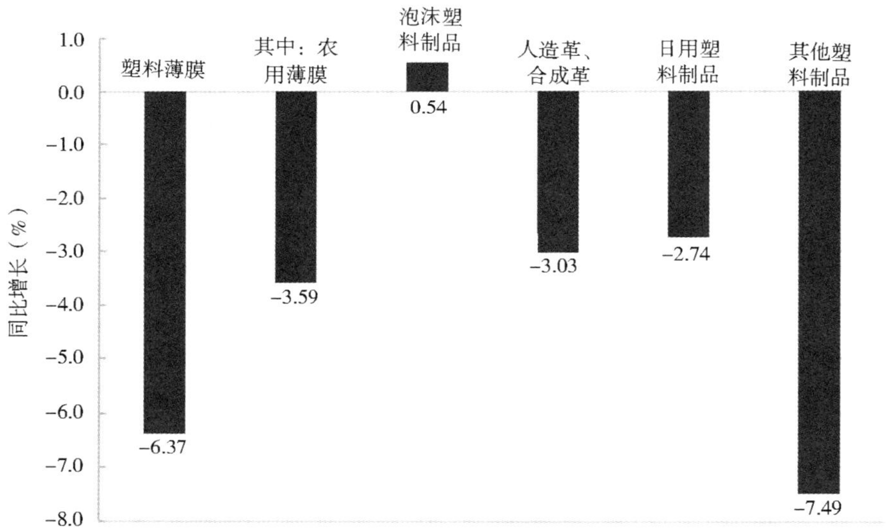

图 2　2020 年塑料制品分品种产量增长情况

（2）按塑料制品生产地区分类。塑料制品生产主要集中在浙江、广东、江苏、福建、安徽、四川、湖北、湖南、山东、重庆等地区。2020 年全国十大省份塑料制品总产量为 6 068.35 万 t，占全国总产量的 79.81%，比上年下降 1.74%。浙江产量最高，为 1 280.17 万 t，占总产量的 16.84%；其次是广东，为 1 274.91 万 t，占总产量的 16.77%。增长率最高的是山东，完成产量 329.72 万 t，同比增长 3.44%；其次是重庆，完成产量 250.4 万 t，同比增长 3.03%。增长率最低的是安徽，完成产量 520.99 万 t，同比下降 21.98%。2020 年塑料制品主要生产省市产量情况见表 2。2020 年塑料制品主要生产省市产量占比见图 3。2020 年塑料制品主要生产省市产量增长情况见图 4。

表 2 2020 年塑料制品主要生产省市产量情况

地区	产量/万t	地区	产量/万t
浙江	1 280.17	四川	446.82
广东	1 274.91	湖南	348.75
江苏	638.66	山东	329.72
福建	546.92	重庆	250.40
安徽	520.99	其他	1 534.87
湖北	431.01		

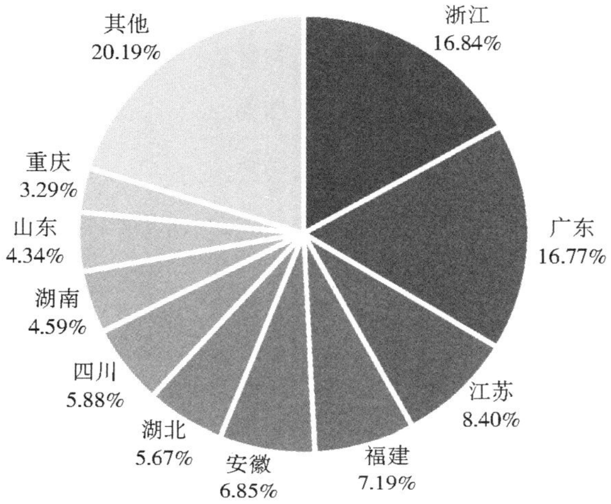

图 3 2020 年塑料制品主要生产省市产量占比

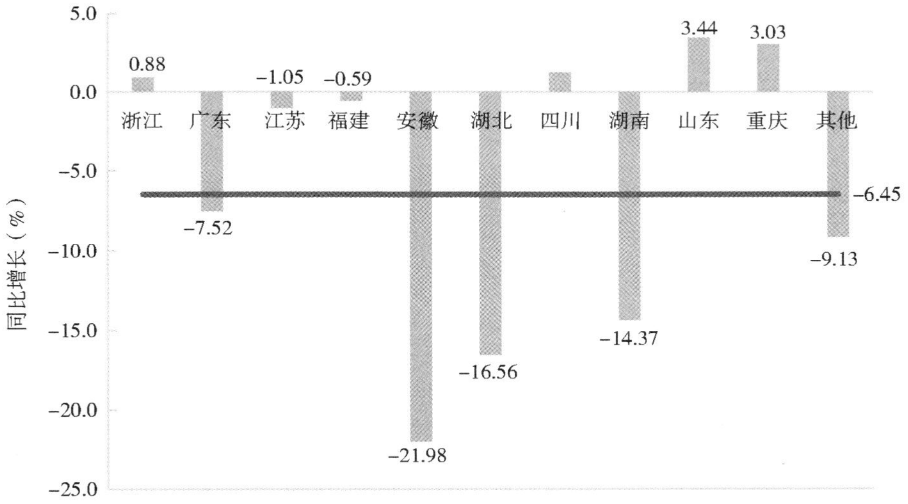

图 4 2020 年塑料制品主要生产省市产量增长情况

2020 年，东部 10 省市塑料制品产量为 4 610.71 万 t，同比下降 0.19%，占总产量的 60.64%，比上年提高 3.06 个百分点。中部 6 省由于湖北受疫情严重影响，产量有较大幅度下降，塑料制品产量为 1 641.49 万 t，同比下降 22.54%，占总产量的 21.59%，比上年减少 5.35 个百分点。西部 12 省区市塑料制品产量为 1 218.69 万 t，同比增长 5.47%，占总产量的 16.03%，比上年提高 2.37 个百分点。2020 年各地区塑料制品产量见表 3。

表 3　2020 年各地区塑料制品产量

地区	产量/万 t	同比增长（%）	占比（%）	地区	产量/万 t	同比增长（%）	占比（%）
东部地区	4 610.71	-0.19	60.64	西部地区	1 218.69	5.47	16.03
北京	20.59	-12.56	0.27	内蒙古	5.08	-1.20	0.07
天津	101.87	-3.53	1.34	广西	172.64	79.44	2.27
河北	216.06	12.59	2.84	重庆	250.40	3.03	3.29
上海	199.64	-6.31	2.63	四川	446.82	1.23	5.88
江苏	638.66	-1.05	8.40	贵州	76.40	-11.32	1.00
浙江	1 280.17	0.88	16.84	云南	62.79	3.55	0.83
福建	546.92	-0.59	7.19	西藏	2.12	30.95	0.03
山东	329.72	3.44	4.34	陕西	87.26	-22.24	1.15
广东	1 274.91	-7.52	16.77	甘肃	19.18	16.03	0.25
海南	2.19	-8.66	0.03	青海	0.85	-11.63	0.01
中部地区	1 641.49	-22.54	21.59	宁夏	11.28	-7.08	0.15
山西	22.38	14.46	0.29	新疆	83.85	5.57	1.10
安徽	520.99	-21.98	6.85	东北地区	132.33	-14.03	1.74
江西	115.47	-15.65	1.52	辽宁	78.06	-25.11	1.03
河南	202.89	-45.34	2.67	吉林	32.37	4.50	0.43
湖北	431.01	-16.56	5.67	黑龙江	21.89	17.02	0.29
湖南	348.75	-14.37	4.59				

注：该表格不包含港澳台地区。

（3）不同类别塑料制品生产地区分布。我国塑料薄膜主要产区分布在东部地区，2020 年产量前 6 位省市占总产量的 74.69%，安徽、四川、重庆增长较快。山东、云南是我国农用薄膜的主要产区，2020 年甘肃农用薄膜产量有较大增长，陕西农用薄膜产量大幅下降。2020 年塑料薄膜 10 大生产省区市见表 4。2020 年农用薄膜 10 大生产省区市见表 5。

表 4　2020 年塑料薄膜 10 大生产省区市

地区	产量/t	同比增长（%）	占比（%）	地区	产量/t	同比增长（%）	占比（%）
全国	15 029 508.29	-6.37	100.00	上海	624 574.16	-3.75	4.16
浙江	3 266 164.48	1.77	21.73	四川	600 024.93	15.76	3.99
广东	2 423 413.91	-2.27	16.12	安徽	584 265.68	22.64	3.89
江苏	2 390 026.59	4.04	15.90	重庆	440 062.74	15.20	2.93
福建	1 669 341.73	6.36	11.11	湖北	425 570.74	-7.06	2.83
山东	852 499.23	3.75	5.67				

表 5 2020 年农用薄膜 10 大生产省区市

地区	产量/t	同比增长（%）	占比（%）
全国	773 870.91	-3.59	100.00
山东	122 116.63	-4.24	15.78
云南	116 018.30	23.23	14.99
甘肃	92 483.67	19.54	11.95
广东	71 251.73	-2.25	9.21
四川	71 300.30	1.28	9.21
新疆	49 075.58	-5.85	6.34
河南	37 266.33	-8.61	4.82
上海	29 761.00	1.97	3.85
陕西	27 934.64	-43.79	3.61
重庆	24 875.00	-9.33	3.21

广东是我国泡沫塑料制品产量最大的省份，山东、四川、江苏、湖南的泡沫塑料制品产量增长较快，陕西泡沫塑料制品产量降幅较大。2020 年泡沫塑料制品 10 大生产省区市见表 6。

表 6 2020 年泡沫塑料制品 10 大生产省区市

地区	产量/t	同比增长（%）	占比（%）
全国	2 565 740.49	0.54	100.00
广东	643 078.86	-1.18	25.06
浙江	325 586.46	1.41	12.69
江苏	205 005.91	18.66	7.99
四川	168 120.87	21.19	6.55
山东	139 760.53	52.95	5.45
安徽	106 588.84	3.94	4.15
重庆	103 253.00	-1.56	4.02
湖南	102 959.88	16.66	4.01
天津	100 460.71	8.77	3.92
陕西	93 975.73	-42.59	3.66

人造革、合成革生产较为集中，安徽、福建、浙江是生产大省，合计产量占总产量的 67.82%。安徽和江西产量增长较快，安徽产量跃居全国第一，江西进入前 10。2020 年人造革、合成革 10 大生产省区市见表 7。

表 7 2020 年人造革、合成革 10 大生产省区市

地区	产量/t	同比增长（%）	占比（%）
全国	3 230 736.15	-3.03	100.00
安徽	970 545.78	51.08	30.04
福建	704 762.18	-20.05	21.81
浙江	516 046.17	-15.89	15.97
广东	254 898.14	-16.31	7.89
湖南	222 763.02	12.46	6.90
河北	94 879.55	-41.57	2.94
上海	47 386.04	-20.45	1.47
江西	42 385.38	39.52	1.31
山东	21 012.00	-4.64	0.65
河南	18 257.58	-2.73	0.57

广东、浙江是我国日用塑料制品主要产区。湖北因疫情影响产量降幅较大，但仍居第三位；河北、河南增长较快。2020 年日用塑料制品 10 大生产省区市见表 8。

表 8 2020 年日用塑料制品 10 大生产省区市

地区	产量/t	同比增长（%）	占比（%）
全国	6 510 864.32	-2.74	100.00
广东	2 150 164.04	-4.84	33.02
浙江	1 116 692.22	0.06	17.15
湖北	549 315.69	-21.49	8.44
福建	505 843.16	7.97	7.77
江苏	378 597.77	-8.45	5.81
四川	366 343.2	11.48	5.63
山东	174 748.47	13.46	2.68
河北	173 592.46	45.72	2.67
湖南	172 907.54	2.38	2.66
河南	167 056.04	23.51	2.57

其他塑料制品的最大产区是浙江、广东，安徽、湖南降幅较大。2020 年其他塑料制品 10 大生产省区市见表 9。

2. 各项指标完成情况

2020 年，我国塑料加工业各项经济指标均逐月提高。2、3 月份受疫情影响，生产处于低位，随后各项指标迅速恢复，6 月份前后达到较高水平，之后缓慢上升，与我国经济恢复过程同步，行业抗击疫情、恢复生产成效显著。据海关总署出口统计快讯数据，2020 年塑料制品出口 852.7 亿美元，同比增长 19.6%。2020 年塑料加工业主要经济指标月度情况见图 5。

表 9　2020 年其他塑料制品 10 大生产省区市

地区	产量/t	同比增长（%）	占比（%）	地区	产量/t	同比增长（%）	占比（%）
全国	48 695 327.09	−7.49	100.00	江苏	3 122 108.41	−3.02	6.41
浙江	7 577 243.98	1.99	15.56	湖南	2 913 527.39	−17.25	5.98
广东	7 277 522.99	−10.06	14.95	福建	2 476 216.14	0.6	5.09
安徽	3 395 997.43	−36.02	6.97	山东	2 109 170.03	0.51	4.33
四川	3 324 089.49	−2.9	6.83	重庆	1 908 248.40	0.76	3.92
湖北	3 265 289.01	−16.03	6.71				

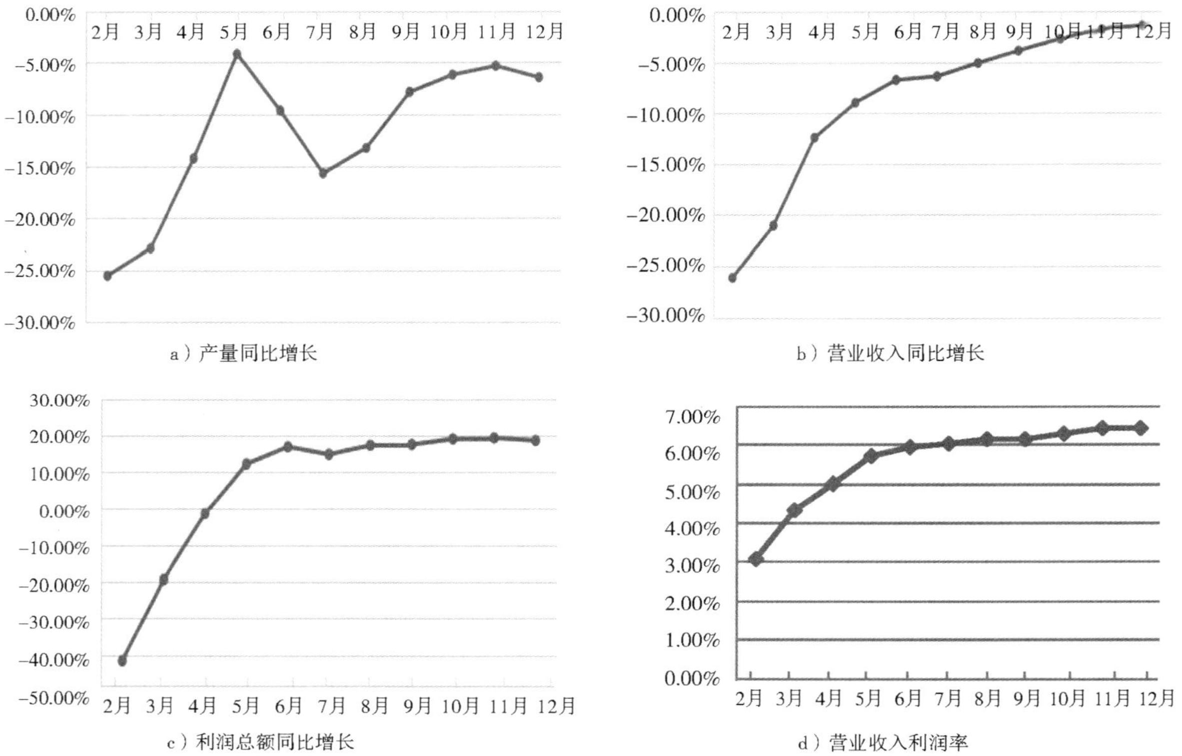

图 5　2020 年塑料加工业主要经济指标月度情况

（1）营业收入小幅下跌。2020 年，全国塑料制品行业规模以上企业 16 592 家，比上年增加 757 家；完成营业收入 18 890.13 亿元，同比下降 1.40%，略好于全国轻工行业同比下降 1.65% 的平均水平，低于全国工业同比增长 0.8% 的平均水平。营业收入占轻工行业总量的 9.70%，占全国规模以上工业企业营业收入的 1.78%。

营业收入最高的是塑料零件及其他塑料制品制造，为 5 987.38 亿元，占总营业收入的 31.7%；其次是塑料板、管、型材制造，为 3 617.9 亿元，占总营业收入的 19.15%。增长率最高的是塑料零件及其他塑料制品制造，同比增长 0.72%，也是唯一一类正增长制品；其次是日用塑料制品制造、塑料薄膜制造和泡沫塑料制造，同比分别下降 0.35%、0.55% 和 0.68%。增长率最低的是塑料人造革、合成革制造，同比下降 17.02%。2020 年塑料制品行业子行业营业收入见表 10。2020 年塑料制品行业子行业营业收入占比情况见图 6。2020 年塑料制品行业子行业营业收入增长情况见图 7。

表 10　2020 年塑料制品行业子行业营业收入

行业类别	营业收入/亿元	行业类别	营业收入/亿元
塑料制品业	18 890.13	塑料包装箱及容器制造	1 584.62
塑料零件及其他塑料制品制造	5 987.38	塑料丝、绳及编织品制造	1 548.28
塑料板、管、型材制造	3 617.90	泡沫塑料制造	771.83
塑料薄膜制造	2 754.35	塑料人造革、合成革制造	724.13
日用塑料制品制造	1 804.44	人造草坪制造	97.18

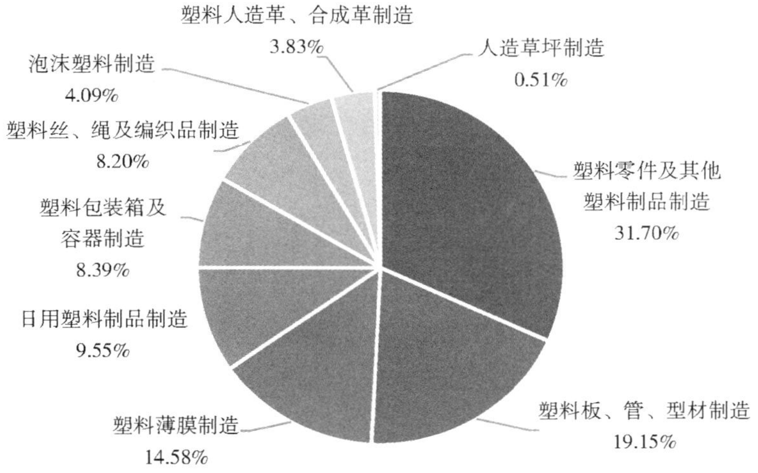

图 6　2020 年塑料制品行业子行业营业收入占比情况

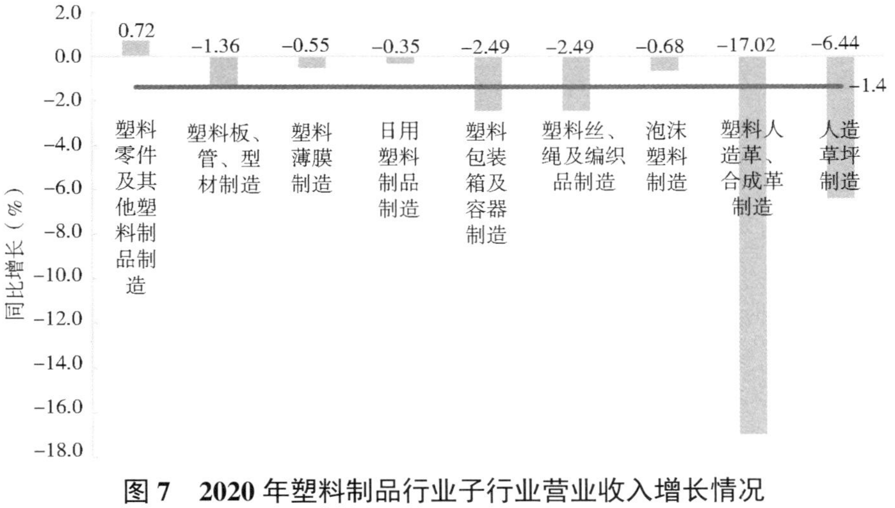

图 7　2020 年塑料制品行业子行业营业收入增长情况

（2）利润总额大幅增长。2020 年，全国塑料行业累计实现利润总额 1 215.15 亿元，同比增长 18.39%，大幅高于轻工行业 3.58% 和全国工业 4.1% 的平均水平。利润总额占轻工行业的 9.11%，占全国规模以上工业企业的 1.88%。其中，利润总额最高的是塑料零件及其他塑料制品制造，为 398.27 亿元，占行业利润总额的 32.78%；其次是塑料板、管、型材制造，为 263.44 亿元，占行业利润总额的 21.68%。增长率最高的是塑料薄膜制造，利润总额为 174.51 亿元，同比增长 78.17%；

其次是日用塑料制品制造，利润总额为123亿元，同比增长22.23%。增长率最低的是塑料人造革、合成革制造，利润总额为22.91亿元，同比下降18.43%；其次是人造草坪制造，利润总额为3.49亿元，同比下降2.1%。2020年塑料制品行业子行业利润总额见表11。2020年塑料制品行业子行业利润总额占比情况见图8。2020年塑料制品行业子行业利润总额增长情况见图9。

表11 2020年塑料制品行业子行业利润总额

行业类别	利润总额/亿元	行业类别	利润总额/亿元
塑料制品业	1 215.15	塑料包装箱及容器制造	98.86
塑料零件及其他塑料制品制造	398.27	塑料丝、绳及编织品制造	84.69
塑料板、管、型材制造	263.44	泡沫塑料制造	46.00
塑料薄膜制造	174.51	塑料人造革、合成革制造	22.91
日用塑料制品制造	123.00	人造草坪制造	3.49

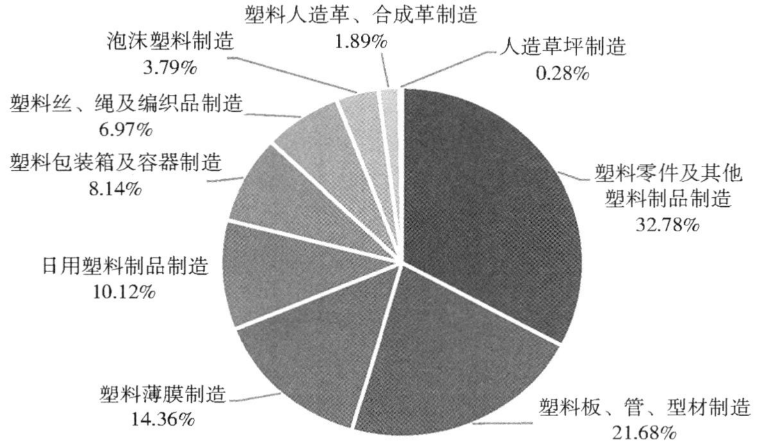

图8 2020年塑料制品行业子行业利润总额占比情况

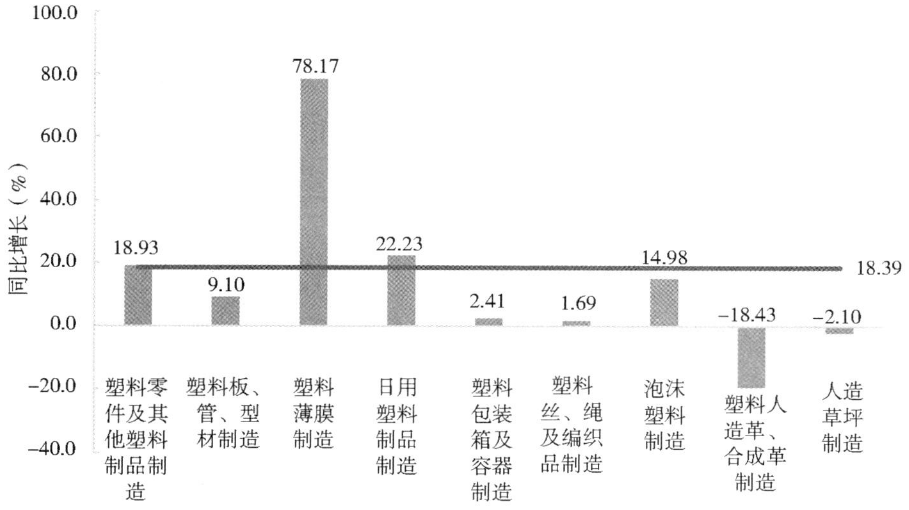

图9 2020年塑料制品行业子行业利润总额增长情况

（3）营业收入利润率提高。2020年，全国塑料行业累计营业收入利润率为6.43%，同比增加0.9个百分点，略低于全国轻工行业6.85%的平均水平，略高于全国工业6.08%的平均水平。其中营业收入利润率最高的是塑料板、管、型材制造，为7.28%；其次是日用塑料制品制造，利润率为

6.82%。营业收入利润率最低的是塑料人造革、合成革制造，仅为3.16%。2020年塑料制品行业子行业营业收入利润率见表12。

表12　2020年塑料制品行业子行业营业收入利润率

行业类别	企业数/家	营业收入利润率（%）	同比增加百分点
塑料制品业	16 592	6.43	0.90
塑料薄膜制造	2 110	6.34	1.45
塑料板、管、型材制造	2 939	7.28	1.05
塑料丝、绳及编织品制造	1 556	5.47	0.20
泡沫塑料制造	917	5.96	0.35
塑料人造革、合成革制造	441	3.16	-0.15
塑料包装箱及容器制造	1 624	6.24	0.24
日用塑料制品制造	1 811	6.82	1.18
人造草坪制造	90	3.59	-0.40
塑料零件及其他塑料制品制造	5 104	6.65	1.04

二、行业攻坚克难，开拓创新

1. 全力投入抗疫复工复产卓有成效

2020年年初新冠肺炎疫情发生后，中国塑料加工工业协会贯彻党中央、国务院决策部署，第一时间发出倡议，行业上下联动，为保障口罩、材料等防疫物资和生活必需品供给，支持火神山、雷神山等集中救治医院建设做出了积极贡献。协会第一时间号召、组织行业为疫区捐款捐物，减免湖北省会员企业会费和培训等活动收费；第一时间有序推动复工复产达产；在抗疫最艰难的时候，组织行业骨干企业召开塑料行业“后疫情”发展视频研讨会，坚定行业发展信心；发出抗疫指南，宣传国家“六稳”“六保”政策信息，开展疫情对行业影响的调研并形成调研报告，借助渠道优势向国家反映，得到上级的重视、肯定、支持和复函反馈，有序推动行业运行回稳转好。行业企业响应号召，守望相助，积极捐钱捐物，迅速组织生产疫情紧缺物资，积极援助定点医院建设，在做好疫情防控的前提下，积极复工复产。一批企业受到国务院及省部级表彰。全行业付出艰苦卓绝的努力，有力地支持国家抗疫工作和经济恢复，展现中国塑业人甘于奉献和勇于担当的风貌，值得载入塑业史册。

2. 创新为发展注入新动能

持续开展“三品”行动。疫情发生后，塑料制品进出口受阻，部分产品国内市场需求不足，国内市场竞争更加激烈，行业企业持续开展增品种、提品质、创品牌活动，促进行业健康有序发展。

上下游联动，畅通产业链。2020年，受疫情影响，全球经济衰退，国内市场受到影响，产业链、供应链出现断点和风险。中国塑料加工工业协会积极开展协会间交流，畅通上下游产业需求；举办各子行业年会，推动创新和技术市场对接。行业以供给侧结构性改革为主线，围绕转方式调结构，坚持科技创新，解决防疫急需口罩等物品问题，化解供需矛盾。

创新意识整体增强，创新活动蓬勃开展。行业坚持“三化一微”+智能化技术发展方向，创新工作组活动踊跃。集中优势开展关键共性技术攻关破题、技术产品研发，专家、企业家、科研人员在产学研用集成创新上积极探索，成效明显。创新成果转化落地提速，高科技、高附加值产品占比加大。创新助力供给侧结构性改革，需求牵动供给，创新引领消费。支援抗疫，不断推出满足市场需要的新产品，企业效益大幅提升。

标准化工作积极推进。在做好国家标准、行业标准的同时，团体标准化工作取得质的突破，一批行业团体标准公布，有力推动、支撑市场规范化发展。

3. 绿色生态化发展有力推进

行业积极推进节能减排和绿色低碳发展，取得明显成效。聚氨酯泡沫、XPS、EPS 等行业推进 ODS 淘汰、HBCD 替代等工作，取得阶段性进展；人造革行业积极应用水性与无溶剂等环保材料生产生态绿色合成革；复合膜行业注重源头削减、过程控制、末端治理；BOPP 等行业积极推进轻量化和循环利用。行业认真贯彻《关于进一步加强塑料污染治理的意见》等政策要求，积极推广可循环、易回收、可降解替代产品和技术。中国塑料加工工业协会推出《话说塑料》大讲堂，邀请科学家和知名专家用科普的方式，促使公众正确认识和使用塑料，推动我国塑料行业绿色健康可持续发展；编制《塑料加工业“十四五”发展规划指导意见》，倡导低碳理念，助推节能减排，为我国“碳达峰、碳中和”目标做贡献。

4. 2020 中国国际塑料展系列活动促进行业交流合作

中国塑料加工工业协会抓住疫情安全窗口期，在南京如期、安全、高质举办 2020 中国国际塑料展和中国塑料行业科技大会及系列会议，为行业观察疫后新变化打开了一扇窗，为畅通产业链供应链和创新链做了积极的努力。2020 中国国际塑料展的展出面积、展商展位数量、观众数量、现场成交额、专业会议数量均达到历史最好水平，是 2020 年我国规格最高、规模最大、专业性最强、影响力最大的塑料工业展。

三、存在的问题

1. 疫情影响行业运营

2020 年年初国内发生新冠肺炎疫情，春节后复工复产遇到困难，产业链、供应链出现堵点、断点。随着全球疫情的扩散蔓延，市场有效需求疲弱，消费升级面临挑战，出口增长的可持续性还需观察；产业链、供应链、物流存在风险，企业运行成本加大，行业运营和发展遇到困难。行业虽然整体稳中转好，但恢复性增长基础不牢。

2. 小微企业经营相对困难

2020 年，行业处在疫后恢复期，企业生产经营面临的压力增大，市场需求不旺，综合成本上涨，工业生产者出厂价格指数（PPI）连续 10 个月下降，小微企业普遍反映市场需求偏弱，很多订单向头部企业聚集，维持小微企业的活跃度仍需要付出更大的努力。

3. 原材料供应与价格波动给部分企业及子行业带来不利影响

受疫情影响，国内高端特种牌号原料供给不足，原料市场价格出现波动。如：2020 年 3 月底 PVC 树脂价格达到最低点的 5 000 元/t，10 月初 PVC 树脂价格迅速升到 7 000 元/t，12 月初 PVC 树脂出厂价突破 8 500 元/t，有企业到厂价格超过 9 000 元/t。2020 年 PE 市场走势呈前低后高格局，上半年低价频出，下半年连续攀升，现货三大品种全年均有上涨。2020 年国内聚丙烯大部分牌号产品年涨幅在 10% 左右；PLA 至 8 月底涨了近 50%；12 月初，PBAT 达到 2.3 万元/t，2021 年 1 月初涨至 2.6 万元 /t，涨幅 13%。原材料价格大幅上涨给制品行业造成直接影响，在制品市场容量无太大变化、制品价格相对稳定的情况下，企业利润越来越小，经营风险加大。长此以往，必将加大全产业链安全风险。

4. 产品产业结构不够合理

塑料行业结构调整得到加强，但产能扩张过快的趋势并没有得到明显改善。低端产品产能结构性和阶段性过剩矛盾仍较突出；低端产品依靠价格竞争压缩了利润空间，一些低质、劣质产品扰乱了正常的市场秩序。简单、初级产品和通用技术产品多，而高技术含量、高附加值的产品供应不足，有些还需要进口。

5. 技术创新能力弱

全国塑料制品行业规模以上企业有 16 592 家，另有十多万家规模以下企业。多数企业在技术创新与新产品研发、运营、管理上缺乏人才和资金，综合能力不足。行业中小企业多，普遍研发投入不足。研究成功的工艺或研制出的新制品不足，具有自主知识产权的塑料制品少，创新体制机制不畅，总体科技成果转化率低。

6. 出口受疫情及贸易摩擦影响

由于新冠肺炎疫情在全球蔓延，我国塑料制品出口受到较大影响，面临着出口北美制品关税高（如美国 25% ～ 30.8% 的关税）、海运费上涨为往年的 2 ～ 3 倍、人民币升值等不利因素的影响。此外，行业面临国际贸易保护主义抬头，一些国家对我国塑料制品反倾销调查的密度增大，贸易纠纷案件数量多、形式多样，产品出口难度和风险加大。

四、发展建议

1. 坚持做好疫情防控工作

目前全球疫情扩散蔓延态势还在继续，疫情走势仍存在高度不确定性。一些国家和地区新增病例持续居高不下，在此背景下，防疫工作丝毫不能放松。行业要适应在常态化疫情防控中谋划开展工作，防止思想松懈和麻痹大意。

2. 深耕国内市场，拓展国际市场

当前全球疫情发展仍存在不确定性，世界经济论坛预测“疫情五年内仍将拖累全球经济”。随着疫苗接种的有序开展，经济社会生活逐步恢复正常。行业要抓住这个时机，坚持稳中求进，深耕国内市场，积极拓展国际市场，促进发展质量、结构、规模、速度、效益、安全相统一。

3. 坚持创新驱动

坚持科技创新，加强产业链协同创新，研发新材料，提高产品性能。立足服务国家战略和重大需求，服务人民美好生活需要，服务行业实际需求；集中行业优势资源，在攻关“卡脖子”的核心技术、关键核心技术和补短板、强弱项、优结构上下功夫；关注国家重点实验室、制造业转型升级战略、战略性新兴产业集群工程和重点工程重点项目建设。关注国家扩大内需战略的实施，扭住供给侧结构性改革主线，注重需求侧管理，加大供给创新，创造需求引领新消费。

4. 深入实施“三品”战略

行业企业要深化“三品”行动，提品质、增品种、创品牌，形成行业注重品质、品牌和精益管理、精品制造的氛围，优化产品结构、产能结构、企业组织结构。加强标准化工作，强化标准体系建设，积极推动国家标准、行业标准、团体标准制修订工作。

5. 坚持绿色可持续发展

落实绿色、环保、低碳等可持续发展目标，继续推进节能减排、环保替代、VOC 排放治理工作，推进绿色环保发泡剂和阻燃剂替代等工作。加快推进废塑料减量化、资源化，逐步完善相关领域技术标准体系。贯彻落实《关于进一步加强塑料污染治理的意见》政策要求，持续推广可循环、易回收、可降解替代产品和技术，提升废塑料减量化、资源化利用水平，引导废塑料综合利用行业规范发展。

6. 积极参与行业活动，促进技术市场交流合作

2021 年，中国塑料加工工业协会举办了 2021 中国塑料可持续发展展览会、产业链高峰论坛等系列活动，展示塑料节能、低碳环保材料和制品的优异性，宣传和推广可循环、易回收、可降解的新技术、新产品，为行业搭建技术创新和市场对接的平台。行业企业要合力畅通产业链、供应链、创新链，共谋国内国际技术与市场交流合作新机遇，促进行业可持续发展，为中国塑业高质量发展奠定基础。

〔供稿单位：中国塑料加工工业协会〕

智能制造是一种新的先进生产方式

智能制造作为制造强国战略实施第一阶段的主攻方向，推进几年来取得明显成效。但对智能制造的理解和对大力推进智能制造的认识，仍众说纷纭、莫衷一是。《“十四五”智能制造发展

规划》明确了今后五年推进的方向、原则、指导思想、重点任务，有助于加深对智能制造的理解和认识。

一、智能制造的本质

智能制造的本质是制造，是制造实现智能化。制造，是一种经济活动，是人类社会的基本活动和赖以生存的基础。伴随人类社会的进步，制造业的变革、演进从未停滞，以不断满足经济社会发展提出的新需求。

进入21世纪以来，高新技术层出不穷，经济社会发展突飞猛进。近几年来，数字化浪潮铺天盖地向我们奔来，数字经济、数字政府、数字社会、数字中国，正以前所未有的速度和力度加快建设和发展。产品数字化、业务数字化、流程数字化、管理数字化等，展现出数字化已成为当今的潮流、趋势、发展方向。人类正在进入一个“人机物”三元融合的万物智能互联时代。万物智能互联时代的制造业必定是实现了智能制造的制造业。制造的数字化、网络化、智能化，归根结底是使制造更聪明、更灵捷、更节约，使制造这一经济活动更经济。

二、制造业永恒的主题

纵观制造业的发展，从手工作坊到流水线生产，从大规模批量到个性化定制，从机械化、自动化到数字化、智能化，制造业无不紧跟时代的脚步，努力满足人们的需求和对未来的追求，从来不曾停息前进的步伐。人的衣食住行用，人的精神文化享用，维持社会运转、保障国家安全所需的物品，几乎都是制造业制造出来的。正因为如此，制造业必须不断进步、持续变革、勇于创新、不懈追求。而贯穿于这些变革、创新和进步中的，有一条不变的主线，一个永恒的主题，那就是永远追求更高、更低、更好、更快、更少、更小、更强、更美。这“八个更”具体来讲，即生产效率更高，单件成本更低，产品品质更好，市场响应更快，资源消耗更少，环境影响更小，核心能力更强，职工生活更美。仔细观察以往制造业的发展，努力追求的不就是这“八个更”嘛！

发展到现在和不远的将来，智能制造为实现“八个更”，提供了更现实的可能和更直观的感受。这也为大力推进智能制造和制造企业实现智能制造明确了宗旨、目标和方向。

三、制造系统的演进

制造活动的进行需要利用相应的工具和生产资料。各种经济时代的区别，不在于生产什么，而在于怎样生产，用什么劳动资料生产。劳动资料不仅是人类劳动力发展的测量器，而且是劳动借以进行的社会关系的指示器。人类使用的工具、生产资料，从刀锯、铁锤，到机床、电机，到发动机、计算机，根据使用工具的变化，可以观察时代的进步和所处的阶段。其实，人与这些工具、生产资料构建起了一个制造系统。制造系统是制造活动得以进行的物质基础，它的变化、演进成为时代变化、进步的表征。数百年、上千年来，制造业始终在创新制造技术，变革制造系统，形成不同的制造模式。制造系统凝结了科学技术的成果、思想理论的精华、社会人文的认知，制造系统的不断演进，是人类文明进步的标志。

近20年，不断推出的制造系统和制造模式就不下二三十种。人们所熟悉的，有柔性制造系统（Flexible Manufacturing System，FMS）、准时生产制（Just In Time，JIT）、计算机集成制造系统（Computer Integrated Manufacturing System，CIMS）、敏捷制造（Agile Manufacturing，AM）、协同制造（Holonic Manufacturing，HM）、绿色制造（Green Manufacturing，G M）、网络合作制造（Network Collaborative Manufacturing，NCM）、可重构制造系统（Re-configurable Manufacturing System，RCMS）、大批量定制化生产（Mass Customized Production，MCP）等，除此之外还可以举出很多种。观察这些层出不穷的制造模式和制造系统，可以发现有两点呈现出变化的规律，并作为制造系统的标志，一是人力在制造系统中的比重，二是制造系统中固化的人的知识和经验。制造系统演进的标志见图1。

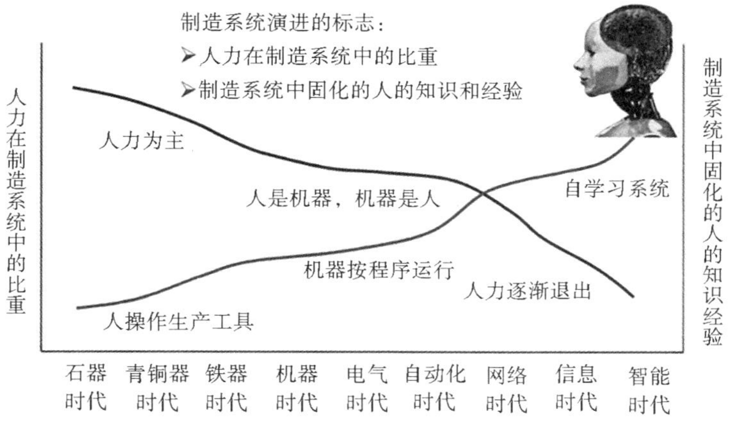

图 1 制造系统演进的标志

沿着这个变化规律，人们不懈努力和孜孜追求的是：尽最大可能减少制造系统中的人力比重，将人积累的知识和经验固化在制造系统中，希望有一天制造活动完全可以由制造系统根据输入的条件自主进行并依照人们设定的要求产出制品。这是一个制造智能化的过程，这个过程的目标和方向就是实现智能制造。人工智能、工业互联网、新一代移动通信技术等与制造业深度融合，制造系统的智能化程度越来越高，智能制造离人们越来越近。以往各种制造模式无法实现的，智能制造可以做到了。

四、智能制造是新的先进生产方式

智能制造是技术发展、社会进步、知识积累交汇与综合的结果，是制造系统演进到新时代的产物。智能制造是基于新一代信息通信技术与先进制造技术深度融合，贯穿于设计、生产、管理、服务等制造活动的各个环节，具有自感知、自决策、自执行、自适应、自学习等功能，旨在提高制造业质量、效益和竞争力的先进生产方式。智能制造已难以用制造模式的概念来表达了，也不能视其为一项技术，更不能归为一个产业。按照从科学活动规律归纳出来的范式，这一概念也不能确切地用来表述作为经济活动的制造活动。以往各种制造模式对制造业的影响仅是某一方面、某一层面的，而智能制造给制造业带来的影响，不仅限于生产力的发展和提升，还极大地影响生产关系的变革，成为制造业的先进生产方式。智能制造对制造业的影响见图 2。

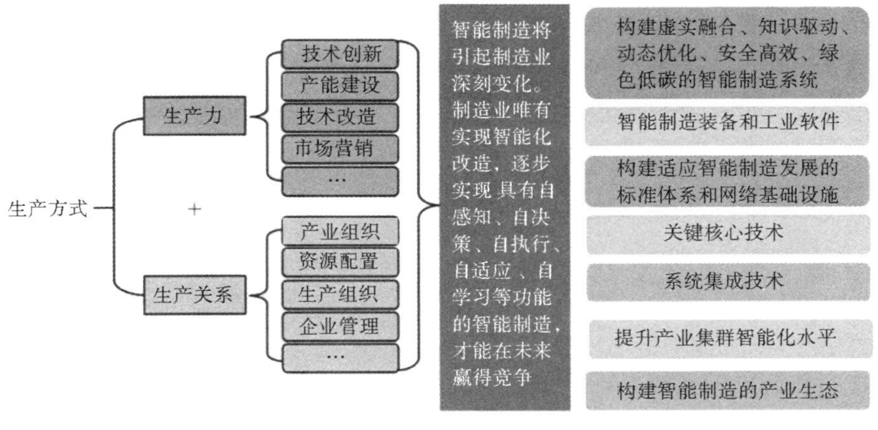

图 2 智能制造对制造业的影响

五、制造业将迎来一场重大变革

推行智能制造以来，已有 420 个数字化车间建设项目。从已完成项目的实施效果看，制造企业效率、效益有明显的提升。总体上，生产效率提高 20% 以上，运营成本降低 20% 以上，产品研制周期缩短 30% 以上，产品不良品率降低 20% 以上，能耗降低 10% 以上。

推行智能制造，使企业用工大为减少，适应环境变化的能力要明显高于未进行数字化、智能化改造的企业。新冠肺炎疫情发生以来，很多劳动密集的行业和企业，由于员工上岗困难，不得不中断生产；而智能化程度较高的企业依然能正常生产，复工复产率明显高于一般用工较多的企业。后疫情时期，制造企业实施制造智能化的积极性大大提高。

推进智能制造，使供应链上的企业信息互通、协同生产、效率提高，供应链畅通有了更有效的手段和可控的保障，从而由一个制造企业的效率、效益提升转化为供应链产业链的提升。

推进智能制造，使制造企业的生产组织和管理发生重大变革。最常见和较普遍的是，从原来金字塔形组织架构变为扁平型，变为能快速响应市场的生产组织。

推进智能制造，制造企业的形态也将改变。原有的制造企业，少不了设备、厂房，少不了生产线，从设计到生产、从采购到营销，制造的各个环节都在一个企业内完成。未来的制造企业，不一定要有自己的生产车间，也不一定需要员工集中在一个空间里上班。

智能制造带来的制造业的变革是现实的，向人们展现的既有制造业永恒主题的力行，也有超越永恒主题的梦想。智能制造本身也是不断发展、不断深化、不断升华的。在未来 15 年的发展中，智能制造大致可分为三个阶段，三个阶段的特征见图 3。

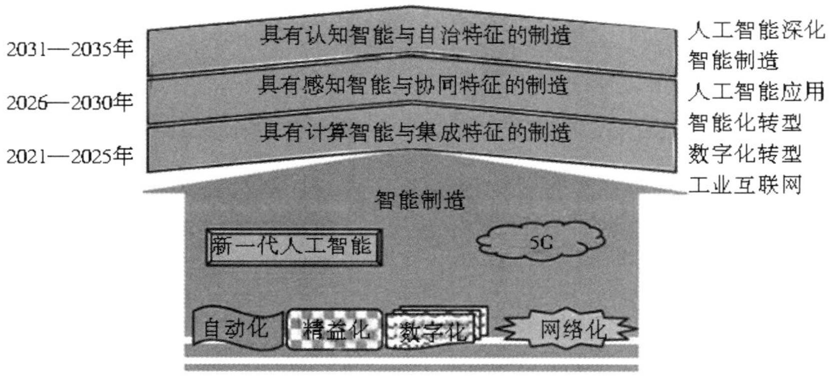

图 3　智能制造的发展

《“十四五”智能制造发展规划》勾画了这五年智能制造的发展目标和重点任务，核心是工业互联网与制造业的深度融合，工业互联网切实赋能制造业实现数字化转型。

“十四五”时期，智能制造发展将从“十三五”的“点”和“示范”演进为“面”和“推广”。面上的推进依三条线铺开：一是在几个细分行业全面推进，二是按产业链供应链展开，三是在产业集群中提升。以此，使某几个行业、某几个产业链供应链、某几个产业集群、一些紧密关联企业共同实现数字化转型和智能化改造，从而取得更广泛的推进效果和扩展效应。

在此大形势下，“十四五”期间，制造企业应以智能制造为目标，加速制造智能化进程，夯实精益管理基础，着力工艺变革与创新，尽快实现数字化转型，以应对百年未有之大变局下的各种挑战。为此，制造企业要因企制宜，把握市场动向，认清发展趋势，打好管理基础，融合高新技术，找准痛点难点，构建合身系统，突出效率效益，注重人才育成，锤炼韧性耐力，尽快转型升级。一句话，认准方向贯始终，咬定青山不放松。

〔撰稿人：国家制造强国建设战略咨询委智能制造专家委、中国机械工业联合会专家委朱森第〕

塑料加工技术发展趋势

一、循环经济需要从源头做起

今天几乎无法想象没有塑料的世界。塑料在现代生活中有着不可替代的作用，在国民经济中也发挥着重要的作用。但是，长此以来，塑料始终给人们一种错觉，它是与不环保、污染环境联系在一起的。出现这种现象，是与塑料大量用于一次性用品、被废弃时不会自动消失的特性相关的。随着世界对塑料垃圾、海洋塑料及微塑料与生物体内循环系统等的关注度越来越高，如何正确地对塑料使用环节进行规范，对用后环节进行管理，正视并更好地发挥其特性，才是解决相关环保、健康问题的关键所在，而不应该将着眼点完全放在禁止和限制塑料本身。为此，欧洲提出了循环利用的长期解决方案。

1. 行业协会和专业组织的深度参与

2018年1月，欧盟颁布了《欧盟塑料战略》，计划投资3.5亿欧元，力争到2030年使欧盟市场上的塑料包装都可重复使用或可回收，回收率提高到55%。2018年12月，欧盟循环塑料联盟成立，其目标是2025年实现欧盟市场内提供并使用1 000万t合规再生塑料高值化利用，实现100%的包装可回收或可重复使用，并减少1/3塑料使用。

2019年，欧洲议会和欧盟理事会发布《关于减少特定塑料产品对环境影响的指令》（EU 2019/904），明确各成员国到2025年，部分PET容器中再生塑料比例不少于25%；到2030年，部分饮料瓶中至少含有30%的再生塑料。2020年3月11日，欧盟发布了新版循环经济行动计划，核心内容是将循环经济理念贯穿产品设计、生产、消费、维修、回收处理、二次资源利用的全生命周期。这两项政策明确提出避免塑料污染进入水体与环境，以及食物链、人体，长期解决方案以加强循环利用为主。

循环经济运作的四大基础是减少、替代、再利用和循环。在提出解决方案时，欧盟采取了科学审慎的态度，这些值得产业相关政策制定方学习。

首先，很多国家和地区都颁布了针对塑料购物袋的禁限令，以LDPE为原料制成的轻质手提塑料购物袋是主要目标。欧盟并未将禁塑或限塑作为唯一或者主要的塑料污染治理手段，而是在欧盟塑料袋指令的框架下设定了具体的减少使用量目标，即到2026年平均每人每年使用40个。具体达成措施由成员国自行设定，部分成员国选择实施塑料购物袋收费制度，部分采取材料替代，也有一些成员国颁布了禁止使用、禁止消费制度。

其次，对单纯的材料替代持审慎的态度，对于生物基材料以及可降解塑料采取非常谨慎的态度，截至目前并没有明确表示禁止或鼓励，要在进一步研究的基础上再做决定。目前唯一已明确的是，在欧盟SUPD中将光氧化可降解塑料制品列入禁令清单；对于生物基塑料和可降解/可堆肥塑料等则要求从原料、标示到应用场景都需要有明确的标识标记，以便于消费者做出合适的选择，并配合现有的使用后收集、处置体系。

2019年年底欧盟发布《欧洲绿色协议》，提出2050年实现碳中和，并制定了能源、工业、建筑、交通、食品、生态环境等7个方面的政策框架和路线图。循环经济和循环利用在未来变得更加重要，塑料作为一种材料面临着巨大的范式转变，必须成为一种有价值的资源，这对于原材料制造商和技术供应商都是巨大的挑战。

2. 产业链的全面协调

塑料最主要的一个应用领域是包装，从重量、成本、体积、生产耗能、温室气体排放方面看，塑料都优于其他包装材料。未来，塑料包装不被边缘化的前提是采用循环利用技术，用有价值的回收物制造出增值产品，发展出新的商业模式。

恩格尔（Engel）与 Greiner、阿普拉、雀巢、可口可乐奥地利公司、奥地利绿点（Intersperoh）、埃瑞玛 6 家奥地利包装公司合作建立了“面向未来的包装平台”。这些公司覆盖了包装产业链的很大部分，正在形成一个网络。如，Greiner 是全球知名的塑料包装及发泡公司，已加入循环塑料联盟、苯乙烯循环解决方案等组织；Intersperoh 塑料回收技能中心得到国际认证，是欧盟唯一认可的专门从事再生塑料开发和分析的研究机构；可口可乐在奥地利销售的矿泉水品牌已采用 100% 可再生的 PET 制成；Engel 被彭博社与 TBD 媒体集团评为全球 50 家最具可持续性和气候意识的企业，是其中唯一的塑料机械制造商。

APK AG 公司的 HolyGrail2.0 数字水印计划通过识别产品包装的数字水印并进行精确的包装分类，实现高质量的包装废料回收利用，提高塑料的回收率。数字水印中关于制造商、加工材料、是否适合食品的信息，由分拣设备内置的高分辨率摄像机读取。该计划涉及产业链各阶段的 85 家公司和组织，阿博格（Arburg）是其中唯一的注塑机制造商。基于数字水印，arburg GREENworld 能够将由 PP 等制成的单一材料产品进行同质分离，并将其作为回收料进行循环利用。

3. 原始创新

APK AG 开发的 NewCyclick® 是基于溶剂的塑料回收工艺，是一种经济环保的循环利用工艺，在德国使用得较广泛。这种工艺可以从 PA/PE 多层复合膜中提取、分离 PA 和 PE，并获得性能接近新材料的 PA 和 PE 再生颗粒。利用该工艺并结合使用科倍隆的 ZSK 双螺杆挤出机，可以将之前不能被回收利用的多种塑料复合以及多层复合的塑料包装材料分离，并加工成混合均匀的再生塑料。在这一过程中，未溶解的 PA 进入 ZSK 双螺杆挤出机，通过多个工艺步骤进行充分混合和脱挥发分，加工成高质量的 PA 熔体，最后制成高质量的 PA 回收颗粒。初始蒸发完成后，PE 和剩余溶剂也进入 ZSK 双螺杆挤出机。NewCyclick® 工艺示意图见图 1。

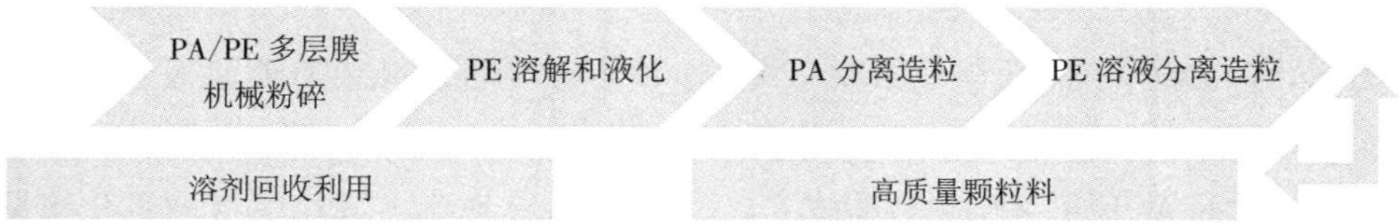

图 1　NewCyclick® 工艺示意图

多层阻隔膜的回收一直缺乏高效、高价值的回收利用方法，是一个很大的难题，需要我们勇于探索。科倍隆开发了一种循环新技术——多层膜无边料闭环生产技术，多层膜边角料先经过破碎，再经过高精度喂料系统送入双螺杆挤出机，经混合塑化均匀后重新喂入复合膜生产线，由此形成闭环生产。

克劳斯玛菲（KM）通过其开发的数字化平台 Polymore 发现：欧洲超过 80% 的客户咨询事项与循环经济产业链有关，机器和材料结合后更容易使相关技术和产品的作用和性能显现出来。KM 把挤出机、注塑机和数字服务解决方案（DSS）的业务部门联合起来，发挥其同时掌握注塑、挤出、反应三个塑料加工技术的优势，研发了以 ZE28 BluePower 双螺杆挤出机 +PX 电动注塑机为核心的造粒 - 注塑一体生产线，可将一个废旧塑料桶转化为全新的汽车 A 柱盖板。

瑞典 RenCom 拥有一项专利技术，能有效地将木质素转化为可再生、可降解的生物材料，可替代石油基塑料。经过配混和挤出等多个加工步骤得到的 RENOL® 生物材料具有经久耐用和重复使用的特性，可用来制造各种塑料制品。采用木质素原料在双螺杆挤出机中生产热塑性生物材料 RENOL®，在生产塑料袋和热熔胶等时可直接使用现有的生产设备，无需对机器或工艺做任何修改。

德国 Microtec 利用 2 台科倍隆双螺杆挤出机制造基于淀粉、PBAT、PLA 和 PBS 的化合物，主要用于吹塑成型和注塑。

4. 总结及思考

循环经济是跨学科的挑战，从产品的设计开发阶段开始就需要以循环经济的思维进行考量。循环利用使得产品设计选材向单一材料体系发展，将越来越集中于几种有限的材料体系，如性能跨度大的材料，加工、改性、复合等容易实现的材料，较容易实现回收利用和高性能化的材料等。

当前塑料产业面临很大困扰的主要原因是：几十年以来，人们在包装领域的创新速度远远超过包装材料循环利用技术和相关基础设施发展的速度。解决这个问题需要创新的循环利用技术，而不能只将关注点置于可降解材料领域。对整个石化行业来说，这可能是一个非常重大的业务转型，将来要把重点放在废塑料的高端发展上，而非合成新的塑料原材料，对于可降解塑料的推广和应用也要保持谨慎和清醒的头脑。

根据史密瑟斯的研究，2021 年及以后发展塑料循环利用将成为包装行业的首要任务，包括：混合塑料转化为聚合物单体的经济化学回收及商业化；开发更有效和普遍收集、标记和分类方法；政府塑料废物“生产者自付”管理条例；建立全生命周期分析（LCA）方法，比较不同回收形式对环境的影响；改进标签和黏合剂，与回收技术完全兼容；以单层结构取代多材料柔性设计，降低成本，提高可回收性。

实现塑料的循环利用，需要行业协会和专业组织的深度参与，需要上下游产业链的全面协调，需要开展标准和平台建设，还需要产品设计开发和原始创新的引领。

二、数据驱动创新，线上业务全面发展

1. 数字解决方案

数字化是促进可持续性和提高生产效率的重要因素，Arburg 和 Engel 提出的数字解决方案均是建立在智能设备、智能生产、智能服务相结合的基础之上的。

Engel 的 inject 4.0 在这三个领域内提供了相应的技术和基础设施，整合了横向和纵向的数据。整合纵向数据确保相关数据无缝交换和可用性；横向集成则保障单个传感器、所有外围设备、带 MES 的注塑机和 ERP 系统的通信畅通，整个生产过程透明度实现最大化。

Arburg 的 arburgXworld 提供了全面的支持：从机器配置和新机订购开始，到模拟控制系统、概述机队和生产流程文档，直到备件订购和其他数字服务。应用虚拟控制应用程序可以模拟 PC 或平板电脑上的机器控制，模拟和编辑注塑程序，执行故障排除，直接将数据传输到机器。Arburg 与来自亚琛的合作伙伴 Simcon 共同开发了填充辅助，离线创建的仿真模型和形状被直接读取到控制系统中。

2. 更先进和广泛的远程调试和协作

VDMA 为设备和工厂远程服务提供培训，运用数据眼镜和增强现实技术保持生产力，显著降低了服务成本。

科倍隆成功完成了 ZSK 250 大型挤出机的在线调试，利用挤出在线监测和故障记录集成系统（Coperion ServiceBox）以及视频等通信方法完成客户的请求，通过改造齿轮箱、安装新联轴器、ZS-EG 侧脱挥和更新 EpcNT 控制（包括重建控制柜和监视器），显著提高了产能。大型挤出机在线调试的成功为挤出机的机器调试和现代化提供了精简、灵活的解决方案，树立了远程复杂维护的里程碑。

3. 模拟与现实

Engel 与 Autodesk 在构建数字孪生系统，缩小分析工具与注塑工艺之间的差距。数字世界与现实世界之间建立起易于使用的连接，提高模拟和机器在整个产品生命周期中的一致性和相互利用性，即实现双向数据传输。工艺参数和测量结果可以从注塑机导入 Moldflow；利用 Engel sim-link，将仿真优化后的参数转换成设备设定参数，确保数据一致性，加速流程优化。这意味着模拟

与现实之间的界限将越来越模糊，对塑料机械行业而言是重大的技术突破。

未来，注塑模拟将在整个产品生命周期中发挥核心作用，模拟可加快机器设置，促进流程优化，显著提高生产率。对于小型注塑公司来说，这将成为一种经济的竞争优势。

4. 总结与思考

线上业务已经从第一代的线上展会会议、洽谈签约、配置选择、采购下单，发展到第二代的线上生产优化、指导安装、机组调试、故障诊断。远程、大数据、增强现实、人工智能等都将会在后疫情时代的制造业中发挥越来越重要的作用，塑料机械企业提早布局有助于掌握先机。

三、深度融合的解决方案

1. 国外塑料机械企业针对医疗防护用品开展的行动

（1）迅速开发新型熔喷料。Lummus Technology 公司与科倍隆联合在最短时间内开发成功新型熔喷料。Lummus Novolen® 技术是在 Ziegler-Natta 和茂金属催化剂的基础上，以气相聚丙烯工艺生产全系列聚丙烯树脂。科倍隆采用 ZS-EG 侧脱挥装置的 ZSK 挤出机技术，并专为 Novolen 设计螺杆，实现熔喷聚丙烯料的规模化生产。高性能聚丙烯树脂生产概念图见图 2。

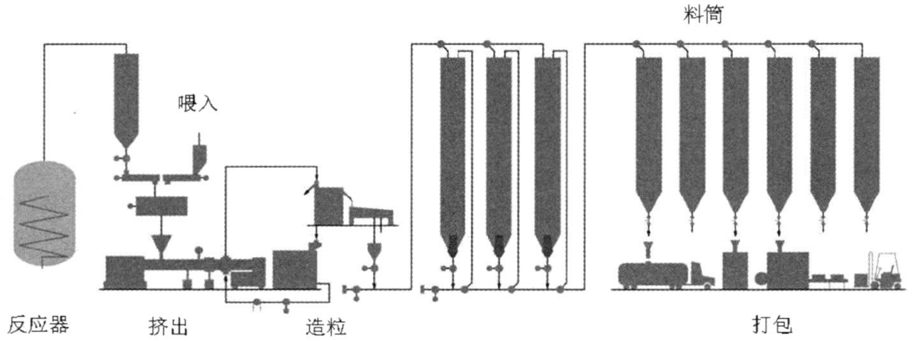

图 2　高性能聚丙烯树脂生产概念图

（2）与医疗企业合作开发新型口罩。Providee 公司的两件式可重复使用口罩由热塑性弹性体注塑而成，可以清洗消毒，可以插入不同的过滤材料。通过使用新的模具方案并实现快速响应，Engel 改善了全球口罩供应。

Arburg 的面罩过滤器从概念到系列产品仅用 41 天，其原因是集成产业上下游、联合 11 家不同类型的企业共同开发。这些企业涉及硅胶系统、硅胶配料、硅胶模具、热塑性模具、冷流道、热流道、夹持器、材料、过滤器设计、焊接技术、包装技术领域。在非常特殊的情况下，所有合作者汇集专业知识、技术和设备，加快了新产品创意的上市时间。

（3）启示。通过需求端的深度参与、全产业链协同、医疗标准体系的建立、系统集成开发、产品创新设计，医疗防护产业避免了低水平重复。这些值得国内相关行业借鉴。

2. 向上下游拓展

塑料要成为高性能的材料，向结构件转变，这意味着塑料加工要向更多维度延伸。在这方面，已经有很多典型的例子：向合成反应领域延伸，形成全新的材料体系（如 TPU）；向改性加工领域延伸，形成功能材料体系（如 TPV）；向复合加工领域延伸，形成高性能材料体系（如 LFT）。

塑料机械是服务于塑料加工领域的装备，向上游和复材进军是产业发展的必然要求，也是塑料机械行业实现转型升级的重要方式。突破塑料机械固有思维范式，开展前瞻性的布局，加上软硬技术的结合与拥有的自主核心技术，将为塑料机械产业升级和创造广阔的发展空间打下良好的基础。塑料加工发展示意图见图 3。

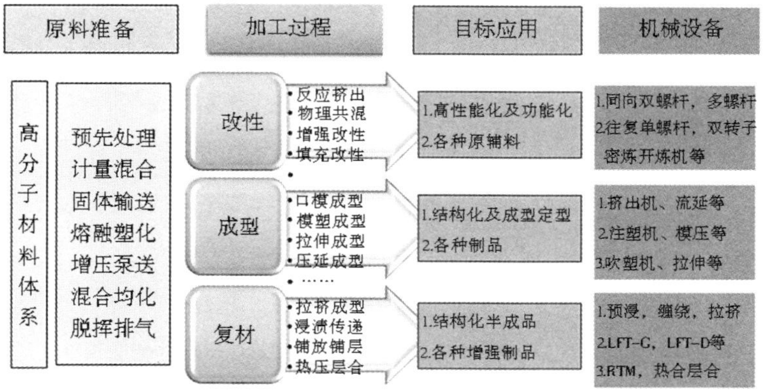

图3　塑料加工发展示意图

3.重点关注方向

为此，塑料机械行业需要关注：反应加工特点、复合材料特点、循环利用的要求、产品开发设计方法、性能评价体系、成型方法及工艺、在线检测及控制。塑料机械企业要成为未来材料开发和工作过程的一部分，即实现机械+材料、机械+工艺、机械+控制、机械+检测、机械+产品设计等。

（1）材料。德国双螺杆挤出机生产商Leistrize协助蒂克公司开发出不含有害异氰酸酯PU-NIPUs（一种新的聚氨酯），推进了对可持续和安全聚氨酯的研究，是革命性的创新。该公司还集成在线流变仪，测量挤出反应过程中材料的黏度，并在必要时进行调整，能够生产高性能塑料。

（2）反应加工。四川大学王琪院士研发的固相力化学反应加工技术，可以用于改善聚合物加工性能，实现室温超细粉碎以及纳米复合材料的制备；采用催化接枝技术制备新型聚合物/纤维复合材料；研发了芯棒旋转流变仪，对材料施加环向剪切力，促进了材料分子链的伸直变形，产生了偏离轴向的高强度串晶，制备了高抗扭结性聚乙烯医用微导管。

2019年4月，免干燥PET反应挤出发泡一体化成型技术通过专家鉴定；2019年11月，通过了德国劳氏船级社（GL）认证。2020—2021年株洲时代新材使用该PET发泡材料逾5万m^3，生产13 000余支风电叶片，新增产值超过90亿元，解决了我国风电叶片芯材“卡脖子”关键问题。

（3）技术/工艺。2020年年底，由瞿金平院士主持，利用大庆石化7万t造粒机组开展拉伸流变技术的工程验证。该技术提升了国产造粒机组核心技术水平和市场竞争力，机组整体效能提升，能耗降低，对促进我国高端石化装备水平提高具有重要意义。

北京化工大学吴大鸣教授提出空间限域强制组装法（SCFNA），用以制备高导电导热聚合物复合材料。采用连续热压印工艺—聚合物挤出微压印法，由三辊压印装置对连续挤出的片材进行表面微结构热压成型，实现微结构表面的连续高效成型。空间限域强制组装法示意图见图4。

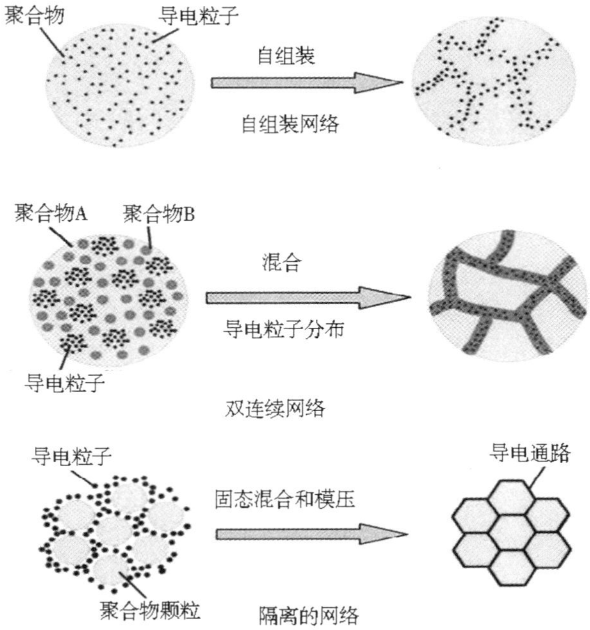

图4　空间限域强制组装法示意图

（4）产品设计。反应熔喷一体化机组采用普通 PP 直接生产，解决熔喷料“卡脖子”问题；实现反应改性一体化，减少热历程，短流程和高效工艺；通过反应在线控制纤维直径（控制黏度），滤效可控；在线控制熔喷工艺，容易实现系列化生产，降低成本；机组可以适用于 PP、PET、PLA、PBAT 等多种材料；通过催化剂、停留时间等控制黏度，成为高性能反应器。

（5）轻量化。热塑性复合材料是轻量化的大趋势，然而轻量化不仅仅停留在材料领域。

Engel 开发了用于制造定制复合材料坯料的生产线（包含 Engel v-duo 1700 注塑机），采用全自动 HP-RTM 工艺，涵盖了热塑性预制件、热固性模塑的加工和反应技术，为汽车行业开发了经济的复合材料解决方案。热塑性复材由机器人送入模具，在注塑模具中一步成型并功能化，集成度和自动化程度高，降低了单位成本，为热塑性复合材料零件的大批量生产铺平了道路。Engel 由此获得 JEC2020 创新奖。

Arburg 的 FDC（Fibre Direct Compounding）工艺将长纤维注塑成型与 Tepex 增强结合，材料可用性高，可降低 40% 的成本。使用 2 500kN 全电动注塑机，在 50s 循环时间内，生产用于汽车内部座椅调节系统的长纤维增强 PP 复合板，纤维含量 35%，成型件质量约 330g。重复精度以及纤维含量的一致性通过自动化系统中的重量控制来显示，测量结果作为过程参数由控制系统进行监控。

四、总结

在后疫情时代，塑料机械行业要向上游发展，寻找利润的新增长点；瞄准国家战略，把发达国家的先进经验和我国的国策结合起来，积极服务于国家社会战略需求；重视塑料的循环利用；开展跨行业跨产业合作，如与医疗行业、新能源、新材料开展合作。

当前，欧洲全电动塑料机械比例达到 50%，已有 7 万台在日本和德国生产的全电机交付使用，全电动塑料机械是发展的趋势；系统集成、大数据和人工智能在企业生产和服务中发挥作用，真正推动智能制造的应用。后疫情时期是塑料机械行业与企业的技术升级机遇期，行业企业应加强产品研发，进一步深耕细分市场，形成各自优势和特点，形成差异化竞争的格局。

〔撰稿人：北京化工大学何亚东〕

中国塑机创新人才培养基地建设发展报告

一、前言

人才资源是国家技术发展和产业变革的核心后备力量，新一轮工业革命在推动工业领域转型发展的同时，也对工程人才素质提出了更高的要求。在德国“工业 4.0”和“中国制造 2025”等发展战略背景下，国家积极推进探索新时代背景下工科人才培养的新模式和新体制。行业协会作为连接产业界和教育界的重要枢纽，对推动贯彻党的十九大报告中提出的“深化产教融合、校企合作”人才培养方略的实施具有重要作用。

随着技术升级与产业发展，我国已逐渐成为全球最大的塑料机械产销国，具备完善的高分子材料加工成型上中下游全产业链。为应对新一轮工业智能化和数字化革命，加快我国塑料机械转型步伐，实现中国塑机领跑全球的总体目标，中国塑料机械工业协会在深入调研欧洲塑机行业人才培养模式的基础上，结合我国塑机产业和技术发展现状，发挥协会平台牵引功能，充分激发高校人才培养优势和产业技术支撑作用，牵头建立了我国塑机领域首个由协会、高校和企业共管共建的产学研平台——中国塑机创新人才培养基地。

2016年，中国塑料机械工业协会常务副会长粟东平带队参观访问了德国亚琛工业大学塑料机械研究所（IKV），深入调研了其产学合作工程人才培养模式，并联合国内高校教授和企业高管充分分析了我国塑机产业整体发展现状与人才供给短板，针对校企协联动人才培养方案进行了可行性研究。2018年，协会经过充分调研论证，正式联合北京化工大学发出“向北化捐赠高端装备、共建创新人才培养基地”的倡议：让今天校园里的莘莘塑机学子成长为明天企业的技术骨干，将现有的主流和创新设备提供给北化并共建中国塑机创新人才培养基地，以产、学、研相结合的模式，在北化打造一个接轨国际的校企合作人才培养平台，为所有参与企业提供一个“永不落幕”的展示和试验平台。短短6个月就有20余家企业积极响应倡议，捐赠相关成型装备及辅机。2018年9月，总价值近千万元的国内高分子材料领域首个校企协共建产学研平台——中国塑机创新人才培养基地在北京化工大学昌平校区正式落成。粟东平常务副会长与北京化工大学任新钢副校长为基地揭幕见图1。中国塑机创新人才培养基地揭幕仪式合影见图2。

图1　粟东平常务副会长与北京化工大学任新钢副校长为基地揭幕

图2　中国塑机创新人才培养基地揭幕仪式合影

培养基地汇集高校、企业、协会三方资源，由学校提供场地，企业提供设备，以服务高校人才培养工作为核心，做到让“本科生早早接触设备、研究生天天接触设备”，使学生有所学更有所用，理论实践有机结合，使学生的科研成果转化为支持企业技术升级的原动力，培养学生成为符合企业需求的专业型复合型人才。基地还可服务于企业的人才培养，企业工程师往往工程应用经验丰富但缺乏理论知识，培养基地可发挥高校师资优势，为企业工程师进修提供智力支撑。另外，基地还可以服务于行业人才的教育培训工作，为中小企业和新兴企业的工程师提供工程和理论学习场所，同时让行业反哺基地建设。

二、中国塑机创新人才培养基地建设情况

目前，基地共有十余台（套）注塑和挤出生产线，汇集国内一线注塑装备品牌，建成了工业互联网智能监测系统和自动化水电气工业车间生产系统，完全满足开展科研实验、课程教学和产品试制等工作的要求。依托基地赋能，北京化工大学深入推进校企协三位一体协同育人教学改革研究工作，分别开展了“高工实习”工科类专业实践课程、机械类专业认识实习课程、北京化工大学本科生创新实践训练营、“英蓝云展”云端实习展览、虚拟仿真平台线上实习等工作，初步形成了跨学科培养、多主体协同、产业链与创新链全覆盖的产学合作协同育人模式的“北化实践”，建成了高分子材料加工成型全生命周期实践教学平台，相关成果分别受邀在2019国际工程教育大会、2020 机械类教学方法研讨会等会议展示并受到关注。中国塑机创新人才培养基地见图 3。

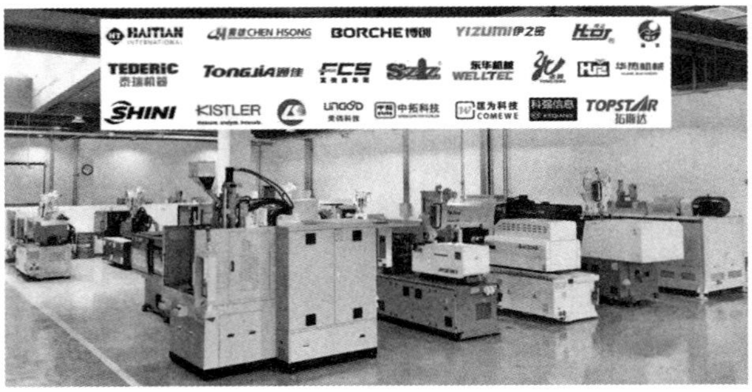

图 3　中国塑机创新人才培养基地

1. 推动传统金工实习向高工实习转型升级

“金工实习”作为工程实践教育的典型手段，为培养工科类学生的动手能力和工程素养发挥了重要作用。新一轮工业革命中出现了大量新兴的材料种类和先进加工方式，金工实习中仅针对金属材料的加工成型过程训练已无法满足工业快速发展进程的需要。

为满足现代制造业高速发展对于工程人才实践创新能力的更高要求，北京化工大学依托中国塑机创新人才培养基地，针对机械类专业实践教学率先提出从“金工实习”向“高工实习”转型升级的新思路。在传统金工实习基础上全面改革实践教学计划，充分发挥学校机械工程在高分子材料加工成型学科方面的特色优势，建设了结合高分子材料、复合材料、金属材料，融合增材制造、等材制造、减材制造为一体的高分子材料加工成型工艺实习（简称“高工实习”）实践教学体系，实现了工程训练实践内容的全面重构升级。“高工实习”教学内容覆盖高分子材料、复合材料和金属材料的加工机理、工艺过程和设备机械结构，开展原料—工艺—装备—制品全方位多维度的理论实践教学，培养学生在实践中检验理论、用理论解决实际问题的能力和思维，强化高素质专业人才工程实践创新能力培养过程，提高工科人才培养质量。

自 2019 年面向机械类专业试点推行以来，“高工实习”工程实践教学课程授课超 400 课时，参与人数超 3 000 人次，成为北京化工大学“新工科”建设背景下教学改革的“灯塔项目”。“高工实习”实践教学课程的开展有效解决了机械类专业学生知识面窄、工程素养弱、动手能力差等现实问题，有力推动了“新工科”建设背景下高等院校工程实践创新人才的培养工作，对我国塑料机械领域的新时代人才培养具有重要意义。学生在基地现场开展实习见图 4。

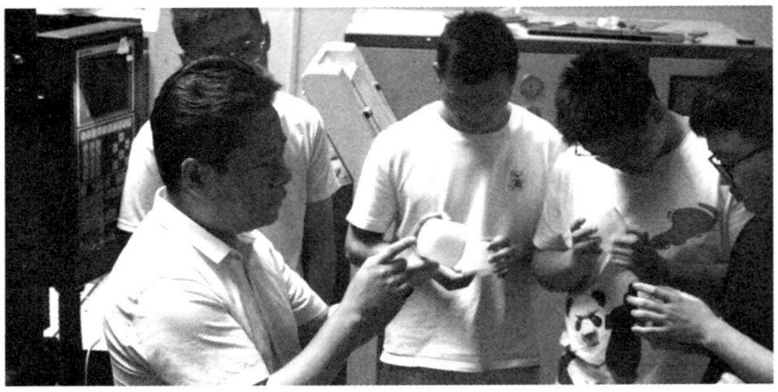

图 4　学生在基地现场开展实习

2. 强化机械类专业认识实习教学过程

认识实习作为机械类专业本科阶段重要的实践教育环节，对于培养学生创新实践能力和工程应用素养具有重要作用。长期以来，国内高等院校开展认识实习都采用学生参观工厂生产线的形式，走马观花的实习方式让多数学生无法深入全面地了解装备原理、工艺过程和市场前景，难以培养学生对工业领域全产业链的系统认知。

依托中国塑机创新人才培养基地的装备和平台支撑，北京化工大学针对机械类专业认识实习教学环节重点改革，在保证拓展学生知识视野的前提下，重点开展塑料机械认识实习。以塑料机械为蓝本，培养学生对工业生产体系形成系统认知，从装备结构、工艺原理和质量控制等角度培养学生对高分子材料加工成型全生命周期的了解。通过我国塑料机械行业的发展历程和教学团队投身塑料机械的科研经历激发学生的学习兴趣，培植学生爱国情怀，引导学生树立投身国家前沿发展战略的远大理想，培养具备扎实基础、创新能力和严谨思维的爱国工程技术人才。

通过强化机械类专业认识实习教学过程，有效提升了学生的实践认知能力，促进学生对高分子材料加工成型产业链形成全面系统的认知，充分发挥了基地的全阶段育人能效。

3. 完善高分子材料加工成型课程体系

2018 年，教育部提出“坚持‘以本为本’，把本科教育放在人才培养的核心地位、教育教学的基础地位、新时代教育发展的前沿地位”。北京化工大学作为我国化工、材料类特色高校，具备六十余年的高分子材料加工成型学科积淀。

学校始终以高分子材料加工机械作为机械类专业办学特色，建立了灵活完备的理论与实践教学相结合的本科课程培养体系。学校以中国塑机创新人才培养基地为纽带，促进高分子材料、机械工程、工业设计等专业学科交叉，融合《高分子材料加工原理》《聚合物混合理论》《聚合物加工工程》《高分子材料基础理论》《机械设计》《模具设计》《高分子材料加工机械设计》《金工实习》《工业设计原理》等课程，推进理论和实践环节在教学过程中的互融互通，实现材料、模具、装备、制品全方位一体化课程教学平台建设，建立高分子材料加工成型全产业链人才培养体系，全面提升我国高分子材料加工成型领域本科专业人才培养质量。利用基地资源开设《高分子材料加工机械设计》课程见图 5。

图 5　利用基地资源开设《高分子材料加工机械设计》课程

4. 举办创新训练营激发学生学习兴趣

“新工科”建设要求着重培养学生将科研理论、工程素养和工匠精神高度融合，提高社会责任感、创新精神、实践能力。北京化工大学在专业课程体系外积极开展多手段素质教育，在校企协三位一体协同育人模式指导下，依托中国塑机创新人才培养基地，创造性地开设了本科生创新实践训练营活动。

基地立足“中国制造 2025”国家发展战略，始终坚持“以本为本”，持续推进“四个回归”，发挥北京化工大学高分子材料加工专业特色，面向全校学生开设本科生创新实践训练营。设立各类课题方向，学生根据兴趣加入课题小组开展科研实践训练，由助教、教授、企业工程师组成的师资队伍进行教学指导工作，并根据课题方向建立差异化考核机制，由学校和协会联名向考核合格的学生发放培训证书。

该活动以学生兴趣为出发点，以培养基地为依托平台，以教师和工程师为有力引导，力争让本科生早早接触设备，扩宽外专业学生学术广度，加深本专业学生学术深度，综合提高学生的工程素养和科研能力，形成国内高分子材料加工成型方向在原材料—成型工艺及装备—终端前沿应用上的全产业链产教融合创新人才培养模式，全面提升学生的工程素养和科研能力，培养学生形成宏德博学、严谨认真的学习和工作态度，推进大学生素质教育。截至目前已开设两期训练营活动，累计十余个专业超过 150 名学生参加。粟东平常务副会长与学校领导一同为学生颁发结业证书见图 6。

图 6　粟东平常务副会长与学校领导一同为学生颁发结业证书

5. 举办“英蓝云展”，促进资源云端共享

中国塑机创新人才培养基地依托实验室技术研究基础和产业发展趋势，在新冠肺炎疫情防控和后疫情时代背景下，推出了塑机产业科学技术与企业技术产品公益性系列线上展览活动——英蓝云展。

通过线上展示塑机行业国内外龙头企业的先进技术和智能装备，以学校教授为主导，连线企业技术专家和管理人员共同讲解，向学生和业内人士展示行业前沿发展动态，讲解产品研发历程，解析职场招聘需求，全方位推进学生素质教育，为学生的学习、科研和就业指明方向，培植学生爱国情怀，引导学生树立报国理想。

截至目前已推出两期“英蓝云展”直播周活动，累计联合 7 家国内外行业龙头企业进行了线上展览，超过 20 万观众线上参与了活动，以前所未有的优异效果促进了学校和企业联动，引发了广泛的社会影响。同时，相关展播视频经过精心录制剪辑，形成了开展专业认识实习和生产实习的线上优质教学资源，在推动行业教育资源共享、慕课建设等领域产生了重要影响。杨卫民教授主持英蓝云展见图 7。英蓝云展直播现场见图 8。

图 7　杨卫民教授主持英蓝云展

图 8　英蓝云展直播现场

6. 建设虚拟仿真平台，推动云端实习

注塑成型作为高分子材料的主要加工成型方式，具备生产效率高、制品精度高等优势，但是由于注塑工艺过程复杂，在现场实验中难以保证学生对相关流程的有效掌握，存在操作不当会带来安全和设备损坏风险以及耗材损耗问题。北京化工大学贯穿机械类和材料类专业核心课程，依托中国塑机创新人才培养基地开发了国内首个高分子材料成型虚拟仿真教学平台——高分子材料注射成型系统虚拟仿真实验平台，实现了学生线上模拟和线下实操相结合的学习方式，推动“新工科”实践创新教学资源的普及应用。高分子材料注射成型系统虚拟仿真实验课程见图 9。

图 9　高分子材料注射成型系统虚拟仿真实验课程

学生通过虚拟仿真平台学习相关知识点，掌握高分子材料注射成型工艺设置及设备操作，开放探究思考，在此基础上开展实操，并在系统中记录现场实验数据。北京化工大学采用现场实训和虚拟仿真结合的教学模式，以工程产品案例为抓手，以生产合格制品为导向，通过对原料—工艺—装备—制品全周期、理论实践全过程评价，深入培养学生运用理论知识解决实际问题的能力。

线上模拟和线下实操虚实结合的工程实践教学方式，提升了学生学习能动性，推动“新工科”实践创新教学资源的普及，进一步提高了“新工科”建设背景下人才培养效能，源源不断地为行业输送人才。中国塑机创新人才培养基地成为高分子材料加工行业“永不谢幕”的人才培养“舞台”。

7. 深化校企合作，推动产教协同长效发展

党的十九大报告中提出“完善职业教育和培训体系，深化产教融合、校企合作”，走产学融

合的育人之路、把工程实践融入人才培养过程，是提高学生实践能力和创新能力的有效且必要的途径。目前，国内的校企合作基本形成了“学生进厂”的培养流程，短时间的参观实习使学生无法充分深入地参与实习环节，未能有效提升学生的工程实践能力。

中国塑机创新人才培养基地的建立，有机地将协会、高校和企业调动起来，充分发挥协会的行业引导作用，释放高校人才培养和科学研究能效，激发企业深度参与产学融合。依托基地平台，北京化工大学与行业多家企业、研究院所建立了人才培养与科研实验合作机制。其中，与泰瑞机器股份有限公司建立了研究生校企合作培养机制，定期选派十余名研究生在泰瑞进行为期半年以上的企业实习，参与技术研发过程，在实战中锻炼学生的工程设计思维和能力。此外，还与中国石化北京化工研究院合作开展聚丙烯微孔发泡研究，深入探究塑料制品轻量化工艺，响应塑料产业的节能、环保发展要求，为实现碳达峰、碳中和目标提供科技支撑和人才保障。北化—泰瑞校企联合人才培养见图 10。

图 10　北化—泰瑞校企联合人才培养

三、结语

中国塑机创新人才培养基地作为国内塑机领域首家校企协共管共建的人才培养与科研实验平台，是高校工程人才培养模式的一次革新，使我国高分子材料加工成型学科人才培养体系接轨国际，为我国塑料加工产业从原料、模具、装备到制品全产业链的人才培养与技术支撑提供了重要保障，对推动我国塑机产业在国际上从并跑全球到领跑全球具有重要意义。

〔撰稿人：北京化工大学机电工程学院谢鹏程、马艺涛、杨卫民〕

行业与地区发展概况

分析行业和主要产业集聚地的发展情况

行业与地区发展概况

行 业 概 况

塑料注射成型机行业概况

塑料注射成型机（即注塑机）在塑料成型设备领域占据主导地位，目前产值在整个塑料机械行业中占40%～50%。塑料注射成型工艺具有成型精度高、可一次性成型复杂形状产品等一系列优点，广泛应用于家用电器、汽车、通信工程、医疗卫生、航空航天、日用品等领域，拥有巨大的市场需求和发展前景。

2020年受新冠肺炎疫情影响，注塑机行业一、二月份的订单、出运和供应链等受到较大影响，极大地影响了行业业绩；进入三月后，国内疫情得到了很好的控制，接单和出机等情况持续好转，业务持续改善；到2020年下半年，注塑机销量出现高速增长。后疫情时代，国内需求的内循环加快，产业升级加快，新的环境和背景既是新的机遇，也存在新的风险。

一、行业发展概况

2020年，中美贸易摩擦加剧，新冠肺炎疫情加速了国际格局调整，世界经济深度衰退，全球产业链、供应链遭受冲击，经济全球化遭遇逆流，世界经济充满风险和不确定性。在全球经济下行的大背景下，对医疗、电子、日用品的需求以及国外制造业的临时转移促进了国内下游产业的发展，我国注塑机行业快速地从疫情的冲击中恢复，蓬勃发展。

2020年，全球经济形势因疫情发生而变得严峻，各行业都因此遭受或大或小的损失。2019年中美贸易摩擦以来，我国注塑机的外贸销量对比往年下降明显，注塑机厂家纷纷转向国内销售；2020年疫情初期，塑料制品厂家纷纷响应国家政策延长停工时间，国内业务受到影响。

注塑机行业在2020年第一季度受疫情影响发展滞缓，与上年同期相比，销量呈现大幅下降的趋势；从第二季度开始，国内疫情缓解，各大厂商逐步应对疫情的影响，以线上课堂、线上研讨会等线上营销方式打开局面。随着国外疫情的日益严重，国际制造业产能缺失，一部分国外订单转移至国内，国内制造业迅速回暖，对医疗用品、日用品的需求大量出现，制造业的整体回暖带动注塑机销量与订单量的回升，单季度与同期相比实现增长，累计销量与上年同期相比呈现持平或略有下降的态势；第三季度，注塑机行业迎来迅猛发展时期，伴随着各大展会的举办，不少厂商创单季度注塑机销量新高，累计销量与同期相比实现反超；第四季度延续了第三季度火热发展的态势。

受疫情影响，家电行业、包装行业、医疗行业增长幅度大；汽车行业有反弹趋势，但主要增长点在新能源汽车。海外疫情也催生出许多对医疗用品、日用品等的需求，在国外制造业疲软、产能无法满足的情况下，这部分生产订单被临时转移至国内，直接带动了国内制造业的快速增长。

下游行业需要大量购买注塑机来扩充产能，促成了注塑机行业在2020年的快速增长。

二、进出口情况

2020年我国注塑机进口额延续下滑态势，但降幅逐步收窄，最终完成进口额6.29亿美元（折合人民币43.3亿元）；出口额自11月起增速开始转正，全年合计出口12.7亿美元（折合人民币

87.76亿元）。2021年注塑机进出口均继续高位增长，出口额增速高于进口额。2020—2021年我国注塑机进出口情况见表1。2019—2021年我国注塑机进出口单价变化见图1。

表1　2020—2021年我国注塑机进出口情况

年份	进口量/台	同比增长（%）	进口额/万美元	同比增长（%）	出口量/台	同比增长（%）	出口额/万美元	同比增长（%）	贸易顺差/万美元	同比增长（%）
2020	6 112	-8.8	62 886	-12.6	100 174	102.4	127 272	3.9	64 386	27.2
2021	7 934	29.8	78 858	25.4	70 500	-29.6	175 843	38.2	96 985	50.6

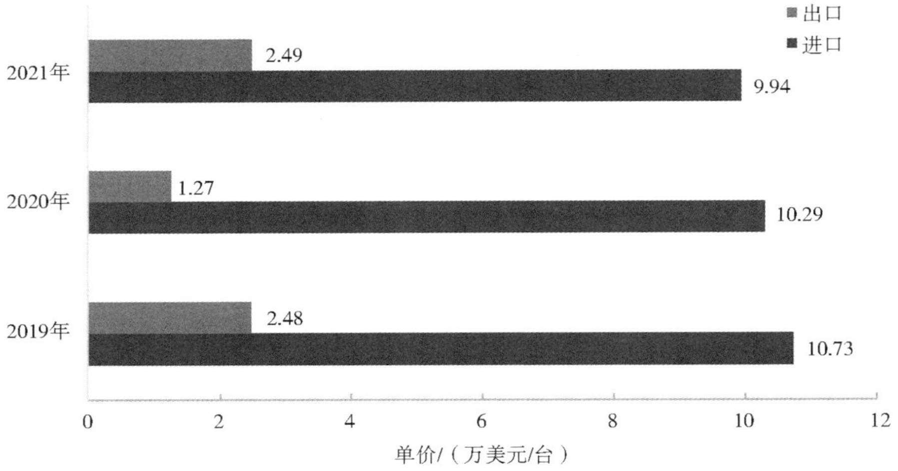

图1　2019—2021年我国注塑机进出口单价变化

2019—2021年我国注塑机对外出口金额最多的5个国家是越南、土耳其、墨西哥、印度尼西亚和巴西，合计分别向其出口3.7亿美元、4.6亿美元、5.8亿美元，均占当年注塑机出口总额的1/3左右。

日本是我国注塑机进口的最大来源地，2019—2021年的进口额分别是4.5亿美元、4.4亿美元和5.6亿美元。2020—2021年从日本进口的金额占注塑机总进口额的70%，而这个占比在2019年还是62%。

2019—2021年我国注塑机出口额前20位国家或地区情况见表2。

表2　2019—2021年我国注塑机出口额前20位国家或地区

序号	国家或地区	2019年		国家或地区	2020年		国家或地区	2021年	
		出口量/台	出口额/万美元		出口量/台	出口额/万美元		出口量/台	出口额/万美元
1	越南	5 009	14 438	越南	4 598	16 468	越南	5 078	17 587
2	墨西哥	975	6 509	土耳其	2 815	11 196	土耳其	3 070	13 350
3	印度尼西亚	1 833	5 810	印度尼西亚	2 202	6 349	墨西哥	1 421	9 822
4	巴西	1195	5 493	墨西哥	912	6 085	印度尼西亚	2 149	9 227
5	土耳其	991	4 989	巴西	1 304	5 704	巴西	3 495	8 579
6	马来西亚	6 723	4 830	马来西亚	22 211	5 513	泰国	1 823	8 031
7	印度	1 722	4 572	泰国	1 140	4 541	美国	1 015	7 882

（续）

序号	国家或地区	2019年		国家或地区	2020年		国家或地区	2021年	
		出口量/台	出口额/万美元		出口量/台	出口额/万美元		出口量/台	出口额/万美元
8	泰国	999	4 299	美国	597	4 358	马来西亚	14 167	7 846
9	美国	715	4 159	俄罗斯联邦	1 120	4 275	印度	1 532	6 747
10	俄罗斯联邦	982	3 570	印度	2 071	3 902	俄罗斯联邦	1 729	6 180
11	韩国	541	3 215	伊朗	1 412	3 474	韩国	1 177	4 389
12	德国	481	2 872	埃及	5 609	3 014	德国	613	4 132
13	菲律宾	688	2 727	韩国	616	2 723	巴基斯坦	2 766	3 789
14	埃及	2 288	2 479	德国	768	2 614	埃及	1 154	3 567
15	日本	651	2 328	菲律宾	7 827	2 523	意大利	608	3 551
16	阿尔及利亚	1 139	2 316	新加坡	25 961	2 265	孟加拉国	806	3 266
17	孟加拉国	632	2 084	巴基斯坦	2 357	1 975	菲律宾	1 687	3 180
18	卢森堡	57	2 031	乌兹别克斯坦	818	1 806	伊朗	1 174	3 031
19	尼日利亚	1 055	1 771	中国台湾	633	1 705	中国台湾	731	2 280
20	意大利	266	1 771	南非	547	1 646	阿联酋	4 027	2 160

三、科技成果和新产品

近年来，国内注塑机厂商通过自主创新和不断的研发投入，以及通过与高校和科研院所开展产学研合作，在技术上取得了长足的进步，研发出多项新产品和新技术，获得多项科技成果。

国内已有企业基于伺服液压驱动和伺服驱动技术推出最新一代技术平台。最新一代技术结合了软硬件领域的多种创新：优化的伺服驱动系统、开放式集成设计可轻松连接各种自动化设备，并兼容各种通用接口，客户可以灵活选择集成设备供应商，提升了生产投资的灵活性；标准化部件得到持续改进和提升，在提升产品性能的同时实现了整体资源的有效节约。新一代技术结合了软硬件领域从力学性能、运动控制到开放式集成的多种创新，得益于新一代高驱力伺服驱动系统及精细化运动控制技术，新一代注塑机的所有动作更加精准、可靠、性价比更高。新技术已不局限于硬件上的提升，而是着眼于搭建一整套可搭载多种智能化、快速可自适应软件的系统平台，构建一整套强大、和谐共生的系统。无论是伺服液压畅销机型，还是电动新锐机型，都呈现出三代技术给产品带来的高度优化和提升，即高精密、高刚性、高效率、极强的通用性，可灵活应对多样化的行业应用需求。

还有国内厂商聚焦轻量化、表面装饰升级、多色应用、自动化集成、智能化管理等行业需求，开发出全新的注塑一体化成型方案和微发泡成型工艺。智能化建设方面，智能锁模技术、智能射出技术已经在全电动注塑机上得到应用，产品应用领域覆盖汽车、医疗、3C、日化等。还有厂商推出的系列全电动注塑机，采用伺服电动机、伺服器以及控制系统一体化设计，拥有良好的协同控制功能。除了控制精度高，全电动注塑机的整机采用油脂润滑，符合环保标准，在延长机械设备使用寿命的同时不污染环境，适用于医疗制品的生产。

四、行业发展新趋势

2021年是“十四五”的开局之年，也是疫情后我国经济发展的关键之年。在大数据、人二智能等数字技术的支撑下，新产业新业态出现并快速发展。抓住产业数字化、数字产业化赋予的机遇，云端互动、数据拼单、直播带货、借工业互联网转产等形成发展新动能。

人口老龄化、人口红利消失、人力成本高增长，越来越加大对自动化的需求，进而带动智能制造的发展。新冠肺炎疫情加速了行业的数字化进程，数字化解决方案、智能服务和智能辅助逐渐成为关注焦点。

注塑行业正朝着循环经济、智能化、集成化及高效率方向发展。循环经济、可持续发展推动注塑技术创新，数字化时代下注塑智能工厂进一步升级，功能结构一体化成型零件让注塑加工更加集成化，高效率则是注塑成型行业永不停歇的追求。全电动注塑机由于具备高效、精密、节能的特性，成为市场上受关注的热门设备。

为满足客户特殊应用场合的个性化需求，设备制造商可提供从产品构思到生产全过程的全面技术支持和集成化解决系统。在智能制造方面，连接自动化的成套解决方案正成为主流，并叠加相关知识库和 AI 功能。

值得注意的是，国外注塑机厂商利用智能辅助系统提高工艺能力和质量，服务人员运用远程维护工具从外部连接到相应的注塑机，实现在线支持，机器操作人员不必掌握额外的专业知识。

新基建七大领域多个行业的发展都需要设备及相关硬件制造，这离不开材料、零件、设备等的投入，将有效拉动制造业需求，促进相关产业链发展。2020 年，5G 在抗疫与复工复产中发挥了巨大作用，展现出社会经济价值，进一步加速了其发展，也加快了国家经济高质量发展以及数字化转型的步伐。当前，5G 与工业领域的结合在塑料机械行业初见端倪。新基建是一个时代契机，伴随着“十四五”规划蓝图的展开，注塑机企业能否抓住这个契机、实现自身的跨越式发展，至关重要。

〔撰稿人：海天塑机集团有限公司傅南红〕

中空吹塑成型机行业发展现状

一、行业的基本发展状况

我国中空吹塑成型机行业经过近三十年的高速发展，已涌现出一批具有特色优势的生产制造厂家，如苏州同大机械有限公司、江苏维达机械有限公司、山东通佳机械有限公司、广东乐善智能装备股份有限公司（简称乐善智能）、柳州市精业机器有限公司（简称精业）、秦川塑料机械厂、香港雅琪集团广东开平塑料机械厂、上海金纬机械制造有限公司（简称金纬）、江苏贝尔机械有限公司、浙江同发塑机有限公司等。每个中空吹塑成型机生产厂家都具有自己的技术特长和市场优势，带动了行业整体的健康稳步发展，为中空吹塑制品的规模化生产做出了巨大贡献。

面对新冠肺炎疫情的不利影响，一些中空成型机生产企业采取了多种方法应对，如提高管理水平，改进营销措施，千方百计扩大销售市场，直播带货，通过线上多联系客户等。2020—2021 年度行业化危为机，营销收入不降反升，实现产销两旺，呈现出较好的发展势头。2020—2021 年我国塑料中空成型机进出口情况见表 1。2019—2021 年我国塑料中空成型机进出口单价变化见图 1。

表 1　2020—2021 年我国塑料中空成型机进出口情况

年份	进口量/台	同比增长（%）	进口额/万美元	同比增长（%）	出口量/台	同比增长（%）	出口额/美元	同比增长（%）
2020	76	31.0	2 244	42.9	1 961	-2.4	6 534	10.7
2021	128	68.4	5 025	123.9	1 703	-13.2	7 451	14.0

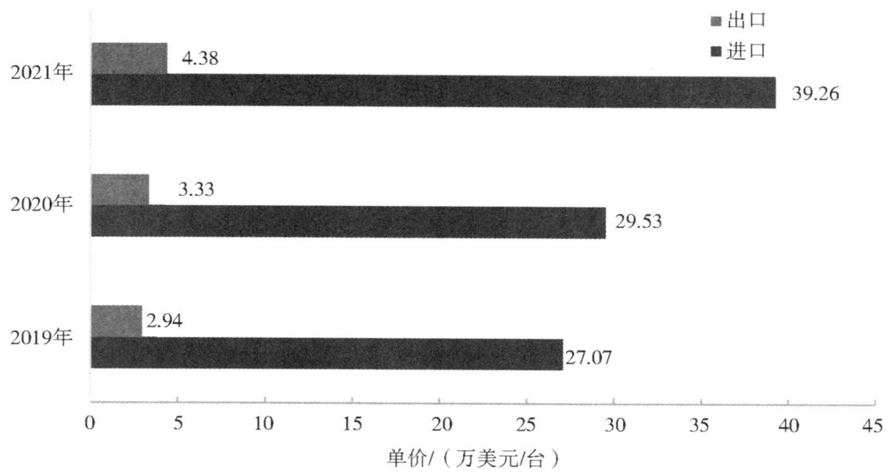

图 1　2019—2021 年我国塑料中空成型机进出口单价变化

2020 年我国共向 116 个国家或地区出口塑料中空成型机，其中向前 10 位国家或地区出口的金额占塑料中空成型机总出口额的 44.9%。2021 年我国共向 117 个国家和地区出口塑料中空成型机，向前 10 位国家或地区出口的金额占塑料中空成型机总出口额的 45.2%。

相比之下，进口来源地比较集中。2020 年涉及 8 个国家或地区，中国台湾、意大利和日本是主要的进口来源地，合计从其进口 1 945.6 万美元，占塑料中空成型机总进口额的 86.7%。2021 年我国共从 11 个国家或地区进口塑料中空成型机，意大利、德国、日本和中国台湾是主要的进口来源地，合计从其进口 4 909 万美元，占塑料中空成型机总进口额的 97.7%。2020—2021 年我国塑料中空成型机出口额前 10 位国家或地区见表 2。

表 2　2020—2021 年我国塑料中空成型机出口额前 10 位国家或地区

序号	2020 年			2021 年		
	国家或地区	出口量/台	出口额/万美元	国家或地区	出口量/台	出口额/万美元
1	印度	104	580	印度	164	792
2	泰国	93	546	阿尔及利亚	55	430
3	越南	77	407	印度尼西亚	94	326
4	土耳其	22	247	沙特阿拉伯	63	326
5	印度尼西亚	50	205	越南	73	320
6	菲律宾	214	203	尼日利亚	95	267
7	美国	354	199	土耳其	39	256
8	俄罗斯联邦	37	188	俄罗斯联邦	48	234
9	阿尔及利亚	41	188	墨西哥	55	221
10	波兰	15	169	澳大利亚	26	195
	合计	1 007	2 932	合计	712	3 366

二、主要企业生产、研发情况

2021 年度中国塑料机械制造业优势企业评选结果显示：按 2020 年主营业务收入排序，塑料中空成型机行业 5 强企业分别为苏州同大机械有限公司、江苏维达机械有限公司、山东通佳机械有限公司、乐善智能、精业；按 2020 年净利润排序，分别为苏州同大机械有限公司、江苏维达机械有限公司、山东通佳机械有限公司、乐善智能、精业。

1. 苏州同大机械有限公司

该公司成立于 1999 年，是集塑料中空成型机研发、生产与销售于一体的科技型企业。2020 年该公司生产销售各种不同规格的中空吹塑成型机组、生产线 600 多台（套），实现年销售收入 3.0 亿元，位列 2020 中国塑料中空成型机行业 5 强企业首位。公司产品为 10mL 至 5 000L 全系列中空吹塑成型机组与高速、全自动智能化生产线，除在国内销售以外，46% 左右的吹塑机设备销售到 68 个国家与地区。

近几年，该公司重点研发大型、超大型中空吹塑成型机组和全电动中空吹塑成型机生产线，已成功研制出 TDB-1200F/P 双层、TDB-2000L、TDB-1600L 多种型号超大型中空吹塑成型机，以及 HSE30L 全电动、TDB-250L/2P(3P) 柔性多工位高效智能化中空成型机智能化生产线。

2020 年该公司成功研发了 TDW-160E 九脚中空吹塑托盘专用设备，可实现九脚中空吹塑托盘的高效快速生产。

2020—2021 年度，该公司研发成功 HSE2-5L、HSE2-12L、HSE2-20L、HSE-30L 等多种型号的全电动中空成型机智能化生产线，可实现 5L、12L、20L单层、多层塑料桶的双工位生产，以及 25L单层、多层塑料桶的单工位生产。智能化生产线主要由伺服电动机驱动，具有稳定性高、节能、洁净度高、生产效率高等特点，可满足 GMP 洁净车间的高洁净度生产要求，适用于食品、医药等行业。

该公司正在研制 TDB-250F/3P 储料式三层 250L 中空成型机生产线。该生产线采用伺服液压系统，有 3 套高强度挤出塑化系统，机头在储料时螺杆可按照设定程序实现全自动变速；可配套柔性环口模控制系统，实现对塑料桶壁厚的均匀控制；可配套采用全自动去飞边系统和机器人操作系统。

2. 江苏维达机械有限公司

该公司始建于 1958 年，位于江苏张家港，是集研发、生产、销售、服务于一体的科技创新型企业，占地面积 5 万 m^2（75 亩），2021 年被认定为张家港市小巨人企业。该公司生产的设备规格齐全，品种较多，主要用于药品包装瓶、消毒水等医疗、药业等行业，可提供全面完善的生产解决方案。主营产品注吹中空成型机与精密模具、塑料挤出片材生产线、聚四氟乙烯挤出生产线，通过了欧洲 CE 安全认证和美国 UL 认证，产品销往美国、土耳其、墨西哥、印度等 40 多个国家和地区。目前拥有员工 200 多名，其中大专以上员工占员工总数的 48%。车间拥有先进加工设备 100 余台，包括五面体加工中心、进口高速高精度加工中心，进口小巨人加工中心、进口车铣复合机床等高精密设备，可满足高精密设备及模具的加工要求。2021 年该公司与用友网络科技股份有限公司苏州分公司合作，启动了智能化车间诊断项目，围绕智能车间建设需求和存在的问题，制订智能车间建设顶层设计方案。

3. 山东通佳机械有限公司

该公司位于山东济宁国家高新技术产业开发区，是集科、工、贸于一体的综合性企业集团，是中国塑料机械工业协会副会长单位、中国塑料加工工业协会副理事长单位，高新技术企业，中国专利明星企业。

其产品 TJ-KB 1 000～10 000L 系列自动中空成型机主要用于生产各种规格的民用储水罐、交通设施、大型游乐设施，满足客户对 1 000～10 000L 容器的生产需求。TJ-HB 20～500L 系列自动中空成型机主要用于生产各类危险品包装用塑料桶、大型化工桶、220L 单双环桶、K 型桶、B 型桶、中空托盘、桌面板、医疗床头、玩具板、吹塑交通设施等。TJ-VB 0.1～30L 系列自动中空成型机主要用于生产各种机油壶、洗衣液壶、洗洁精壶，可根据客户要求配置单模头、双模头等；同时可装配机械手和自动去飞边装置，实现在线检测、在线输出，满足客户的自动化要求。

2020 年年初，山东通佳机械有限公司启动四型储氢瓶的产品研发。在对比 100 多种高分子材料的综合物理性能指标后，确定采用微纳米叠成复合挤出工艺，在微纳米结构上填充一些刚性无机粒子，提高材料的阻隔效率，最终生产出“塑料内胆 + 碳纤维缠绕”四型储氢瓶。2021 年该产品在山东省科技活动周展示。该公司还将围绕氢能源汽车、氢能源动力公交车用的瓶型、瓶体，包括塑料内胆、碳纤维缠绕、塑脂固化、系统应用等方面进行安全设计，计划在两到三年形成规模化、批量化的生产能力。

2020 年，山东通佳智能装备有限公司的“通佳”牌 1～5 000L 型智能高分子材料吹塑成型设备获济宁市 2019 年度十佳工业新产品称号。该公司的智能光伏浮桶吹塑设备技术改造项目获得济宁市技术改造项目提名奖。研发设计的新产品 TJ-VBD 15L 全新欧版双工位吹塑成型机于 Chinaplas 2021 国际橡塑展展出。

4. 广东乐善智能装备股份有限公司

该公司是新三板挂牌公司，证券简称乐善智能，证券代码 871695。公司成立于 1995 年 8 月，位于佛山市顺德区大良五沙工业区，占地面积约 37 570m^2，拥有员工 350 余人。其主营产品有吹瓶机系列、精密模具、电机系列、辅机系列，可提供交钥匙工程设计与施工等，年生产吹瓶机整机 500 台（套）以上，主要用于制造各类 PP/PE/PETG/PC/PCTG 等从 5mL 到 100L 的塑料桶（罐），产品通过欧盟 CE 强制性认证。近几年投入开发的速龙吹瓶机、全电动高节能吹瓶机投放市场后，对营业收入起到了较大的提升作用，2020 年完成营业收入 1.74 亿元，同比增长 8.7%。其中，中空成型机实现营业收入 1.56 亿元，同比增长 9.3%。乐善智能持续推进国际发展战略，于德国设立的研发中心成功推出新系列产品，此后将在多个发达国家设代理机构和研发中心。

乐善智能坚持机器智能化的目标，为吹瓶机增添了很多智能诊断功能。在自动化控制程序上引入更多的人工智能辅助手段，技术优势突出。程序具有预警预报功能，带故障报警。管理者可以通过手机或 PC 端查看每台设备的运作报表，如工作时间、加温时间、停机时间等信息，从而判断是否存在机器故障或人员操作不当的隐患，提升企业的管理效率。

2020 年，乐善智能针对零配件生产进行了三次提速：综合提高设备的利用率，机床负荷率提高 30%，最终生产速度提高 30%；工艺提速，整合了工艺流程模型；夹具切换工件提速，2min 完成原先 20min 的操作。三次提速使得乐善的产能翻了一倍。

乐善智能是全面规划吹瓶生产线领域（钥匙工程）供应商，拥有设备远程售后服务系统，以及全球售后技术支持和人才培训、流动性零配件仓库。该公司已建立了微信报装系统，方便客户报修。2020 年 7 月 28 日首次参加阿里直播，连续直播 8h，获得成功。

5. 柳州市精业机器有限公司

该公司成立于 1997 年，为国家高新技术企业，专业从事全自动一步法“注—吹”“注—拉—吹”中空成型机及相关配套模具的研发与生产，获 9 项国家发明专利、13 项实用新型专利。其中空吹塑成型机生产制品可使用的原料包括 PET、PETG、TRITAN、PC、PP、PPSU、HDPE、LDPE、PS、PES、SK 料等，制品最小容积 2mL，最大已经达到 15L。产品主要应用领域涵盖医药包装、食品饮料包装、化妆品包装、运动水杯、婴儿奶瓶、LED 灯球等。

2020 年精业致力于设备的个性化设计和技术的差异化。厚壁化妆品瓶是 2020 年的热点，精业深入研究了生产工艺和配套模具制造，在 2020 大湾区工博会（DMP）上展出了全自动一步法注拉吹中空成型机 WISBIII-88AS，配套一出四腔 PET

厚壁膏霜瓶模具。由该机型生产出来的 PET 膏霜厚壁瓶，呈现玻璃般的质感，可满足高档化妆品的包装需求。

2021 年上半年，得益于医疗用品行业的增长，精业的业绩同比增幅达到 30%。7 月，精业为客户定制生产的 15L 聚碳酸酯（PC）材料容器设备及模具初试成功。产品的重量比原样品减轻 4%，每个产品的成型周期缩短 1/2 左右，成品率提升近 3 倍。

6. 香港雅琪集团广东开平塑料机械厂

该工厂多年来保持平稳发展势头，年销售产值超 1.5 亿元。制造、销售多种型号、规格的中空塑料吹塑成型智能化机组、生产线，产品主要销往海外市场。

7. 上海金纬机械制造有限公司

该公司是一家中空吹塑成型设备研发与生产企业，具有关键零部件自制能力。该公司致力于高端产品的开发和国际市场的开拓，机型覆盖 5mL 至 1 000L 各种塑料瓶、壶、罐、桶、箱包、汽车座椅、桌面板、托盘和汽车零部件等中空制品，实现了常规机器的高速、高效、低耗、自动化，并针对医药、化妆品、食品等领域研发全电动中空成型机。2020 年上半年，金纬各项经营业绩实现历史突破，自 2 月 4 日复工复产至 9 月，6 个生产基地都满负荷生产。2020 年旗下的控股公司共实现销售额 37 亿元。金纬拥有职工近 3 000 人，其中技术管理人员 480 多人，2020 年在 42 长径比高效螺杆、1 600mm 三层实壁管模具、BM30 连续挤出双层在线定型式中空成型机、PA 薄膜压花生产线、800mm/1 600mm/2 400mm 熔喷模头、泰坦系列超厚壁管生产线、PP 熔喷非织造布生产线等多个技术方面获得突破。

8. 江苏贝尔机械有限公司

该公司是致力于塑料机械的研究、开发、销售，是省级高新技术企业，位于江苏张家港。欧式中空成型吹瓶机及特种饮料机械是该公司的系列产品之一。其生产的吹灌封（吹瓶、灌装和旋盖）一体机主要用于生产 0.3～2.0L PET 瓶装水，吹瓶单腔产量 2 000瓶/时，凸轮驱动的拉伸杆系统能有效提高生产精度和稳定性，能耗低。

9. 浙江同发塑机有限公司

该公司成立于 1993 年，位于浙江台州玉环市，生产全自动连续挤出吹塑机、储料式全自动中空吹塑机 TVA 20～500L、大型吹塑机 TVA 1 000～10 000L 及专用吹塑机等几大系列吹塑机类产品，产品有单工位至四工位系列、单模头至十模头系列、单层至七层系列、5mL 至 3 000L 系列。产品年产量 400 多台，销往国内各地并远销 80 多个国家。已拥有 10 项发明专利。该公司已通过 ISO 9001 国际质量管理体系和 CE、SGS 认证。

三、产品技术进展与趋势

随着市场对吹塑制品的要求越来越高，中空吹塑成型机的各项性能也需要不断提高。从近年生产厂家的技术研发来看，中空吹塑成型机的主要发展趋势如下。

1. 智能化、智慧化生产线的研制

各种规格的智能化中空成型机生产线层出不穷，特别是以全电动、全伺服控制为代表的智能化生产线每年均有新的研制和技术突破。研制了 5～30L 系列塑料桶全电动智能化生产线，200L 三层或四层全电动智能化生产线的技术已基本成熟，更大规格的全电动中空成型机智能化生产线也在研制之中。

随着 5G 技术、互联网技术以及工业控制技术的深入发展，智慧化中空成型机生产线将得到更快发展，一些大宗吹塑制品的生产将可能实现智慧化生产，从而减少人力的投入，提高产品的质量和生产效率。

2. 多层全规格的中空成型机生产线的研制

多层全规格中空成型机生产线的研制将成为常态，其成型的产品会更加多样化，新产品将层出不穷。

3. 工程塑料专用中空成型机生产线的研制

一些特种工程塑料专用中空成型机智能化生产线在未来几年中将会有需求。随着一些关键技术的突破，具有高技术含量的设备将更为普遍。

4. 工程件塑料吹塑制品中空成型机生产线的研制

随着各行业的技术进步与发展，对工程件及设备配套件的需求更加迫切，对专用工程吹塑件及设备配套吹塑件专用吹塑机生产线的研制将会增加。

5. 塑料中空成型机关键技术的研发与突破

行业中一直在开展塑料中空成型机关键技术的研发，以柔性环口模、飘移口模控制技术为代表的关键技术将在近年内获得较快的技术突破。苏州同大机械有限公司已经在多种型号的柔性环口模、飘移口模技术研制方面获得重大突破，实现在200L危险品包装桶吹塑机生产线中稳定运行。伺服液压、伺服电动控制技术、电磁感应加热技术、远程控制技术、设备互联技术等全自动控制技术将更加成熟并且获得较快进步。

此外，对吹塑制品微发泡技术的研究将会更加深入，应用将更为广泛。

四、行业发展走势

2020年是“十三五”收官之年。经过5年的持续奋斗，关键核心技术攻关和重大技术装备研制取得阶段性突破，我国制造业在全球产业链价值链中的位势明显提升，装备制造业及高技术制造业成为带动制造业发展的主要力量。

美丽乡村建设的进展和实施将会需要较多的吹塑制品及其他的塑料产品，如吹塑的塑料化粪池，各种大型、超大型的雨水储存罐，吹塑的沼气池（罐），吹塑的污水储存罐、移动洗手间、移动房屋，大型吹塑的输送管道等。这些不同吹塑制品的需求必然带动中空成型机生产线的研发，值得行业关注。此外，各种应急的要求各异的吹塑制品也会增加，同样值得关注。

随着中环联合认证中心CEC 054—2021《可循环中空吹塑制品》环境友好产品认证技术规范的认证与实施，国内吹塑制品行业将会发生较大的变化。一次性吹塑包装产品消费的减少、对循环使用次数要求的提出将会改变消费习惯，许多吹塑制品循环使用或者多次使用，将会减少吹塑制品的消费量。这一技术规范的认证与实施，对吹塑制品行业以及吹塑机生产厂家将会产生更多的新要求，影响是长期而深远的，值得行业关注。

智能化、智慧化塑料中空成型机生产线是未来多年的发展趋势，无人化、少人化的智慧吹塑制品工厂将是长期的发展过程，塑料中空成型机研制、生产厂家大有可为。随着中空成型机生产线质量、效率、节能、稳定性、智能化水平的不断提高，吹塑机设备的出口市场更加广阔，国内对不同吹塑制品的需求也会更多，这些值得我们更加努力工作，创造吹塑机行业更好的未来。

〔撰稿人：苏州同大机械有限公司邱建成、何建领〕

地 区 概 况

张家港塑料饮料机械行业2020年发展情况

2020年是极其不平凡的一年，全球疫情导致国内外订单骤减，经济低迷。在此情况下，张家港塑料饮料机械制造企业顽强地生存了下来，并且取得了令人瞩目的成绩。据统计，2020年张家港塑料饮料机械总产值达130亿元以上；实现利税总额9.5亿元，比上年增长6.5%；实现出口额

13.58 亿美元。

一、2020 年行业基本情况

2020 年张家港塑料机械行业经济指标有较大幅度的增长，饮料机械行业受疫情影响出现一定幅度的下跌。

塑料机械行业企业在疫情发生时迅速研发生产相关产品，据初步统计，2020 年张家港塑料机械行业实现销售约 88 亿元，比上年增长 10%。大企业及部分规模以上企业普遍增幅较大，增长最快的企业增幅在 50% 左右，部分小企业的增幅也超过 10%。挤出机、中空成型机产品供不应求，同比增长 30% 左右，混合机增长 10% 左右。由于国家大力推广垃圾分类处理，国内废塑料回收行业近几年发展势头良好，2020 年张家港废塑料回收产业增长 8% 左右。苏州同大机械有限公司智能化塑机高端装备生产基地于 2020 年 8 月破土动工。

受疫情影响，张家港饮料机械外贸订单骤减，出口额下跌 10%，国内市场也不景气，整个行业跌幅超过 20%，有些企业跌幅甚至超过 50%，只有部分大企业受影响较小。2020 年下半年情况稍有好转，但出口港口仓位、集装箱紧缺造成成本上升、发货缓慢，2021 年后疫情时代会困难重重。江苏新美星包装机械股份有限公司凭借在先进制造与自动化领域的创新实力和突出贡献，荣登“2020 江苏民营企业创新 100 强”榜单。

二、协会主要工作

1. 疫情期间帮助企业渡难关

2020 年春节疫情肆虐，复工复产延后至 2 月 10 日。按照政府的要求，各企业积极筹备所需防疫物品，准备复工复产。此时协会收到很多会员企业的求助，希望能够帮助解决额温枪、消毒液及口罩等防疫物品，协会第一时间联系相关部门反馈企业诉求，最终帮助逾 50 家企业解决了部分额温枪及消毒液的需求，逾 10 家企业解决了口罩需求。

2 月 10 日之后，协会秘书处走访近 30 家企业，了解疫情后企业复工复产情况以及遇到的困难。针对疫情期间员工工资发放问题，协会倡导会员企业全部按照国家规定足额按时发放，对于因疫情没能及时到岗复工的员工也应该按照规定足额发放工资。协会多次强调，办企业一定要听党话，跟党走，充分贯彻落实相关政策。

疫情期间协会大部分会员企业转产熔喷布生产线及口罩机生产线。2020 年 4 月 20 日协会就此类现象发出行业自律倡议书，希望企业能够诚信经营，严把质量，坚持把安全生产放在第一位。企业主也表示，坚决维护张家港市塑料饮料机械基地名誉，坚持把产品质量放在第一位，绝不做违法乱纪之事，涉及产品纠纷也走合法程序维护自己的合法权益。

2. 调研了解企业需求

为鼓励企业积极申报高新技术企业，充分发挥政府与企业之间的桥梁纽带作用，详细传达相关政策内容，协会参与了高新技术企业推介会。当前申报高企培育库，张家港奖励 5 万元；列入高企培育库，张家港奖励 5 万元，省里奖励 5 万元；申报高企，张家港奖励 5 万元；列入高企，张家港奖励 15 万元；库内企业列入高企，省里奖励 15 万元，全部拿到的奖励合计 50 万元。此外，申报成功后企业所得税按照 15% 征收。协会积极跟进会员企业申报高企进度，不断扩大协会高企队伍。

为进一步贯彻执行张家港市的安全生产部署，协会决定建立企业安全生产联络人员制度，建立会员企业安全生产监督员联系网，针对企业安全生产发出建议，要求企业一定要把安全生产放在第一位，特殊工种一定要做到百分百持证上岗。截至 2020 年 8 月底共有 50 多家企业参与，有关企业安全生产方面的事宜可以直接联系联络人，实现责任到人。

3. 开展技能培训

自 2018 年起，协会陆续开展了钳工初级、电焊工上岗证及学历提升等培训，2019 年帮助 17 家企业共 106 人开展电焊工上岗证培训，2020 年部分因个人原因缺考的员工经再次培训顺利通过考核，至此，电焊工上岗证通过率达到 98%。2020 年 4 月 3 日，协会开展了企业员工培训的调查，由企业向协会反馈自身需求，协会根据需求安排后期培训。为提高企业员工参与的积极性，协会积极与高校、社保局沟通，争取到每获得一个等级证书都给予相应补贴的优惠政策，员工不仅能有效提升个人专业能力，还能获得收益，企业也能保证所有特殊岗位执证上岗、规范操作。

4. 组织召开线上展会

受疫情影响，国内外绝大部分线下展会取消或者延期，很多企业的外贸业务受到很大冲击。为帮助会员企业快速拓宽外贸渠道、开拓国际市场，协会汇集各方力量，积极组织会员企业参与线上展。由协会主导的线上展推介会于2020年5月20日在张家港市商务局举行，商务局副局长黄炜、外经科科长钱峰出席，北京鸿尔公司总经理刘桐、上海米奥兰特华东大区总监聂张荣分别做了线上展情况介绍。同时协会积极向商务局申请对参展企业给予一定的资金补贴。

7月20日，2020全球塑业在线展暨张家港市云展会开幕式在馨苑度假村举行。张家港市工业和信息化局副局长吴彦刚、侯忠，市商务局副局长黄炜，企业负责人和外贸人员50多人参加。

9月10日，协会带领苏州同大机械有限公司、江苏金荣机械有限公司等17家塑料饮料机械会员企业考察调研位于杭州滨江区的上海米奥兰特研发技术中心。米奥兰特数字展览运营团队介绍了“网站贸”线上数字展览情况。代表团对米奥兰特线上数字展览模型的先进性、数据优势、迭代速度等有了全方位的了解，非常愿意与之合作线上数字展览，稳住外贸基本盘，基本实现了产业集群龙头企业意向抱团参加的目的。

9月17日，协会协同市商务局组织举办张家港市机械产业数字化峰会，共100多家企业参与。阿里巴巴（中国）网络技术有限公司结合张家港机械产业发展情况和特点做了详细的市场分析报告。

5. 组织企业参展观展考察

2020年下半年，疫情得到有效控制，线下展逐步恢复，协会积极组织会员企业前往国内展会参展观展考察。11月，会长陈鹤忠带队共32人前往南京科亚装备集团公司参观考察。该公司创建于1993年，主营产品为SHL-60积木式同向双螺杆挤出机。当日，协会代表团还前往2020中国国际塑料展观展，了解国内可降解材料市场行情及塑料机械行业整体复苏情况，走访了张家港展台，询问了展会情况等。

11月协会还应主办方邀请组织11家会员企业参观第23届深圳大湾区工业博览会。在全球疫情蔓延、贸易低迷的情况下，国内努力扩大内需，构建以国内大循环为主体、国内国际双循环相互促进的新发展格局，该展会在一定程度上是国内经济复苏的方向标。观展代表团对后疫情时代经济复苏的信心大增，随行人员收获颇丰。

6. 组织会员企业投身公益扶贫事业

2020年是决胜全面建成小康社会，决战脱贫攻坚收官之年。为深入贯彻习近平总书记在决战决胜脱贫攻坚座谈会上的重要讲话精神，全面落实中央部署工作要求，响应张家港市委市政府号召，为对口扶贫新疆巩留县注入张家港力量，协会积极开展援疆活动，为打赢脱贫攻坚战贡献出自己的一份力量。2020年10月，会长陈鹤忠带队组织会员企业前往新疆巩留县库尔德宁镇开展扶贫对口交流活动，逾10家企业捐款10万元，用于新疆巩留库尔德宁镇的扶贫建设。

2020年9月协会加入腾讯公益，帮扶西部贫困村，共有30多家企业参与捐款，募捐的善款都将用于西部贫困村扶贫。

三、2021年工作安排

1. 坚持走出去，为企业家搭建互通学习交流平台

2021年协会计划从身边开始，走访学习本地优秀企业，再逐步出市、出省考察。学习同行中的佼佼者，跨行学习优秀企业的管理模式，再结合自身企业特点，得出适用于自身企业发展的一系列管理制度。

2. 加强协会与协会之间的联系，寻求为企业服务的共性

加强与本地各行业协会的联系，寻求新的合

作模式，抓住共性，一起为企业服务。例如与市律师协会加强沟通合作，搭建企业与律师、法院间的零距离沟通平台，促使企业通过律师协会的法律帮扶，从法律层面规范经营行为，防范经营风险，狙击失信行为，妥善解决企业对外的债权债务。多与省四好商会电子商务商会交流，一起组织活动，给企业家提供更多的高质量交流学习平台。

加强与省外同行业协会的联系。加强与宁波市塑料机械行业协会的联系，向宁波塑料机械企业学习浙商的企业家精神，听取他们的经商之道。

3. 扶贫济困，回馈社会

协会将一如既往地组织公益活动，拟组织企业家奖学助学，为贫困地区的孩子奉献出自己的一份爱心。

4. 继续推进集中招标采购工作

协会通过大量的走访调研，听取各方意见建议，拟重新开展集体招标采购工作，尝试新的集中采购模式，不断探索创新，摸索出一条可操作性强、让企业与供应商形成良好循环的路径，最终达到双赢的目的。集中招标采购一直是协会的工作重点，自 2013 年开展以来取得了一定的成效，一定程度上为会员企业降低了采购成本。但受制于各企业情况不同、采购产品繁多等诸多因素，集体招标采购与预想的结果相差甚远，困难重重。近几年，原料不断上涨，企业成本越来越高，企业家也逐渐意识到抱团发展的重要性，重新商谈集中招标采购事宜被提上日程。不管有多困难，协会也愿意去尝试，多一份努力，就多一份成功的希望。

5. 加强与会员企业的沟通联系

服务好会员企业是协会的职责与宗旨，走访企业，了解企业的需求，及时向会员企业详细宣传政府相关政策，做到上传下达、下情上报，充分发挥好政府与企业之间的桥梁纽带作用。积极为符合条件的企业申报政府补贴项目，为企业发展添砖加瓦。

〔供稿单位：张家港市塑料饮料机械协会〕

宁波塑料机械行业 2020 年经济运行概况

2020 年是全面建成小康社会和“十三五”规划收官之年，春节前后发生的新冠肺炎疫情给塑料机械行业企业的生产经营造成了一定程度的影响。面对全球疫情蔓延和国内外经济压力下行的双重影响，宁波塑料机械行业坚持稳中求进的工作总基调，坚持新发展理念，苦练内功，创新突变。相关部委和各地方政府相继出台有关扶助政策，鼓励行业企业复工复产，帮助解决行业困难，将影响降到最小。2020 年企业复工复产后，订单爆满，实现了行业经济指标的正增长，取得了来之不易的好成绩。上半年塑料机械企业经济指标先降后升，行业整体稳步复苏，二季度以来经济运行逐月好转，工业总产值同比增长 2.83%，并在下半年快速增长，产品供不应求。

一、宁波塑料机械行业概况

2020 年，宁波塑料机械行业完成工业总产值 225.26 亿元，同比增长 19.52%；完成工业销售产值 241.98 亿元，同比增长 20.34%；资产总计 497.77 亿元，同比增长 22.18%；负债总计 168.29 亿元，同比增长 27.59%；完成主营业务收入 228.32 亿元，同比增长 26.85%；实现利税总额 59.54 亿元，同比增长 53.92%。从整体上看，新冠肺炎疫情对宁波塑料机械企业的影响不是很大，塑料机械行业保持快速增长态势。2019—2020 年宁波塑料机械行业经济指标对比见表 1。2016—2020 年宁波塑料机械行业产销增长情况见表 2。

表 1　2019—2020 年宁波塑料机械行业经济指标对比

指标名称	2020 年	2019 年	同比增长（%）
工业总产值/万元	2 252 584	1 884 756	19.52
新产品产值/万元	1 011 477	812 248	25.43
工业销售产值/万元	2 419 791	2 010 796	20.34
出口交货值/万元	138 858	153 738	-9.68
资产总计/万元	4 977 714	4 074 207	22.18
负债总计/万元	1 682 907	1 318 972	27.59
主营业务收入/万元	2 283 191	1 799 932	26.85
利税总额/万元	595 446	386 879	53.92
利润总额/万元	462 533	331 263	39.63
从业人员/人	17 815	17 479	1.92

表 2　2016—2020 年宁波塑料机械行业产销增长情况　（%）

指标名称	2016 年	2017 年	2018 年	2019 年	2020 年
主营业务收入增长率	11.71	21.49	6.39	-13.20	26.85
工业总产值增长率	12.97	31.34	6.92	-5.13	19.52

行业新产品产值达 101.15 亿元，新产品产值率为 44.90%，比上年有所增加，结构调整仍在积极推进中，仍需要不断加大塑料机械产品的创新投入力度。2016—2020 年宁波塑料机械行业新产品产值率变化见图 1。

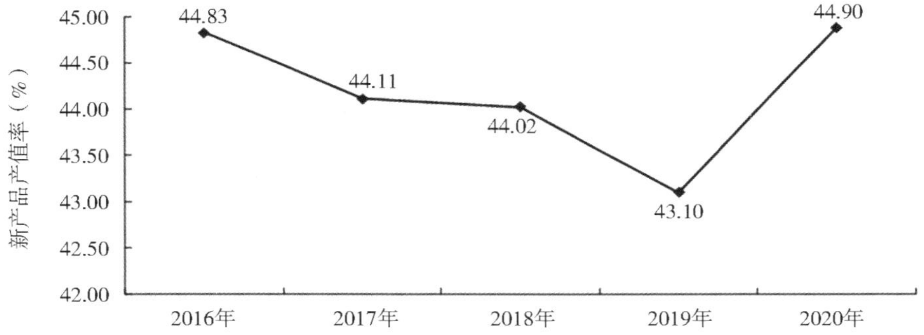

图 1　2016—2020 年宁波塑料机械行业新产品产值率变化

2020 年，宁波塑料机械行业完成出口交货值 13.89 亿元，同比下降 9.68%，降幅与上年同期相比基本持平；出口交货值占销售产值的 5.74%，比上年同期大幅下降，塑料机械行业出口态势陷入不乐观的局面。全球疫情蔓延，国际贸易形势复杂，发展环境日趋严峻，随着全球经济走势不确定性因素增多，贸易摩擦的实质性影响显现，冲击市场信心、价格及投资，影响行业发展。2016—2020 年宁波塑料机械行业出口交货值增幅及比重见图 2。

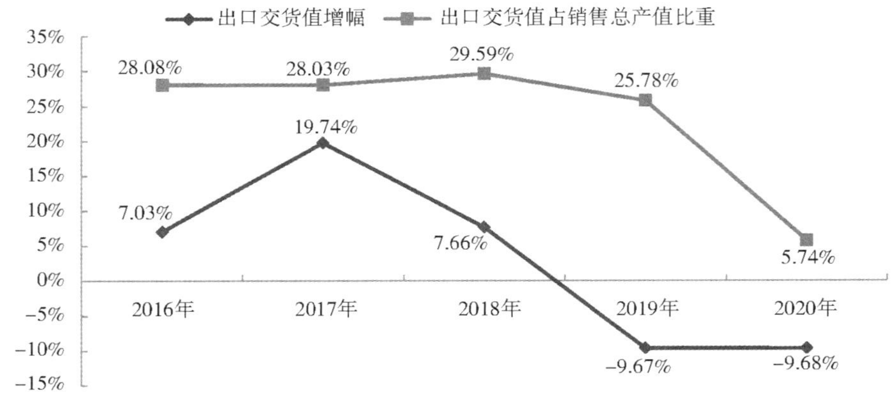

图 2　2020 年宁波塑料机械行业出口交货值增幅及比重

2020 年，宁波塑料机械行业实现利润总额 46.25 亿元，同比增长 39.63%，比上年同期大幅增长，增幅由负变正。主营业务收入利润率 20.26%，比上年同期略有增加。2016—2020 年宁波塑料机械行业利润增幅及主营业务利润率见图 3。

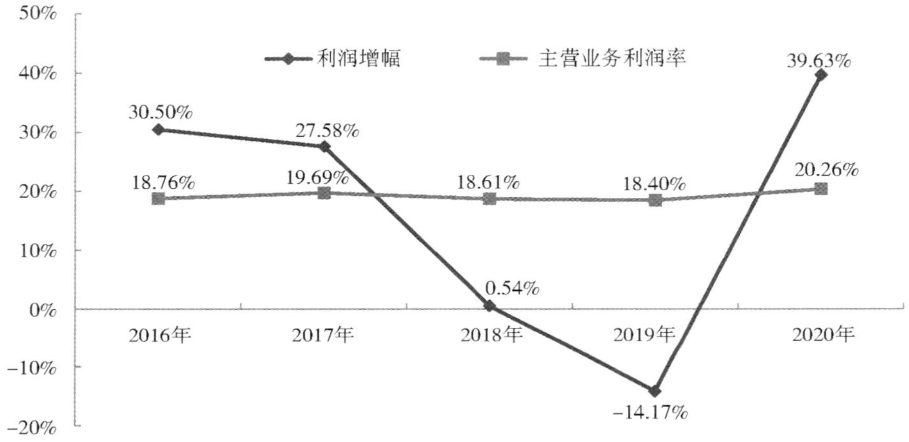

图 3　2016—2020 年宁波塑料机械行业利润增幅及主营业务利润率

二、协会企业情况

协会秘书处自 2021 年 1 月向协会企业发送宁波市塑机行业整机生产企业主要指标统计表，于 2 月开始对重点追踪的 52 家企业进行梳理分析，具体情况如下。

从全市比较来看，统计的企业 2020 年共完成工业总产值 192.54 亿元，占全市工业总产值的 85.5%。工业总产值、新产品产值、工业销售产值、出口交货值、主营业务收入、利税总额、利润总额七项指标均占全市 70% 以上，资产总计、负债总计和从业人员指标占全市 55% 以上，其中出口交货值占比份额最高，达 93.9%。2020 年协会企业主要经济指标完成情况见表 3。

表 3　2020 年协会企业主要经济指标完成情况

序号	指标名称	2020 年	占比（%）
1	工业总产值/万元	1 925 383	85.5
2	新产品产值/万元	765 347	75.7
3	工业销售产值/万元	1 922 318	79.4
4	出口交货值/万元	130 426	93.9
5	资产总计/万元	2 851 692	57.3
6	负债总计/万元	1 100 762	65.4
7	主营业务收入/万元	1 837 111	80.5
8	利税总额/万元	469 070	78.8
9	利润总额/万元	355 026	76.8
10	从业人员/人	11 663	65.5

协会重点追踪的52家企业总体运行情况趋紧，2020年骨干企业共完成产品产量74 409台，同比增长37.05%。48家企业出口都呈现上升趋势，在大环境不利于发展的情况下，资产负债率同比增加1.64个百分点，负债率较为合理。调研显示，骨干企业都在尽力调整结构，以便于稳住基础，等待时机，谋求发展。2020年协会重点追踪的52家企业资产状况见表4。

表4　2020年协会重点追踪的52家企业资产状况

指标名称	2019年	2020年	同比增长（%）
净资产/万元	1 471 362	1 750 930	19.00
资产负债率（%）	36.96	38.60	1.64

三、下一步发展建议

全面贯彻新发展理念，坚持创新发展、协调发展、绿色发展、开放发展、共享发展。

苦练内功、增强实力。聚焦科技自立自强，积极推进传统制造业改造提升，激发产业转型升级新活力。增强精品制造意识，推进装备智能化升级，实现降本增效、品牌驱动发展。

创新模式、开拓市场。及时调整营销模式，抢占新兴销售渠道先机，高效产销协同，深挖国内市场潜力。

积极争取政府政策支持，开展企业项目申报，增强行业发展优势。

加强行业与相关产业链之间的对接与合作，上下游产业链精准对接，促进合作共赢。

加强知识产权保护，促进产学研紧密协同，推动龙头企业做强做优，积极打造“制造业单项冠军之城”。

2021年，是“十四五”时期我国开启全面建设社会主义现代化国家新征程的第一年，制造业发展的市场空间依然广阔。但制造业面临发达国家和其他发展中国家“双向挤压”的局面更加严峻，外部环境的变化要求塑机企业更加注重技术创新和内生增长。

〔供稿单位：宁波市塑料机械行业协会〕

金塘塑机螺杆产业发展情况

自1982年第一根螺杆诞生以来，经过40年的发展，金塘已成为我国最大的塑机螺杆生产基地，全国约75%的螺杆产品来自金塘。随着金塘螺杆加工技术的成熟，企业规模的扩张，金塘螺杆产业形成了专业化分工、上下游配套、产业链完善的块状经济体系，企业不断注重质量和品牌的树立，核心竞争力不断提高，螺杆产业成为金塘具有持续、健康发展能力的支柱经济。金塘先后获得“塑料挤出机省级高新技术特色产业基地”“浙江省塑机螺杆商标品牌基地”和“中国塑机螺杆之都”等称号。

目前，全岛共有塑机螺杆企业700余家（规模以上企业26家），从业人员1万余人，2021年实现产值76亿元，同比增长11.33%。其中，规模以上螺杆企业实现产值27亿元，同比增长21.24%；实现利润总额3亿元，同比增长20.46%；实现税收收入1.66亿元，同比增长27.59%。2021年，规模以上螺杆企业亩均产值近365万元，亩均税收超22万元，全员劳动生产率达到56.7万元/人。全岛共有22家塑机螺杆企业被评为国家高新技术企业，67家塑机螺杆企业被评为省级科技型中小企业。

一、产业发展现状

1.坚持要素集聚，规模效应初见成效

近年来，金塘强化空间拓展、平台支撑、行业规范，助推塑机螺杆产业快速发展。金塘投入4.7亿元围垦建设西堠工业园区，集中布局塑机螺杆产业，着力打造从原材料供应、机械加工、热处理到先进电镀的完整塑机螺杆产业链，切实发挥产业集群协同发展效应。2009年西堠工业园区开工建设，截至目前，园区已累计挂牌出让土地近 107 万 m^2（1 600 亩），引入华业、金星、光明等 60 家重点塑机螺杆企业及配套企业（26 家规模以上螺杆企业有 20 家在园区内），建设完成螺杆研发中心、螺杆检测中心、邻里中心等配套设施，入园企业基本完成建设，累计完成投资超 25 亿元。2021 年园区实现产值 34.8 亿元，同比增长 13.35%。

2. 坚持政策引导，实现企业减本降负

一是出台《金塘螺杆行业质量提升三年行动方案（2018—2020 年）》（舟新金委办发〔2018〕113 号）。以提高行业质量总水平、企业质量管理水平和产品质量水平为主线，鼓励企业做强做大、重视创新。二是出台《金塘进一步推进创新驱动加快民营经济转型若干政策意见》（舟新金委办发〔2021〕96 号）。切实解决民营经济面临的问题和困难，推进浙江省舟山定海金塘塑机螺杆产业创新服务综合体建设，鼓励民营企业实施科技创新、绿色制造和拓展国际市场，助力塑机螺杆产业发展。2019 年度下发企业补助资金 438.6 万元，2020 年度下发企业补助资金 343.3 万元。三是出台《金塘塑机螺杆产业高质量发展实施方案（2020—2022 年）》（舟转升办〔2019〕10 号）。加快螺杆产业生产制造数字化、网络化、智能化进程，构建形成专业化分工、上下游配套、产业链完善的综合体系，实现金塘塑机螺杆产业高质量发展。2021 年，金塘塑机螺杆企业共计获得市级补助资金近 650 万元。

3. 坚持转型升级，助力高质量发展

一是提升企业亩均效益。配合市、区相关部门，做好“亩均综合论英雄”评价工作；完成金塘低效厂房专项整治提升任务，盘活处置闲置厂房 4 万余 m^2，完成 17 家共计 3.3 万 m^2 低效厂房整治；制定低效工业企业整治提升行动方案，通过三年整治提升工作，低效企业亩均税收提升至 5 万元。二是推进产业数字化发展。引入第三方公司，推进企业业务数字化系统开发引用和设备数字化系统开发应用，共计完成 269 台设备数字化系统应用开发；以两化融合为主线，大力推进“互联网 +”“机器人 +”工程，积极推进企业智能化技术改造；出台专项资金管理办法，充分利用省级智能化技术改造专项资金 1 000 万元，重点扶持华业等 8 家塑机螺杆企业推进智能化技术改造；加强行业引领示范效应，华业完成市级“未来工厂”建设，德玛吉、通达完成市级“智能工厂（数字化车间）”建设。三是推进绿色工厂、绿色园区建设。华业获评省级绿色工厂，光明获评市级绿色工厂，金星、精劲、德玛吉绿色工厂及西堠工业园区省级绿色园区申报准备中。

4. 坚持品牌导向，完善强化行业规范

一是充分发挥协会管理作用。充分发挥塑机螺杆行业协会作用，加快企业信用体系建设，加大对行业诚信的引导与失信的惩罚，避免行业内部的压价竞争，促进金塘塑机螺杆产业健康发展；连续三年开展螺杆协会初级、中级职称自主评定和高级工程师申报评定工作，累计评定技术员 81 名、助理工程师 154 人、工程师 66 人和高级工程师 5 名。二是健全质量标准体系。推进“标准 +”工作，制定螺杆行业单、双螺杆团体标准，建立健全金塘螺杆产业行业标准体系，整体提升金塘螺杆产品质量。三是大力实施品牌战略。完成“金塘螺杆”集体商标注册，下一步对符合金塘螺杆产业行业标准体系的螺杆产品进行集体商标贴牌，进一步提升金塘螺杆知名度。

二、存在的问题

1. 生产要素制约依旧突出

根据相关材料，2021 年我国塑料机械完成产量 36 万台，同比增长 7%；营业收入同比增长 17%。作为注塑机和挤出机的核心零部件，下游产业对螺杆产品的需求强烈，加之近年来“以塑代钢，以塑代木”的推进，塑机螺杆行业整体发展势头较好，企业扩大生产规模的意愿较强烈。但是，金塘目前可用工业土地着实有限，建设用地指标整体紧缺，限制了生产空间的扩张；土地紧缺同步带来厂房租金年年攀升的情况，行业内月租金已涨到 30 元/m^2。此外，人工工资呈现逐年上升的趋势，供不应求的局面也导致员工跳槽的现象时有发生。近两年部分塑机螺杆用钢材价格翻了一倍，而产品价格却因激烈的市场竞争无法大幅度调整，一些简单产品的价格甚至不升反降，企业利润不断减少。产业整体向好，发展却受到生产要素的严重制约，导致近年来出现个别金塘本地螺杆企业迁往市内其他区域发展的情况。

2. 企业管理缺乏先进理念

大多数螺杆企业的基础管理较为薄弱，亟待改进。基础管理的标准化、流程化是实现企业稳定持续经营的基础，也是企业信息化等管理系统落地的基础。因为历史的原因，目前除了少数螺杆企业的基础管理基本成型外，绝大多数企业基本停留在家族式管理阶段，既没有较为稳定的管理组织、流程和人员，也没有相应的改进思路和方法，无论是在技术管理、质量管理、生产管理、设备管理，还是在采购、销售、库存等方面，均依靠企业主或少数人员的经验，长此以往必将给企业发展带来较大隐患。

3. 科研创新能力水平不强

目前金塘整体研发团队能力较弱，仍较缺乏高精尖技术的研发能力。研发项目多着重于提升产能、扩大产量，欠缺高品质、具有高技术附加值的科研产品。多数企业的研发方向在螺杆加工行业，只有少数企业开展整机研发、橡塑产品生产的研发等多元化工作。一是由于螺杆生产主要依据客户需求定制，难以实现标准化生产，智能型、专用型螺杆机械制造设备比例相对较低。企业自主研发创新能力较弱，信息化建设较弱，创新管理与智能化车间培育不足，转型升级难以突破。二是金塘螺杆产业整体质量参差不齐，企业研发性投入比重较小，缺乏自主创新能力，无法形成产品个性和特色。三是关键工序攻克难度较大。热处理是螺杆加工的关键工序，也是高耗能工序，目前企业对热处理工艺和装备提升有较为迫切的需求。

4. 产品出口长期存在隐患

随着国外疫情进一步蔓延，金塘塑机螺杆企业外贸出口订单或取消或延迟，出口贸易、海外市场开拓等问题接踵而至。不少企业调整战略方向，实施出口转内销的策略，通过满足口罩市场需求取得了较好的经济效益。但从长远发展来看，出口转内销主要存在如下问题：一是金塘螺杆外贸出口企业主要以欧美国家为主，出口产品往往与国外高端设备配套，价格普遍比内销产品高，出口产品与内销产品市场定位的不同，导致产品价格较难被国内市场接受；二是金塘螺杆主要为汽车、轻工、小家电等下游产业配套，而这些产业中有较大比例的企业也涉及出口业务，整体外贸出口行情的下行对这些下游企业也产生较大冲击，因此也给金塘螺杆产品出口转内销带来较大困难；三是欧美国家在供应链上有去中国化趋势，在本国或东南亚国家再布局供应链，使金塘螺杆产业发展面临更大的挑战。

三、下一步工作打算

1. 以空间扩容延伸产业链，建设高端装备制造产业园

一是积极谋划空间扩容，推进现有几个重点项目落地投产。目前金塘计划通过北部炮台山数字化小微园建设、华业智能制造基地项目建设、研发中心东侧地块项目建设等，拓展一定量的空间，缓解产业空间制约，保障产业经济的发展。北部炮台山小微园区拟于2022年年底实现交付，计划招引入驻10～15家具有一定规模的企业（目前已签订协议8家）；华业智能制造基地项目计划2022年第四季度开工，2024年3月底完工；研发中心东侧地块项目计划2022年年底完工。二是在做实做细螺杆产业的基础上，探索产业链向两端延长。一方面依托新材料产业园区项目的投产，引入原材料如塑料造粒行业，借助中科院宁波材料所的研发能力，将未来新型塑料加工基地设在金塘，落地一批向高质量、无污染方向发展的可降解塑料生产企业等；另一方面培育引入丝杠、塑机其他配套零部件生产企业，在螺杆加工设备如抛光机、车床等方面下功夫。三是推进产业转移，打造穆岙高端装备制造产业园。积极开展宁波制

造业转移项目招引，目前已有部分洽谈意向企业，涉及注塑机整机制造、新型碳素钢材料生产、高效节能智能花园水泵生产、智能工业缝纫机及汽车配件制造、智能门窗电动机及配件制造等行业。同时，将继续加大重型装备制造、高端汽配等产业招引力度。

2. 以管理创新实现标准制造，推进产业数字化改造

一是着力推进管理创新，切实提高企业的现代化管理水平。引导企业将技术创新和管理创新有机结合起来，不断取得技术突破，增强核心竞争力；依靠技术与管理两个“轮子”，实现对管理短板和瓶颈问题的重点突破，争取通过两年的管理提升行动，促使企业在管理上实现四个“明显”，即基础管理明显加强、管理现代化水平明显提升、管理创新机制明显完善、综合绩效明显改善。二是以“标准驱动机制”为行业发展导向，形成安全生产、绿色生产的标准体系。通过统一产品种类、提高产品质量、降低企业成本、推广标准制造和形成驱动机制等步骤，逐步推进螺杆产业产品标准化制造，争取利用五年时间实现全行业产品标准制造。通过产品标准化制造，促进产品开发，有效降低成本，有效配置资源，最终提高行业经济效益和市场竞争力。三是推动工业互联网纵深发展。加快落实管委会层面每年 100 万元的工业互联网建设投入补助，加大对螺杆产业工业互联网发展的精准信贷扶持力度，加大对工业互联网顶尖人才、行业领军人才及团队的引进和培养力度，全方位纵深推进工业互联网建设。计划至 2022 年年底，完成西堠工业园区数字化园区打造，实现规模以上企业 ERP 应用全覆盖；至 2025 年年底，全面建成金塘塑机螺杆行业级工业互联网平台，规模以上企业关键工序生产设备数控化率达到 90% 以上，生产设备联网率达到 70% 以上。

3. 以龙头企业打造标杆，推进产业改造提升 2.0 版

一是继续引导企业加大技改投入，增强内生发展动力。结合“腾笼换鸟、凤凰涅槃”攻坚行动，持续推进“亩均综合评价”“低效企业整治”“高耗低效企业整治”等相关工作，落实每年 500 万元的政策补助资金，推动企业重点抓降本增效，强化项目建设的发展理念，引导企业购置数控机床、工业机器人等先进的自动化程度高的生产设备，淘汰落后产能，实现设备换代、工艺更新和产品升级，提升产品附加值，提高产品质量和效益。二是注重人才培养，打造智能制造“模范生”。支持开展重大应用项目合作攻关研究，推动智能化专业技术人才资源整合，使一批能够开展智能制造技术开发、技术改进、业务指导的人才积极主动地投入“智”造的大潮中；引进能够突破智能制造关键技术、带动制造业智能转型的高层次领军人才，采取多种激励方式充分释放人力资本“红利”。加大对“未来工厂”“智能工厂（数字化车间）”等政策的扶持力度，以华业公司为示范引领，打造金塘智能制造“模范生”，推进智能生产线、智能车间、智能工厂建设及应用，瞄准智能制造高端化发展方向，促进智能制造在金塘传统产业的应用。三是鼓励企业积极“走出去”，提高围绕下游整机企业发展的意识。从品牌培育、智能制造标准制定、知识产权等方面着手，重点培育一批自主创新能力强、主业突出、产品市场前景好、对产业带动作用大的智能制造企业。以螺杆协会为平台，加强与宁波市塑料机械行业协会、中国塑料机械工业协会等相关机构的沟通交流，促进金塘螺杆企业与下游大型整机企业的合作。积极拓展全球市场，提升产业国际竞争力，既可以围绕国内塑机企业，也可以直接围绕国外优势企业开展信息化、智能化技术应用。

4. 以整合资源提升三类服务，完善螺杆产业区域化平台

围绕拓宽对外联络渠道、打造线上平台、凝聚发展合力，积极整合资源，建设高端化、品牌化的产业化服务平台。一是充分发挥螺杆产业创新服务综合体的作用。以“产业链、创新链、生态链、人才链、金融链、服务链”六链为抓手，

为螺杆企业提供全方位、高质量的科创服务。二是继续发挥检测中心平台作用，实现检测中心有效运营。打造国内权威检测机构，以科学准确、客观公正的检测数据，为企业产品研发、原材料进厂、质量在线监控、成品出厂提供全过程检测技术服务，同时能为产品质量缺陷开出“药方”，提高产品质量。三是实施“标准化 +”，抢占标准领域“话语权”。鼓励企业参与国际标准、国家标准、行业标准和“浙江制造”标准研制工作，提升行业发展话语权；推动企业研究、采用国际标准和国外先进标准，提高产品标准水平；推动螺杆协会根据产业转型升级步伐不断制修订螺杆行业团体标准，支撑螺杆产业提质增效。

金塘将继续坚持“科创型服务、标准化改造、互联网平台、数字化园区”四轮驱动，进一步加大政策支持和资金投入，加快实施科技创新引领、产业数字化改造、质量品牌提升、绿色制造引领、产业链延伸、人才高地集聚六大工程，推动螺杆产业向高端化、智能化、品牌化发展。到 2025 年年底，实现塑机螺杆制造及相关配套产业产值超 110 亿元，累计增长 50% 以上；塑机螺杆规模以上企业数量累计增长 50% 以上，培育年产值 10 亿元以上的企业 1 家，年产值 5 亿元以上的企业 5 家，年产值 1 亿元以上的企业 15 家；规模以上企业 R&D 经费支出占主营业务比重提高到 4% 以上；实现 1 家企业挂牌上市，新增 5 ～ 6 家企业完成公司股份制改造。

〔供稿单位：金塘管委会经济发展局〕

市场专题

记录2020—2021年塑料机械行业在市场各层面较为重要的事件、国外技术发展趋势、国外市场发展情况以及产品的进展

市场专题

2020—2021 年我国塑料机械工业要事

印度反倾销调查

印度商工部于 2021 年 2 月 17 日发布公告，应印度国内产业的申请，对原产于或进口自中国大陆“塑料成型机 Plastic Processing Machine（PPM）”或“注塑机 Injection Moulding Machine”启动反倾销立案调查。

涉案产品为锁模力 400~32 000kN 的塑料机械，但不包括：①海关税号为 847730 的吹塑机；②立式注塑机；③全电动注塑机；④ 8453 税号下生产鞋具的多色多模注塑机、生产鞋具的旋转注塑机以及生产鞋底、鞋跟等产品的注塑机。

反倾销调查期为 2019 年 4 月 1 日至 2020 年 9 月 30 日，损害调查期为 2016 年 4 月 1 日至 2017 年 3 月 31 日、2017 年 4 月 1 日至 2018 年 3 月 31 日、2018 年 4 月 1 日至 2019 年 3 月 30 日以及反倾销调查期。

2021 年 2 月 22 日，中国塑料机械工业协会发布通知，启动应对印度对华塑机反倾销调查工作。

2021 年 9 月 7 日，调查机关召开线上听证会。印度律师代表协会参加听证会，发表了抗辩意见，对申请人的主张进行了反驳。在听证会中，除了再次强调我方损害抗辩主张，反驳申请人对协会作为利害关系方的质疑之外，印度律师还指出：①印度塑机产业已经受反倾销措施保护超过 10 年，反倾销措施不应成为印度国内企业不思进取拒绝公平竞争的保护伞；②二手塑机设备不应包含在涉案产品范围内，调查机关应该修改涉案产品范围，明确这一点。

2022 年 2 月 4 日，调查机关发出基本信息披露。在信息披露中，调查机关强调因为没有中国出口商或印度进口商参加应诉，调查机关只能依据海关进口数据计算倾销幅度和损害幅度。而海关数据中只有锁模力参数，并无拉杆间距参数，因此基于最佳可获得信息，调查机关只能使用锁模力作为比较的依据。根据调查期内的海关进口数据，调查机关分别计算出 50%～60% 的倾销幅度和 35%～45% 的损害幅度。2022 年 2 月 9 日，印度律师向调查机关提交对基本信息披露的评论。

2022 年 2 月 16 日，调查机关公布最终裁定结果。在最终裁定结果中，调查机关基本维持了基本信息披露中的认定，建议财政部依据损害幅度征收反倾销税。具体征税对象和税率如下：

税则号	原产地	出口地	生产商	出口商	反倾销税率
847710	中国	中国在内的所有国家或地区	所有	所有	43.59%
	中国以外的其他国家或地区	中国	所有	所有	43.59%

在收到商工部终裁报告之后，印度财政部通常将在 30～60 日内决定是否批准并公告对来自我国的被调查塑料机械产品征收为期五年的反倾销关税。

智能制造

伊之密全球创新中心 该中心 2019 年 10 月动工，2020 年 5 月封顶，是广东省广深佛莞智能装备产业集群中的实体项目之一。

数字海天 2021 年 3 月 31 日，海天塑机集团有限公司（简称海天）与华为技术有限公司达成战略合作，双方将在“数字海天”建设上开展深度合作，共同探索中国装备制造企业数字化转型发展的最优路径和最佳实践。海天将通过一系列数字化措施重塑管理模式和业务流程，达到提质增效、成本优化、流程协同的效果，实现各个领域的生产力变革，形成属于海天的数字化生产力。未来，海天将持续进行数字化改革，完成全生态价值链的数字化转型升级，同时，把“数字海天”的建设成果赋能上下游供应商和客户。2021 年 9 月 16 日，海天数字体验中心正式开放，结合互动视频、实物模型、智慧沙盘、图片文字等多种表现方式，成为集中展示海天数字化转型成果的重要窗口。

注塑智能生产管理解决方案 Yi-MES 广东伊之密精密机械股份有限公司（简称伊之密）自主研发的“注塑智能生产管理解决方案 Yi-MES”被工业和信息化部评为 2021 年工业互联网 APP 优秀解决方案。Yi-MES，全称 Yi-Manufactory Execution System，是基于伊之密智能装备工业互联网平台 (Yi+ 平台) 开发的智能制造执行系统。该系统结合物联网、云计算、大数据、AI 等新一代 ICT 技术，提供高性价比的专业化注塑智能制造解决方案，主要为解决注塑企业面临的运作效率低、异常响应能力弱等问题。该系统针对数据孤岛、手工报表、数据准确性低、数据分析能力差等痛点开发，覆盖了生产计划管理、生产作业管理、设备工具管理、质量检测、生产监控、质量管理、能源管理、故障检测与预警分析等环节。系统采用灵活的硬件和云服务架构，支持主机设备和通信协议与辅机集成接入，将所有设备进行云管理。已应用于电力装备、3C、5G、汽车、日用品包装、家电、轨道交通等领域，在客户实际应用中实现产品质量 100% 追溯，订单进度 100% 系统管理，异常响应速度提升 30%、机台利用率提升 10%、生产效率提升 10% 以上，能耗得到大幅优化。

智能制造关键技术装备 2021 年 4 月 22 日，博创智能装备股份有限公司（简称博创）凭借揭榜实施的“智能制造关键技术装备”领域的“全新一代自学习自决策的人工智能注塑成套装备”项目，获工业和信息化部“新一代人工智能产业创新重点任务揭榜优胜单位”称号，并入选广东省人工智能骨干企业名单。博创研发的 Bi 智能注塑机于 2019 年小批量投放市场，2020 年全线上市，获得亿元订单，Bi 设计团队获公司 75.48 万元创新大奖。Bi 智能注塑机采用拥有发明专利的新型锁模结构，全面优化升级各性能参数，采用模块化设计，自带互联互通功能，实现了机器故障的自诊断及预警。

伊之密智慧工厂 2021 年 6 月 29 日，伊之密五沙第三工厂二期项目动工建设，预计 2022 年下半年竣工。伊之密五沙第三工厂位于顺德大良五沙工业园，占地面积 17.88 万 m^2，二期工程占地面积约 6.9 万 m^2，建筑面积 12 万 m^2。二期工程定位为智慧工厂，采取全流水线生产作业模式，未来会引进大量的智能产线、智能设备以及现代化的工业软件技术，使数字化技术贯穿于订单、产品设计、配置、生产、物流、总装、交付等整个机器生产环节。预计用 3～5 年时间，伊之密智慧工厂将建成为一个真正意义的透明工厂、数据管理工厂。

2021 首届聚合物先进制造国际学术会议 2021 年 12 月 30—31 日，2021 首届聚合物先进制造国际学术会议在北京化工大学（东校区）举办。该会议由北京化工大学机电工程学院主办，高分子材料先进制造英蓝创新团队（英蓝实验室）承办，围绕“创新发展、塑造美好”的主旨开展业内学术交流活动。来自德国亚琛工业大学、加拿大多伦多大学、新加坡国立大学、英国曼彻斯特大学、海南大学、北京化工大学等的国内外著名学者专家和行业企事业单位人士等参加。会议围绕高分子聚合物的创新原理、创新应用等安排了14场报告。

技 术 项 目

拉伸流变技术转化应用 2020年，由拉伸流变技术转化而成的新型螺杆在大庆石化生产现场获得应用，达到预期效果。经检测，新型螺杆使用良好，机组整体效能较以往大幅提升且能耗更低，产出粒子质量理想，达到预期效果。

超大型压铸件技术创新平台 2021年4月26日，力劲集团、瑞立集团、轻合金精密成型国家工程研究中心签署战略合作协议，共同建立超大型压铸件技术创新平台，促进轻合金产业与超大型压铸件市场的繁荣成长。

5万t/a DTC道路相变自调温材料混炼挤出成套装置建设项目 2021年，大连橡胶塑料机械有限公司（简称大橡塑）成立5万t/a DTC道路相变自调温材料混炼挤出成套装置建设项目EPC工程总承包项目组。全球首个5万t/a DTC道路相变自调温材料混炼挤出成套装置建设项目，以绿色制造关键技术突破及产业化为重点任务，由北京秦天集团韩城相变科技有限公司（以下简称秦天科技）牵头，大橡塑、北京理工大学、北京二十一世纪科技发展有限公司作为联合体单位共同参与研制。其中，大橡塑集产品研制主参方、19个单体提供方、核心机组安装方以及EPC项目管理方四个角色于一身。项目总投资3.06亿元，达产后预计年产值60亿元。受中美贸易摩擦和新冠肺炎疫情的影响，该项目在完成近95%的工程建设量后停滞了一年多时间，于2021年8月重新启动。

根据客户要求，大橡塑开发出全新的、适合规模化生产DTC道路相变自调温材料的生产工艺，在形成完整工艺包的基础上，再以工艺包需求为导向，研制出新的DTC道路相变自调温材料混炼挤压造粒机组。在该项目上实现了从传统的设备营销向整条装备生产线“交钥匙”的营销模式转变，并进行全过程EPC项目管理。

大型双螺杆挤出成套装备国产化项目 2021年，南京科亚化工成套装备有限公司（简称南京科亚）大型双螺杆挤出成套装备国产化项目完成前期调研、立项。南京科亚计划投入2 000余万元，用于购置关键核心零部件加工设备，扩建大机型生产加工及装配车间等十余项基础设施建设。该项目计划2022年内建成实现批量投产，每年可交付20～30套稳定可靠、性价比突出的大型成套装置，应用于聚烯烃的造粒、原料精制、反应挤出、大分子量脱挥等多种应用场景。

新 产 品

共挤吹塑复合膜机组 2020年，大橡塑研制的20m五层塑料共挤吹塑复合膜机组顺利下线。项目团队在综合考量用户实际生产用物料、配方、配比的基础上，利用国际先进的计算机仿真技术对机头各层流道参数进行全面分析，有针对性地开展优化设计，保证了机头各层流量的均匀性。项目团队对机组的关键件材质进行了更新换代，采用优质合金钢并引入麦克罗公司的工艺过程控制技术，从工艺角度保证材料符合机组高力学性能的需求，强化机头装置在冷、热状态下的整体稳定性。

五层共挤真空铸造膜机组 2020年，广东金明精机股份有限公司（简称金明精机）五层共挤真空铸造膜机组成功通过开机测试，实现了从12m幅宽到16m幅宽的重大突破，最高产量也从1.3t/h提升至2t/h，标志着国产化大宽幅真空铸造膜在制品规格和单位产能上实现了跨越式突破。该设备采用了金明精机自主创新的多项专利技术，主要用于风电、航空专用宽幅多层薄膜的生产。

挤压造粒机组 2020年，大橡塑深耕石化装备市场，当年投产8条大型挤压造粒机组生产线，首次成为中海油供应商，实现大造粒机组国内客户群全覆盖。为龙油石化研制的20万t/a聚丙烯大型挤压造粒机组、35万t/a聚丙烯大型挤压造粒机，为中科（广东）炼化有限公司研制的35万t/a聚丙烯挤压造粒机组顺利投产。

2021年，大橡塑为联泓新材料科技股份有限公司研制的首台（套）10万t/a聚丙烯同向双螺杆挤压造粒机在营城子生产基地顺利试车。该机进行了Unipol工艺性试验验证，并首次将该工艺应用在造粒机组上；采用了全新规格的液压换网装置和熔体齿轮泵；法兰式机筒首次应用径向冷却流道，并采用电加热油冷的温控方式实现更精准的温控精度，一定范围内有效控制机组热变形。机组主减速器中所有轴承均采用瓦轴集团研制的国产高端轴承。按照合同要求，大橡塑研制了树脂及辅料的加料、混炼挤压、挤压造粒、粒子后处理及其余附属系统等全套工艺装置。

2021年，由大橡塑研制的20万t/a聚丙烯挤压造粒机组在天津石化一次开车成功，顺利实现出料。为中国海洋石油集团有限公司研制的首台（套）30万t/a聚丙烯挤压造粒机组顺利通过试车。在设计过程中，首次在年产30万t造粒机组上应用了Novolen工艺包，并配置机筒真空抽气系统。同时，项目采取24小时跟踪检测、三级检查确认的质量管控闭环，确保按期按质地实现机组交付。该机组的研制成功具有重要的标杆示范意义。

2021年5月，大橡塑为中石化宁波镇海炼化有限公司研制的国产首台（套）大规格30万t/a高密度聚乙烯装置（ST）挤压造粒机组顺利通过试车，圆满完成设备出厂验收，陆续拆卸发运。该机组于11月11日在中石化镇海炼化生产现场一次性试车成功，顺利产出合格粒子，标志着大橡塑在大型挤压造粒机组国产化首台（套）攻关和高端化、系列化、标准化研制方面再次取得新突破，对维护我国能源和经济安全具有重要意义。

85 000kN超大型高精密注塑成型机 2021年由伊之密自主研发制造，创国内超大型精密注塑机纪录。该机额定锁模力85 000kN，最大锁模力90 000kN，实现了国产超大型两板式注塑机关键技术的突破。开合模定位精度达到0.3mm，搭配2套射出重量超过80kg的注射系统，产品能一次成型外形复杂、透光要求高且尺寸精确或带有金属嵌件的质地致密的超大型透明塑料零件，解决了国内超大型透明塑料件成型难的问题。该机采用了精密微开控制技术、双螺杆同步塑化及注射技术、注射压缩控制技术、低压注射成型工艺、智能锁模平行度控制技术、伺服精密内循环二板式锁模结构、光学产品专用伺服闭环泵技术等先进技术，控制系统集合了伊之密自主研发的智能控制技术、信息化技术、互联网技术，具有高精密、高速、节能、智能的特点，较传统的三板机节能达30%以上。

DREAMPRESS9000T巨型智能压铸单元 2021年，力劲集团面向全球首发。该压铸单元在高性能射料系统、伺服节能控制系统、速度控制、位置控制、增压控制等技术领域取得突破，可以满足汽车制造、大型重型压铸件及多部件的一体化生产工艺要求。

双三辊一次双面擦胶压延生产线 由大橡塑研制，为我国首台（套）。2021年顺利通过试车，正式发运交付。该生产线采用全新压延工艺替代溶剂汽油浸浆工艺，可实现一次两种配方双面擦胶，工作效率提升300%，有效提高了皮带的耐磨性和黏合性，帆布黏合力、耐磨性分别提高20%和25%以上。在制品生产过程中，接头损耗控制在 0.5m，在降低生产成本方面优势显著。

密炼生产线 2021 年 4 月 12 日，大橡塑的 XMN-440+XMN-800 高端串联密炼机下线。该机实现了实时恒温炼胶、减少炼胶段数和吨胶能耗，较 XMN-320+XMN-580 机型单条生产线产能提高 30% 以上。

2021 年，由大橡塑自主开发、具有完全知识产权的国内首台（套）最大规格 650L 密炼生产线顺利完成出厂前的负荷试车和鉴定工作，陆续发往用户。该生产线由 650L 切线型密炼机及配套的 ϕ486 双螺杆挤出压片机组成，产能高于一条 370L 和一条 270L 密炼线的总和，混炼效率高，均匀性好，单位产量能耗和污染物排放均得到大幅降低。大橡塑在机组研制过程中应用计算机仿真技术对密炼机炼胶过程的流场进行动态模拟，创建新型高效转子模型，并全面应用合金自动焊、机器人数控打磨、机电一体化、智能化控制、联锁控制和在线监测等新技术。该密炼机解决了传统机组下顶栓机构受力松锁问题，开发出全新挤出装置挡胶板流道，能够有效保证物料流动顺畅，出片光滑不带飞边。

双壁波纹管自动化生产线 2021 年 8 月，大连三垒科技有限公司研发的 DN1800 塑料双壁波纹管自动化生产线一次性试机成功。试机生产的 DN1800SN12PP 双壁波纹管是应欧洲客户要求，按 EN 13476-3:2018 标准设计的，生产要求非常高。每根直管 13m，两端封死后可以储水 26t，主要用于市政建设的排水、排污和雨水收集。这条生产线采用了远程控制技术，水、电、气（含真空）全部采用自动化控制技术，首次采用 SJ-170X38 单螺杆挤出机，最高产量可达 2 000kg/h。

PE 三维排水网在线复合生产线 2021 年，山东通佳机械有限公司率先自主研发的首套最大 6m 幅宽 PE 三维排水网在线复合生产线，顺利完成了开机验收。

其他特色新品 MA/K 系列注塑机。海天的 MA/K 系列注塑机在 CHINAPLAS 2021 国际橡塑展展出，注射速度达 1 000mm/s，最高响应时间 18ms 以内，是针对薄壁类塑料包装制品生产推出的伺服液压超高速解决方案。该机配置的石英超导节能加热圈，集红外线辐射－热传导双效加热于一身，镜面反射加高效纳米隔热层双重隔热于一体。

DES 双效节能注塑机。海天研制根据实测数据，该机能耗比伺服注塑机下降 10%～30%。

PET-LINE 注塑机。2020 年 9 月，克劳斯玛菲旗下耐驰特发布。该机锁模力 4 000kN，搭配 6000 系注射单元，可以搭载 128 个型腔的模具，配备侧取式机械手。

黄金动力双螺杆挤出机全系列产品。2021 年 7 月，克劳斯玛菲推出，双螺杆比扭矩为 13N • m/cm^3。

反应成型。2020 年 9 月，克劳斯玛菲推出拉挤成型系统，可整合树脂注射及型材牵引线，为大批量连续纤维复合材料型材生产提供一站式“交钥匙”解决方案。2021 年，该公司推出聚氨酯发泡机，采用模块化设计，适用于聚氨酯加工的所有应用领域。

专精特新和单项冠军企业

国家级专精特新“小巨人”企业 2020 年 11 月 13 日，工业和信息化部公布了第二批专精特新“小巨人”企业公示名单。塑料机械工业有 4 家企业进入该名单，分别是：山东通佳智能装备有限公司、广东星联精密机械有限公司、中蓝晨光化工研究设计院有限公司、上海辰竹仪表有限公司。

2021 年 8 月，国家第三批专精特新“小巨人”企业公布，震雄、江苏贝尔机械有限公司入选。

省级专精特新企业 富强鑫（宁波）机器制

造有限公司、宁波甬华塑料机械制造有限公司、宁波长飞亚塑料机械制造有限公司、余姚华泰橡塑机械有限公司、宁波海星机械制造有限公司、宁波力劲机械有限公司、宁波华热机械有限公司、浙江金海塑料机械有限公司、浙江台意德塑机制造有限公司、浙江金鹰塑料机械有限公司、浙江金星螺杆制造有限公司被评为 2021 年度浙江省“专精特新”中小企业。

江苏诚盟装备股份有限公司被认定为 2021 年度江苏省专精特新小巨人企业。

德科摩橡塑科技（东莞）有限公司被认定为 2021 年广东省专精特新企业。

制造业单项冠军 力劲压铸机入选全国第五批制造业“单项冠军产品”。宁波弘讯科技股份有限公司（塑机控制系统）入选“制造业单项冠军第六批遴选和第三批通过复核企业名单”。宁波华美达机械制造有限公司入选“浙江省制造业单项冠军省级第一批培育企业”名单。

科技奖励

机械工业科学技术奖 塑料机械行业获 2021 年度中国机械工业科学技术奖一等奖 1 项，二等奖 1 项，三等奖 1 项。

辽宁省科技进步奖 大橡塑研制的“大型双支撑连续混炼挤压造粒技术与装备”获 2020 年度辽宁省科技进步奖一等奖。大橡塑在大产量乙烯树脂混炼塑化均一性控制、大流量熔体高效高品质造粒、大型机组长周期连续稳定运行等核心技术方面取得重大创新和突破，自主研制出填补国内空白的年产 30 万～35 万 t 大型双支撑连续混炼挤压造粒机组，主要技术和经济指标优于国外同类机组，获授权发明专利 16 件，起草国家标准/行业标准 4 项。部级鉴定结果为：总体技术达到国际先进水平，其中双支撑连续混炼、水下切粒等技术居国际领先水平。

大橡塑完成了 2 个系列、7 万～ 35 万 t/a 5 种规格大型挤压造粒机组的研制，已有 20 余台（套）机组在中石化、中石油、大型石化民企投入运行，实现销售额 15 亿元，协同上下游装备累计实现产值 800 余亿元。

浙江省科学技术奖 杭州电子科技大学、泰瑞机器股份有限公司（简称泰瑞）、北京化工大学、苏州汇川技术有限公司联合完成的“大型复杂光学级零件注塑成型工艺与装备的研发及产业化”项目获 2021 年度浙江省科学技术进步奖一等奖。该项目攻克了注塑成型系统的高精度双环控制方法、多方位协同多层积分注射和二次合模工艺、水平重载转盘对置成型与模板动态平衡技术三大技术难点，在尺寸精度、成型周期、光学特性等方面优势显著，项目成果已完全实现了产业化。项目成果填补了我国大型复杂光学级零件注塑成型工艺与装备的空白，也标志着在高端精密光学级零件成型领域解决了国外“卡脖子”问题。

江苏省工程师学会科学技术奖 2021 年 12 月 29 日，南京科亚的“节能高效双螺杆挤出装备的研究”项目获江苏省工程师学会科学技术奖工程成果奖三等奖。

产教融合

中国塑机创新人才培养基地 2020 年 11 月 27 日，中国塑机创新人才培养基地 2020 年创新训练营在北京化工大学昌平校区启动。

北京化工大学 - 克劳斯玛菲研究生专业实践基地 2020 年 12 月，北京化工大学－克劳斯玛菲研究生专业实践基地揭幕。双方在科研创新、人才培养、产业发展等方面开展深度合作。

乐善智能现代学徒制大专班 2020年，广东乐善智能装备股份有限公司（简称乐善智能）与顺德职业技术学院合作的2020级现代学徒制大专班开班。

大橡塑订单班 2021年6月9日，大橡塑与渤海船舶职业学院校企合作签约暨揭牌仪式在渤海船院校区顺利召开。以就业为导向开设“大橡塑订单班”，以生产、管理和服务第一线需要的高技能人才对知识、能力的需求作为最高原则来设定教学计划，使企业需求与学校教学无缝对接。

力劲科技—浙江大学压铸装备联合工程研发中心 2021年10月26日，力劲科技－浙江大学压铸装备联合工程研发中心揭牌。该中心旨在共同研究、开发高端压铸装备，共建压铸机软硬件开发平台，研发设计包括智能化系统、实时控制系统、专用液压元件、压射系统油路等在内的软硬件系统及周边自动化设备，研发并试制样机，进行样机性能测试、验证及产业化应用等。

力劲集团－北京化工大学先进注塑研发中心 2021年10月28日，力劲集团－北京化工大学先进注塑研发中心揭牌。双方将面向新能源汽车、现代医疗等行业需求，致力于新材料注塑工艺、新功能注塑机、先进注塑模具等关键技术、产品研究与产业化应用。

金纬班 2021年10月，第14届金纬班开班。芜湖职业技术学院与上海金纬机械制造有限公司（简称金纬）的合作始于2002年，创办初期以学生就业为主要内容，2008年开始组建“金纬班”。

标　准

《多组分塑料注射成型机》发布 2020年8月20日，由中国塑料机械工业协会团体标准工作委员会组织制定的《多组分塑料注射成型机》正式发布。标准编号为T/CPMIA 0102—2020，自2020年11月20日起实施。

2项团体标准发布征求意见稿 2020年11月6日，中国塑料机械工业协会团体标准工作委员会组织编制了《熔喷法非织造布生产设备（征求意见稿）》和《聚丙烯熔喷料制备用同向平行双螺杆挤出机（征求意见稿）》，面向行业公开征求意见。

4项团体标准送审稿公示 2021年5月7日，《高速精密塑料注射成型机》《立式塑料注射成型机》《熔喷法非织造布生产设备》和《聚丙烯熔喷料制备用同向平行双螺杆挤出机》4项团体标准送审稿公示。2021年7月29日，《高速精密塑料注射成型机》和《立式塑料注射成型机》通过标准审查，2021年8月8日发布，标准号分别为T/CPMIA 0103—2021、T/CPMIA 0104—2021，2021年11月8日起实施。

制造基地建设

金纬海宁工厂 金纬海宁工厂占地面积8万m^2，2019年开工，2020年6月竣工投产，半年完成2.8亿元订单的出厂交货。工厂采用“小巨人企业”模式，探索扁平化极简管理，提高效率，贴近客户，提升客户体验。目前有4家专业公司，主要涉及装饰建材生产线（型材、发泡板、门窗设备等）、塑料新材料片板膜生产线、高档塑料管道生产线、无纺布生产线等。

2020年9月16日，浙江金纬智能科技有限公司年产800套塑料挤出智能装备项目竣工（投产）

仪式举行。该基地占地面积约 6.7 万 m^2，项目达产后，可形成年产 800 套塑料挤出智能装备。

苏州同大新工厂 2020 年 8 月 25 日，苏州同大机械有限公司新工厂奠基。新工厂位于张家港市凤凰镇创兴路，占地面积约 3.3 万 m^2，建设车间 52 800m^2。

富强鑫杭州湾新区新厂 2020 年 9 月 19 日，富强鑫宁波杭州湾新区新厂奠基。宁波杭州湾新区新厂总投资 4 000 万美元，占地面积约 6.7 万 m^2，总建筑面积 97 792 m^2，规划建成年产 2 000 台特种注塑机专业生产基地，预计 2023 年 1 月正式投产。新厂建成后，将大大提升富强鑫集团特种注塑机产业研发、生产实力与核心竞争力。

富强鑫印度新厂 富强鑫 2020 年斥资约 540 万美元买下印度艾哈迈达巴德沙南工业区的 40 000m^2 土地，用于兴建新厂，预计于 2025 年正式启用。

海天高端智能装备产业基地 2021 年 3 月 18 日，海天高端智能装备产业基地启动建设。该项目总投资近 100 亿元，首期项目占地面积约 30.7 万 m^2(461 亩)，将主要用于智能注塑机的生产制造，并计划引入数控机床、机器人及自动化、智能制造等相关业务。同时引进产业链上下游优质企业项目，打造具有完善生态产业链的智慧型研发制造基地。海天将以智能装备为基础，以数智化平台为载体，通过对柔性生产线的精细化、智慧化管理，将其打造为海天的智能制造示范工厂。

力劲集团智能超大型压铸装备生产基地 2021 年 9 月 29 日，肥西县人民政府与力劲集团签署智能超大型压铸装备生产基地项目投资协议。项目计划总投资 18 亿元，预计总占地面积约 13.3 万 m^2，主要发展力劲智能压铸岛、精密压铸机、压铸工业机器人、自动化辅助设备等先进装备制造，年产智能压铸装备约 1 000 台（套），年产值超过 40 亿元。项目建成达产后，可与本地新能源汽车和智能网联汽车整车制造、汽车零部件制造及家电制造等头部企业协同构建产业生态圈。

华美达高精密节能注塑机生产项目 2021 年 9 月 29 日，由宁波华美达集团有限公司控股、宁波腾华机械制造有限公司投资建设的高精密节能注塑机生产项目，在象山经济开发区城东工业园正式动工建设。该项目总投资 15 亿元，用地面积 21.3 万 m^2，建成后可实现年产 1 万台高精密节能型注塑机生产能力，达成年产值 20 亿元。

品 牌 形 象

浙江制造 2020 年，泰瑞的挤注式塑料注射成型机通过“浙江制造”认证；2021 年，宁波海雄塑料机械有限公司、宁波甬华塑料机械制造有限公司通过“浙江制造”认证。

机械工业优质品牌产品 力劲集团深圳领威科技有限公司的超大型 DCC6000 吨压铸装备获 2021 年机械工业优质品牌产品称号。

泰瑞品牌重塑 2020 年泰瑞启动品牌重塑计划，以“智能注塑”为品牌定位，启动了包括战略布局、企业形象语言、产品设计在内的全套品牌重塑焕新。2021 年 4 月 13 日，泰瑞面向全球市场推出 NEO 高端注塑机系列，未来将重点提升 NEO 系列全电动注塑机对标日本同行、二板及多色多物料注塑机对标欧洲同行，深度参与全球竞争。

南京越升新标识 2021 年，南京越升挤出机械有限公司成立 15 周年之际，推出了新标识。

USEON

人　　物

刘光知　2021年12月1日，南京科亚创始人、董事长刘光知逝世，享年71岁。刘光知一生致力于中国双螺杆挤出机的研发制造，是国家科技进步奖的获得者。

贾朝阳　大橡塑技术专家委员会副主任委员、副总工程师，研究员级高级工程师，我国石化装备大型挤压造粒机组研制的技术带头人，从事塑料机械成套装备研发设计工作近30年。获省部级科技进步奖一等奖3项，三等奖1项。累计发表论文23篇，获专利授权14件，主持、参加起草国家标准、行业标准、企业标准共6项。2020年享受国务院政府特殊津贴，2021年获辽宁五一劳动奖章。

大型挤压造粒机组国产化纵深发展

大型挤压造粒机组用于将在乙烯工程中催化聚合而成的聚丙烯或聚乙烯树脂，根据用户的要求，与其他辅料按严格的比例均匀混合，并进行混炼、塑化、挤出、水下切粒、分离干燥，最终加工成规则的颗粒制品。该机组是百万吨乙烯工程三大核心动力设备之一，属于化工装备领域的“国之重器”。

挤压造粒机组包括树脂及辅料的计量、混合、挤压造粒、工艺水与聚合物颗粒分离、粒料的干燥贮存和工艺水循环等具有高技术含量的全套工艺装置，整体技术水平高，装置运行的可靠性要求较高。目前国外只有德国科倍隆、日本制钢所（JSW）、日本神户制钢所（KOBE）能够生产，大连橡胶塑料机械有限公司（简称大橡塑）率先实现了该产品的国产化。

大橡塑从2007年立项开展大型挤压造粒机组国产化攻关以来，先后承接了多条大型挤压造粒机组生产线的国产化任务，同时还为多家石化公司进口机组的改造做了大量工作。通过对国内现役机组的联合调研，分析国外同类型机组的成功和故障案例，扬长避短，精益求精，大橡塑不断完善国产化造粒机组技术。大型挤压造粒机组是乙烯装置的最后一道收口设备，稳定性要求高，石化企业准入要求严格。2010年首台国产化机组在燕山石化试车成功，到2020年国产化机组累计销售近30台（套），用户从中石化拓展到中石油、中海油及私营企业。销量的大幅增加及用户范围的扩大，充分表明经过多年的应用验证，国产化机组质量达到或优于国外机组，得到国内石化企业的认可。

大橡塑生产的大型挤压造粒机组通过了中国机械工业联合会组织的成果鉴定。鉴定意见为：该成果突破了大型连续混炼挤压造粒机组设计制造的技术瓶颈，成功研制出国内首套30万～35万t/a大型连续混炼挤压造粒机组。机组拥有自主知识产权，打破了国外技术封锁和市场垄断，总体技术达到国际先进水平，其中双支撑转子连续混炼、水下造粒等技术居国际领先水平，具有显著的经济和社会效益。

与国外同类型同规格机组相比，大橡塑国产

化机组先进性主要表现在四个方面。

（1）智能化控制技术先进。“一键式”开车技术具有独创性和中国特色，提高了开车的可靠性和成功率；电仪控制系统采用冗余设计原则，可以在不停机的情况下进行维护和故障排除，提高系统的可用性、适用性和稳定性，从而保证系统的可靠不间断运行；基于造粒机组智能控制平台，在线采集温度、振动、压力、功率等运行数据，建立基于大数据分析的运行状态特征快速识别与诊断模型，完成运行状态智能诊断及健康预警，实现远程在线监控和设备运行可视化。

（2）混炼技术先进。建立了大型挤压造粒机组工艺试验与模拟仿真结合的设计方法，设计出具有低剪切、高分散、强混炼塑化能力，适应宽泛融指的大型整体式转子挤压系统。国产化机组混炼机筒采用导热油加热和导热油冷却的温控方式，较国外水冷技术减小了热惯性，温度控制更柔和、更精准，提高了设备使用寿命和产品质量。发明了门式熔融树脂混炼度调节技术，实现了熔融树脂混炼强度在线调整，扩大了机组应用范围。

（3）密封技术先进。发明了充氮隔氧的物料返回粉料可靠密封技术，规避了国外机组粉料端出现过的漏料进入润滑油中造成污染的问题。发明了“反螺纹 + 间隙 + 冷凝熔融树脂”熔料密封技术，规避了进口同类型机组出现过的排料端漏料进入轴承的问题，具有无消耗品、长期使用无需更换零部件、对物料无污染等明显优势。

（4）水下切粒技术先进。提出了多联锁约束的水下切粒刀轴自动进给方法，通过气液转换系统的动力驱动双向作用液压缸，实现刀轴的前进和后退，利用切向方向锁紧技术实现刀轴进给运动的锁止。利用现场总线技术进行造粒系统参量、联动参量、故障状态等多参量的数据在线采集，开发出具有复杂控制运算功能及速度联动控制功能的程序软件，通过状态参量联锁控制，实现齿轮泵及水下切粒系统的闭环自动速度调节。

大橡塑先后完成了 10 万～35 万 t/a 聚丙烯、聚乙烯大型挤压造粒机组国产化研制，已完成 40 万～50 万 t/a 机组、大型单螺杆挤压造粒机组技术储备，能够满足国内石化企业的选型需求。大橡塑拥有该机组有效发明专利 19 件、实用新型专利 10 件，机组技术具有自主知识产权。该类机组已累计销售 28 台（套），协同国内上下游装备累计实现产值 1 000 余亿元，为我国石化产业的高质量发展提供了强有力的支持，维护了国家经济和能源安全。

〔供稿单位：大连橡胶塑料机械有限公司〕

统计资料

记录2020—2021年塑料机械产品进出口价格指数，以及2018—2021年塑料机械进出口情况

综述
专文
行业与地区发展概况
市场专题
统计资料
企业概况
产品项目与技术
标准与专利

统计资料

2020 年 1—12 月单个税号塑料机械进出口价格指数

2020 年 1—12 月单个税号塑料机械进口价格指数

（以 2014 年 1 月为基期）

月份	项目	注塑机	其他注射机	塑料造粒机	其他挤出机	挤出吹塑机	注射吹塑机	其他吹塑机	塑料中空成型机	塑料压延成型机	其他真空模塑机及其他热成型机器	三维打印机（3D 打印机）	其他模塑或成型机器
1	平均进口单价 / 万美元	12	45	42	57	231	27	99	30	0.68	43	0.18	20
	定基价格指数	80	136	19	78	212	59	134	120	2	287	15	80
	环比价格指数	133	155	200	124	340	53	93	61	23	154	90	95
2	平均进口单价 / 万美元	8	14	83	57	180	20	98	—	0.03	83	0.12	32
	定基价格指数	53	42	38	78	165	43	132	—	0.10	553	10	128
	环比价格指数	67	31	198	100	78	74	99	—	4	193	67	160
3	平均进口单价 / 万美元	10	22	49	53	27	28	47	46	22	70	0.29	7
	定基价格指数	67	67	22	73	25	61	64	184	73	467	24	28
	环比价格指数	125	157	59	93	15	140	48	—	733 33	84	242	22
4	平均进口单价 / 万美元	9	14	17	42	63	31	20	16	50	23	0.54	57
	定基价格指数	60	42	8	58	58	67	27	64	167	153	45	228
	环比价格指数	90	64	35	79	233	111	43	35	227	33	186	814
5	平均进口单价 / 万美元	11	20	116	25	69	42	129	27	43	12	0.43	46
	定基价格指数	73	61	53	34	63	91	174	108	143	80	36	134
	环比价格指数	122	143	682	60	110	135	645	169	86	52	80	81
6	平均进口单价 / 万美元	9	16	110	66	78	34	51	0.32	48	48	1	12
	定基价格指数	60	48	50	90	72	74	69	1	160	320	83	48
	环比价格指数	82	80	95	264	113	81	40	1	112	400	233	26
7	平均进口单价 / 万美元	11	19	92	101	46	57	75	14	49	90	2	3
	定基价格指数	73	58	42	138	42	124	101	56	163	600	167	12
	环比价格指数	122	119	84	153	59	168	147	4375	102	188	200	25

（续）

月份	项目	注塑机	其他注射机	塑料造粒机	其他挤出机	挤出吹塑机	注射吹塑机	其他吹塑机	塑料中空成型机	塑料压延成型机	其他真空模塑机及其他热成型机器	三维打印机（3D 打印机）	其他模塑或成型机器
8	平均进口单价 / 万美元	9	27	68	56	80	45	73	85	1	19	0.10	4
	定基价格指数	60	82	31	77	73	98	99	340	3	127	8	16
	环比价格指数	82	142	74	55	174	79	97	607	2	21	5	133
9	平均进口单价 / 万美元	9	28	149	52	75	27	50	22	17	51	0.47	15
	定基价格指数	60	85	68	71	69	59	68	88	57	340	39	60
	环比价格指数	100	104	219	93	94	60	68.5	26	1 700	268	470	375
10	平均进口单价 / 万美元	11	30	69	32	41	47	0.07	27	28	17	1	13
	定基价格指数	73	91	32	44	38	102	0.09	108	93	113	83	52
	环比价格指数	122	107	46	62	55	174	0.14	123	165	33	213	87
11	平均进口单价 / 万美元	11	13	67	21	46	28	60	44	1	131	2	14
	定基价格指数	73	39	31	29	42	61	81	176	3	873	167	56
	环比价格指数	100	43	97	66	112	60	85 714	163	4	771	200	108
12	平均进口单价 / 万美元	10	24	182	23	174	33	—	13	17	70	1	15
	定基价格指数	67	73	83	32	160	72	—	52	57	467	83	60
	环比价格指数	91	185	272	110	378	118	—	30	1 700	53	50	107

2020 年 1—12 月单个税号塑料机械出口价格指数（以 2014 年 1 月为基期）

月份	项目	注塑机	其他注射机	塑料造粒机	其他挤出机	挤出吹塑机	注射吹塑机	其他吹塑机	塑料中空成型机	塑料压延成型机	其他真空模塑机及其他热成型机器	三维打印机（3D 打印机）	其他模塑或成型机器
1	平均出口单价/万美元	1	3	2	1	0.12	4	1	3	2	1	0.02	0.43
	定基价格指数	25	150	67	33	4	133	100	60	500	100	10	430
	环比价格指数	33	300	200	50	3	200	50	100	67	100	100	38
2	平均出口单价/万美元	3	5	10	3	3	5	4	4	1	2	0.02	18
	定基价格指数	75	250	333	100	100	167	400	80	250	200	10	18 000
	环比价格指数	300	167	500	300	2 500	125	400	133	50	200	100	4186

（续）

月份	项目	注塑机	其他注射机	塑料造粒机	其他挤出机	挤出吹塑机	注射吹塑机	其他吹塑机	塑料中空成型机	塑料压延成型机	其他真空模塑机及其他热成型机器	三维打印机（3D打印机）	其他模塑或成型机器
3	平均出口单价/万美元	4	0.49	3	3	5	5	2	2	1	1	0.02	1
	定基价格指数	100	25	100	100	167	167	200	40	250	100	10	1 000
	环比价格指数	133	10	30	100	167	100	50	50	100	50	100	6
4	平均出口单价/万美元	2	0.32	4	3	7	4	1	2	1	0.48	0.02	0.37
	定基价格指数	50	16	133	100	233	133	100	40	250	48	10	370
	环比价格指数	50	65	133	100	140	80	50	100	100	48	100	37
5	平均出口单价/万美元	3	0.23	2	3	1	5	1	2	1	1	0.02	0.46
	定基价格指数	75	12	67	100	33	167	100	40	250	100	10	460
	环比价格指数	150	72	50	100	14	125	100	100	100	208	100	124
6	平均出口单价/万美元	1	0.17	0.26	1	0.05	5	1	5	0.46	1	0.02	0.2
	定基价格指数	25	9	9	33	2	167	100	100	115	100	10	200
	环比价格指数	33	74	13	33	5	100	100	250	46	100	100	43
7	平均出口单价/万美元	1	0.18	0.18	2	0.1	4	1	3	4	1	0.02	0.03
	定基价格指数	25	9	6	67	3	133	100	60	1 000	100	10	30
	环比价格指数	100	106	69	200	200	80	100	60	870	100	100	15
8	平均出口单价/万美元	4	0.15	2	2	1	3	2	4	4	1	0.02	0.12
	定基价格指数	100	8	67	67	33	100	200	80	1 000	100	10	120
	环比价格指数	400	83	1 111	100	1 000	75	200	133	100	100	100	400
9	平均出口单价/万美元	2	0.24	2	3	0.13	3	1	3	7	1	0.02	0.14
	定基价格指数	50	12	67	100	4	100	100	60	1 750	100	10	140
	环比价格指数	50	160	100	150	13	100	50	75	175	100	100	117
10	平均出口单价/万美元	3	0.35	1	3	0.56	5	1	3	8	1	0.02	0.1
	定基价格指数	75	18	33	100	19	167	100	60	2 000	100	10	100
	环比价格指数	150	146	50	100	431	167	100	100	114	100	100	71
11	平均出口单价/万美元	3	0.14	1	4	2	5	1	6	3	1	0.02	0.13
	定基价格指数	75	7	33	133	67	167	100	120	750	100	10	130
	环比价格指数	100	40	100	133	357	100	100	200	38	100	100	130
12	平均出口单价/万美元	3	0.08	0.45	0.08	4	5	1	6	7	0.26	0.02	0.01
	定基价格指数	75	4	15	3	133	167	100	120	1 750	26	10	10
	环比价格指数	100	57	45	2	200	100	100	100	233	26	100	8

2020 年 1—12 月塑料机械进出口综合价格指数
（以 2014 年 1 月为基期）

月份	进口		出口		月份	进口		出口	
	Paasche 价格指数	Laspeyres 价格指数	Paasche 价格指数	Laspeyres 价格指数		Paasche 价格指数	Laspeyres 价格指数	Paasche 价格指数	Laspeyres 价格指数
1	81	91	18	66	7	85	113	14	42
2	74	96	53	1 267	8	49	65	31	91
3	76	80	58	153	9	74	80	23	78
4	64	69	30	88	10	27	58	36	103
5	56	71	28	96	11	64	93	33	91
6	70	82	15	49	12	72	82	12	77

2021 年 1—12 月单个税号塑料机械进出口价格指数

2021 年 1—12 月单个税号塑料机械进口价格指数
（以 2014 年 1 月为基期）

月份	项目	注塑机	其他注射机	塑料造粒机	其他挤出机	挤出吹塑机	注射吹塑机	其他吹塑机	塑料中空成型机	塑料压延成型机	其他真空模塑机及其他热成型机器	三维打印机（3D 打印机）	未列名模塑或成型机器
1	平均进口单价/万美元	10	27	73	39	112	18	67	31	0.36	90	0.37	8
	定基价格指数	67	82	33	53	103	39	91	124	1	600	31	32
	环比价格指数	100	113	40	170	64	55	—	238	2	129	37	53
2	平均进口单价/万美元	9	20	79	118	42	28	94	3	18	35	1	6
	定基价格指数	60	61	36	162	39	61	127	12	60	233	83	24
	环比价格指数	90	74	108	303	38	156	140	10	5 000	39	270	75

月份	项目	注塑机	其他注射机	塑料造粒机	其他挤出机	挤出吹塑机	注射吹塑机	其他吹塑机	塑料中空成型机	塑料压延成型机	其他真空模塑机及其他热成型机器	三维打印机（3D打印机）	未列名模塑或成型机器
3	平均进口单价/万美元	10	33	42	43	39	33	117	49	4	82	1	28
	定基价格指数	67	100	19	59	36	72	158	196	13	547	83	112
	环比价格指数	111	165	53	36	93	118	124	1 633	22	234	100	467
4	平均进口单价/万美元	10	23	97	43	35	31	0	96	47	70	0.41	24
	定基价格指数	67	70	44	59	32	67	0	384	157	467	34	96
	环比价格指数	100	70	231	100	90	94	0	196	1175	85	41	86
5	平均进口单价/万美元	9	44	135	37	26	29	102	72	30	39	1	24
	定基价格指数	60	133	62	51	24	63	138	288	100	260	83	96
	环比价格指数	90	191	139	86	74	94	—	75	64	56	244	100
6	平均进口单价/万美元	9	25	40	30	126	13	88	76	7	56	0.33	14
	定基价格指数	60	76	18	41	116	28	119	304	23	373	28	56
	环比价格指数	100	57	30	81	485	45	86	106	23	144	33	58
7	平均进口单价/万美元	11	14	62	52	66	27	41	52	28	9	1	10
	定基价格指数	73	42	28	71	61	59	55	208	93	60	83	40
	环比价格指数	122	56	155	173	52	208	47	68	400	16	303	71
8	平均进口单价/万美元	10	37	185	23	147	39	0	56	0.16	29	1	50
	定基价格指数	67	112	85	32	135	85	0	224	1	193	83	200
	环比价格指数	91	264	298	44	223	144	0	108	1	322	100	500
9	平均进口单价/万美元	10	28	269	34	209	52	40	26	37	34	1	5
	定基价格指数	67	85	123	47	192	113	54	104	123	227	83	20
	环比价格指数	100	76	145	148	142	133	—	46	23 125	117	100	10
10	平均进口单价/万美元	9	18	143	49	72	25	82	32	45	26	0.41	10
	定基价格指数	60	55	66	67	66	54	111	128	150	173	34	40
	环比价格指数	90	64	53	144	34	48	205	123	122	76	41	200
11	平均进口单价/万美元	9	27	99	52	104	19	113	38	0	49	0.31	6
	定基价格指数	60	82	45	71	95	41	153	152	0	327	26	24
	环比价格指数	100	150	69	106	144	76	138	119	0	188	76	60

（续）

月份	项目	注塑机	其他注射机	塑料造粒机	其他挤出机	挤出吹塑机	注射吹塑机	其他吹塑机	塑料中空成型机	塑料压延成型机	其他真空模塑机及其他热成型机器	三维打印机（3D打印机）	未列名模塑或成型机器
12	平均进口单价/万美元	10	28	71	62	68	27	76	29	29	62	1	8
	定基价格指数	67	85	33	85	62	59	103	116	97	413	83	32
	环比价格指数	111	104	72	119	65	142	67	76	—	127	323	133

2021年1—12月单个税号塑料机械出口价格指数
（以2014年1月为基期）

月份	项目	注塑机	其他注射机	塑料造粒机	其他挤出机	挤出吹塑机	注射吹塑机	其他吹塑机	塑料中空成型机	塑料压延成型机	其他真空模塑机及其他热成型机器	三维打印机（3D打印机）	未列名模塑或成型机器
1	平均出口单价/万美元	2	1	1	2	1	6	1	4	7	0.37	0.02	0.13
	定基价格指数	50	50	33	67	33	200	100	80	1 750	37	10	130
	环比价格指数	67	1 250	222	2 500	25	120	100	67	100	142	100	1 300
2	平均出口单价/万美元	4	0.47	3	2	4	4	2	4	0.26	1	0.02	0.37
	定基价格指数	100	24	100	67	133	133	200	80	65	100	10	370
	环比价格指数	200	47	300	100	400	67	200	100	4	270	100	285
3	平均出口单价/万美元	4	0.08	0.03	4	5	7	1	5	3	1	0.02	0.71
	定基价格指数	100	4	1	133	167	233	100	100	750	100	10	710
	环比价格指数	100	17	1	200	125	175	50	125	1 154	100	100	192
4	平均出口单价/万美元	2	0.19	2	3	0.15	5	1	4	2	1	0.02	0.26
	定基价格指数	50	10	67	100	5	167	100	80	500	100	10	260
	环比价格指数	50	238	6 667	75	3	71	100	80	67	100	100	37
5	平均出口单价/万美元	4	0.26	0.38	5	3	5	1	5	7	0.09	0.03	0.42
	定基价格指数	100	13	13	167	100	167	100	100	1 750	9	15	420
	环比价格指数	200	137	19	167	2 000	100	100	125	350	9	150	162

（续）

月份	项目	注塑机	其他注射机	塑料造粒机	其他挤出机	挤出吹塑机	注射吹塑机	其他吹塑机	塑料中空成型机	塑料压延成型机	其他真空模塑机及其他热成型机器	三维打印机（3D打印机）	未列名模塑或成型机器
6	平均出口单价/万美元	4	0.17	0.46	0.26	1	5	1	4	4	0.26	0.02	0.29
	定基价格指数	100	9	15	9	33	167	100	80	1 000	26	10	290
	环比价格指数	100	65	121	5	33	100	100	80	57	289	67	69
7	平均出口单价/万美元	4	1	1	0.42	3	3	1	3	2	0.42	0.02	0.34
	定基价格指数	100	50	33	14	100	100	100	60	500	42	10	340
	环比价格指数	100	588	217	162	300	60	100	75	50	162	100	117
8	平均出口单价 /万美元	4	1	0.23	3	4	4	1	5	0.38	1	0.02	0.84
	定基价格指数	100	50	8	100	133	133	100	100	95	100	10	840
	环比价格指数	100	100	23	714	133	133	100	167	19	238	100	247
9	平均出口单价/万美元	4	0.37	0.17	4	0.49	5	2	4	3	1	0.02	0.39
	定基价格指数	100	19	6	133	16	167	200	80	750	100	10	390
	环比价格指数	100	37	74	133	12	125	200	80	789	100	100	46
10	平均出口单价/万美元	4	0.39	0.24	2	0.07	4	1	5	3	1	0.01	0.65
	定基价格指数	100	20	8	67	2	133	100	100	750	100	5	650
	环比价格指数	100	105	141	50	14	80	50	125	100	100	50	167
11	平均出口单价/万美元	3	1	0.4	4	0.07	4	1	4	2	2	0.01	0.51
	定基价格指数	75	50	13	133	2	133	100	80	500	200	5	510
	环比价格指数	75	256	167	200	100	100	100	80	67	200	100	78
12	平均出口单价/万美元	5	0.15	1	1	0.32	4	2	5	1	1	0.02	0.51
	定基价格指数	125	8	33	33	11	133	200	100	250	100	10	510
	环比价格指数	167	15	250	25	457	100	200	125	50	50	200	100

2021年1—12月塑料机械进出口综合价格指数

（以2014年1月为基期）

月份	进口		出口	
	Paasche 价格指数	Laspeyres 价格指数	Paasche 价格指数	Laspeyres 价格指数
1	67	86	35	84
2	75	94	44	115

（续）

月份	进口		出口	
	Paasche 价格指数	Laspeyres 价格指数	Paasche 价格指数	Laspeyres 价格指数
3	69	89	13	143
4	79	82	29	76
5	75	78	41	131
6	56	71	23	95
7	57	62	33	102
8	64	76	40	142
9	78	80	32	115
10	68	70	21	115
11	67	77	25	115
12	80	86	31	115

2018—2021 年中国塑料机械出口情况

2018 年中国塑料机械出口情况

注塑机（84771010）

出口目的地	出口量/台	出口额/万美元	出口目的地	出口量/台	出口额/万美元
合计	**71 929**	**114 369.91**	爱尔兰	7	26.88
阿尔巴尼亚	6	12.89	爱沙尼亚	1	4.25
阿尔及利亚	841	2 493.63	安哥拉	50	173.78
阿富汗	29 554	229.16	澳大利亚	107	605.91
阿根廷	286	1 123.91	巴布亚新几内亚	5	14.49
阿联酋	130	518.12	巴基斯坦	1 408	2 076.44
阿曼	10	95.65	巴拉圭	12	60.15
阿塞拜疆	20	116.59	巴勒斯坦	2	4.10
埃及	1 309	2 171.24	巴林	1	3.31
埃塞俄比亚	104	885.18	巴拿马	13	6.75

（续）

注塑机（84771010）

出口目的地	出口量/台	出口额/万美元	出口目的地	出口量/台	出口额/万美元
巴西	1 054	4 993.21	几内亚	1	5.45
白俄罗斯	18	65.88	加拿大	102	717.25
保加利亚	90	250.85	加纳	119	111.76
北马其顿共和国	2	2.60	加蓬	1	8.46
贝宁	3	13.42	柬埔寨	167	278.30
比利时	11	60.66	捷克	134	884.80
波黑	4	4.31	津巴布韦	12	22.50
波兰	266	1 629.53	喀麦隆	11	52.70
博茨瓦纳	4	21.21	卡塔尔	15	80.98
布隆迪	1	4.48	科特迪瓦	44	145.11
朝鲜	18	51.60	科威特	6	47.57
丹麦	16	82.93	克罗地亚	12	122.83
德国	626	2 793.20	肯尼亚	415	343.41
多哥	18	88.09	拉脱维亚	33	130.33
多米尼加共和国	51	263.98	老挝	7	8.09
多民族玻利维亚国	10	57.97	黎巴嫩	19	67.11
俄罗斯联邦	949	3 135.22	立陶宛	14	68.92
厄瓜多尔	68	267.30	利比亚	255	42.22
法国	99	620.21	卢森堡	44	1 747.29
菲律宾	502	2 533.16	卢旺达	1	3.12
斐济	2	0.40	罗马尼亚	52	457.38
芬兰	8	38.96	马达加斯加	12	50.52
佛得角	1	1.08	马拉维	9	25.89
刚果（布）	2	8.34	马来西亚	980	4 803.24
刚果（金）	21	74.04	毛里求斯	3	11.13
哥伦比亚	199	652.11	毛里塔尼亚	1	0.02
哥斯达黎加	7	39.25	美国	1 017	11 768.47
格鲁吉亚	4	16.34	蒙古	2	4.23
古巴	12	75.68	孟加拉国	530	1 694.92
哈萨克斯坦	90	228.08	秘鲁	143	546.70
韩国	603	2 492.69	缅甸	152	420.63
荷兰	123	459.47	摩尔多瓦	1	2.80
黑山	3	3.74	摩洛哥	129	512.38
洪都拉斯	5	23.38	莫桑比克	266	215.69
吉布提	53	56.58	墨西哥	1 064	6 935.25
吉尔吉斯斯坦	21	39.03	纳米比亚	2	3.21

（续）

注塑机（84771010）

出口目的地	出口量/台	出口额/万美元	出口目的地	出口量/台	出口额/万美元
南非	310	1 187.62	乌干达	59	187.07
尼加拉瓜	5	28.76	乌克兰	320	434.87
尼泊尔联邦民主共和国	12	38.92	乌拉圭	6	22.15
尼日利亚	550	1 309.84	乌兹别克斯坦	1 609	1 692.92
挪威	3	0.47	西班牙	231	1 153.75
葡萄牙	132	712.60	希腊	27	62.81
日本	720	2 424.89	新加坡	153	615.62
瑞典	27	77.06	新喀里多尼亚	5	5.15
萨尔瓦多	24	102.75	新西兰	16	197.79
塞尔维亚	72	305.83	匈牙利	52	275.46
塞拉利昂	1	2.00	叙利亚	2 627	324.62
塞内加尔	5	6.76	亚美尼亚	7	24.93
塞浦路斯	4	29.46	也门	27	125.18
沙特阿拉伯	66	288.88	伊拉克	145	393.62
斯里兰卡	311	338.93	伊朗	1 264	2 432.23
斯洛伐克	4	92.83	以色列	86	426.82
斯洛文尼亚	92	73.22	意大利	289	1 964.34
苏丹	293	368.12	印度	1 034	3 030.65
索马里	2	13.20	印度尼西亚	1 371	4 653.45
塔吉克斯坦	72	114.15	英国	155	853.29
泰国	1 437	3 939.96	约旦	145	216.41
坦桑尼亚	79	326.71	越南	5 767	8 232.89
特立尼达和多巴哥	1	4.20	赞比亚	9	61.53
突尼斯	334	320.41	乍得	3	7.87
土耳其	2 323	7 095.95	智利	77	276.98
土库曼斯坦	25	85.09	中国台湾	531	1 584.76
危地马拉	35	218.85	中国香港	4 365	1 372.49
委内瑞拉	5	20.76			

其他注射机（84771090）

出口目的地	出口量/台	出口额/万美元	出口目的地	出口量/台	出口额/万美元
合计	**2 200**	**4 142.29**	科特迪瓦	14	68.62
阿尔巴尼亚	1	7.68	肯尼亚	39	150.80
阿尔及利亚	15	44.97	立陶宛	1	8.58
阿根廷	6	18.98	卢旺达	12	59.06
阿联酋	4	11.98	罗马尼亚	1	0.06
埃及	23	76.04	马来西亚	18	80.82
埃塞俄比亚	2	4.57	美国	42	42.38
安哥拉	10	35.48	蒙古	1	0.44
澳大利亚	4	17.34	孟加拉国	23	52.98
巴基斯坦	47	121.74	秘鲁	32	95.66
巴西	7	51.36	缅甸	19	18.33
白俄罗斯	2	4.20	摩洛哥	22	58.82
保加利亚	21	3.89	莫桑比克	8	50.98
波兰	35	120.46	墨西哥	16	92.64
布基纳法索	9	36.38	南非	1	0.32
丹麦	20	0.19	尼加拉瓜	3	40.14
德国	7	51.50	尼泊尔联邦民主共和国	1	2.30
多哥	1	7.75	尼日利亚	16	47.06
多米尼加共和国	8	9.90	葡萄牙	1	6.76
俄罗斯联邦	14	69.17	日本	2	6.89
厄瓜多尔	3	6.51	沙特阿拉伯	4	32.61
菲律宾	10	41.07	苏丹	65	130.56
芬兰	1	9.80	塔吉克斯坦	2	14.00
刚果（金）	2	0.26	泰国	661	88.56
哥伦比亚	3	15.29	坦桑尼亚	16	29.86
哈萨克斯坦	3	8.61	特立尼达和多巴哥	1	3.89
海地	6	12.60	突尼斯	1	6.74
韩国	18	58.55	土耳其	62	110.97
黑山	2	10.93	危地马拉	2	7.37
吉布提	4	6.80	乌克兰	8	21.42
吉尔吉斯斯坦	3	18.50	乌拉圭	1	0.08
几内亚	1	6.94	乌兹别克斯坦	22	114.90
加拿大	33	0.38	西班牙	2	8.35
加纳	4	25.00	新加坡	98	61.07
柬埔寨	2	7.43	叙利亚	7	17.86
津巴布韦	1	8.25	伊拉克	1	3.03
喀麦隆	3	3.26	伊朗	22	76.50

（续）

其他注射机（84771090）

出口目的地	出口量/台	出口额/万美元	出口目的地	出口量/台	出口额/万美元
以色列	7	62.08	赞比亚	4	19.80
意大利	115	21.70	智利	1	2.30
印度	77	311.25	中国澳门	13	0.11
印度尼西亚	77	332.90	中国台湾	155	315.71
约旦	4	8.62	中国香港	42	74.36
越南	123	448.33			

塑料造粒机（84772010）

出口目的地	出口量/台	出口额/万美元	出口目的地	出口量/台	出口额/万美元
合计	**37 636**	**19 204.97**	赤道几内亚	1	1.64
阿尔巴尼亚	2	0.46	丹麦	1	5.80
阿尔及利亚	203	123.04	德国	72	203.37
阿富汗	8	2.72	多哥	126	10.63
阿根廷	54	95.21	多米尼加共和国	7	12.07
阿联酋	110	154.40	多民族玻利维亚国	4	2.26
阿曼	5	18.14	俄罗斯联邦	218	734.41
阿塞拜疆	3	10.54	厄瓜多尔	34	38.58
埃及	220	242.01	法国	7	48.71
埃塞俄比亚	167	132.93	菲律宾	196	292.40
爱尔兰	2	4.27	斐济	2	2.51
安哥拉	37	6.20	刚果（金）	2	0.60
奥地利	1	4.14	哥伦比亚	10	19.36
澳大利亚	12	46.16	哥斯达黎加	5	12.39
巴布亚新几内亚	1	2.76	格鲁吉亚	9	7.33
巴基斯坦	93	130.53	圭亚那	20	14.80
巴拉圭	7	16.42	哈萨克斯坦	50	61.26
巴勒斯坦	1	0.48	韩国	195	919.82
巴林	9	14.51	荷兰	6	24.27
巴西	39	154.70	黑山	4	5.17
白俄罗斯	3	0.69	洪都拉斯	2	1.74
保加利亚	5	26.70	吉布提	17	26.93
贝宁	1	0.27	吉尔吉斯斯坦	27	13.17
比利时	12	24.26	几内亚	1	1.04
波兰	54	137.17	几内亚比绍	1	0.72
布隆迪	1	0.62	加拿大	104	84.20

（续）

塑料造粒机（84772010）

出口目的地	出口量/台	出口额/万美元	出口目的地	出口量/台	出口额/万美元
加纳	46	40.59	瑞典	10	68.68
柬埔寨	16	35.76	瑞士	67	14.87
捷克	9	105.39	萨尔瓦多	2	3.31
津巴布韦	9	9.25	塞尔维亚	12	19.40
喀麦隆	3	1.01	塞内加尔	5	3.13
卡塔尔	10	19.23	沙特阿拉伯	66	336.15
科特迪瓦	16	22.77	斯里兰卡	22	36.28
科威特	6	192.17	斯洛伐克	2	13.32
克罗地亚	4	9.28	斯洛文尼亚	59	39.63
肯尼亚	35	41.20	斯威士兰	1	2.13
莱索托	22	1.10	苏丹	25	34.27
老挝	10	15.81	苏里南	3	6.61
黎巴嫩	10	37.39	塔吉克斯坦	10	9.57
立陶宛	5	42.39	泰国	825	1 874.00
利比亚	2	6.20	坦桑尼亚	420	55.10
罗马尼亚	32	78.85	特立尼达和多巴哥	1	1.28
马达加斯加	2	9.61	突尼斯	17	31.80
马拉维	3	2.26	土耳其	50	288.53
马来西亚	1 098	2 719.34	土库曼斯坦	11	21.54
马里	1	2.00	危地马拉	5	22.22
毛里塔尼亚	1	5.60	委内瑞拉	4	6.11
美国	458	442.93	文莱	2	3.29
蒙古	5	1.79	乌干达	57	16.41
孟加拉国	43	134.12	乌克兰	50	181.18
秘鲁	23	38.31	乌拉圭	13	6.87
缅甸	37	62.58	乌兹别克斯坦	275	196.26
摩洛哥	76	36.22	西班牙	8	53.30
莫桑比克	38	15.38	希腊	15	32.34
墨西哥	101	403.02	新加坡	5 247	222.47
南非	109	217.14	新西兰	5	13.93
尼加拉瓜	3	6.13	匈牙利	1	5.44
尼泊尔联邦民主共和国	2	5.16	叙利亚	9	20.13
尼日利亚	121	141.50	也门	52	21.57
挪威	1	34.60	伊拉克	58	50.38
葡萄牙	7	41.32	伊朗	79	303.80
日本	500	826.86	以色列	21	30.75

（续）

塑料造粒机（84772010）

出口目的地	出口量/台	出口额/万美元	出口目的地	出口量/台	出口额/万美元
意大利	22	60.04	越南	22 646	2 642.68
印度	922	861.52	赞比亚	2	5.11
印度尼西亚	506	925.71	智利	52	20.43
英国	45	114.95	中国台湾	196	473.18
约旦	2	9.46	中国香港	699	347.08

其他挤出机（84772090）

出口目的地	出口量/台	出口额/万美元	出口目的地	出口量/台	出口额/万美元
合计	**14 371**	**38 240.79**	波多黎各	1	9.90
阿尔巴尼亚	27	41.89	波黑	2	0.89
阿尔及利亚	111	737.82	波兰	104	718.83
阿富汗	4	9.98	博茨瓦纳	1	2.51
阿根廷	38	253.69	布隆迪	1	3.95
阿联酋	59	187.97	丹麦	4	98.32
阿曼	18	15.46	德国	182	460.04
阿塞拜疆	6	15.11	东帝汶	1	3.85
埃及	379	784.12	多哥	1	1.30
埃塞俄比亚	78	341.43	多米尼加共和国	22	81.83
爱尔兰	2	3.90	多民族玻利维亚国	13	75.91
爱沙尼亚	2	3.52	俄罗斯联邦	396	1 732.59
安哥拉	5	12.89	厄瓜多尔	85	100.39
奥地利	22	42.12	法国	12	40.04
澳大利亚	42	354.18	法属波利尼西亚	2	1.16
巴布亚新几内亚	1	2.44	菲律宾	301	533.92
巴基斯坦	353	556.13	斐济	1	15.89
巴拉圭	11	27.01	芬兰	9	210.05
巴勒斯坦	1	2.00	冈比亚	1	3.96
巴林	1	9.94	刚果（金）	3	3.63
巴拿马	5	93.33	哥伦比亚	15	136.02
巴西	91	753.32	哥斯达黎加	8	24.77
白俄罗斯	86	164.99	格鲁吉亚	59	93.08
保加利亚	19	64.80	古巴	1	3.90
北马其顿共和国	3	7.61	圭亚那	1	3.89
贝宁	26	12.10	哈萨克斯坦	43	228.45
比利时	10	67.53	韩国	560	1 480.67

（续）

其他挤出机（84772090）

出口目的地	出口量/台	出口额/万美元	出口目的地	出口量/台	出口额/万美元
荷兰	121	65.28	墨西哥	246	1 359.17
吉布提	56	78.89	南非	110	523.40
吉尔吉斯斯坦	10	35.05	南苏丹共和国	1	3.35
几内亚	2	0.24	尼泊尔联邦民主共和国	17	37.71
加拿大	35	138.64	尼日利亚	2 803	430.67
加纳	34	40.85	挪威	1	0.85
加蓬	1	3.10	葡萄牙	14	74.92
柬埔寨	49	164.02	日本	785	469.09
捷克	10	16.58	瑞典	2	0.71
津巴布韦	8	27.15	瑞士	1	0.77
喀麦隆	11	17.05	萨尔瓦多	3	10.87
卡塔尔	23	73.22	塞尔维亚	13	112.39
科特迪瓦	9	40.72	塞内加尔	2	4.98
科威特	12	66.84	塞浦路斯	1	4.73
克罗地亚	3	19.06	沙特阿拉伯	78	309.37
肯尼亚	90	215.35	斯里兰卡	26	121.85
拉脱维亚	13	24.86	斯洛伐克	3	54.45
老挝	12	63.17	斯洛文尼亚	5	19.18
黎巴嫩	13	57.60	苏丹	21	66.86
立陶宛	4	24.81	苏里南	1	1.65
利比亚	6	6.67	索马里	9	2.73
卢旺达	3	14.41	塔吉克斯坦	20	52.80
罗马尼亚	31	87.76	泰国	480	2 151.57
马达加斯加	2	12.52	坦桑尼亚	48	139.67
马来西亚	383	1 213.01	特立尼达和多巴哥	3	25.21
马里	2	3.23	突尼斯	19	94.19
毛里求斯	3	2.20	土耳其	193	1 483.77
毛里塔尼亚	4	163.97	土库曼斯坦	14	66.58
美国	383	2 511.75	危地马拉	18	53.96
蒙古	8	26.51	委内瑞拉	7	39.10
孟加拉国	153	682.46	乌干达	10	51.49
秘鲁	30	160.40	乌克兰	135	309.51
缅甸	103	107.78	乌拉圭	5	13.15
摩尔多瓦	1	0.09	乌兹别克斯坦	232	630.45
摩洛哥	30	118.88	西班牙	28	97.73
莫桑比克	6	3.06	希腊	6	19.81

（续）

其他挤出机（84772090）

出口目的地	出口量/台	出口额/万美元	出口目的地	出口量/台	出口额/万美元
新加坡	53	283.34	意大利	46	208.99
新喀里多尼亚	1	0.26	印度	1 016	3 136.04
新西兰	7	33.90	印度尼西亚	455	2 265.93
匈牙利	10	28.12	英国	56	138.17
叙利亚	68	58.41	约旦	14	91.37
亚美尼亚	1	1.35	越南	949	3 935.46
也门	46	107.79	赞比亚	13	33.38
伊拉克	41	174.64	智利	23	133.96
伊朗	473	731.81	中国台湾	165	642.88
以色列	28	135.93	中国香港	653	338.19

挤出吹塑机（84773010）

出口目的地	出口量/台	出口额/万美元	出口目的地	出口量/台	出口额/万美元
合计	**17 450**	**10 148.19**	比利时	1	0.83
阿尔巴尼亚	3	18.48	波多黎各	1	3.90
阿尔及利亚	37	123.17	波兰	6	28.34
阿富汗	4	4.06	赤道几内亚	1	1.05
阿根廷	19	103.19	德国	21	446.34
阿联酋	21	167.21	多米尼加共和国	8	23.87
阿曼	12	9.63	多民族玻利维亚国	5	16.58
埃及	120	245.90	俄罗斯联邦	90	295.82
埃塞俄比亚	72	126.31	厄瓜多尔	12	39.29
爱尔兰	1	25.20	菲律宾	64	251.66
安哥拉	12	20.31	斐济	1	1.02
澳大利亚	9	75.95	冈比亚	1	0.30
巴基斯坦	35	296.85	刚果（布）	2	1.11
巴拉圭	11	30.05	刚果（金）	2	1.80
巴勒斯坦	5	46.99	哥伦比亚	22	60.03
巴林	2	7.09	格鲁吉亚	1	1.01
巴拿马	7	18.29	古巴	1	9.34
巴西	7	20.31	哈萨克斯坦	66	69.93
白俄罗斯	10	35.42	韩国	21	288.12
保加利亚	2	9.68	荷兰	2	1.25
北马其顿共和国	1	2.50	黑山	1	0.62
贝宁	3	2.43	洪都拉斯	4	5.35

（续）

挤出吹塑机（84773010）

出口目的地	出口量/台	出口额/万美元	出口目的地	出口量/台	出口额/万美元
吉布提	13	76.32	葡萄牙	1	0.45
吉尔吉斯斯坦	9	11.48	日本	6	31.97
加拿大	5	75.36	瑞士	3	12.00
加纳	22	24.87	萨尔瓦多	5	64.69
加蓬	1	0.09	塞拉利昂	1	1.00
柬埔寨	25	9.17	塞内加尔	6	2.58
捷克	1	1.11	塞舌尔	1	3.80
津巴布韦	19	100.23	沙特阿拉伯	26	320.88
喀麦隆	11	10.58	圣卢西亚	1	1.20
卡塔尔	8	30.43	斯里兰卡	14	52.83
科特迪瓦	17	26.53	斯洛伐克	1	6.47
科威特	1	1.57	斯洛文尼亚	2	2.86
克罗地亚	4	15.85	苏丹	31	101.83
肯尼亚	161	54.34	索马里	5	9.55
老挝	1	0.68	塔吉克斯坦	21	11.21
黎巴嫩	2	2.35	泰国	135	562.04
立陶宛	5	8.40	坦桑尼亚	27	53.72
利比里亚	4	1.53	突尼斯	1	0.42
罗马尼亚	8	15.67	土耳其	23	93.69
马达加斯加	3	5.62	土库曼斯坦	8	25.44
马拉维	12	8.08	危地马拉	9	32.34
马来西亚	73	464.80	委内瑞拉	1	2.50
马绍尔群岛	3	1.93	乌干达	3	59.38
美国	23	434.48	乌克兰	32	148.14
蒙古	6	0.22	乌拉圭	3	14.20
孟加拉国	60	148.36	乌兹别克斯坦	60	146.90
秘鲁	23	52.72	西班牙	1	0.56
缅甸	32	140.14	新加坡	5	2.87
摩洛哥	12	35.46	新西兰	1	0.15
莫桑比克	11	10.60	匈牙利	5	31.22
墨西哥	117	341.47	叙利亚	1	1.22
纳米比亚	2	1.54	亚美尼亚	1	6.63
南非	35	84.51	也门	24	13.55
尼加拉瓜	6	8.37	伊拉克	12	26.11
尼泊尔联邦民主共和国	4	44.46	伊朗	32	268.50
尼日利亚	79	122.90	以色列	10	61.43

（续）

挤出吹塑机（84773010）

出口目的地	出口量/台	出口额/万美元	出口目的地	出口量/台	出口额/万美元
意大利	9	32.91	赞比亚	3	15.04
印度	50	480.70	乍得	1	2.25
印度尼西亚	82	566.46	智利	21	57.45
英国	9	1.19	中国台湾	23	88.38
约旦	5	32.50	中国香港	537	195.10
越南	14 648	1 192.99			

注射吹塑机（84773020）

出口目的地	出口量/台	出口额/万美元	出口目的地	出口量/台	出口额/万美元
合计	**387**	**1 232.24**	科特迪瓦	3	33.49
阿尔及利亚	13	22.24	肯尼亚	5	13.75
阿根廷	1	1.83	黎巴嫩	2	10.52
阿联酋	1	60.59	马来西亚	3	19.10
阿曼	12	13.64	毛里塔尼亚	1	0.04
埃及	7	21.24	美国	2	7.97
埃塞俄比亚	6	25.33	孟加拉国	2	4.77
安哥拉	1	11.82	秘鲁	1	1.51
巴基斯坦	7	25.44	缅甸	5	18.55
巴拉圭	1	1.04	摩洛哥	12	7.37
巴西	8	8.74	墨西哥	17	35.17
波兰	3	14.43	南非	8	26.04
博茨瓦纳	7	5.02	尼日利亚	3	15.57
德国	1	3.89	塞内加尔	2	20.03
多民族玻利维亚国	2	2.21	塞浦路斯	3	9.21
俄罗斯联邦	5	10.77	沙特阿拉伯	2	3.00
厄瓜多尔	2	7.80	斯里兰卡	1	3.20
菲律宾	9	17.73	苏丹	1	3.15
刚果（金）	4	20.19	塔吉克斯坦	7	0.33
哈萨克斯坦	19	4.68	泰国	7	16.42
海地	1	0.63	坦桑尼亚	5	21.72
韩国	10	47.29	特立尼达和多巴哥	1	0.61
加拿大	24	41.61	突尼斯	1	1.60
加纳	2	9.01	土耳其	4	20.13
柬埔寨	7	3.95	文莱	2	1.85
喀麦隆	4	2.44	乌兹别克斯坦	2	12.98

（续）

注射吹塑机（84773020）

出口目的地	出口量/台	出口额/万美元	出口目的地	出口量/台	出口额/万美元
希腊	3	1.35	印度尼西亚	14	75.07
匈牙利	1	4.18	英国	2	11.67
叙利亚	4	9.49	约旦	1	0.68
牙买加	1	0.12	越南	11	52.41
也门	1	0.06	智利	4	4.93
伊拉克	1	0.68	中国台湾	2	16.69
伊朗	7	24.84	中国香港	3	0.03
印度	73	338.46			

其他吹塑机（84773090）

出口目的地	出口量/台	出口额/万美元	出口目的地	出口量/台	出口额/万美元
合计	**9 150**	**10 388.98**	保加利亚	8	25.06
阿尔巴尼亚	66	19.91	北马其顿共和国	8	22.11
阿尔及利亚	66	118.08	贝宁	4	2.71
阿富汗	15	33.38	波黑	1	3.54
阿根廷	45	56.35	波兰	3	7.70
阿联酋	145	155.12	伯利兹	1	1.14
阿曼	103	165.16	博茨瓦纳	2	2.60
阿塞拜疆	2	7.22	不丹	1	4.49
埃及	283	288.07	布基纳法索	3	7.35
埃塞俄比亚	86	281.48	朝鲜	1	0.15
爱尔兰	1	0.27	赤道几内亚	4	0.49
爱沙尼亚	1	3.46	德国	7	23.80
安哥拉	50	51.41	东帝汶	4	48.45
澳大利亚	18	102.35	多哥	6	7.83
巴巴多斯	2	8.87	多米尼加共和国	29	23.57
巴布亚新几内亚	91	10.46	多民族玻利维亚国	23	30.95
巴哈马	2	3.76	俄罗斯联邦	144	187.46
巴基斯坦	282	178.06	厄瓜多尔	42	25.00
巴拉圭	14	9.37	法国	9	4.76
巴勒斯坦	3	4.27	菲律宾	131	241.11
巴林	844	24.14	斐济	14	16.03
巴拿马	4	11.55	佛得角	2	1.82
巴西	29	60.32	冈比亚	2	1.12
白俄罗斯	1	6.34	刚果（布）	1	0.31

（续）

其他吹塑机（84773090）

出口目的地	出口量/台	出口额/万美元	出口目的地	出口量/台	出口额/万美元
刚果（金）	9	10.86	罗马尼亚	4	0.38
哥伦比亚	56	76.87	马达加斯加	6	26.50
哥斯达黎加	3	8.71	马尔代夫	2	5.49
格林纳达	6	4.60	马拉维	32	16.82
格鲁吉亚	8	3.77	马来西亚	112	354.45
古巴	3	1.89	毛里求斯	4	4.61
圭亚那	4	3.13	毛里塔尼亚	6	23.81
哈萨克斯坦	47	43.25	美国	60	383.18
海地	7	11.24	蒙古	5	1.05
韩国	18	82.72	孟加拉国	203	440.96
黑山	1	0.51	秘鲁	101	104.54
洪都拉斯	2	5.39	缅甸	40	242.62
吉布提	28	62.56	摩洛哥	54	42.97
吉尔吉斯斯坦	13	14.43	莫桑比克	112	30.48
几内亚	37	28.87	墨西哥	94	180.33
几内亚比绍	1	1.06	纳米比亚	4	8.16
加拿大	15	163.03	南非	103	168.51
加纳	59	82.47	瑙鲁	2	0.04
加蓬	4	4.61	尼泊尔联邦民主共和国	23	24.33
柬埔寨	72	25.56	尼日尔	1	6.51
捷克	2	1.10	尼日利亚	371	347.14
津巴布韦	17	33.71	帕劳	1	0.95
喀麦隆	16	30.17	葡萄牙	3	7.94
卡塔尔	10	57.98	日本	10	38.75
科摩罗	2	4.89	瑞典	27	17.82
科特迪瓦	24	24.26	瑞士	11	7.00
科威特	4	11.47	萨尔瓦多	10	18.83
克罗地亚	9	11.79	萨摩亚	14	15.04
肯尼亚	781	60.40	塞尔维亚	4	72.19
莱索托	3	1.56	塞拉利昂	9	19.37
老挝	9	16.57	塞内加尔	97	66.41
黎巴嫩	21	31.31	塞浦路斯	7	13.03
立陶宛	8	16.70	塞舌尔	1	1.39
利比里亚	2	12.01	沙特阿拉伯	121	377.70
利比亚	30	50.02	圣卢西亚	1	2.07
卢旺达	2	1.80	圣其茨和尼维斯	1	4.50

（续）

其他吹塑机（84773090）

出口目的地	出口量/台	出口额/万美元	出口目的地	出口量/台	出口额/万美元
斯里兰卡	39	56.48	西班牙	6	25.74
斯洛伐克	1	4.20	希腊	4	25.57
斯洛文尼亚	4	6.47	新加坡	17	71.90
斯威士兰	1	2.88	新西兰	2	16.38
苏丹	85	66.33	匈牙利	4	5.31
苏里南	6	38.28	叙利亚	47	51.40
索马里	12	3.79	牙买加	1	0.83
塔吉克斯坦	8	8.35	亚美尼亚	6	15.90
泰国	180	557.64	也门	85	58.28
坦桑尼亚	73	123.21	伊拉克	167	43.12
汤加	7	1.18	伊朗	649	228.99
特立尼达和多巴哥	3	16.05	以色列	39	51.26
突尼斯	15	30.25	意大利	16	47.73
土耳其	34	157.99	印度	157	512.20
土库曼斯坦	38	24.93	印度尼西亚	134	317.30
危地马拉	8	62.77	英国	38	10.56
委内瑞拉	2	10.40	约旦	49	53.70
文莱	10	19.81	越南	820	759.36
乌干达	34	107.06	赞比亚	22	33.67
乌克兰	39	70.19	智利	32	80.87
乌拉圭	2	4.45	中国台湾	35	42.02
乌兹别克斯坦	626	198.09	中国香港	1	0.03

塑料中空成型机（84774010）

出口目的地	出口量/台	出口额/万美元	出口目的地	出口量/台	出口额/万美元
合计	**3 510**	**5 976.90**	阿曼	8	19.89
阿尔巴尼亚	1	2.95	埃及	25	113.16
阿尔及利亚	33	244.75	埃塞俄比亚	20	139.08
阿富汗	1	0.75	爱沙尼亚	3	23.31
阿根廷	6	32.04	安哥拉	3	5.75
阿联酋	39	82.75	奥地利	1	5.10

（续）

塑料中空成型机（84774010）

出口目的地	出口量/台	出口额/万美元	出口目的地	出口量/台	出口额/万美元
澳大利亚	9	33.85	津巴布韦	3	12.88
巴布亚新几内亚	3	8.62	喀麦隆	5	15.14
巴基斯坦	48	199.11	卡塔尔	2	22.00
巴拉圭	1	5.66	科特迪瓦	9	64.33
巴勒斯坦	1	2.50	科威特	7	12.76
巴拿马	1	0.93	克罗地亚	1	0.68
巴西	5	47.75	肯尼亚	12	59.56
保加利亚	3	9.28	黎巴嫩	7	30.83
贝宁	1	5.29	立陶宛	3	20.43
比利时	1	10.31	利比里亚	1	1.23
波黑	1	5.30	利比亚	1	6.66
波兰	3	28.24	罗马尼亚	5	28.33
博茨瓦纳	2	1.24	马达加斯加	1	0.09
布基纳法索	2	0.40	马拉维	3	3.60
丹麦	3	43.38	马来西亚	37	164.98
德国	3	21.13	马里	1	5.65
多哥	9	35.66	毛里求斯	1	0.09
多米尼加共和国	3	8.43	毛里塔尼亚	5	15.54
多民族玻利维亚国	4	11.51	美国	613	250.95
俄罗斯联邦	40	116.96	蒙古	1	0.30
厄瓜多尔	5	12.25	孟加拉国	44	162.92
菲律宾	30	181.52	秘鲁	21	52.21
哥伦比亚	7	34.29	缅甸	23	167.53
哥斯达黎加	2	16.89	摩尔多瓦	1	1.77
格鲁吉亚	6	2.43	摩洛哥	11	43.05
哈萨克斯坦	9	41.61	莫桑比克	9	0.73
海地	2	9.24	墨西哥	18	106.66
韩国	31	33.80	纳米比亚	1	1.62
荷兰	1 517	72.23	南非	10	44.25
吉尔吉斯斯坦	2	2.42	尼泊尔联邦民主共和国	2	15.25
几内亚	4	3.24	尼日利亚	44	91.09
几内亚比绍	2	2.78	葡萄牙	1	6.90
加拿大	3	8.87	日本	3	13.33
加纳	4	5.10	萨尔瓦多	1	0.98
柬埔寨	2	4.00	塞尔维亚	1	9.43
捷克	1	0.40	塞内加尔	3	3.64

（续）

塑料中空成型机（84774010）

出口目的地	出口量/台	出口额/万美元	出口目的地	出口量/台	出口额/万美元
塞浦路斯	2	0.97	匈牙利	6	47.95
沙特阿拉伯	25	95.87	叙利亚	13	104.16
斯里兰卡	5	8.90	牙买加	1	0.38
苏丹	5	22.24	亚美尼亚	2	1.31
所罗门群岛	1	1.63	也门	2	3.44
塔吉克斯坦	3	17.85	伊拉克	5	59.12
泰国	74	412.63	伊朗	9	68.28
坦桑尼亚	58	104.84	以色列	6	20.43
汤加	1	3.91	意大利	1	0.53
突尼斯	6	29.68	印度	108	469.05
土耳其	25	144.54	印度尼西亚	56	314.08
土库曼斯坦	2	6.40	英国	4	54.48
危地马拉	3	34.00	约旦	4	38.36
乌干达	16	2.52	越南	112	290.11
乌克兰	6	25.11	赞比亚	1	4.59
乌拉圭	4	13.11	乍得	2	2.45
乌兹别克斯坦	16	63.11	智利	6	51.52
西班牙	5	253.47	中国台湾	14	34.36
新加坡	42	2.69	中国香港	36	24.20
新西兰	2	11.12			

塑料压延成型机（84774020）

出口目的地	出口量/台	出口额/万美元	出口目的地	出口量/台	出口额/万美元
合计	**1 043**	**2 680.55**	比利时	6	0.17
阿尔及利亚	104	181.22	波兰	3	3.42
阿联酋	5	17.74	多米尼加共和国	10	0.13
阿曼	5	4.71	俄罗斯联邦	4	4.33
埃及	25	212.45	厄瓜多尔	1	6.00
埃塞俄比亚	5	3.04	法国	1	5.63
安哥拉	1	18.50	菲律宾	9	10.67
巴布亚新几内亚	2	14.43	哥伦比亚	13	28.44
巴基斯坦	13	391.95	哈萨克斯坦	18	4.50
巴拉圭	6	8.74	韩国	5	58.20
巴西	4	30.02	吉尔吉斯斯坦	3	0.24
保加利亚	1	65.11	几内亚	2	11.87

（续）

塑料压延成型机（84774020）

出口目的地	出口量/台	出口额/万美元	出口目的地	出口量/台	出口额/万美元
加拿大	11	0.06	葡萄牙	1	3.80
加纳	1	0.30	沙特阿拉伯	7	21.50
加蓬	1	1.95	塔吉克斯坦	1	1.79
柬埔寨	3	5.75	泰国	27	120.63
津巴布韦	1	1.60	坦桑尼亚	1	1.55
喀麦隆	1	0.25	土耳其	22	77.94
科特迪瓦	7	6.28	乌克兰	2	2.13
克罗地亚	1	0.68	乌兹别克斯坦	16	104.21
肯尼亚	1	6.00	希腊	2	1.25
罗马尼亚	1	6.26	新加坡	99	6.13
马来西亚	22	56.02	也门	2	6.09
毛里求斯	2	0.01	伊拉克	1	23.50
美国	7	2.16	伊朗	12	57.47
蒙古	1	0.05	以色列	6	1.07
孟加拉国	39	85.72	印度	41	246.58
秘鲁	4	7.92	印度尼西亚	47	179.70
缅甸	12	12.97	英国	136	10.84
摩尔多瓦	2	3.87	约旦	1	6.50
摩洛哥	14	0.21	越南	128	388.67
墨西哥	10	18.55	智利	1	13.00
南非	2	0.33	中国台湾	17	93.50
尼日利亚	16	12.34	中国香港	68	1.95

其他真空模塑机及其他热成型机器（84774090）

出口目的地	出口量/台	出口额/万美元	出口目的地	出口量/台	出口额/万美元
合计	**12 182**	**10 233.37**	爱尔兰	5	3.89
阿尔巴尼亚	13	12.87	安哥拉	8	76.49
阿尔及利亚	50	104.48	奥地利	3	1.12
阿富汗	1	2.32	澳大利亚	80	55.43
阿根廷	44	42.84	巴布亚新几内亚	5	0.54
阿联酋	20	16.28	巴基斯坦	50	165.00
阿曼	10	16.09	巴拉圭	10	18.54
阿塞拜疆	2	4.10	巴勒斯坦	1	11.00
埃及	376	206.08	巴林	2	7.77
埃塞俄比亚	16	21.94	巴拿马	1	0.58

（续）

其他真空模塑机及其他热成型机器（84774090）

出口目的地	出口量/台	出口额/万美元	出口目的地	出口量/台	出口额/万美元
巴西	156	51.18	肯尼亚	7	8.92
白俄罗斯	5	14.19	莱索托	4	0.81
保加利亚	3	3.32	老挝	12	14.96
比利时	44	26.60	黎巴嫩	432	5.87
波兰	9	14.27	立陶宛	2	10.00
朝鲜	1	2.39	利比亚	13	13.34
德国	114	162.00	卢旺达	1	0.98
多米尼加共和国	2	21.50	罗马尼亚	5	19.11
多民族玻利维亚国	2	6.15	马达加斯加	1	0.55
俄罗斯联邦	108	202.22	马耳他	4	2.76
厄瓜多尔	32	19.89	马来西亚	131	345.52
法国	11	3.52	毛里求斯	6	5.80
菲律宾	53	151.53	毛里塔尼亚	3	0.26
芬兰	1	0.45	美国	1 634	415.30
刚果（金）	14	6.39	蒙古	20	56.34
哥伦比亚	37	129.98	孟加拉国	57	243.15
哥斯达黎加	1	3.40	秘鲁	19	53.75
格鲁吉亚	2	6.91	缅甸	27	54.79
古巴	2	13.14	摩尔多瓦	1	2.80
哈萨克斯坦	120	31.30	摩洛哥	19	32.71
韩国	271	189.97	莫桑比克	5	4.69
荷兰	1 283	71.56	墨西哥	108	225.26
洪都拉斯	2	1.41	南非	20	68.55
吉布提	5	4.79	尼泊尔联邦民主共和国	2	8.18
吉尔吉斯斯坦	14	31.16	尼日利亚	24	33.29
几内亚	5	9.16	挪威	2	0.14
加拿大	522	167.77	葡萄牙	26	57.09
加纳	43	38.64	日本	707	363.89
柬埔寨	30	67.48	瑞典	3	15.02
捷克	48	0.11	瑞士	1	0.09
津巴布韦	7	23.20	萨尔瓦多	1	1.31
喀麦隆	2	23.33	塞尔维亚	2	3.48
卡塔尔	5	44.91	塞内加尔	2	0.83
科特迪瓦	1	0.40	沙特阿拉伯	28	204.59
科威特	3	14.40	圣卢西亚	1	0.93
克罗地亚	2	43.57	斯里兰卡	16	21.45

（续）

其他真空模塑机及其他热成型机器（84774090）

出口目的地	出口量/台	出口额/万美元	出口目的地	出口量/台	出口额/万美元
斯洛伐克	2	0.45	新西兰	3	9.80
斯洛文尼亚	2	0.72	匈牙利	3	5.14
苏丹	9	1.44	叙利亚	10	17.30
苏里南	1	4.60	亚美尼亚	1	42.03
塔吉克斯坦	7	8.53	也门	10	6.45
泰国	350	984.86	伊拉克	6	6.10
坦桑尼亚	14	33.20	伊朗	70	140.60
突尼斯	4	17.62	以色列	15	30.19
土耳其	194	259.58	意大利	38	12.98
土库曼斯坦	18	34.71	印度	600	973.28
危地马拉	14	19.59	印度尼西亚	202	598.98
委内瑞拉	2	37.30	英国	512	76.12
乌干达	4	6.85	约旦	12	29.17
乌克兰	32	32.61	越南	716	1 416.11
乌拉圭	3	30.76	赞比亚	1	5.22
乌兹别克斯坦	130	158.65	智利	13	92.96
西班牙	28	6.51	中国澳门	1	0.05
希腊	24	29.45	中国台湾	82	261.77
新加坡	492	142.12	中国香港	1 554	33.54

三维打印机（3D 打印机）（84775910）

出口目的地	出口量/台	出口额/万美元	出口目的地	出口量/台	出口额/万美元
合计	**1 006 797**	**18 330.02**	巴拉圭	39	1.35
阿尔及利亚	6	1.21	巴林	2	0.29
阿根廷	2 510	46.18	巴拿马	12	0.68
阿联酋	523	30.75	巴西	5 792	99.45
阿塞拜疆	4	0.72	白俄罗斯	4 883	23.34
埃及	55	3.46	保加利亚	37	0.97
埃塞俄比亚	3	0.02	比利时	20 650	314.72
爱尔兰	172	8.85	冰岛	1	0.05
爱沙尼亚	3	0.86	波多黎各	1	0.31
奥地利	108	0.58	波兰	48 801	732.32
澳大利亚	24 504	579.82	丹麦	529	13.97
巴巴多斯	1	0.03	德国	40 532	843.51
巴基斯坦	237	2.17	多米尼加共和国	1	0.27

（续）

三维打印机（**3D** 打印机）（**84775910**）

出口目的地	出口量/台	出口额/万美元	出口目的地	出口量/台	出口额/万美元
多民族玻利维亚国	5	0.16	蒙古	9	0.65
俄罗斯联邦	145 233	477.18	孟加拉国	23	1.52
厄瓜多尔	236	3.55	秘鲁	720	27.80
法国	10 182	200.57	缅甸	10	0.49
菲律宾	183	23.30	摩尔多瓦	16	0.24
芬兰	9	0.79	摩洛哥	2	1.72
哥伦比亚	544	6.63	莫桑比克	1	0.03
哥斯达黎加	3	1.32	墨西哥	4 904	53.72
格鲁吉亚	4	0.29	南非	2 683	53.13
哈萨克斯坦	119 936	277.37	尼泊尔联邦民主共和国	71	2.21
韩国	21 988	678.38	尼日利亚	11	2.09
荷兰	46 568	1 312.37	挪威	87	12.31
吉尔吉斯斯坦	343	10.29	葡萄牙	66	4.89
加拿大	13 952	245.16	日本	11 335	333.47
加纳	1	0.05	瑞典	15 087	357.41
柬埔寨	5	0.53	瑞士	167	8.43
捷克	13 051	161.18	萨尔瓦多	1	0.03
喀麦隆	1	0.50	塞尔维亚	306	5.46
卡塔尔	768	12.85	塞浦路斯	5	0.91
科威特	78	3.53	塞舌尔	2	0.07
克罗地亚	53	3.00	沙特阿拉伯	209	9.92
肯尼亚	1 000	2.20	斯里兰卡	15	3.84
拉脱维亚	12	0.25	斯洛伐克	9	0.81
老挝	2	0.90	斯洛文尼亚	161	12.07
黎巴嫩	36	0.98	泰国	1 505	93.79
立陶宛	14	1.18	突尼斯	46	4.53
列支敦士登	5	1.17	土耳其	998	35.76
卢森堡	185	13.19	瓦努阿图	1	0.01
罗马尼亚	94	5.91	危地马拉	2	0.16
马达加斯加	2	0.07	乌克兰	556	8.71
马尔代夫	1	0.05	乌拉圭	613	9.25
马耳他	11	0.36	乌兹别克斯坦	267	9.16
马来西亚	2 320	72.15	西班牙	3 136	63.83
马提尼克	1	0.07	希腊	3 480	34.79
毛里求斯	12	0.68	新加坡	18 085	136.86
美国	261 745	6 339.81	新喀里多尼亚	2	0.90

（续）

三维打印机（3D 打印机）（84775910）

出口目的地	出口量/台	出口额/万美元	出口目的地	出口量/台	出口额/万美元
新西兰	587	30.54	印度尼西亚	2 495	118.01
匈牙利	26 341	360.23	英国	75 911	1 214.40
亚美尼亚	2	0.07	约旦	12	1.35
伊拉克	2	0.57	越南	516	120.91
伊朗	22	2.99	智利	1 477	26.63
以色列	2 795	1 420.14	中国澳门	436	0.27
意大利	1 875	94.57	中国台湾	1 179	176.58
印度	3 630	177.30	中国香港	36 937	730.69

未列名模塑或成型机器（84775990）

出口目的地	出口量/台	出口额/万美元	出口目的地	出口量/台	出口额/万美元
合计	**89 989**	**9 773.00**	法国	3	0.24
阿尔及利亚	416	36.70	菲律宾	253	186.59
阿根廷	98	2.26	芬兰	76	0.17
阿联酋	259	32.04	哥伦比亚	241	8.97
阿曼	13	1.33	格林纳达	2	0.17
埃及	1 381	147.64	格鲁吉亚	4	0.01
埃塞俄比亚	2	25.25	古巴	4	18.82
安哥拉	1	5.16	哈萨克斯坦	4	26.94
奥地利	4	3.49	海地	1	0.60
澳大利亚	167	3.41	韩国	1 521	99.58
巴基斯坦	165	38.50	荷兰	13	0.06
巴拿马	1	0.06	吉布提	84	19.35
巴西	27	391.01	吉尔吉斯斯坦	2	11.55
白俄罗斯	1	0.78	几内亚	1	0.08
保加利亚	1	0.05	加拿大	69	22.56
比利时	1	2.97	加纳	103	5.54
波兰	7	5.83	加蓬	1	0.30
博茨瓦纳	34	0.33	柬埔寨	79	48.67
布隆迪	1	11.32	捷克	5	4.70
赤道几内亚	1	1.67	津巴布韦	1	0.84
德国	69	12.06	喀麦隆	1	5.00
多米尼加共和国	2	25.20	卡塔尔	7	0.03
俄罗斯联邦	34	72.67	科特迪瓦	5	0.90
厄瓜多尔	409	17.84	克罗地亚	4	9.20

（续）

未列名模塑或成型机器（84775990）

出口目的地	出口量/台	出口额/万美元	出口目的地	出口量/台	出口额/万美元
肯尼亚	74	4.57	索马里	50	0.08
拉脱维亚	2	3.02	塔吉克斯坦	1	0.18
莱索托	1	0.04	泰国	1 490	1 595.25
老挝	4	0.10	坦桑尼亚	1 277	3.06
黎巴嫩	162	2.31	特立尼达和多巴哥	2	0.02
利比亚	2	1.43	突尼斯	25	9.46
罗马尼亚	10	24.04	土耳其	50	525.77
马耳他	2	0.08	危地马拉	2	0.46
马来西亚	24 728	248.92	文莱	5	0.72
毛里求斯	37	0.11	乌干达	2	16.80
美国	3 605	317.67	乌克兰	43	12.59
蒙古	1	19.25	乌兹别克斯坦	25	71.74
孟加拉国	29	393.77	西班牙	436	222.64
秘鲁	21	10.18	希腊	150	7.96
缅甸	10	14.60	新加坡	14	3.55
摩洛哥	126	0.59	匈牙利	2	1.63
莫桑比克	3	41.72	叙利亚	39	77.87
墨西哥	47	156.13	也门	312	2.34
纳米比亚	13	0.39	伊拉克	1 097	4.18
南非	6	32.50	伊朗	113	43.59
尼加拉瓜	1	20.00	以色列	36	2.97
尼日利亚	83	15.03	意大利	146	119.90
日本	282	56.67	印度	1 601	1 364.25
瑞典	2	0.07	印度尼西亚	256	413.94
瑞士	1	0.63	英国	998	13.12
塞尔维亚	3	79.77	约旦	37	0.32
塞内加尔	5	0.14	越南	323	1 947.28
沙特阿拉伯	14	2.36	赞比亚	3	5.00
斯里兰卡	288	1.70	智利	2 494	4.13
斯洛伐克	10	240.21	中国澳门	1	0.02
斯洛文尼亚	3	0.02	中国台湾	742	192.19
苏丹	17	0.39	中国香港	43 047	113.18

2019 年中国塑料机械出口情况

注塑机（84771010）

出口目的地	出口量/台	出口额/万美元	出口目的地	出口量/台	出口额/万美元
合计	**42 497**	**116 514.18**	多哥	21	78.79
阿尔巴尼亚	6	22.12	多米尼加共和国	24	158.48
阿尔及利亚	1 139	2 316.14	多民族玻利维亚国	5	37.26
阿富汗	27	123.13	俄罗斯联邦	982	3 570.40
阿根廷	87	389.47	厄瓜多尔	48	262.43
阿联酋	163	558.14	法国	101	800.98
阿曼	21	18.57	菲律宾	688	2 727.06
阿塞拜疆	34	178.50	斐济	1	2.38
埃及	2 288	2 478.95	芬兰	5	37.52
埃塞俄比亚	119	720.66	刚果（布）	1	3.05
爱尔兰	11	42.21	刚果（金）	19	61.02
爱沙尼亚	11	112.68	哥伦比亚	226	888.91
安哥拉	178	173.95	哥斯达黎加	8	57.36
奥地利	2	1.03	格鲁吉亚	483	63.98
澳大利亚	80	673.35	古巴	8	39.74
巴布亚新几内亚	1	1.30	圭亚那	2	27.56
巴基斯坦	2 329	1 487.14	哈萨克斯坦	59	297.43
巴拉圭	15	53.63	韩国	541	3 214.92
巴勒斯坦	1	1.60	荷兰	100	403.02
巴拿马	1	8.10	洪都拉斯	11	61.71
巴西	1 195	5 492.78	吉布提	92	79.64
白俄罗斯	164	172.24	吉尔吉斯斯坦	9	48.25
保加利亚	49	182.55	几内亚	2	9.17
北马其顿共和国	2	2.67	加拿大	95	610.82
贝宁	1	7.31	加纳	151	269.31
比利时	19	101.61	加蓬	1	2.42
波多黎各	1	2.50	柬埔寨	462	741.33
波黑	3	5.40	捷克	94	695.43
波兰	264	1 758.05	津巴布韦	12	25.25
伯利兹	1	7.98	喀麦隆	15	94.51
布隆迪	4	41.26	卡塔尔	18	106.11
丹麦	17	130.90	科特迪瓦	29	98.76
德国	481	2 872.32	科威特	12	51.64

（续）

注塑机（**84771010**）

出口目的地	出口量/台	出口额/万美元	出口目的地	出口量/台	出口额/万美元
克罗地亚	10	33.91	塞尔维亚	69	449.72
肯尼亚	531	451.35	塞拉利昂	5	3.57
拉脱维亚	15	78.86	塞内加尔	10	28.41
老挝	4	6.36	塞浦路斯	2	14.32
黎巴嫩	33	87.90	沙特阿拉伯	141	566.31
立陶宛	12	14.35	斯里兰卡	59	248.85
利比里亚	1	1.20	斯洛伐克	3	60.66
利比亚	56	156.04	斯洛文尼亚	26	82.29
卢森堡	57	2 030.91	苏丹	147	398.17
卢旺达	9	29.76	塔吉克斯坦	53	118.31
罗马尼亚	22	179.33	泰国	999	4 298.72
马达加斯加	406	7.44	坦桑尼亚	67	248.04
马耳他	6	39.93	突尼斯	69	236.65
马拉维	5	9.69	土耳其	991	4 989.09
马来西亚	6 723	4 830.24	土库曼斯坦	68	235.98
马里	3	21.86	危地马拉	42	126.35
美国	715	4 159.04	委内瑞拉	4	13.45
蒙古	5	31.19	乌干达	68	283.12
孟加拉国	632	2 084.13	乌克兰	115	420.05
秘鲁	100	378.02	乌拉圭	3	9.89
缅甸	281	612.77	乌兹别克斯坦	1 044	1 758.16
摩尔多瓦	2	8.39	西班牙	149	935.23
摩洛哥	107	756.52	希腊	50	144.07
莫桑比克	23	86.34	新加坡	337	1 457.53
墨西哥	975	6 508.82	新西兰	18	227.03
纳米比亚	3	3.90	匈牙利	36	126.21
南非	227	1 511.84	叙利亚	115	216.32
尼加拉瓜	3	12.88	亚美尼亚	13	32.33
尼泊尔联邦民主共和国	10	25.64	也门	43	196.89
尼日尔	1	3.69	伊拉克	1 294	432.09
尼日利亚	1 055	1 771.22	伊朗	554	1 579.21
葡萄牙	81	677.30	以色列	80	372.54
日本	651	2 328.43	意大利	266	1 770.96
瑞典	30	306.24	印度	1 722	4 571.90
瑞士	23	81.97	印度尼西亚	1 833	5 809.56
萨尔瓦多	10	37.71	英国	147	779.39

（续）

注塑机（84771010）

出口目的地	出口量/台	出口额/万美元	出口目的地	出口量/台	出口额/万美元
约旦	91	170.18	智利	46	292.79
越南	5 009	14 438.48	中国澳门	2	0.02
赞比亚	19	83.48	中国台湾	394	1 558.57
乍得	3	5.42	中国香港	425	1 593.77

其他注射机（84771090）

出口目的地	出口量/台	出口额/万美元	出口目的地	出口量/台	出口额/万美元
合计	**6 990**	**6 034.55**	韩国	8	101.56
阿尔及利亚	18	56.52	吉布提	9	23.45
阿富汗	3	13.05	吉尔吉斯斯坦	3	18.00
阿根廷	1	2.40	几内亚	16	57.86
阿联酋	4	9.41	加拿大	1 156	16.13
阿塞拜疆	1	1.70	加纳	8	20.45
埃及	111	328.09	柬埔寨	2	11.34
埃塞俄比亚	5	28.26	捷克	1	13.36
安哥拉	14	42.34	津巴布韦	1	2.60
澳大利亚	434	0.17	喀麦隆	2	8.20
巴基斯坦	30	68.41	科特迪瓦	11	48.63
巴拉圭	6	22.80	科威特	1	4.07
巴西	16	84.22	肯尼亚	29	70.13
白俄罗斯	1	5.19	卢森堡	29	0.01
贝宁	6	17.66	卢旺达	2	4.08
波兰	7	21.72	马拉维	2	14.86
布基纳法索	1	2.60	马来西亚	93	108.69
德国	27	141.99	美国	1 083	156.76
多哥	5	6.00	孟加拉国	16	89.05
多米尼加共和国	7	25.93	秘鲁	14	47.22
多民族玻利维亚国	7	25.38	缅甸	8	41.16
俄罗斯联邦	18	101.60	摩洛哥	6	12.43
厄瓜多尔	3	20.64	莫桑比克	24	94.45
菲律宾	19	62.19	墨西哥	176	350.19
刚果（金）	1	0.13	纳米比亚	1	1.61
哥伦比亚	23	91.46	南非	3	9.43
格鲁吉亚	3	5.20	尼日利亚	43	142.29
哈萨克斯坦	2	71.00	日本	4	10.30

（续）

其他注射机（84771090）

出口目的地	出口量/台	出口额/万美元	出口目的地	出口量/台	出口额/万美元
萨尔瓦多	6	5.50	新加坡	38	76.49
塞尔维亚	3	44.13	叙利亚	5	15.75
沙特阿拉伯	38	9.72	伊拉克	2	8.70
斯里兰卡	1	1.49	伊朗	69	223.38
苏丹	35	124.74	意大利	1 540	67.23
泰国	60	196.70	印度	120	493.41
坦桑尼亚	8	37.18	印度尼西亚	110	332.29
突尼斯	1	1.55	英国	204	10.49
土耳其	79	172.93	约旦	1	4.53
土库曼斯坦	3	4.75	越南	266	1 146.96
危地马拉	1	5.30	赞比亚	12	54.15
乌克兰	5	29.03	智利	8	32.20
乌拉圭	1	7.60	中国澳门	51	0.50
乌兹别克斯坦	86	53.13	中国台湾	699	113.72
西班牙	2	7.46	中国香港	12	19.16

塑料造粒机（84772010）

出口目的地	出口量/台	出口额/万美元	出口目的地	出口量/台	出口额/万美元
合计	**18 858**	**16 435.71**	白俄罗斯	1 868	21.01
阿尔巴尼亚	1	0.10	保加利亚	8	38.68
阿尔及利亚	224	155.56	北马其顿共和国	1	12.80
阿根廷	38	82.25	比利时	1	20.90
阿联酋	89	143.96	波黑	1	0.62
阿曼	4	11.32	波兰	42	248.59
阿塞拜疆	4	5.47	博茨瓦纳	1	3.05
埃及	337	311.34	布隆迪	1	2.50
埃塞俄比亚	86	103.38	丹麦	1	6.50
安哥拉	53	102.87	德国	34	147.95
澳大利亚	48	44.88	东帝汶	2	0.36
巴基斯坦	77	139.11	多哥	25	14.58
巴拉圭	4	3.64	多米尼加共和国	19	28.91
巴勒斯坦	1	5.16	多民族玻利维亚国	6	7.82
巴林	3	11.25	俄罗斯联邦	251	613.71
巴拿马	2	22.56	厄瓜多尔	13	47.57
巴西	121	188.14	法国	23	74.72

（续）

塑料造粒机（84772010）

出口目的地	出口量/台	出口额/万美元	出口目的地	出口量/台	出口额/万美元
菲律宾	165	145.31	罗马尼亚	32	149.98
斐济	1	0.05	马达加斯加	2	0.02
芬兰	2	30.22	马耳他	1	9.93
刚果（金）	3	2.50	马拉维	9	2.43
哥伦比亚	18	71.14	马来西亚	1 724	1 412.88
哥斯达黎加	4	15.87	马里	3	0.68
格鲁吉亚	22	26.12	毛里求斯	1	0.88
哈萨克斯坦	75	52.70	毛里塔尼亚	4	0.46
海地	1	0.85	美国	693	269.35
韩国	289	733.63	孟加拉国	529	208.76
荷兰	5	75.88	秘鲁	18	50.57
黑山	1	1.00	缅甸	120	189.62
洪都拉斯	1	2.38	摩洛哥	88	77.93
吉布提	24	34.94	莫桑比克	341	17.40
吉尔吉斯斯坦	34	14.03	墨西哥	128	472.76
几内亚	6	0.36	南非	52	175.60
加拿大	43	119.82	尼加拉瓜	2	5.77
加纳	53	35.86	尼泊尔联邦民主共和国	2	2.45
加蓬	2	3.97	尼日利亚	147	198.21
柬埔寨	34	100.72	葡萄牙	1	0.75
捷克	1	0.33	日本	684	1 018.87
津巴布韦	24	20.35	瑞典	2	19.84
喀麦隆	2	3.54	瑞士	1	3.57
卡塔尔	8	33.96	萨尔瓦多	1	1.92
科摩罗	1	0.04	塞尔维亚	4	13.94
科特迪瓦	71	26.04	塞内加尔	26	48.57
科威特	1	156.37	沙特阿拉伯	188	186.03
克罗地亚	28	60.07	斯里兰卡	26	14.09
肯尼亚	69	73.74	斯洛伐克	1	1.94
拉脱维亚	31	25.16	斯洛文尼亚	2	7.27
莱索托	1	0.17	苏丹	73	113.07
老挝	23	41.89	苏里南	2	3.74
黎巴嫩	2	4.36	塔吉克斯坦	25	10.21
利比亚	32	23.72	泰国	928	782.22
卢森堡	2	10.50	坦桑尼亚	38	27.19
卢旺达	4	3.74	突尼斯	20	76.06

（续）

塑料造粒机（84772010）

出口目的地	出口量/台	出口额/万美元	出口目的地	出口量/台	出口额/万美元
土耳其	76	349.95	也门	149	24.58
土库曼斯坦	16	35.91	伊拉克	54	21.37
危地马拉	2	6.82	伊朗	39	229.56
委内瑞拉	9	13.44	以色列	10	23.48
乌干达	8	7.91	意大利	124	75.35
乌克兰	34	137.07	印度	387	887.11
乌拉圭	2	1.27	印度尼西亚	1 559	941.33
乌兹别克斯坦	216	293.28	英国	31	245.50
西班牙	31	105.82	越南	747	2 046.35
新加坡	75	292.11	赞比亚	15	3.69
新西兰	1	3.56	乍得	1	0.30
匈牙利	1	3.20	智利	10	16.91
叙利亚	11	16.06	中国台湾	122	356.18
亚美尼亚	2	2.67	中国香港	4 736	147.32

其他挤出机（84772090）

出口目的地	出口量/台	出口额/万美元	出口目的地	出口量/台	出口额/万美元
合计	**16 682**	**40 672.45**	巴林	1	1.69
阿尔巴尼亚	11	21.14	巴拿马	9	6.63
阿尔及利亚	336	786.17	巴西	146	950.52
阿富汗	14	4.82	白俄罗斯	23	41.15
阿根廷	48	148.56	保加利亚	6	18.09
阿联酋	69	317.11	北马其顿共和国	4	4.92
阿曼	9	26.78	贝宁	2	4.01
阿塞拜疆	7	32.00	比利时	691	27.82
埃及	413	1 384.26	波黑	1	2.95
埃塞俄比亚	46	270.50	波兰	68	884.62
爱尔兰	7	27.46	不丹	1	12.00
爱沙尼亚	5	34.92	布隆迪	2	7.77
安哥拉	7	22.29	丹麦	1	6 美元
奥地利	9	9.04	德国	285	469.02
澳大利亚	110	135.35	多哥	2	3.65
巴基斯坦	654	410.73	多米尼加共和国	38	109.78
巴拉圭	2	3.60	多民族玻利维亚国	4	21.27
巴勒斯坦	2	11.86	俄罗斯联邦	1 366	1 859.20

（续）

其他挤出机（84772090）

出口目的地	出口量/台	出口额/万美元	出口目的地	出口量/台	出口额/万美元
厄瓜多尔	27	94.41	利比里亚	1	4.20
法国	17	90.93	利比亚	102	88.19
菲律宾	233	515.79	罗马尼亚	28	91.81
斐济	1	8.75	马达加斯加	1	1.01
芬兰	17	25.42	马耳他	3	15.30
刚果（金）	7	48.17	马拉维	3	6.13
哥伦比亚	86	254.68	马来西亚	301	1 054.70
哥斯达黎加	3	13.75	毛里求斯	2	4.78
格鲁吉亚	40	84.24	美国	387	1 604.99
古巴	1	51.43	蒙古	1	16.05
哈萨克斯坦	151	139.88	孟加拉国	161	746.97
海地	2	7.52	秘鲁	32	140.80
韩国	1 170	947.74	缅甸	130	518.48
荷兰	8	31.84	摩尔多瓦	1	2.17
黑山	1	9.37	摩洛哥	45	92.40
洪都拉斯	4	38.90	莫桑比克	27	53.03
吉布提	149	112.08	墨西哥	199	703.60
吉尔吉斯斯坦	11	32.05	纳米比亚	2	8.00
几内亚	4	27.19	南非	127	351.55
加拿大	66	188.61	南苏丹共和国	1	1.92
加纳	41	60.81	尼加拉瓜	1	0.71
加蓬	31	4.97	尼泊尔联邦民主共和国	3	18.47
柬埔寨	110	404.05	尼日尔	8	2.43
捷克	6	53.47	尼日利亚	317	418.28
津巴布韦	7	41.04	挪威	1	4.36
喀麦隆	184	63.65	葡萄牙	8	83.90
卡塔尔	12	120.63	日本	274	464.81
科摩罗	1	3.67	瑞典	45	271.45
科特迪瓦	38	98.38	瑞士	11	15.94
科威特	8	34.97	萨尔瓦多	1	1.36
克罗地亚	11	20.54	塞尔维亚	10	99.66
肯尼亚	88	253.59	塞内加尔	10	59.00
拉脱维亚	12	30.54	沙特阿拉伯	81	567.94
老挝	18	116.70	斯里兰卡	42	81.73
黎巴嫩	13	25.07	斯洛伐克	2	5.60
立陶宛	10	21.51	斯洛文尼亚	5	15.15

（续）

其他挤出机（84772090）

出口目的地	出口量/台	出口额/万美元	出口目的地	出口量/台	出口额/万美元
斯威士兰	1	10.06	新西兰	4	4.46
苏丹	42	84.05	匈牙利	6	17.80
苏里南	1	10.00	叙利亚	77	194.04
索马里	2	10.55	牙买加	3	12.80
塔吉克斯坦	8	33.80	亚美尼亚	4	16.93
泰国	414	2 666.62	也门	350	103.81
坦桑尼亚	36	169.50	伊拉克	702	231.89
特立尼达和多巴哥	4	93.87	伊朗	142	634.62
突尼斯	22	33.25	以色列	20	31.10
土耳其	160	830.99	意大利	48	573.93
土库曼斯坦	59	141.71	印度	1 001	3 408.07
危地马拉	23	61.10	印度尼西亚	722	2 530.88
委内瑞拉	3	2.83	英国	268	156.55
乌干达	12	84.18	约旦	173	81.41
乌克兰	58	210.60	越南	1 271	5 240.93
乌拉圭	4	7.91	赞比亚	5	30.99
乌兹别克斯坦	492	1 221.98	乍得	1	5.69
西班牙	34	140.01	智利	21	86.86
希腊	16	57.07	中国台湾	307	866.70
新加坡	85	384.95	中国香港	721	423.08

挤出吹塑机（84773010）

出口目的地	出口量/台	出口额/万美元	出口目的地	出口量/台	出口额/万美元
合计	**3 515**	**10 836.47**	安哥拉	12	12.38
阿尔巴尼亚	53	17.15	澳大利亚	9	85.52
阿尔及利亚	28	90.85	巴巴多斯	1	1.60
阿富汗	4	77.93	巴基斯坦	35	271.62
阿根廷	10	43.85	巴拉圭	8	19.00
阿联酋	88	210.87	巴勒斯坦	1	2.08
阿鲁巴	1	1.15	巴林	2	3.40
阿曼	9	27.09	巴拿马	7	23.83
阿塞拜疆	1	2.00	巴西	8	14.16
埃及	150	245.44	白俄罗斯	4	10.58
埃塞俄比亚	104	265.97	保加利亚	1	2.70
爱沙尼亚	1	1.72	比利时	2	1.00

（续）

挤出吹塑机（84773010）

出口目的地	出口量/台	出口额/万美元	出口目的地	出口量/台	出口额/万美元
波多黎各	1	3.65	黎巴嫩	6	20.50
波兰	9	99.37	立陶宛	3	20.07
博茨瓦纳	4	9.02	利比亚	39	69.78
布隆迪	2	9.83	罗马尼亚	4	38.33
德国	13	366.80	马达加斯加	2	5.36
多哥	13	11.15	马拉维	7	6.03
多米尼加共和国	19	50.79	马来西亚	78	402.90
多民族玻利维亚国	1	1.74	马里	2	2.00
俄罗斯联邦	62	231.97	美国	20	290.83
厄瓜多尔	16	120.19	蒙古	3	0.27
菲律宾	62	379.79	孟加拉国	50	147.17
冈比亚	1	0.22	秘鲁	19	29.73
刚果（金）	5	4.84	缅甸	110	183.15
哥伦比亚	24	59.66	摩洛哥	22	70.42
古巴	1	2.72	莫桑比克	1	0.65
圭亚那	1	6.50	墨西哥	57	403.17
哈萨克斯坦	88	58.59	南非	27	72.54
海地	1	21.40	尼加拉瓜	5	5.56
韩国	41	236.83	尼泊尔联邦民主共和国	14	39.84
荷兰	1	0.08	尼日利亚	109	187.44
洪都拉斯	1	5.95	葡萄牙	6	22.13
吉布提	17	37.71	日本	22	42.35
吉尔吉斯斯坦	17	22.11	瑞士	3	6.75
几内亚	1	4.30	萨尔瓦多	1	12.30
加拿大	4	5.00	塞尔维亚	4	21.05
加纳	50	44.13	塞拉利昂	2	4.35
柬埔寨	9	11.48	塞内加尔	17	11.47
捷克	8	664.23	沙特阿拉伯	58	409.16
津巴布韦	1	1.00	斯里兰卡	15	37.68
喀麦隆	4	7.68	斯洛伐克	1	8.38
卡塔尔	2	10.55	斯洛文尼亚	1	0.87
科特迪瓦	18	5.16	苏丹	154	137.28
克罗地亚	2	3.77	苏里南	3	8.70
肯尼亚	55	71.57	所罗门群岛	1	0.02
莱索托	2	0.74	索马里	3	1.07
老挝	12	23.52	塔吉克斯坦	5	16.04

（续）

挤出吹塑机（84773010）

出口目的地	出口量/台	出口额/万美元	出口目的地	出口量/台	出口额/万美元
泰国	98	425.72	叙利亚	21	35.18
坦桑尼亚	5	14.07	牙买加	14	1.66
突尼斯	6	15.31	也门	44	23.02
土耳其	32	100.94	伊拉克	22	109.27
土库曼斯坦	6	31.13	伊朗	47	107.16
危地马拉	4	38.64	以色列	7	12.59
委内瑞拉	4	10.05	意大利	9	30.45
乌干达	1	11.69	印度	69	484.00
乌克兰	19	50.20	印度尼西亚	125	611.93
乌拉圭	2	9.48	英国	5	16.44
乌兹别克斯坦	105	211.60	约旦	6	101.06
西班牙	2	4.74	越南	800	1 219.73
希腊	1	4.24	赞比亚	2	7.23
新加坡	14	133.02	智利	11	56.93
新西兰	1	3.82	中国台湾	23	66.58
匈牙利	18	25.44	中国香港	11	101.89

注射吹塑机（84773020）

出口目的地	出口量/台	出口额/万美元	出口目的地	出口量/台	出口额/万美元
合计	**379**	**1 206.41**	多哥	5	45.94
阿尔及利亚	2	6.25	俄罗斯联邦	13	25.82
阿根廷	2	5.99	菲律宾	5	7.38
阿曼	2	1.84	刚果（金）	7	37.77
埃及	6	16.50	哥伦比亚	1	1.00
埃塞俄比亚	10	64.28	瓜德罗普	2	1.62
安哥拉	1	0.02	哈萨克斯坦	5	4.74
澳大利亚	1	0.75	海地	1	0.47
巴基斯坦	6	24.18	韩国	6	37.04
巴拉圭	2	3.39	加拿大	3	3.46
巴拿马	2	11.25	加纳	4	1.00
巴西	2	8.03	柬埔寨	7	7.49
白俄罗斯	1	3.48	捷克	1	5.68
波兰	6	1.72	喀麦隆	5	0.37
赤道几内亚	7	0.23	科特迪瓦	4	40.48
德国	1	6.01	克罗地亚	1	3.85

（续）

注射吹塑机（84773020）

出口目的地	出口量/台	出口额/万美元	出口目的地	出口量/台	出口额/万美元
肯尼亚	3	15.70	坦桑尼亚	6	6.95
利比里亚	2	1.35	特立尼达和多巴哥	4	2.64
利比亚	6	0.09	突尼斯	1	3.83
卢旺达	1	1.12	土耳其	6	31.69
罗马尼亚	1	3.84	委内瑞拉	1	1.02
马拉维	3	2.70	乌克兰	2	3.94
马来西亚	3	24.91	乌拉圭	1	5.54
美国	2	11.63	乌兹别克斯坦	7	14.68
孟加拉国	1	1.96	匈牙利	2	10.56
秘鲁	1	11.04	叙利亚	4	1.20
缅甸	3	6.98	牙买加	2	1.13
摩洛哥	10	9.71	亚美尼亚	1	3.65
墨西哥	5	15.26	也门	1	0.73
南非	3	17.37	伊朗	3	21.05
尼泊尔联邦民主共和国	32	2.28	意大利	1	1.61
尼日利亚	10	58.70	印度	60	286.65
萨尔瓦多	1	5.02	印度尼西亚	20	75.21
塞浦路斯	1	0.98	英国	1	7.30
沙特阿拉伯	1	0.63	越南	18	86.79
斯里兰卡	1	3.42	智利	8	8.85
苏丹	1	4.37	中国台湾	1	9.87
泰国	17	44.46			

其他吹塑机（84773090）

出口目的地	出口量/台	出口额/万美元	出口目的地	出口量/台	出口额/万美元
合计	**17 735**	**11 482.63**	爱沙尼亚	3	12.84
阿尔巴尼亚	5	2.16	安哥拉	38	81.47
阿尔及利亚	340	93.59	安提瓜和巴布达	1	3.20
阿根廷	25	45.81	澳大利亚	16	43.76
阿联酋	45	107.49	巴布亚新几内亚	5	9.83
阿鲁巴	1	0.59	巴基斯坦	409	238.99
阿曼	68	48.58	巴拉圭	15	20.10
阿塞拜疆	68	2.87	巴林	2	31.00
埃及	318	377.16	巴拿马	5	12.37
埃塞俄比亚	139	509.56	巴西	39	82.12

（续）

其他吹塑机（84773090）

出口目的地	出口量/台	出口额/万美元	出口目的地	出口量/台	出口额/万美元
白俄罗斯	4	8.49	吉布提	53	80.80
保加利亚	44	24.19	吉尔吉斯斯坦	5	0.34
北马其顿共和国	4	6.93	几内亚	56	98.39
贝宁	4	3.72	加拿大	10	39.84
比利时	4	6.81	加纳	91	94.28
波黑	1	7.10	加蓬	25	7.91
波兰	12	10.70	柬埔寨	3 567	103.86
伯利兹	1	9.41	捷克	21	0.05
博茨瓦纳	8	9.75	津巴布韦	24	26.08
布基纳法索	3	1.69	喀麦隆	13	57.98
布隆迪	2	2.81	卡塔尔	14	24.66
赤道几内亚	7	2.25	科摩罗	1	2.66
丹麦	8	6.92	科特迪瓦	28	69.36
德国	3	17.04	科威特	6	38.36
多哥	18	21.52	克罗地亚	2	2.55
多米尼加共和国	16	27.69	肯尼亚	323	144.89
多民族玻利维亚国	9	19.28	库克群岛	1	3.88
俄罗斯联邦	110	177.47	老挝	2	0.66
厄瓜多尔	19	13.11	黎巴嫩	2 095	56.70
法国	6	16.83	立陶宛	4	3.82
法属波利尼西亚	2	2.06	利比里亚	1	4.50
菲律宾	159	194.79	利比亚	228	194.23
斐济	1	5.83	卢旺达	2	6.00
芬兰	2	8.72	罗马尼亚	19	28.55
冈比亚	2	0.76	马达加斯加	14	22.32
刚果（金）	38	107.70	马尔代夫	1	1.42
哥伦比亚	93	97.41	马拉维	6	5.09
哥斯达黎加	3	7.34	马来西亚	135	260.57
格林纳达	2	3.28	马里	2	6.51
格鲁吉亚	3	6.42	毛里求斯	1	0.93
古巴	1	4.66	毛里塔尼亚	30	23.94
哈萨克斯坦	76	30.86	美国	50	322.85
海地	7	16.38	蒙古	11	10.71
韩国	27	109.50	孟加拉国	126	326.61
荷兰	9	0.63	秘鲁	82	115.69
洪都拉斯	5	7.36	密克罗尼西亚联邦	1	0.38

（续）

其他吹塑机（84773090）

出口目的地	出口量/台	出口额/万美元	出口目的地	出口量/台	出口额/万美元
缅甸	80	105.86	突尼斯	8	49.64
摩洛哥	123	114.91	土耳其	68	136.29
莫桑比克	37	42.03	土库曼斯坦	15	9.65
墨西哥	130	143.46	危地马拉	23	52.64
纳米比亚	1	5.28	委内瑞拉	11	19.18
南非	90	166.18	文莱	5	17.45
南苏丹共和国	2	22.13	乌干达	34	98.65
尼加拉瓜	6	8.09	乌克兰	26	24.08
尼泊尔联邦民主共和国	29	27.91	乌拉圭	10	8.39
尼日尔	1	3.47	乌兹别克斯坦	334	218.18
尼日利亚	476	493.56	西班牙	7	17.47
帕劳	2	1.23	希腊	14	29.13
葡萄牙	2	4.89	新加坡	19	79.84
日本	5	16.62	新西兰	2	6.19
瑞士	1	1.25	匈牙利	5	6.75
萨尔瓦多	7	6.49	叙利亚	59	67.50
萨摩亚	18	9.75	牙买加	5	13.28
塞尔维亚	8	14.21	亚美尼亚	19	20.85
塞拉利昂	2	3.86	也门	1 237	184.70
塞内加尔	40	68.47	伊拉克	353	66.67
塞浦路斯	2	7.24	伊朗	176	195.36
塞舌尔	1	7.18	以色列	14	20.41
沙特阿拉伯	135	233.16	意大利	6	8.39
斯里兰卡	320	35.55	印度	173	816.18
斯洛伐克	2	1.86	印度尼西亚	185	420.37
斯洛文尼亚	1	0.29	英国	19	65.51
苏丹	100	87.41	约旦	44	82.29
苏里南	3	2.77	越南	1 304	1 021.52
索马里	32	13.84	赞比亚	19	20.41
塔吉克斯坦	1	1.11	乍得	2	0.91
泰国	320	725.70	智利	61	77.63
坦桑尼亚	93	159.18	中国台湾	17	148.66
汤加	52	0.83	中国香港	2 031	10.20
特立尼达和多巴哥	3	24.21			

塑料中空成型机（84774010）

出口目的地	出口量/台	出口额/万美元	出口目的地	出口量/台	出口额/万美元
合计	**2 010**	**5 900.26**	韩国	10	57.02
阿尔及利亚	37	181.15	荷兰	99	2.99
阿富汗	1	10.31	黑山	1	3.40
阿根廷	6	32.24	洪都拉斯	3	6.25
阿联酋	13	96.32	吉布提	86	39.07
阿曼	4	18.40	吉尔吉斯斯坦	3	34.23
阿塞拜疆	1	3.49	几内亚	3	12.58
埃及	33	194.16	加拿大	2	22.56
埃塞俄比亚	18	150.91	加纳	11	37.01
安哥拉	4	4.80	加蓬	3	2.11
澳大利亚	109	59.88	柬埔寨	9	13.65
巴布亚新几内亚	1	5.04	津巴布韦	5	4.82
巴基斯坦	29	129.73	喀麦隆	2	3.50
巴拉圭	2	7.87	卡塔尔	6	34.97
巴林	1	0.35	科特迪瓦	8	22.90
巴西	16	77.48	科威特	4	21.25
白俄罗斯	1	3.54	克罗地亚	1	5.86
保加利亚	2	9.90	肯尼亚	10	67.20
波黑	2	0.94	老挝	2	1.30
波兰	7	36.09	黎巴嫩	3	8.37
博茨瓦纳	1	7.00	利比亚	5	4.38
赤道几内亚	1	1.14	留尼汪	1	3.19
德国	6	35.32	罗马尼亚	16	12.29
多哥	4	16.85	马来西亚	53	124.81
多米尼加共和国	4	25.07	马里	3	12.11
多民族玻利维亚国	8	66.99	美国	65	102.30
俄罗斯联邦	28	188.22	蒙古	2	0.09
厄瓜多尔	2	12.53	孟加拉国	35	121.13
法国	98	6.04	秘鲁	15	28.20
菲律宾	35	92.80	缅甸	23	157.94
斐济	1	0.54	摩洛哥	12	56.56
刚果（金）	2	1.92	莫桑比克	10	9.64
哥伦比亚	13	94.21	墨西哥	23	134.66
哥斯达黎加	1	2.53	纳米比亚	1	0.70
格鲁吉亚	8	8.04	南非	22	102.99
圭亚那	1	0.45	尼日利亚	32	144.93
哈萨克斯坦	5	49.52	葡萄牙	1	0.42

（续）

塑料中空成型机（84774010）

出口目的地	出口量/台	出口额/万美元	出口目的地	出口量/台	出口额/万美元
日本	10	12.87	乌干达	3	14.63
瑞典	1	0.28	乌克兰	5	14.27
萨尔瓦多	3	20.21	乌兹别克斯坦	214	71.08
塞尔维亚	7	14.38	西班牙	7	24.81
塞内加尔	2	10.12	希腊	1	4.90
塞浦路斯	1	1.39	新加坡	8	8.38
塞舌尔	1	1.76	新西兰	1	0.36
沙特阿拉伯	29	155.85	匈牙利	4	29.32
斯里兰卡	6	21.76	叙利亚	16	105.77
斯洛文尼亚	1	0.70	也门	39	32.22
苏丹	6	51.36	伊拉克	7	30.51
苏里南	3	6.97	伊朗	12	74.58
索马里	5	7.43	以色列	8	47.45
塔吉克斯坦	10	2.29	意大利	3	1.65
泰国	87	587.28	印度	117	527.11
坦桑尼亚	36	59.86	印度尼西亚	46	185.53
汤加	2	1.97	英国	15	80.04
特立尼达和多巴哥	2	6.88	约旦	6	37.54
突尼斯	14	49.85	越南	105	440.62
土耳其	15	33.85	赞比亚	3	14.12
土库曼斯坦	5	6.30	智利	29	39.20
危地马拉	1	4.38	中国台湾	3	4.53
委内瑞拉	1	1.25	中国香港	14	0.83
文莱	1	2.70			

塑料压延成型机（84774020）

出口目的地	出口量/台	出口额/万美元	出口目的地	出口量/台	出口额/万美元
合计	**1 892**	**3 156.62**	安哥拉	6	3.36
阿尔巴尼亚	1	19.31	澳大利亚	3	0.06
阿尔及利亚	27	36.75	巴基斯坦	494	93.88
阿根廷	1	3.12	巴拿马	10	1.03
阿联酋	3	3.95	巴西	2	16.20
阿曼	1	1.90	白俄罗斯	1	0.09
埃及	44	461.70	北马其顿共和国	1	20.00
埃塞俄比亚	4	174.95	波黑	2	40.80

（续）

塑料压延成型机（84774020）

出口目的地	出口量/台	出口额/万美元	出口目的地	出口量/台	出口额/万美元
波兰	2	0.08	摩洛哥	5	1.21
德国	2	0.48	莫桑比克	13	9.75
多米尼加共和国	23	0.30	墨西哥	17	6.22
俄罗斯联邦	31	8.15	南非	4	4.96
法国	1	0.53	尼泊尔联邦民主共和国	15	0.40
菲律宾	56	12.65	尼日利亚	5	17.25
刚果（金）	1	3.08	塞尔维亚	5	97.38
哥伦比亚	8	24.61	沙特阿拉伯	15	9.81
哥斯达黎加	1	2.60	斯里兰卡	8	35.50
格鲁吉亚	14	24.14	塔吉克斯坦	22	1.80
哈萨克斯坦	17	2.96	泰国	23	55.35
韩国	14	59.52	坦桑尼亚	1	0.04
吉尔吉斯斯坦	2	2.43	突尼斯	6	1.13
加纳	6	3.94	土耳其	33	48.59
柬埔寨	37	57.33	土库曼斯坦	1	4.50
津巴布韦	1	1.20	乌克兰	3	4.98
喀麦隆	2	1.72	乌兹别克斯坦	22	55.34
卡塔尔	1	4.90	西班牙	3	85.90
科威特	1	21.09	希腊	2	0.84
克罗地亚	1	63.18	新加坡	10	64.28
肯尼亚	2	8.05	也门	187	3.94
老挝	2	1.18	伊朗	12	64.66
立陶宛	1	2.10	以色列	11	6.17
罗马尼亚	1	0.57	意大利	1	0.70
马拉维	3	6.78	印度	50	436.31
马来西亚	37	49.37	印度尼西亚	71	299.93
美国	253	50.04	越南	150	422.93
蒙古	4	0.14	智利	10	12.04
孟加拉国	30	42.34	中国台湾	13	35.12
秘鲁	3	9.59	中国香港	6	1.98
缅甸	11	25.48			

其他真空模塑机及其他热成型机器（84774090）

出口目的地	出口量/台	出口额/万美元	出口目的地	出口量/台	出口额/万美元
合计	**12 340**	**13 867.81**	哥伦比亚	17	94.41
阿尔巴尼亚	2	7.96	哥斯达黎加	4	14.79
阿尔及利亚	78	120.66	格鲁吉亚	2	0.72
阿富汗	2	0.88	古巴	2	33.49
阿根廷	9	35.55	圭亚那	6	1.97
阿联酋	40	56.86	哈萨克斯坦	63	24.49
阿曼	13	7.79	韩国	151	271.16
埃及	196	461.01	荷兰	117	4.86
埃塞俄比亚	18	23.03	荷属安地列斯	1	0.39
爱沙尼亚	3	2.08	洪都拉斯	1	8.73
安哥拉	5	8.57	吉布提	22	9.40
奥地利	201	13 美元	吉尔吉斯斯坦	1	4.65
澳大利亚	100	55.05	几内亚	1	0.59
巴基斯坦	133	177.76	加拿大	50	67.18
巴拉圭	5	19.14	加纳	22	3.27
巴林	5	3.47	柬埔寨	130	80.71
巴拿马	140	38.27	捷克	4	23.78
巴西	76	78.23	津巴布韦	6	13.77
白俄罗斯	1	0.06	喀麦隆	6	2.19
保加利亚	5	14.96	卡塔尔	61	34.89
比利时	65	4.82	科特迪瓦	11	15.08
波多黎各	1	2.05	科威特	4	9.65
波兰	41	146.72	克罗地亚	9	82.70
伯利兹	1	0.42	肯尼亚	19	40.78
博茨瓦纳	1	2.36	拉脱维亚	1	0.02
布隆迪	1	4.25	老挝	2	2.14
德国	256	42.76	黎巴嫩	2	2.15
多哥	3	13.40	利比里亚	1	3.45
多米尼加共和国	13	19.44	利比亚	17	36.38
多民族玻利维亚国	2	9.07	罗马尼亚	9	38.85
俄罗斯联邦	107	1 028.87	马达加斯加	1	1.82
厄瓜多尔	14	28.92	马尔代夫	1	0.26
法国	92	75.86	马拉维	3	11.16
菲律宾	115	282.24	马来西亚	92	230.34
斐济	1	0.48	毛里求斯	8	9.18
芬兰	1	0.69	美国	1 800	387.82
刚果（金）	8	0.04	蒙古	34	4.78

（续）

其他真空模塑机及其他热成型机器（84774090）

出口目的地	出口量/台	出口额/万美元	出口目的地	出口量/台	出口额/万美元
孟加拉国	59	90.98	土库曼斯坦	7	22.94
秘鲁	16	8.37	危地马拉	26	2.01
缅甸	62	178.84	委内瑞拉	4	7.77
摩洛哥	13	21.02	文莱	1	2.48
莫桑比克	6	13.40	乌干达	11	5.05
墨西哥	219	398.36	乌克兰	19	32.38
南非	18	25.02	乌兹别克斯坦	76	247.00
尼泊尔联邦民主共和国	18	7.09	西班牙	60	93.01
尼日尔	1	0.67	希腊	7	26.92
尼日利亚	45	100.08	新加坡	152	318.18
葡萄牙	8	45.07	新西兰	9	38.97
日本	1 080	761.14	匈牙利	9	151.96
瑞典	4	1.65	叙利亚	11	17.59
萨尔瓦多	1	0.14	亚美尼亚	7	1.21
塞尔维亚	4	8.60	也门	11	0.27
塞内加尔	1	1.44	伊拉克	39	290.52
塞浦路斯	2	1.45	伊朗	150	199.89
沙特阿拉伯	109	221.48	以色列	6	6.90
斯里兰卡	26	264.66	意大利	12	83.71
斯洛文尼亚	2	7.60	印度	500	994.40
苏丹	15	27.63	印度尼西亚	256	607.02
苏里南	6	31.56	英国	797	15.46
索马里	5	1.24	约旦	8	36.87
塔吉克斯坦	11	1.70	越南	1 022	2 370.26
泰国	292	1 271.12	赞比亚	1	10.60
坦桑尼亚	1	1.20	智利	43	15.43
特立尼达和多巴哥	1	0.20	中国澳门	9	0.03
突尼斯	10	15.50	中国台湾	92	300.51
土耳其	74	90.61	中国香港	2 451	24.94

三维打印机（3D 打印机）（84775910）

出口目的地	出口量/台	出口额/万美元	出口目的地	出口量/台	出口额/万美元
合计	**1 431 856**	**27 550.18**	韩国	60 893	1 082.20
阿尔巴尼亚	3	0.13	荷兰	48 285	1 579.18
阿尔及利亚	11	0.21	黑山	1	0.06
阿根廷	6 549	297.20	吉布提	14	0.18
阿联酋	1 201	83.34	吉尔吉斯斯坦	2 126	29.13
阿曼	7	0.30	加拿大	27 357	488.11
阿塞拜疆	152	5.43	柬埔寨	3	3.47
埃及	314	10.97	捷克	73 842	1 414.75
爱尔兰	253	0.79	津巴布韦	2	1.26
爱沙尼亚	5	0.84	卡塔尔	218	8.93
安提瓜和巴布达	3	0.17	科特迪瓦	122	0.62
奥地利	154	2.75	科威特	23	2.71
澳大利亚	21 777	600.49	克罗地亚	159	7.97
巴基斯坦	31	1.51	肯尼亚	13	0.39
巴拉圭	443	5.35	拉脱维亚	60	2.72
巴林	1	0.04	黎巴嫩	258	7.12
巴拿马	12	1.46	立陶宛	128	0.62
巴西	16 903	335.44	留尼汪	1	0.04
白俄罗斯	3 613	7.32	卢森堡	5	1.21
保加利亚	30	3.07	罗马尼亚	71	5.31
北马其顿共和国	2	0.15	马尔代夫	3	15 美元
比利时	64 571	1 313.82	马耳他	1	5.31
波兰	39 860	666.73	马来西亚	2 802	143.05
丹麦	3 290	29.56	毛里求斯	3	0.21
德国	85 349	1 832.82	美国	414 824	8 763.20
东帝汶	1	0.09	蒙古	84	0.92
多民族玻利维亚国	71	1.11	孟加拉国	4	0.36
俄罗斯联邦	85 047	582.30	秘鲁	1 194	42.92
厄瓜多尔	353	7.40	缅甸	35	0.78
法国	18 987	424.16	摩尔多瓦	3	0.34
菲律宾	755	21.14	摩洛哥	14	3.16
芬兰	12	0.49	莫桑比克	1	0.04
哥伦比亚	1 637	34.43	墨西哥	6 231	106.14
哥斯达黎加	12	0.93	南非	7 180	139.38
格鲁吉亚	4	0.62	尼泊尔联邦民主共和国	15	1.66
古巴	2	0.04	尼日利亚	27	1.78
哈萨克斯坦	209 527	340.55	挪威	293	50.38

（续）

三维打印机（3D 打印机）（84775910）

出口目的地	出口量/台	出口额/万美元	出口目的地	出口量/台	出口额/万美元
葡萄牙	77	3.39	希腊	1 316	20.43
日本	16 841	489.84	新加坡	5 959	141.95
瑞典	28 706	585.49	新喀里多尼亚	2	0.05
瑞士	985	29.24	新西兰	604	21.87
塞尔维亚	197	8.99	匈牙利	9 914	136.21
塞浦路斯	4	0.18	叙利亚	38	2.87
沙特阿拉伯	946	17.92	亚美尼亚	5	1.85
斯里兰卡	516	2.08	伊拉克	727	1.70
斯洛伐克	253	6.40	伊朗	60	17.12
斯洛文尼亚	1 969	38.99	以色列	3 032	1 547.69
塔吉克斯坦	1	0.40	意大利	13 962	138.28
泰国	3 840	130.02	印度	7 602	250.69
特立尼达和多巴哥	1	0.28	印度尼西亚	2 127	119.01
突尼斯	466	33.61	英国	78 663	1 396.73
土耳其	6 067	144.54	约旦	34	2.78
土库曼斯坦	1	0.76	越南	1 139	300.94
瓦努阿图	1	0.25	直布罗陀	7	0.87
危地马拉	28	0.98	智利	5 516	120.75
乌克兰	634	17.16	中国澳门	62	0.43
乌拉圭	735	13.67	中国台湾	1 352	240.41
乌兹别克斯坦	6	1.37	中国香港	22 709	913.30
西班牙	7 515	139.92			

未列名模塑或成型机器（84775990）

出口目的地	出口量/台	出口额/万美元	出口目的地	出口量/台	出口额/万美元
合计	**79 692**	**16 370.44**	奥地利	1	0.03
阿尔巴尼亚	69	2.35	澳大利亚	7	19.26
阿尔及利亚	301	58.49	巴基斯坦	172	28.90
阿根廷	83	1.76	巴拿马	3	0.17
阿联酋	81	25.24	巴西	54	457.99
阿曼	11	15.70	白俄罗斯	15	6.56
埃及	349	56.30	保加利亚	2	0.08
埃塞俄比亚	129	62.42	比利时	3 596	1.25
爱沙尼亚	1	2.35	波兰	51	57.79
安哥拉	2	1.02	博茨瓦纳	10	0.07

（续）

未列名模塑或成型机器（84775990）

出口目的地	出口量/台	出口额/万美元	出口目的地	出口量/台	出口额/万美元
德国	64	291.56	孟加拉国	37	78.24
多米尼加共和国	2	0.59	秘鲁	12	54.01
多民族玻利维亚国	2	6.46	缅甸	72	25.40
俄罗斯联邦	59	52.62	摩洛哥	58	0.74
厄瓜多尔	4	20.12	莫桑比克	172	2.31
法国	312	3.98	墨西哥	936	124.67
菲律宾	537	114.38	南非	248	5.71
芬兰	2	37 美元	尼加拉瓜	3	19.30
哥伦比亚	570	8.07	尼泊尔联邦民主共和国	7	1.86
哥斯达黎加	4	0.02	尼日利亚	58	72.80
格鲁吉亚	3	0.96	葡萄牙	13	0.10
哈萨克斯坦	7	1.17	日本	43	129.80
韩国	67	77.50	瑞典	1	6.07
荷兰	220	0.11	萨摩亚	1	6.49
黑山	1	8.12	塞内加尔	36	2.80
洪都拉斯	2	4.80	沙特阿拉伯	327	76.35
吉布提	286	40.37	斯里兰卡	805	7.30
加拿大	385	13.76	斯洛伐克	7	178.43
加纳	99	19.69	斯洛文尼亚	12	255.93
柬埔寨	57	75.03	苏丹	51	3.79
捷克	22	181.06	索马里	21	0.43
喀麦隆	36	4.80	塔吉克斯坦	1	0.50
卡塔尔	14	1.81	泰国	1 404	1 601.78
科摩罗	1	90 美元	坦桑尼亚	569	65.18
科特迪瓦	5	18.60	突尼斯	36	0.73
科威特	103	2.66	土耳其	341	337.90
克罗地亚	1	0.01	危地马拉	12	18.24
肯尼亚	24	13.46	文莱	1	0.17
老挝	2	3.12	乌干达	1	6.00
黎巴嫩	39	0.49	乌克兰	326	7.46
利比亚	22	1.14	乌拉圭	2	15.55
罗马尼亚	15	29.60	乌兹别克斯坦	19	108.06
马达加斯加	3	0.10	西班牙	629	3.11
马耳他	1	1.60	希腊	17	0.44
马来西亚	416	124.45	新加坡	109	162.80
美国	23 910	517.04	匈牙利	1	2.67

（续）

未列名模塑或成型机器（84775990）

出口目的地	出口量/台	出口额/万美元	出口目的地	出口量/台	出口额/万美元
叙利亚	101	4.16	英国	3 133	19.29
也门	224	2.61	约旦	17	2.14
伊拉克	467	13.04	越南	743	5 309.29
伊朗	92	28.73	赞比亚	2	29.60
以色列	5	2.56	智利	2 465	35.35
意大利	47	48.03	中国台湾	346	88.34
印度	2 025	3 790.45	中国香港	31 071	28.93
印度尼西亚	332	1 147.81			

2020 年中国塑料机械出口情况

注塑机（84771010）

出口目的地	出口量/台	出口额/万美元	出口目的地	出口量/台	出口额/万美元
合计	**72 145**	**121 517.99**	白俄罗斯	51	153.48
阿尔巴尼亚	3	4.15	保加利亚	61	182.58
阿尔及利亚	437	961.21	北马其顿共和国	2	4.91
阿富汗	29	97.60	比利时	30	114.11
阿根廷	259	893.04	波黑	4	8.33
阿联酋	697	1 145.86	波兰	882	1 342.18
阿曼	4	30.91	博茨瓦纳	1	4.90
阿塞拜疆	113	85.12	布基纳法索	2	14.24
埃及	5 552	2 881.51	丹麦	10	45.61
埃塞俄比亚	129	574.59	德国	662	2 495.29
爱尔兰	4	10.57	多哥	20	61.19
爱沙尼亚	2	21.31	多米尼加共和国	50	284.23
安哥拉	34	101.59	多米尼克	3	32.14
奥地利	7	66.30	多民族玻利维亚国	11	38.15
澳大利亚	92	585.22	俄罗斯联邦	1 096	4 123.22
巴基斯坦	2 327	1 909.74	厄瓜多尔	46	285.88
巴拉圭	21	37.69	法国	172	1 427.77
巴勒斯坦	2	11.09	非洲其他国家（地区）	8	37.66
巴林	5	20.77	菲律宾	787	2 500.43
巴拿马	4	57.40	斐济	3	18.55
巴西	1 284	5 620.06	芬兰	5	39.49

（续）

注塑机（84771010）

出口目的地	出口量/台	出口额/万美元	出口目的地	出口量/台	出口额/万美元
刚果（布）	1	4.69	马来西亚	8 255	5 371.66
刚果（金）	193	83.07	马里	5	24.58
哥伦比亚	206	703.07	毛里求斯	3	5.32
哥斯达黎加	8	69.00	毛里塔尼亚	1	2.85
格鲁吉亚	6	27.26	美国	594	4 310.00
哈萨克斯坦	102	236.39	孟加拉国	584	1 554.82
海地	8	19.52	秘鲁	463	687.87
韩国	461	2 676.20	缅甸	254	420.07
荷兰	106	556.35	摩尔多瓦	1	0.95
洪都拉斯	7	13.00	摩洛哥	144	798.87
吉布提	32	109.29	摩纳哥	1	1.20
吉尔吉斯斯坦	7	11.66	莫桑比克	19	69.70
几内亚	2	5.94	墨西哥	865	5 688.56
加拿大	76	431.29	纳米比亚	1	1.39
加纳	41	153.58	南非	543	1 640.07
加蓬	1	23.12	尼加拉瓜	1	2.70
柬埔寨	210	441.46	尼泊尔联邦民主共和国	7	24.24
捷克	84	631.60	尼日利亚	696	1 137.72
津巴布韦	13	45.04	挪威	1	0.71
喀麦隆	16	109.44	葡萄牙	123	791.36
卡塔尔	9	32.02	日本	310	1 371.61
科特迪瓦	88	165.36	瑞典	30	223.85
科威特	6	33.36	瑞士	2	3.76
克罗地亚	11	25.15	萨尔瓦多	15	105.04
肯尼亚	108	338.73	塞尔维亚	72	297.20
拉脱维亚	3	28.97	塞拉利昂	1	3.81
老挝	11	65.79	塞内加尔	7	40.54
黎巴嫩	56	43.82	塞浦路斯	6	42.31
立陶宛	11	26.67	沙特阿拉伯	218	1 312.61
利比亚	17	98.48	斯里兰卡	159	630.87
卢森堡	20	683.48	斯洛伐克	14	100.79
卢旺达	70	22.97	斯洛文尼亚	18	120.55
罗马尼亚	31	242.30	斯威士兰	5	10.73
马达加斯加	4	9.05	苏丹	113	467.45
马耳他	1	9.72	塔吉克斯坦	14	53.55
马拉维	13	44.71	泰国	1 090	4 364.32

（续）

注塑机（84771010）

出口目的地	出口量/台	出口额/万美元	出口目的地	出口量/台	出口额/万美元
坦桑尼亚	47	178.90	也门	159	158.11
突尼斯	60	211.03	伊拉克	954	664.11
土耳其	2 775	10 999.71	伊朗	1 361	3 366.79
土库曼斯坦	63	206.61	以色列	136	595.64
危地马拉	36	259.50	意大利	257	1 500.55
委内瑞拉	5	18.87	印度	1 785	3 282.31
乌干达	59	272.94	印度尼西亚	2 155	6 147.65
乌克兰	490	385.41	英国	118	906.07
乌拉圭	3	27.17	约旦	82	325.40
乌兹别克斯坦	791	1 735.78	越南	4 388	15 760.11
西班牙	103	690.22	赞比亚	21	68.52
希腊	30	216.02	乍得	5	23.23
新加坡	23 284	2 039.52	智利	43	140.07
新西兰	11	243.05	中非	1	2.60
匈牙利	30	298.37	中国台湾	604	1 528.90
叙利亚	397	126.57	中国香港	285	851.20
亚美尼亚	22	51.83			

其他注射机（84771090）

出口目的地	出口量/台	出口额/万美元	出口目的地	出口量/台	出口额/万美元
合计	**28 029**	**5 753.72**	保加利亚	3	8.16
阿尔及利亚	24	98.60	比利时	2	4 美元
阿富汗	11	43.37	波兰	22	119.71
阿根廷	5	20.18	布基纳法索	3	19.85
阿联酋	18	58.10	德国	106	118.96
阿曼	1	2.08	多米尼加共和国	8	35.68
埃及	57	132.58	多民族玻利维亚国	2	4.32
埃塞俄比亚	3	10.29	俄罗斯联邦	24	151.96
爱尔兰	1	0.68	厄瓜多尔	3	24.89
安哥拉	5	14.08	法国	290	21.23
奥地利	1	15.62	菲律宾	7 040	22.36
澳大利亚	205	6.00	哥伦比亚	9	32.98
巴基斯坦	30	65.24	格林纳达	2	0.01
巴拉圭	1	2.97	哈萨克斯坦	3	4.05
巴西	20	84.41	韩国	155	47.25

（续）

其他注射机（84771090）

出口目的地	出口量/台	出口额/万美元	出口目的地	出口量/台	出口额/万美元
吉布提	3	17.75	塞内加尔	2	1.96
吉尔吉斯斯坦	3	7.70	沙特阿拉伯	67	36.29
几内亚	4	30.14	斯里兰卡	4	22.28
加拿大	113	0.03	苏丹	14	70.84
加纳	2	5.60	塔吉克斯坦	1	2.52
柬埔寨	3	17.93	泰国	50	176.35
捷克	2	35.69	坦桑尼亚	72	128.31
津巴布韦	8	36.12	突尼斯	4	23.14
喀麦隆	5	34.00	土耳其	40	196.07
科特迪瓦	4	11.66	危地马拉	3	17.30
肯尼亚	22	85.57	乌干达	11	50.41
卢森堡	126	0.08	乌克兰	2	7.38
卢旺达	5	36.89	乌兹别克斯坦	27	70.49
马拉维	2	15.20	西班牙	1	0.50
马来西亚	13 956	141.77	希腊	1	4.41
美国	3	47.60	新加坡	2 677	225.31
蒙古	1	4.30	叙利亚	3	13.95
孟加拉国	44	62.44	伊拉克	2	15.15
秘鲁	46	169.06	伊朗	51	106.80
缅甸	7	18.58	意大利	5	53.71
摩洛哥	38	106.22	印度	286	619.71
莫桑比克	15	79.68	印度尼西亚	47	200.91
墨西哥	47	396.09	英国	1 084	13.44
南非	4	5.53	约旦	1	2.31
南苏丹共和国	1	18.00	越南	210	707.83
尼泊尔联邦民主共和国	2	7.54	赞比亚	1	2.88
尼日尔	1	2.46	智利	5	22.10
尼日利亚	20	81.21	中国澳门	1	0.01
日本	779	1.17	中国台湾	29	175.83
塞尔维亚	6	143.04	中国香港	2	0.86

塑料造粒机（84772010）

出口目的地	出口量/台	出口额/万美元	出口目的地	出口量/台	出口额/万美元
合计	**16 068**	**11 160.70**	格鲁吉亚	5	6.33
阿尔巴尼亚	2	8.34	哈萨克斯坦	28	37.11
阿尔及利亚	152	123.93	韩国	107	525.69
阿根廷	54	74.14	黑山	2	1.47
阿联酋	1 377	238.36	吉布提	176	14.92
阿曼	119	23.40	几内亚	1	8.82
埃及	74	247.03	加拿大	8	106.37
埃塞俄比亚	21	54.83	加纳	48	31.37
爱尔兰	1	3.50	柬埔寨	16	31.24
爱沙尼亚	2	0.70	捷克	4	19.54
安哥拉	1 096	31.45	津巴布韦	5	16.99
澳大利亚	16	79.93	喀麦隆	37	10.34
巴基斯坦	30	67.50	卡塔尔	3	57.45
巴拉圭	6	7.61	科特迪瓦	6	12.27
巴林	2	4.91	科威特	2	156.00
巴拿马	1	0.15	克罗地亚	45	13.90
巴西	56	228.76	肯尼亚	181	53.26
白俄罗斯	11	5.09	莱索托	1	0.19
保加利亚	3	33.15	老挝	3	8.92
北马其顿共和国	1	2.88	黎巴嫩	5	9.76
比利时	8	28.83	立陶宛	1	5.50
波兰	30	128.48	利比亚	3	10.31
布基纳法索	1	0.68	卢森堡	2	0.01
丹麦	10	14.79	卢旺达	1	8.11
德国	366	273.88	罗马尼亚	12	167.37
多哥	4	6.84	马达加斯加	3	2.31
多米尼加共和国	5	9.38	马拉维	1	0.07
多民族玻利维亚国	9	12.34	马来西亚	2 373	419.66
俄罗斯联邦	148	765.95	马里	3	4.72
厄瓜多尔	8	22.99	美国	329	262.55
法国	28	13.77	蒙古	1	1.13
法属波利尼西亚	1	0.01	孟加拉国	97	135.27
菲律宾	145	127.56	秘鲁	16	73.54
芬兰	2	8.20	缅甸	14	32.09
刚果（金）	4	15.15	摩洛哥	83	39.91
哥伦比亚	14	35.13	莫桑比克	1 122	22.98
哥斯达黎加	1	0.15	墨西哥	45	244.51

（续）

塑料造粒机（84772010）

出口目的地	出口量/台	出口额/万美元	出口目的地	出口量/台	出口额/万美元
南非	435	104.01	乌兹别克斯坦	114	182.56
尼泊尔联邦民主共和国	5	14.57	西班牙	6	35.11
尼日利亚	383	198.98	希腊	9	91.29
葡萄牙	8	59.43	新加坡	422	55.44
日本	634	621.79	新西兰	1	3.10
瑞典	2	9.37	匈牙利	4	24.56
瑞士	1	9.88	叙利亚	4	16.17
萨尔瓦多	2	2.58	牙买加	1	1.10
塞尔维亚	2	1.19	亚美尼亚	2	2.99
塞内加尔	10	2.00	也门	41	9.68
沙特阿拉伯	23	111.31	伊拉克	545	80.16
斯里兰卡	7	14.55	伊朗	112	207.88
苏丹	39	80.61	以色列	12	4.92
塔吉克斯坦	1	1.60	意大利	10	111.44
泰国	85	265.67	印度	3 257	733.63
坦桑尼亚	55	11.60	印度尼西亚	200	299.33
突尼斯	2	2.15	英国	33	146.18
土耳其	118	335.41	约旦	10	17.70
土库曼斯坦	7	33.68	越南	634	1 629.04
危地马拉	1	9.55	赞比亚	5	2.22
委内瑞拉	3	10.72	智利	12	26.26
乌干达	19	19.25	中国澳门	1	2.55
乌克兰	17	70.57	中国台湾	144	208.79
乌拉圭	2	0.97	中国香港	31	25.34

其他挤出机（84772090）

出口目的地	出口量/台	出口额/万美元	出口目的地	出口量/台	出口额/万美元
合计	**71 719**	**38 042.93**	埃及	274	764.05
阿尔巴尼亚	4	20.77	埃塞俄比亚	54	258.80
阿尔及利亚	120	495.67	爱沙尼亚	2	0.84
阿富汗	22	7.64	安哥拉	3	14.80
阿根廷	237	127.80	奥地利	10	54.21
阿联酋	110	389.34	澳大利亚	83	157.02
阿曼	35	273.05	巴基斯坦	131	350.98
阿塞拜疆	6	9.87	巴拉圭	6	18.25

（续）

其他挤出机（84772090）

出口目的地	出口量/台	出口额/万美元	出口目的地	出口量/台	出口额/万美元
巴林	6	10.31	加蓬	6	0.92
巴拿马	2	18.33	柬埔寨	223	355.39
巴西	118	601.49	捷克	25	32.67
白俄罗斯	18	76.22	津巴布韦	19	32.14
保加利亚	9	51.18	喀麦隆	11	21.48
北马其顿共和国	1	3.63	卡塔尔	16	46.92
贝宁	8	125.76	科特迪瓦	10	83.23
比利时	3 702	118.56	科威特	3	4.30
波黑	3	22.62	克罗地亚	5	13.95
波兰	2 289	568.85	肯尼亚	33	183.64
博茨瓦纳	4	16.32	老挝	6	67.76
丹麦	1	6.27	黎巴嫩	4	6.16
德国	80	371.06	立陶宛	13	51.45
多哥	5	18.37	利比里亚	1	1.00
多米尼加共和国	15	74.58	利比亚	53	83.02
多民族玻利维亚国	8	54.65	留尼汪	4	47 美元
俄罗斯联邦	2 555	2 125.41	卢森堡	1	1.61
厄瓜多尔	41	267.04	卢旺达	2	0.08
法国	12	93.65	罗马尼亚	69	400.34
菲律宾	392	417.59	马拉维	7	4.27
芬兰	12	32.47	马来西亚	248	594.87
刚果（金）	8	9.96	马里	1	2.70
哥伦比亚	51	138.88	毛里塔尼亚	4	12.53
哥斯达黎加	1	0.23	美国	575	1 690.23
格鲁吉亚	9	33.55	蒙古	10	12.13
圭亚那	4	2.56	孟加拉国	169	813.46
哈萨克斯坦	261	239.98	秘鲁	48	92.17
海地	1	4.20	缅甸	56	230.13
韩国	267	1 995.51	摩尔多瓦	1	11.95
荷兰	10	24.48	摩洛哥	22	208.29
洪都拉斯	3	52.36	莫桑比克	11	59.22
吉布提	214	17.32	墨西哥	287	896.18
吉尔吉斯斯坦	8	35.17	纳米比亚	2	1.67
几内亚	1	0.66	南非	156	317.46
加拿大	161	150.88	尼泊尔联邦民主共和国	6	50.04
加纳	30	64.01	尼日利亚	118	314.76

（续）

其他挤出机（84772090）

出口目的地	出口量/台	出口额/万美元	出口目的地	出口量/台	出口额/万美元
挪威	1	28.30	乌拉圭	2	5.47
葡萄牙	8	116.90	乌兹别克斯坦	398	1 118.96
日本	172	473.19	西班牙	84	182.30
瑞典	2	1.69	希腊	9	60.30
瑞士	6	5.55	新加坡	88	274.95
萨尔瓦多	3	8.46	新西兰	4	41.59
塞尔维亚	7	10.54	匈牙利	107	12.44
塞拉利昂	1	0.41	叙利亚	12	24.74
塞内加尔	1	9.53	牙买加	1	4.54
塞浦路斯	2	7.28	亚美尼亚	4	12.59
沙特阿拉伯	84	446.71	也门	125	32.34
斯里兰卡	30	74.14	伊拉克	85	148.39
斯洛伐克	10	0.33	伊朗	106	420.69
斯洛文尼亚	13	50.11	以色列	17	31.33
苏丹	13	70.53	意大利	207	213.45
塔吉克斯坦	32	29.62	印度	728	2 729.42
泰国	327	2 366.50	印度尼西亚	51 938	1 634.19
坦桑尼亚	124	288.02	英国	293	179.93
特立尼达和多巴哥	1	1.00	约旦	25	89.52
突尼斯	12	57.91	越南	1 320	6 257.63
土耳其	745	1 639.37	赞比亚	99	35.56
土库曼斯坦	23	79.71	智利	65	173.41
危地马拉	11	41.02	中国台湾	468	610.04
乌干达	15	55.84	中国香港	158	130.99
乌克兰	101	270.13			

挤出吹塑机（84773010）

出口目的地	出口量/台	出口额/万美元	出口目的地	出口量/台	出口额/万美元
合计	**48 550**	**11 141.80**	埃塞俄比亚	25	73.45
阿尔巴尼亚	1	2.89	爱尔兰	1	16.97
阿尔及利亚	234	243.58	安哥拉	3	2.73
阿根廷	10	21.30	澳大利亚	16	62.15
阿联酋	37	118.93	巴哈马	1	2.60
阿塞拜疆	4	16.24	巴基斯坦	25	167.62
埃及	192	216.35	巴拉圭	13	33.65

（续）

挤出吹塑机（84773010）

出口目的地	出口量/台	出口额/万美元	出口目的地	出口量/台	出口额/万美元
巴勒斯坦	4	15.28	津巴布韦	7	18.48
巴林	2	5.83	喀麦隆	209	18.18
巴拿马	3	32.08	卡塔尔	8	13.91
保加利亚	6	62.79	科特迪瓦	21	25.08
北马其顿共和国	1	3.93	科威特	10	17.42
贝宁	2	1.22	克罗地亚	5	19.89
比利时	4	5.30	肯尼亚	8	25.27
波黑	1	2.15	拉脱维亚	1	24.24
波兰	13	299.62	莱索托	1	3.97
布隆迪	1	3.14	老挝	1	6.12
赤道几内亚	3	1.15	黎巴嫩	6	10.63
德国	19	179.21	立陶宛	3	11.09
多哥	41	47.87	利比亚	46	160.87
多米尼加共和国	149	65.16	罗马尼亚	891	21.44
多民族玻利维亚国	2	4.80	马达加斯加	4	13.72
俄罗斯联邦	51	244.04	马来西亚	344	320.37
厄瓜多尔	12	65.72	马里	1	6.57
法国	4	268.40	毛里求斯	2	8.00
菲律宾	23 982	391.73	毛里塔尼亚	1	6.36
芬兰	2	3.30	美国	502	882.60
刚果（金）	342	0.08	蒙古	2	0.42
哥伦比亚	24	49.60	孟加拉国	45	110.22
哥斯达黎加	7	9.53	秘鲁	33	145.40
格鲁吉亚	1	1.33	缅甸	51	104.83
圭亚那	2	4.98	摩洛哥	16	21.73
哈萨克斯坦	23	30.65	莫桑比克	1	0.14
海地	1	46.24	墨西哥	3 539	198.53
韩国	22	237.74	南非	294	107.99
洪都拉斯	6	16.02	尼加拉瓜	1	4.89
吉布提	21	26.35	尼泊尔联邦民主共和国	2	1.64
吉尔吉斯斯坦	1	0.83	尼日利亚	331	436.82
几内亚	1	0.56	葡萄牙	1	14.03
加拿大	99	32.97	日本	2	19.84
加纳	265	203.22	瑞士	1	20.83
柬埔寨	55	119.51	萨尔瓦多	2	2.05
捷克	4	14.12	塞尔维亚	2	13.48

（续）

挤出吹塑机（84773010）

出口目的地	出口量/台	出口额/万美元	出口目的地	出口量/台	出口额/万美元
塞拉利昂	1	0.86	新加坡	14	58.99
塞内加尔	6	13.18	新西兰	1	5.74
沙特阿拉伯	37	193.75	匈牙利	4	28.76
斯里兰卡	3	7.24	叙利亚	8	54.55
斯洛文尼亚	2	3.99	牙买加	4	5.00
苏丹	38	47.24	也门	8 579	39.38
塔吉克斯坦	2	1.93	伊拉克	5	21.50
泰国	127	563.34	伊朗	927	80.60
坦桑尼亚	2 064	41.31	以色列	17	6.52
突尼斯	18	28.09	意大利	3	16.96
土耳其	29	137.56	印度	3 622	571.51
土库曼斯坦	19	32.52	印度尼西亚	110	684.78
危地马拉	8	31.90	英国	1	1.92
委内瑞拉	6	8.09	约旦	19	201.51
乌干达	13	110.67	越南	497	1 214.33
乌克兰	32	99.15	赞比亚	7	13.76
乌拉圭	4	7.94	智利	26	35.38
乌兹别克斯坦	127	197.19	中国台湾	23	66.36
西班牙	1	11.75	中国香港	10	195.86
希腊	4	8.79			

注射吹塑机（84773020）

出口目的地	出口量/台	出口额/万美元	出口目的地	出口量/台	出口额/万美元
合计	**379**	**1 658.10**	赤道几内亚	1	0.01
阿根廷	4	12.84	德国	2	14.99
阿联酋	4	18.02	多哥	2	19.12
阿曼	1	3.90	多米尼加共和国	4	51.23
埃及	2	9.95	多民族玻利维亚国	1	1.21
埃塞俄比亚	3	19.91	俄罗斯联邦	19	106.02
澳大利亚	1	6.30	厄瓜多尔	2	5.25
巴哈马	1	0.48	菲律宾	5	19.50
巴基斯坦	10	46.15	佛得角	2	1.97
巴西	12	36.56	刚果（布）	1	0.40
白俄罗斯	1	8.60	刚果（金）	1	12.78
波兰	2	14.54	哥伦比亚	2	5.45

（续）

注射吹塑机（84773020）

出口目的地	出口量/台	出口额/万美元	出口目的地	出口量/台	出口额/万美元
哈萨克斯坦	1	0.02	尼日利亚	2	3.03
海地	1	0.38	挪威	1	0.24
韩国	10	62.54	葡萄牙	1	3.30
加拿大	1	0.81	沙特阿拉伯	1	1.32
加纳	3	10.09	斯洛文尼亚	1	4.48
加蓬	1	0.38	泰国	18	41.07
津巴布韦	1	3.68	坦桑尼亚	8	2.03
喀麦隆	1	0.06	特立尼达和多巴哥	4	1.26
科特迪瓦	2	14.79	土耳其	7	47.53
科威特	1	0.45	危地马拉	1	0.41
肯尼亚	1	10.65	乌克兰	2	5.52
黎巴嫩	1	1.06	乌拉圭	1	0.54
利比里亚	2	1.42	乌兹别克斯坦	8	16.29
利比亚	3	0.15	新加坡	5	16.79
卢旺达	1	1.55	叙利亚	6	2.06
马来西亚	2	8.49	牙买加	1	0.25
美国	4	42.76	伊朗	5	29.28
孟加拉国	7	31.10	印度	74	483.66
秘鲁	2	1.62	印度尼西亚	18	113.69
缅甸	1	13.00	约旦	1	7.08
摩洛哥	16	25.28	越南	14	81.33
墨西哥	15	85.70	智利	24	24.76
南非	14	29.29	中国台湾	2	11.77

其他吹塑机（84773090）

出口目的地	出口量/台	出口额/万美元	出口目的地	出口量/台	出口额/万美元
合计	**12 748**	**13 248.09**	埃塞俄比亚	72	221.93
阿尔巴尼亚	11	10.25	爱尔兰	1	5.74
阿尔及利亚	133	134.59	安哥拉	28	70.19
阿富汗	2	14.10	安提瓜和巴布达	1	0.56
阿根廷	60	107.41	澳大利亚	14	119.38
阿联酋	143	261.16	巴巴多斯	1	7.18
阿曼	128	172.58	巴布亚新几内亚	5	7.08
阿塞拜疆	5	2.09	巴哈马	1	3.72
埃及	456	236.10	巴基斯坦	2 092	173.76

（续）

其他吹塑机（84773090）

出口目的地	出口量/台	出口额/万美元	出口目的地	出口量/台	出口额/万美元
巴拉圭	14	24.67	荷兰	4	24.02
巴勒斯坦	5	10.71	荷属安地列斯	5	1.12
巴林	5	42.35	洪都拉斯	3	5.34
巴拿马	15	25.29	吉布提	20	198.21
巴西	43	89.75	吉尔吉斯斯坦	12	5.35
白俄罗斯	20	15.01	几内亚	25	67.90
保加利亚	12	28.22	加拿大	13	24.09
北马其顿共和国	3	6.95	加纳	74	156.45
贝宁	1	1.89	加蓬	2	3.08
比利时	2	45.57	柬埔寨	212	187.38
冰岛	1	7.09	捷克	6	8.88
波多黎各	1	5.50	津巴布韦	23	88.93
波兰	5	12.66	喀麦隆	24	8.72
博茨瓦纳	6	7.20	卡塔尔	21	38.20
布基纳法索	7	17.49	科摩罗	1	3.39
布隆迪	1	2.99	科特迪瓦	48	61.20
赤道几内亚	6	1.65	科威特	4	3.86
德国	1 064	149.78	克罗地亚	5	8.93
多哥	38	16.81	肯尼亚	48	69.49
多米尼加共和国	58	49.81	老挝	8	8.18
多民族玻利维亚国	25	31.22	黎巴嫩	15	23.54
俄罗斯联邦	193	331.03	利比里亚	4	8.54
厄瓜多尔	36	76.01	利比亚	275	222.46
法国	3	9.21	留尼汪	3	0.15
法属波利尼西亚	1	4.17	罗马尼亚	64	26.70
菲律宾	124	199.89	马达加斯加	26	25.26
刚果（布）	1	9.32	马尔代夫	1	1.24
刚果（金）	15	47.92	马拉维	6	7.30
哥伦比亚	181	170.33	马来西亚	111	463.16
哥斯达黎加	5	12.65	马里	3	11.65
格鲁吉亚	7	13.07	毛里求斯	2	9.00
古巴	1	2.54	毛里塔尼亚	2	0.56
圭亚那	5	3.67	美国	429	425.43
哈萨克斯坦	24	82.94	蒙古	4	15.47
海地	6	10.49	孟加拉国	162	381.07
韩国	20	65.63	秘鲁	136	130.26

（续）

其他吹塑机（84773090）

出口目的地	出口量/台	出口额/万美元	出口目的地	出口量/台	出口额/万美元
缅甸	54	252.36	土耳其	97	320.03
摩尔多瓦	4	6.87	土库曼斯坦	14	11.69
摩洛哥	979	82.24	瓦努阿图	4	4.80
莫桑比克	53	29.91	危地马拉	31	95.21
墨西哥	124	274.31	委内瑞拉	7	6.11
纳米比亚	3	2.97	文莱	2	21.57
南非	75	103.79	乌干达	50	51.55
尼加拉瓜	6	40.93	乌克兰	65	104.19
尼泊尔联邦民主共和国	21	24.75	乌拉圭	51	12.22
尼日利亚	547	412.74	乌兹别克斯坦	402	213.29
葡萄牙	3	19.36	西班牙	25	19.14
日本	11	158.22	希腊	13	35.55
萨尔瓦多	10	26.56	新加坡	10	45.12
萨摩亚	1	0.16	新西兰	3	22.97
塞尔维亚	11	9.66	匈牙利	2	0.45
塞拉利昂	1	0.90	叙利亚	62	61.58
塞内加尔	67	41.61	牙买加	4	13.70
塞浦路斯	6	9.40	亚美尼亚	5	4.67
塞舌尔	1	3.38	也门	351	128.56
沙特阿拉伯	121	354.29	伊拉克	377	106.76
圣卢西亚	2	1.97	伊朗	331	299.53
圣其茨和尼维斯	1	11.43	以色列	20	81.42
斯里兰卡	28	109.09	意大利	6	36.51
斯洛伐克	1	1.84	印度	138	566.41
斯洛文尼亚	1	0.14	印度尼西亚	194	895.91
苏丹	205	161.61	英国	8	30.73
苏里南	4	32.93	约旦	73	58.32
所罗门群岛	1	7.56	越南	505	806.88
索马里	21	14.41	赞比亚	13	23.74
塔吉克斯坦	4	4.31	乍得	1	2.92
泰国	382	696.46	智利	120	100.02
坦桑尼亚	60	93.00	中非	2	5.70
汤加	2	0.42	中国澳门	1	0.02
特立尼达和多巴哥	5	11.95	中国台湾	15	123.87
突尼斯	18	24.33	中国香港	5	7.25

塑料中空成型机（84774010）

出口目的地	出口量/台	出口额/万美元	出口目的地	出口量/台	出口额/万美元
合计	**1 961**	**6 534.35**	格鲁吉亚	10	14.42
阿尔巴尼亚	2	0.55	哈萨克斯坦	2	1.03
阿尔及利亚	41	188.39	韩国	9	40.16
阿根廷	7	43.89	荷兰	4	13.84
阿联酋	21	89.80	洪都拉斯	2	2.15
阿曼	2	5.84	吉布提	2	13.24
埃及	22	118.26	几内亚	1	2.83
埃塞俄比亚	14	94.52	加拿大	11	34.90
爱沙尼亚	1	2.90	加纳	15	53.85
安哥拉	1	5.50	柬埔寨	2	4.67
澳大利亚	24	27.26	喀麦隆	1	10.20
巴布亚新几内亚	1	8.95	卡塔尔	1	8.90
巴哈马	1	0.80	科特迪瓦	10	27.45
巴基斯坦	23	72.01	科威特	4	21.88
巴拉圭	2	29.19	克罗地亚	1	6.90
巴拿马	18	3.09	肯尼亚	18	134.02
巴西	21	100.01	老挝	1	0.85
保加利亚	3	12.57	黎巴嫩	7	23.35
北马其顿共和国	2	5.88	立陶宛	1	1.05
贝宁	2	1.09	利比里亚	1	5.00
比利时	74	0.04	利比亚	5	12.16
波黑	2	10.68	罗马尼亚	22	26.63
波兰	15	168.80	马耳他	1	0.36
布隆迪	1	8.30	马拉维	1	11.30
德国	1	4.75	马来西亚	27	137.00
东帝汶	1	12.00	马里	2	8.64
多哥	5	20.36	毛里塔尼亚	7	15.82
多米尼加共和国	12	117.30	美国	354	199.15
多民族玻利维亚国	4	5.86	孟加拉国	32	117.31
俄罗斯联邦	37	188.42	秘鲁	34	168.77
厄瓜多尔	10	25.58	缅甸	13	62.72
法国	3	2.03	摩洛哥	8	36.69
菲律宾	214	202.85	墨西哥	18	115.76
刚果（布）	1	4.96	南非	12	49.39
刚果（金）	2	5.95	南苏丹共和国	1	7.50
哥伦比亚	19	143.90	尼加拉瓜	1	0.20
哥斯达黎加	4	22.25	尼日尔	1	9.84

（续）

塑料中空成型机（84774010）

出口目的地	出口量/台	出口额/万美元	出口目的地	出口量/台	出口额/万美元
尼日利亚	27	111.31	乌兹别克斯坦	18	110.54
挪威	1	0.33	西班牙	3	18.65
日本	44	0.04	希腊	4	52.91
萨尔瓦多	2	5.70	新加坡	10	20.63
塞尔维亚	1	21.94	新西兰	2	0.97
塞内加尔	7	42.43	匈牙利	7	46.60
塞浦路斯	3	18.49	叙利亚	3	9.20
沙特阿拉伯	17	110.28	也门	3	28.94
斯里兰卡	4	3.54	伊拉克	6	20.29
斯洛文尼亚	1	8.33	伊朗	4	24.96
苏丹	13	80.90	以色列	4	30.89
苏里南	1	4.03	意大利	24	1.22
索马里	3	3.57	印度	104	579.97
泰国	93	545.69	印度尼西亚	50	205.36
坦桑尼亚	3	20.72	英国	8	74.16
突尼斯	14	69.66	约旦	12	121.80
土耳其	22	247.25	越南	77	406.61
土库曼斯坦	2	26.27	赞比亚	8	34.45
危地马拉	7	63.58	乍得	1	5.23
乌干达	11	22.35	智利	15	48.48
乌克兰	48	109.08	中国台湾	14	6.73
乌拉圭	5	15.82			

塑料压延成型机（84774020）

出口目的地	出口量/台	出口额/万美元	出口目的地	出口量/台	出口额/万美元
合计	**895**	**2 138.86**	保加利亚	1	5.62
阿尔及利亚	20	43.96	比利时	1	70.31
阿联酋	4	34.58	波兰	1	3.35
阿曼	1	1.18	多米尼加共和国	2	17.60
埃及	3	3.05	俄罗斯联邦	21	25.61
埃塞俄比亚	5	35.85	菲律宾	5	10.52
澳大利亚	4	0.45	刚果（金）	1	0.94
巴基斯坦	26	58.94	哥伦比亚	3	10.34
巴林	5	0.12	格鲁吉亚	10	18.56
巴西	3	15.92	哈萨克斯坦	5	1.79

（续）

塑料压延成型机（84774020）

出口目的地	出口量/台	出口额/万美元	出口目的地	出口量/台	出口额/万美元
韩国	4	15.57	斯里兰卡	1	4.31
荷兰	41	0.73	苏丹	5	20.16
黑山	1	6.20	塔吉克斯坦	3	1.00
几内亚	2	20.75	泰国	30	86.48
加纳	1	0.02	坦桑尼亚	1	2.00
柬埔寨	1	14.54	突尼斯	1	1.26
卡塔尔	6	94.76	乌干达	1	0.12
肯尼亚	3	5.70	乌克兰	9	15.21
老挝	1	0.15	乌兹别克斯坦	30	66.21
罗马尼亚	20	0.52	西班牙	1	0.01
马来西亚	20	90.77	新加坡	32	4.05
美国	8	295.40	叙利亚	2	4.12
蒙古	1	0.07	伊拉克	126	6.89
孟加拉国	4	29.17	伊朗	8	27.92
秘鲁	2	4.86	意大利	2	0.93
缅甸	2	74.62	印度	35	163.65
摩洛哥	6	0.47	印度尼西亚	30	243.43
莫桑比克	1	11.00	约旦	2	3.96
墨西哥	3	28.72	越南	50	141.83
南非	3	2.79	智利	3	10.81
尼日利亚	24	19.73	中国台湾	219	250.18
日本	3	3.29	中国香港	6	0.32
沙特阿拉伯	20	5.53			

其他真空模塑机及其他热成型机器（84774090）

出口目的地	出口量/台	出口额/万美元	出口目的地	出口量/台	出口额/万美元
合计	**17 607**	**10 042.90**	澳大利亚	139	51.55
阿尔巴尼亚	10	0.04	巴基斯坦	88	101.35
阿尔及利亚	40	78.21	巴拉圭	1	11.68
阿根廷	14	39.15	巴林	1	1.34
阿联酋	324	182.29	巴拿马	2	8.66
阿曼	85	46.12	巴西	116	39.37
阿塞拜疆	2	0.36	白俄罗斯	4	6.37
埃及	162	314.36	北马其顿共和国	1	0.46
埃塞俄比亚	5	5.16	贝宁	1	1.17

（续）

其他真空模塑机及其他热成型机器（84774090）

出口目的地	出口量/台	出口额/万美元	出口目的地	出口量/台	出口额/万美元
比利时	393	121.48	利比亚	6	17.42
波兰	8	80.43	卢旺达	1	0.05
德国	616	200.36	罗马尼亚	7	27.17
多哥	1	30.31	马耳他	2	7.11
多米尼加共和国	8	50.12	马拉维	2	1.20
俄罗斯联邦	205	242.23	马来西亚	170	359.96
厄瓜多尔	68	1.35	毛里求斯	7	7.15
法国	96	87.03	美国	2 482	256.16
菲律宾	3 049	139.30	蒙古	28	7.43
芬兰	1	3.40	孟加拉国	64	107.61
刚果（金）	1	0.20	秘鲁	16	22.95
哥伦比亚	11	46.61	缅甸	15	20.20
格鲁吉亚	2	6.60	摩洛哥	15	22.41
圭亚那	1	0.12	莫桑比克	7	8.88
哈萨克斯坦	66	21.35	墨西哥	178	203.76
海地	3	3.47	南非	17	85.53
韩国	184	262.40	尼泊尔联邦民主共和国	2	5.57
荷兰	2 031	257.12	尼日尔	1	0.01
洪都拉斯	1	1.20	尼日利亚	30	34.70
吉布提	24	7.54	挪威	2	0.15
吉尔吉斯斯坦	2	1.30	葡萄牙	3	3.26
加拿大	494	56.62	日本	2 788	227.62
加纳	38	7.75	瑞典	2	0.74
柬埔寨	53	98.52	瑞士	4	0.77
捷克	4	19.51	塞尔维亚	6	80.60
津巴布韦	9	16.14	塞内加尔	2	11.62
喀麦隆	18	0.61	沙特阿拉伯	265	251.92
卡塔尔	37	22.62	圣卢西亚	1	0.92
科特迪瓦	10	9.14	斯里兰卡	10	7.51
科威特	6	10.06	斯洛文尼亚	6	5.44
克罗地亚	2	29.60	苏丹	11	13.58
肯尼亚	10	34.12	苏里南	2	6.38
拉脱维亚	1	1.54	塔吉克斯坦	1	1.17
老挝	2	0.80	泰国	223	706.34
黎巴嫩	2	37.21	坦桑尼亚	40	25.67
立陶宛	2	9.60	突尼斯	19	51.43

（续）

其他真空模塑机及其他热成型机器（84774090）

出口目的地	出口量/台	出口额/万美元	出口目的地	出口量/台	出口额/万美元
土耳其	117	183.93	也门	30	3.62
土库曼斯坦	3	3.95	伊拉克	51	53.01
危地马拉	20	5.71	伊朗	57	138.09
乌干达	1	5.46	以色列	19	10.25
乌克兰	30	60.63	意大利	13	200.22
乌拉圭	3	2.06	印度	282	723.42
乌兹别克斯坦	192	65.98	印度尼西亚	159	722.91
西班牙	344	9.28	英国	205	98.58
新加坡	50	160.82	约旦	10	18.16
新喀里多尼亚	1	17.00	越南	671	1 809.52
新西兰	33	15.09	赞比亚	4	12.88
匈牙利	5	10.78	智利	182	82.31
叙利亚	14	12.43	中国澳门	5	0.01
牙买加	1	0.49	中国台湾	164	204.26
亚美尼亚	5	0.32	中国香港	47	15.94

三维打印机（3D 打印机）（84775910）

出口目的地	出口量/台	出口额/万美元	出口目的地	出口量/台	出口额/万美元
合计	**2 538 400**	**51 145.31**	巴基斯坦	13	3.06
阿尔巴尼亚	6	0.90	巴拉圭	6	0.43
阿尔及利亚	999	6.43	巴林	31	5.52
阿根廷	21 486	330.93	巴拿马	50	3.92
阿联酋	4 051	209.30	巴西	20 855	407.83
阿曼	89	3.10	白俄罗斯	10 423	54.31
阿塞拜疆	1 531	46.15	百慕大	1	0.07
埃及	347	7.34	保加利亚	981	44.99
埃塞俄比亚	71	1.29	北马其顿共和国	6	0.52
爱尔兰	128	5.46	比利时	120 568	2 707.93
爱沙尼亚	134	3.29	冰岛	36	2.43
安道尔	4	0.32	波多黎各	40	1.92
安哥拉	6	0.33	波黑	5	0.47
奥地利	12 989	328.99	波兰	126 505	1 753.05
澳大利亚	54 810	1 395.51	博茨瓦纳	4	0.26
巴巴多斯	3	0.26	不丹	4	0.20
巴布亚新几内亚	14	2.51	布基纳法索	14	0.50

（续）

三维打印机（3D 打印机）（84775910）

出口目的地	出口量/台	出口额/万美元
大洋洲其他国家（地区）	7	0.50
丹麦	2 622	87.32
德国	180 909	3 351.66
多哥	2	0.19
多米尼加共和国	29	4.40
多民族玻利维亚国	811	14.11
俄罗斯联邦	80 278	742.84
厄瓜多尔	1 293	24.00
厄立特里亚	2	0.15
法国	21 397	633.20
法罗群岛	3	0.21
法属波利尼西亚	4	0.36
法属圭亚那	1	0.05
菲律宾	4 744	83.20
斐济	1	0.10
芬兰	61	4.77
刚果（金）	3	0.06
哥伦比亚	1 844	36.35
哥斯达黎加	51	3.42
格陵兰	1	0.09
格鲁吉亚	7	0.20
瓜德罗普	5	0.56
哈萨克斯坦	106 819	469.52
韩国	144 473	935.60
荷兰	47 422	1 771.00
黑山	1	0.09
洪都拉斯	11	0.69
吉尔吉斯斯坦	2 189	2.91
几内亚比绍	1	0.01
加拿大	80 874	2 189.97
加那利群岛	1	0.07
加纳	2	0.25
柬埔寨	4	0.39
捷克	123 443	2 215.56
喀麦隆	1	0.06
卡塔尔	138	5.22
开曼群岛	1	0.09
科威特	80	3.96
克罗地亚	231	6.69
肯尼亚	60	7.69
库腊索岛	1	0.10
拉丁美洲其他国家（地区）	2	0.17
拉脱维亚	60	7.57
老挝	101	0.49
黎巴嫩	6	0.50
立陶宛	6 315	20.16
列支敦士登	4	0.29
留尼汪	185	20.25
卢森堡	46	1.13
卢旺达	1	29 美元
罗马尼亚	605	21.82
马达加斯加	2	20 美元
马尔代夫	8	0.66
马耳他	36	3.51
马拉维	2	0.12
马来西亚	9 858	202.30
马提尼克	2	0.35
马约特	1	0.07
毛里求斯	26	0.65
美国	835 591	19 287.63
蒙古	2	1.32
孟加拉国	9	0.44
秘鲁	3 691	84.63
缅甸	198	6.21
摩尔多瓦	19	1.38
摩洛哥	286	21.39
莫桑比克	115	0.49
墨西哥	12 157	182.63
纳米比亚	32	1.08
南非	6 975	187.30
南苏丹共和国	4	0.01
尼泊尔联邦民主共和国	29	1.77

（续）

三维打印机（3D 打印机）（84775910）

出口目的地	出口量/台	出口额/万美元	出口目的地	出口量/台	出口额/万美元
尼日尔	4	0.14	文莱	100	1.23
尼日利亚	12	0.73	乌干达	2	0.30
挪威	626	20.14	乌克兰	9 800	60.58
帕劳	1	0.08	乌拉圭	2 569	42.39
葡萄牙	624	19.62	乌兹别克斯坦	55	4.57
日本	46 399	1 175.06	西班牙	21 355	374.75
瑞典	45 508	912.27	希腊	12 820	91.29
瑞士	784	43.53	新加坡	3 518	222.69
萨尔瓦多	5	0.38	新喀里多尼亚	9	0.66
塞尔维亚	1 147	25.82	新西兰	2 577	137.83
塞内加尔	2	0.32	匈牙利	25 976	245.09
塞浦路斯	20	1.34	叙利亚	5	19.47
沙特阿拉伯	547	35.13	亚美尼亚	12	1.11
圣马力诺	1 225	1.76	也门	2	0.91
圣其茨和尼维斯	1	0.08	伊拉克	50	30.17
斯里兰卡	62	2.89	伊朗	191	7.76
斯洛伐克	138	3.73	以色列	5 316	583.19
斯洛文尼亚	15 417	407.99	意大利	10 754	166.13
苏里南	1	42 美元	印度	11 193	247.63
泰国	2 346	136.24	印度尼西亚	5 783	155.01
坦桑尼亚	5	0.27	英国	184 498	3 409.41
汤加	1	0.09	约旦	119	4.12
特立尼达和多巴哥	5	0.67	越南	4 432	229.44
突尼斯	115	8.70	赞比亚	2	0.12
土耳其	21 804	485.03	智利	21 549	343.20
土库曼斯坦	117	1.18	中国澳门	408	9.20
瓦努阿图	1	0.08	中国台湾	1 477	243.62
危地马拉	813	14.85	中国香港	23 691	1 231.72
委内瑞拉	2	0.13			

未列名模塑或成型机器（84775990）

出口目的地	出口量/台	出口额/万美元
合计	**206 407**	**11 891.98**
阿尔巴尼亚	2	11.05
阿尔及利亚	42	1.01
阿富汗	3	0.90
阿根廷	42	6.14
阿联酋	643	39.94
阿曼	46	0.95
埃及	305	55.85
埃塞俄比亚	10	57.87
爱沙尼亚	1	0.29
安哥拉	3	0.51
澳大利亚	6	11.42
巴基斯坦	115	64.46
巴林	1	2.77
巴拿马	1	0.03
巴西	207	355.48
白俄罗斯	1 411	1.98
保加利亚	2	0.06
北马其顿共和国	6	0.04
贝宁	1	0.24
比利时	1 184	12.90
波兰	4 810	13.87
伯利兹	1	0.09
德国	195	1.00
多米尼加共和国	2	11.34
俄罗斯联邦	7 201	85.34
法国	5	0.19
菲律宾	872	3.90
斐济	141	3.58
芬兰	1	0.11
刚果（金）	4	11.44
哥伦比亚	88	0.59
哥斯达黎加	10	1.82
格鲁吉亚	3 725	0.46
哈萨克斯坦	132 959	40.44
韩国	5 060	292.65
荷兰	2	185.48
洪都拉斯	3	7.47
吉布提	34	15.20
吉尔吉斯斯坦	890	8.90
加拿大	41	9.77
加纳	152	28.76
柬埔寨	459	32.77
捷克	2	128.57
喀麦隆	22	6.92
卡塔尔	309	1.25
科特迪瓦	103	7.58
科威特	166	8.96
克罗地亚	1	0.01
肯尼亚	194	38.40
老挝	3	3.79
黎巴嫩	1	0.65
利比亚	110	0.66
卢旺达	5	3.46
罗马尼亚	14	30.83
马达加斯加	14	0.74
马耳他	1	1.19
马拉维	9	0.01
马来西亚	1 740	108.09
毛里塔尼亚	1	2.99
美国	4 339	293.09
蒙古	4	3.75
孟加拉国	90	101.09
秘鲁	32	2.94
缅甸	9	22.11
摩洛哥	120	3.79
莫桑比克	151	11.26
墨西哥	35	118.93
南非	5	2.99
尼泊尔联邦民主共和国	1	0.23
尼日利亚	23	46.71
日本	47	465.25
萨尔瓦多	2	17.30
塞尔维亚	5	14.01

（续）

未列名模塑或成型机器（84775990）

出口目的地	出口量/台	出口额/万美元	出口目的地	出口量/台	出口额/万美元
塞内加尔	1	7.66	新西兰	1	19.46
沙特阿拉伯	83	6.14	匈牙利	34	0.04
斯里兰卡	150	1.20	也门	350	15.36
斯洛伐克	3	27.79	伊拉克	91	4.52
斯洛文尼亚	75	0.14	伊朗	417	57.48
苏丹	29	0.59	以色列	8	0.28
泰国	2 088	2 294.07	意大利	548	78.38
坦桑尼亚	770	22.26	印度	766	1 584.07
突尼斯	1	37.20	印度尼西亚	20 133	629.02
土耳其	96	367.79	英国	17	13.90
危地马拉	72	0.80	约旦	15	10.71
委内瑞拉	1	0.02	越南	883	3 483.74
乌克兰	4	4.11	赞比亚	6	38.47
乌拉圭	16	1.32	智利	2 182	12.34
乌兹别克斯坦	2 367	79.80	中国澳门	12	0.27
西班牙	167	0.88	中国台湾	35	214.74
新加坡	24	46.23	中国香港	6 716	4.50
新喀里多尼亚	2	0.06			

2021 年中国塑料机械出口情况

注塑机（84771010）

出口目的地	出口量/台	出口额/万美元	出口目的地	出口量/台	出口额/万美元
合计	**49 355**	**169 359.87**	爱沙尼亚	2	3.90
阿尔巴尼亚	5	19.25	安哥拉	522	263.96
阿尔及利亚	1 064	1 013.13	奥地利	23	301.94
阿富汗	44	174.61	澳大利亚	159	1 524.29
阿根廷	502	1 788.02	巴基斯坦	2 510	3 705.10
阿联酋	4 005	2 081.49	巴拉圭	21	72.41
阿曼	11	127.57	巴勒斯坦	7	22.42
阿塞拜疆	17	91.99	巴林	4	24.85
埃及	1 065	3 407.26	巴拿马	2	19.90
埃塞俄比亚	89	404.29	巴西	3 395	8 404.59
爱尔兰	4	15.43	白俄罗斯	82	240.17

（续）

注塑机（84771010）

出口目的地	出口量/台	出口额/万美元	出口目的地	出口量/台	出口额/万美元
保加利亚	36	154.71	加拿大	72	876.96
北马其顿共和国	5	19.41	加纳	243	414.77
贝宁	1	4.60	柬埔寨	245	761.64
比利时	11	48.31	捷克	270	1 768.60
波多黎各	3	23.76	津巴布韦	60	41.13
波黑	1	1.60	喀麦隆	41	212.70
波兰	308	1 770.96	卡塔尔	25	430.34
博茨瓦纳	1	2.09	科特迪瓦	86	325.73
布基纳法索	13	73.09	科威特	6	17.94
布隆迪	2	26.42	克罗地亚	11	21.49
丹麦	17	104.97	肯尼亚	247	722.25
德国	599	3 950.64	拉脱维亚	16	47.63
多哥	25	109.84	老挝	5	15.27
多米尼加共和国	141	237.29	黎巴嫩	20	73.54
多民族玻利维亚国	5	22.17	立陶宛	11	67.32
俄罗斯联邦	1 704	6 018.71	利比里亚	2	10.51
厄瓜多尔	52	266.90	利比亚	87	59.37
法国	162	1 714.10	卢森堡	36	1 166.20
菲律宾	1 106	3 161.45	卢旺达	2	4.19
斐济	5	16.44	罗马尼亚	57	478.23
芬兰	16	99.61	马达加斯加	33	24.34
刚果（金）	17	103.16	马耳他	2	24.25
哥伦比亚	308	1 401.71	马拉维	15	87.81
哥斯达黎加	27	218.84	马来西亚	1 464	7 686.29
格鲁吉亚	7	64.61	马里	6	34.26
古巴	5	28.26	毛里求斯	5	20.97
哈萨克斯坦	73	375.01	毛里塔尼亚	2	14.78
海地	2	20.64	美国	1 002	7 858.38
韩国	780	4 131.49	蒙古	4	7.37
荷兰	135	558.53	孟加拉国	772	3 053.41
黑山	2	4.94	秘鲁	217	1 042.46
洪都拉斯	15	108.68	缅甸	117	333.50
吉布提	10	21.69	摩尔多瓦	2	4.37
吉尔吉斯斯坦	3	10.46	摩洛哥	122	669.02
几内亚	3	4.96	莫桑比克	138	161.17
几内亚比绍	1	20.91	墨西哥	1 359	9 438.87

（续）

注塑机（84771010）

出口目的地	出口量/台	出口额/万美元	出口目的地	出口量/台	出口额/万美元
南非	491	1 962.56	委内瑞拉	20	120.09
尼加拉瓜	9	54.85	乌干达	42	241.85
尼泊尔联邦民主共和国	25	104.66	乌克兰	341	666.30
尼日利亚	842	1 789.16	乌拉圭	7	24.03
挪威	2	43.83	乌兹别克斯坦	682	1 644.94
葡萄牙	143	854.31	西班牙	173	990.07
日本	436	1 369.70	希腊	50	241.58
瑞典	36	289.14	新加坡	122	860.24
瑞士	3	3.93	新西兰	23	280.74
萨尔瓦多	12	101.41	匈牙利	32	304.57
塞尔维亚	89	663.49	叙利亚	10	33.86
塞内加尔	17	79.59	牙买加	5	22.65
塞浦路斯	32	30.30	亚美尼亚	12	37.32
沙特阿拉伯	226	1 226.95	也门	108	106.36
斯里兰卡	148	638.19	伊拉克	2 079	645.55
斯洛伐克	3	34.65	伊朗	1 166	3 011.49
斯洛文尼亚	42	223.13	以色列	162	1 369.79
苏丹	67	291.72	意大利	594	3 413.48
索马里	1	15.30	印度	1 450	6 266.77
塔吉克斯坦	22	32.81	印度尼西亚	2 071	8 546.63
泰国	1 743	7 888.21	英国	193	1 305.37
坦桑尼亚	287	196.56	约旦	95	381.05
特立尼达和多巴哥	6	25.06	越南	4 956	16 649.58
突尼斯	106	433.40	赞比亚	26	156.08
土耳其	2 994	12 866.78	智利	97	414.77
土库曼斯坦	87	193.23	中国台湾	716	2 228.67
危地马拉	52	325.58	中国香港	266	1 072.96

其他注射机（84771090）

出口目的地	出口量/台	出口额/万美元	出口目的地	出口量/台	出口额/万美元
合计	**21 145**	**6 483.53**	阿曼	2	9.01
阿尔及利亚	19	46.85	阿塞拜疆	1	8.46
阿富汗	2	8.80	埃及	89	159.88
阿根廷	7	34.30	奥地利	4	45.77
阿联酋	22	78.02	澳大利亚	2 123	2.09

（续）

其他注射机（84771090）

出口目的地	出口量/台	出口额/万美元	出口目的地	出口量/台	出口额/万美元
巴基斯坦	256	84.09	孟加拉国	34	212.88
巴拿马	8	4.02	秘鲁	36	45.82
巴西	100	174.57	缅甸	1	1.35
白俄罗斯	4	11.88	摩洛哥	13	45.45
贝宁	2	10.16	莫桑比克	48	89.31
波兰	12	47.17	墨西哥	62	383.24
布基纳法索	1	8.45	南非	1	7.80
德国	14	181.46	尼加拉瓜	2	18.17
多哥	14	48.63	尼泊尔联邦民主共和国	1	1.45
多米尼加共和国	1	9.29	尼日利亚	41	161.34
多米尼克	2	10.25	葡萄牙	1	9.00
俄罗斯联邦	25	161.73	日本	411	2.71
厄瓜多尔	3	8.07	萨尔瓦多	1	4.11
法国	38	0.06	塞尔维亚	8	116.21
菲律宾	581	18.88	塞拉利昂	4	24.63
芬兰	1	9.45	沙特阿拉伯	1 071	0.67
刚果（金）	1	4.98	斯里兰卡	1	3.35
哥伦比亚	11	52.23	苏丹	4	15.39
哥斯达黎加	1	0.66	泰国	80	142.42
哈萨克斯坦	5	24.53	坦桑尼亚	16	49.66
韩国	397	257.64	突尼斯	1	9.00
洪都拉斯	2	6.93	土耳其	76	483.42
吉布提	4	15.41	土库曼斯坦	3	9.46
吉尔吉斯斯坦	2	9.46	危地马拉	1	6.20
几内亚	508	27.45	委内瑞拉	1	0.70
加拿大	252	2.74	乌干达	18	92.26
柬埔寨	1	12.96	乌克兰	4	29.50
捷克	2	23.35	乌兹别克斯坦	87	74.00
喀麦隆	17	60.10	希腊	324	26.02
科特迪瓦	4	18.75	新加坡	440	61.57
科威特	1	5.50	匈牙利	4	4.00
肯尼亚	9	31.20	叙利亚	5	7.05
利比亚	9	29.68	也门	2	12.90
马达加斯加	2	7.63	伊拉克	2	3.50
马来西亚	12 703	159.48	伊朗	8	19.84
美国	13	23.67	以色列	2	5.84

（续）

其他注射机（84771090）

出口目的地	出口量/台	出口额/万美元	出口目的地	出口量/台	出口额/万美元
意大利	14	137.65	越南	122	937.81
印度	82	480.53	智利	2	8.73
印度尼西亚	78	680.09	中国澳门	8	0.11
英国	701	38.45	中国台湾	15	51.29
约旦	1	4.12	中国香港	33	8.86

塑料造粒机（84772010）

出口目的地	出口量/台	出口额/万美元	出口目的地	出口量/台	出口额/万美元
合计	**78 565**	**16 180.82**	波兰	38	256.96
阿尔巴尼亚	1	2.30	博茨瓦纳	2 199	2.66
阿尔及利亚	145	126.62	布基纳法索	2	5.95
阿富汗	7	3.28	布隆迪	1	0.40
阿根廷	140	380.99	丹麦	4	21.03
阿联酋	2 969	403.93	德国	2 750	264.14
阿曼	184	12.82	多哥	13	6.71
阿塞拜疆	3	16.02	多米尼加共和国	16	41.96
埃及	130	554.60	多民族玻利维亚国	11	15.56
埃塞俄比亚	5	16.76	俄罗斯联邦	399	1 292.50
爱尔兰	1	21.11	厄瓜多尔	20	55.69
爱沙尼亚	2	3.83	法国	8	72.41
安哥拉	9	17.63	菲律宾	318	221.35
奥地利	1	10.20	哥伦比亚	22	64.06
澳大利亚	14	57.78	哥斯达黎加	4	0.21
巴基斯坦	29	83.97	格鲁吉亚	4	5.32
巴拉圭	3	9.03	圭亚那	3	1.86
巴勒斯坦	1	3.82	哈萨克斯坦	171	71.59
巴林	2	0.34	海地	4	13.36
巴拿马	1	2.50	韩国	230	661.25
巴西	86	491.65	荷兰	4	15.82
白俄罗斯	7	7.94	洪都拉斯	7	10.48
保加利亚	5	25.78	吉布提	272	54.56
北马其顿共和国	1	1.00	吉尔吉斯斯坦	71	17.78
贝宁	2	1.60	几内亚	5	15.09
比利时	4	7.40	加拿大	87	154.05
波黑	1	1.78	加纳	320	60.59

（续）

塑料造粒机（84772010）

出口目的地	出口量/台	出口额/万美元	出口目的地	出口量/台	出口额/万美元
加蓬	1	1.02	萨尔瓦多	1	1.12
柬埔寨	34	76.07	塞尔维亚	3	90.09
捷克	3	5.65	塞拉利昂	2	2.70
津巴布韦	10	7.12	塞内加尔	14	2.79
喀麦隆	26	36.40	塞浦路斯	2	4.02
卡塔尔	25	21.91	沙特阿拉伯	116	188.55
科特迪瓦	97	15.77	斯里兰卡	15	19.68
科威特	5	22.86	斯洛伐克	1	0.93
肯尼亚	103	73.29	斯洛文尼亚	1	24.99
拉脱维亚	1	3.45	苏丹	6	17.75
老挝	2	1.06	苏里南	1 264	2.70
黎巴嫩	4	11.14	索马里	7	0.23
立陶宛	2	61.28	塔吉克斯坦	23	12.02
利比亚	5	11.57	泰国	135	448.26
罗马尼亚	14	89.29	坦桑尼亚	2 241	29.62
马达加斯加	2	1.30	特立尼达和多巴哥	1	6.41
马拉维	4	5.46	突尼斯	9	15.10
马来西亚	948	744.33	土耳其	120	477.86
毛里塔尼亚	3	2.08	土库曼斯坦	1 776	37.73
美国	109	480.61	危地马拉	11	39.14
蒙古	1	0.04	委内瑞拉	2	11.25
孟加拉国	38	124.40	乌干达	153	32.26
秘鲁	37	127.46	乌克兰	357	229.29
缅甸	37	33.03	乌拉圭	4	12.55
摩尔多瓦	1	173.50	乌兹别克斯坦	201	370.89
摩洛哥	24	29.12	西班牙	15	61.55
莫桑比克	3 400	19.70	希腊	2	22.83
墨西哥	167	630.08	新加坡	45	97.79
纳米比亚	5	1.55	匈牙利	7	57.88
南非	102	129.18	叙利亚	59	19.32
尼加拉瓜	1	0.74	亚美尼亚	2	2.55
尼泊尔联邦民主共和国	9	17.03	也门	46	20.60
尼日利亚	6 978	332.21	伊拉克	44 179	90.98
葡萄牙	2	62.16	伊朗	44	242.83
日本	265	771.83	以色列	13	43.77
瑞士	1	0.18	意大利	9	42.32

（续）

塑料造粒机（84772010）

出口目的地	出口量/台	出口额/万美元	出口目的地	出口量/台	出口额/万美元
印度	211	740.78	赞比亚	23	13.31
印度尼西亚	156	507.75	智利	3 393	109.40
英国	16	34.90	中国台湾	59	156.81
约旦	34	86.34	中国香港	20	91.18
越南	565	1 868.12			

其他挤出机（84772090）

出口目的地	出口量/台	出口额/万美元	出口目的地	出口量/台	出口额/万美元
合计	**40 628**	**51 900.88**	波兰	126	723.60
阿尔巴尼亚	4	22.97	博茨瓦纳	3	15.68
阿尔及利亚	108	543.03	布基纳法索	10	4.20
阿富汗	4	8.64	布隆迪	4	55.02
阿根廷	75	358.63	丹麦	33	68.01
阿联酋	171	871.24	德国	2 002	461.75
阿曼	17	44.38	多哥	49	51.22
阿塞拜疆	9	33.80	多米尼加共和国	29	166.97
埃及	432	2 044.15	多民族玻利维亚国	76	80.80
埃塞俄比亚	17	159.69	俄罗斯联邦	609	2 728.68
爱尔兰	1	5.70	厄瓜多尔	21	145.58
爱沙尼亚	115	36.39	法国	14	93.30
安哥拉	5	13.60	菲律宾	1 138	566.94
奥地利	405	20.69	芬兰	2	0.36
澳大利亚	124	326.59	冈比亚	7	12.98
巴基斯坦	167	1 162.61	刚果（金）	3	1.96
巴拉圭	129	74.24	哥伦比亚	80	342.21
巴林	4	40.92	哥斯达黎加	2	10.73
巴拿马	4	46.41	格鲁吉亚	5	31.48
巴西	269	1 127.60	圭亚那	17	15.52
白俄罗斯	36	115.06	哈萨克斯坦	11 770	117.07
保加利亚	10	68.26	海地	2	2.06
北马其顿共和国	1	3.16	韩国	203	1 709.61
贝宁	2	5.20	荷兰	149	49.35
比利时	990	18.71	洪都拉斯	7	25.26
冰岛	1	3.80	吉布提	127	65.48
波黑	1	3.51	吉尔吉斯斯坦	17	58.79

（续）

其他挤出机（84772090）

出口目的地	出口量/台	出口额/万美元	出口目的地	出口量/台	出口额/万美元
几内亚	3	4.72	墨西哥	285	1 235.49
加拿大	99	233.39	纳米比亚	2	29.30
加纳	68	119.97	南非	332	475.86
加蓬	1	4.10	尼加拉瓜	2	6.67
柬埔寨	84	559.56	尼泊尔联邦民主共和国	12	44.20
捷克	25	63.44	尼日利亚	227	611.16
津巴布韦	49	33.90	葡萄牙	32	82.01
喀麦隆	32	51.92	日本	70	418.64
卡塔尔	13	93.98	瑞典	76	2.37
科特迪瓦	29	65.40	瑞士	3	8.44
科威特	10	49.04	萨尔瓦多	4	8.63
克罗地亚	8	15.73	塞尔维亚	15	174.51
肯尼亚	53	213.32	塞内加尔	41	20.80
拉脱维亚	8	57.98	塞浦路斯	3	7.97
老挝	5	25.92	沙特阿拉伯	86	712.47
黎巴嫩	20	38.77	圣多美和普林西比	3	13.51
立陶宛	3	46.73	斯里兰卡	46	192.39
利比里亚	4	4.56	斯洛伐克	6	19.72
利比亚	34	103.57	斯洛文尼亚	5	19.88
卢森堡	2	6.90	斯威士兰	4	5.34
卢旺达	7	15.08	苏丹	9	56.98
罗马尼亚	86	135.00	索马里	10	25.72
马达加斯加	2	3.71	塔吉克斯坦	11	77.03
马尔代夫	1	4.01	泰国	393	3 751.91
马拉维	5	12.50	坦桑尼亚	48	286.86
马来西亚	450	1 147.97	特立尼达和多巴哥	3	42.29
马里	2	55.08	突尼斯	11	42.10
毛里求斯	4	42.34	土耳其	415	2 005.42
毛里塔尼亚	23	12.09	土库曼斯坦	40	225.76
美国	1 989	2 639.97	危地马拉	35	104.65
蒙古	13	8.88	委内瑞拉	8	41.35
孟加拉国	181	1 136.71	乌干达	11	79.67
秘鲁	112	222.40	乌克兰	111	577.43
缅甸	43	87.94	乌拉圭	7	15.64
摩洛哥	113	259.30	乌兹别克斯坦	840	1 363.65
莫桑比克	18	25.96	西班牙	57	329.19

（续）

其他挤出机（84772090）

出口目的地	出口量/台	出口额/万美元	出口目的地	出口量/台	出口额/万美元
希腊	24	101.94	意大利	27	126.18
新加坡	33	60.01	印度	1 069	3 642.82
新西兰	11	44.71	印度尼西亚	8 402	2 180.28
匈牙利	271	47.73	英国	120	194.47
叙利亚	13	111.33	约旦	268	150.52
牙买加	2	32.09	越南	1 150	7 313.82
亚美尼亚	8	52.72	赞比亚	12	26.13
也门	37	67.39	智利	38	220.85
伊拉克	1 205	209.48	中国台湾	177	943.40
伊朗	1 196	676.92	中国香港	56	151.94
以色列	41	65.72			

挤出吹塑机（84773010）

出口目的地	出口量/台	出口额/万美元	出口目的地	出口量/台	出口额/万美元
合计	**48 532**	**12 770.28**	波黑	2	11.54
阿尔及利亚	61	129.53	波兰	4	60.16
阿富汗	3	10.50	博茨瓦纳	1	4.17
阿根廷	26	118.84	德国	1 900	428.50
阿联酋	8 048	198.27	多哥	7	9.71
阿鲁巴	1	4.75	多米尼加共和国	21	42.93
阿曼	4	26.22	俄罗斯联邦	63	264.60
阿塞拜疆	80	6.61	厄瓜多尔	20	117.18
埃及	179	614.50	法国	14	13.89
埃塞俄比亚	25	136.38	菲律宾	522	292.21
安哥拉	14	40.48	芬兰	2	5.82
澳大利亚	6	41.39	刚果（布）	2	0.14
巴哈马	1	0.94	刚果（金）	19	10.07
巴基斯坦	26	350.98	哥伦比亚	29	258.16
巴拉圭	13	86.28	哥斯达黎加	3	9.59
巴勒斯坦	6	23.73	格鲁吉亚	4	3.55
巴拿马	6	55.38	圭亚那	10	20.16
巴西	15	106.87	哈萨克斯坦	47	84.63
白俄罗斯	3	15.23	韩国	15	544.92
保加利亚	5	18.47	荷兰	1	0.74
比利时	2	18.85	黑山	1	5.63

（续）

挤出吹塑机（84773010）

出口目的地	出口量/台	出口额/万美元	出口目的地	出口量/台	出口额/万美元
洪都拉斯	3	6.81	尼加拉瓜	1	2.04
吉布提	7	37.55	尼日利亚	100	157.93
几内亚	19	14.43	葡萄牙	1	3.10
加拿大	6	60.91	日本	5	18.71
加纳	382	150.69	瑞士	1	28.78
柬埔寨	11	39.93	萨尔瓦多	4	114.65
捷克	2	242.03	塞尔维亚	3	14.78
津巴布韦	9	37.67	塞拉利昂	1	5.39
喀麦隆	5	18.95	塞内加尔	5	2.75
卡塔尔	5	18.08	沙特阿拉伯	33	385.45
科特迪瓦	16 485	73.77	斯里兰卡	14	43.85
科威特	6	21.31	苏丹	26	46.08
克罗地亚	2	8.23	苏里南	3	8.89
肯尼亚	25	145.66	索马里	3	6.42
老挝	10	12.95	塔吉克斯坦	4	3.85
黎巴嫩	44	12.05	泰国	219	751.75
立陶宛	2	6.46	坦桑尼亚	15	72.36
利比里亚	6	21.66	特立尼达和多巴哥	1	9.30
利比亚	15	118.15	突尼斯	11	22.76
卢旺达	2	3.75	土耳其	47	350.79
罗马尼亚	9	59.22	土库曼斯坦	4	23.08
马达加斯加	10	1.34	危地马拉	13	64.70
马耳他	2	10.04	委内瑞拉	9	25.25
马拉维	1	1.49	乌干达	5 858	32.65
马来西亚	72	477.94	乌克兰	24	133.73
马里	2	37.00	乌拉圭	6	39.61
美国	304	257.74	乌兹别克斯坦	43	80.81
蒙古	2	3.99	西班牙	2	5.61
孟加拉国	85	281.09	希腊	3	11.77
秘鲁	42	184.56	新加坡	4 089	5.79
缅甸	19	83.20	新西兰	1	1.27
摩尔多瓦	1	0.90	匈牙利	5	27.92
摩洛哥	35	99.52	叙利亚	5	5.05
莫桑比克	13	29.98	亚美尼亚	1	0.67
墨西哥	78	669.68	也门	40	72.83
南非	7 780	89.76	伊拉克	605	247.44

（续）

挤出吹塑机（84773010）

出口目的地	出口量/台	出口额/万美元	出口目的地	出口量/台	出口额/万美元
伊朗	75	111.17	约旦	6	42.69
以色列	6	44.05	越南	283	861.43
意大利	1	1.29	赞比亚	1	4.85
印度	44	481.91	智利	45	263.78
印度尼西亚	118	391.69	中国台湾	7	19.01
英国	22	132.78	中国香港	7	56.89

注射吹塑机（84773020）

出口目的地	出口量/台	出口额/万美元	出口目的地	出口量/台	出口额/万美元
合计	**354**	**1 611.34**	科特迪瓦	5	71.07
阿尔巴尼亚	1	0.50	肯尼亚	1	0.93
阿尔及利亚	2	11.68	黎巴嫩	3	5.36
阿根廷	3	15.29	利比里亚	2	1.80
阿联酋	1	8.87	马达加斯加	1	3.96
埃及	16	62.39	马来西亚	3	6.06
埃塞俄比亚	4	45.22	美国	3	23.87
澳大利亚	2	7.43	蒙古	1	0.07
巴布亚新几内亚	1	1.37	秘鲁	1	0.85
巴基斯坦	8	43.10	缅甸	3	6.24
巴拉圭	1	6.56	墨西哥	12	81.99
巴西	21	57.92	南非	14	75.07
波兰	1	6.30	尼日利亚	5	10.34
多哥	2	21.37	葡萄牙	1	3.56
多米尼加共和国	1	1.55	日本	1	1.26
俄罗斯联邦	10	87.75	萨尔瓦多	1	0.96
法国	2	2.94	塞内加尔	5	0.42
菲律宾	3	17.10	圣卢西亚	1	0.81
刚果（金）	3	17.25	斯里兰卡	1	3.95
哥伦比亚	2	11.31	塔吉克斯坦	2	24.06
圭亚那	1	0.82	泰国	21	56.68
哈萨克斯坦	3	7.84	坦桑尼亚	3	19.82
海地	1	0.72	土耳其	7	53.77
韩国	18	132.20	委内瑞拉	3	18.30
洪都拉斯	1	4.79	乌干达	1	4.52
几内亚	5	39.99	乌克兰	1	5.78
加纳	3	21.71	乌兹别克斯坦	8	22.41

（续）

注射吹塑机（84773020）

出口目的地	出口量/台	出口额/万美元	出口目的地	出口量/台	出口额/万美元
新加坡	3	1.20	约旦	3	9.69
叙利亚	3	7.62	越南	16	83.79
伊朗	7	22.99	智利	23	13.67
印度	54	266.91	中国台湾	2	6.56
印度尼西亚	14	54.03	中国香港	2	0.46
英国	1	6.55			

其他吹塑机（84773090）

出口目的地	出口量/台	出口额/万美元	出口目的地	出口量/台	出口额/万美元
合计	**14 582**	**14 561.48**	伯利兹	2	1.46
阿尔巴尼亚	4	6.28	博茨瓦纳	8	6.94
阿尔及利亚	71	147.56	布基纳法索	5	15.50
阿根廷	65	99.65	布隆迪	4	3.89
阿联酋	77	247.39	赤道几内亚	3	5.71
阿曼	31	78.30	大洋洲其他国家（地区）	1	1.26
阿塞拜疆	6	0.87	德国	93	172.28
埃及	208	365.81	多哥	107	45.37
埃塞俄比亚	46	393.52	多米尼加共和国	32	123.35
安哥拉	30	22.95	多民族玻利维亚国	17	24.28
澳大利亚	42	88.77	俄罗斯联邦	174	389.84
巴布亚新几内亚	14	22.79	厄瓜多尔	31	53.44
巴哈马	4	3.93	法国	8	117.50
巴基斯坦	676	316.29	法属波利尼西亚	1	1.62
巴拉圭	13	11.83	菲律宾	65	134.74
巴勒斯坦	10	19.13	佛得角	11	3.80
巴林	2	22.06	冈比亚	14	8.63
巴拿马	8	69.14	刚果（布）	3	1.12
巴西	44	35.49	刚果（金）	65	91.27
白俄罗斯	4	3.66	哥伦比亚	72	118.27
保加利亚	6	21.66	哥斯达黎加	416	8.49
北马其顿共和国	8	14.27	格鲁吉亚	8	9.24
贝宁	7	26.60	古巴	1	0.82
比利时	1	1.22	圭亚那	6	15.65
波多黎各	2	10.75	哈萨克斯坦	96	174.52
波黑	2	3.02	海地	8	23.81
波兰	29	36.50	韩国	28	49.28

（续）

其他吹塑机（84773090）

出口目的地	出口量/台	出口额/万美元	出口目的地	出口量/台	出口额/万美元
荷兰	3	6.03	缅甸	57	167.91
洪都拉斯	11	17.87	摩尔多瓦	4	5.57
吉布提	24	52.20	摩洛哥	146	283.58
吉尔吉斯斯坦	57	6.17	莫桑比克	39	81.61
几内亚	9	53.58	墨西哥	165	238.14
几内亚比绍	6	8.40	南非	153	128.62
加拿大	18	131.84	南苏丹共和国	4	4.25
加纳	191	193.52	瑙鲁	1	0.02
加蓬	2	3.46	尼加拉瓜	17	3.35
柬埔寨	280	73.56	尼泊尔联邦民主共和国	20	18.83
津巴布韦	12	14.47	尼日尔	1	0.74
喀麦隆	43	16.75	尼日利亚	1 000	876.28
卡塔尔	7	18.95	葡萄牙	4	15.44
科摩罗	7	15.94	日本	10	31.48
科特迪瓦	52	88.17	萨尔瓦多	3	5.13
科威特	11	32.33	萨摩亚	2	1.48
克罗地亚	32	9.40	塞尔维亚	3	2.27
肯尼亚	31	118.37	塞拉利昂	6	40.69
拉脱维亚	1	3.39	塞内加尔	44	58.38
老挝	1	0.11	塞浦路斯	2	18.22
黎巴嫩	81	56.09	沙特阿拉伯	120	287.75
立陶宛	12	18.26	斯里兰卡	29	63.43
利比里亚	6	23.16	斯洛文尼亚	1	1.37
利比亚	104	122.15	苏丹	142	74.87
罗马尼亚	23	100.21	苏里南	2	4.29
马达加斯加	39	22.43	索马里	121	29.98
马拉维	6	11.52	塔吉克斯坦	11	9.24
马来西亚	316	459.24	泰国	701	908.71
马里	5	30.73	坦桑尼亚	48	47.61
马绍尔群岛	22	1.62	特立尼达和多巴哥	7	17.17
毛里求斯	3	8.34	突尼斯	132	81.44
毛里塔尼亚	5	21.53	土耳其	53	112.94
美国	2 296	490.64	土库曼斯坦	9	7.75
蒙古	12	61.34	危地马拉	19	51.89
孟加拉国	178	406.59	委内瑞拉	19	78.49
秘鲁	151	221.80	文莱	3	11.84

（续）

其他吹塑机（84773090）

出口目的地	出口量/台	出口额/万美元	出口目的地	出口量/台	出口额/万美元
乌干达	11	55.20	伊朗	1 355	233.75
乌克兰	235	79.57	以色列	131	59.81
乌拉圭	10	24.36	意大利	2	2.85
乌兹别克斯坦	565	295.86	印度	138	539.47
西班牙	2	11.64	印度尼西亚	211	839.53
希腊	14	25.78	约旦	73	159.23
新加坡	3	12.39	越南	575	1 149.57
新西兰	3	19.21	赞比亚	805	17.41
匈牙利	6	27.99	乍得	2	14.81
叙利亚	78	45.96	智利	46	64.09
牙买加	7	63.41	中国澳门	3	61.32
也门	213	258.45	中国台湾	20	52.46
伊拉克	229	82.83	中国香港	1	2.08

塑料中空成型机（84774010）

出口目的地	出口量/台	出口额/万美元	出口目的地	出口量/台	出口额/万美元
合计	**1 703**	**7 450.97**	布基纳法索	1	8.50
阿尔及利亚	55	429.69	赤道几内亚	1	1.94
阿根廷	13	64.96	丹麦	1	0.30
阿联酋	29	166.10	德国	4	29.30
阿曼	3	0.65	多哥	3	18.18
埃及	36	183.00	多米尼加共和国	4	55.09
埃塞俄比亚	11	98.41	多民族玻利维亚国	4	14.67
爱沙尼亚	4	20.82	俄罗斯联邦	48	233.71
安哥拉	2	8.49	厄瓜多尔	6	57.22
澳大利亚	26	194.51	法国	2	0.68
巴基斯坦	28	94.84	菲律宾	30	144.81
巴拉圭	3	14.53	斐济	1	7.92
巴林	1	0.15	刚果（金）	2	2.37
巴拿马	1	8.85	哥伦比亚	20	127.01
巴西	10	103.02	哥斯达黎加	2	31.83
保加利亚	2	8.00	哈萨克斯坦	10	25.59
比利时	1	0.65	韩国	15	102.08
波兰	19	147.00	荷兰	2	0.95
博茨瓦纳	9	0.88	吉布提	1	3.30

（续）

塑料中空成型机（84774010）

出口目的地	出口量/台	出口额/万美元	出口目的地	出口量/台	出口额/万美元
吉尔吉斯斯坦	2	19.97	瑞士	1	0.04
几内亚	3	8.65	萨尔瓦多	1	0.68
加拿大	10	57.25	塞尔维亚	3	5.30
加纳	7	33.70	塞内加尔	6	47.30
柬埔寨	6	13.18	塞浦路斯	8	7.81
津巴布韦	1	8.67	塞舌尔	1	0.40
喀麦隆	7	34.86	沙特阿拉伯	63	326.00
卡塔尔	6	82.38	斯里兰卡	3	9.19
科特迪瓦	14	49.75	斯洛伐克	1	0.42
科威特	2	4.95	斯洛文尼亚	1	8.70
克罗地亚	2	17.42	苏丹	4	38.93
肯尼亚	22	54.00	塔吉克斯坦	2	8.57
拉脱维亚	1	1.12	泰国	49	169.50
老挝	1	0.28	坦桑尼亚	9	29.21
黎巴嫩	8	35.15	汤加	1	0.70
利比里亚	2	15.51	突尼斯	11	28.03
卢旺达	5	0.68	土耳其	39	256.17
罗马尼亚	5	21.58	土库曼斯坦	2	5.80
马尔代夫	1	6.90	危地马拉	3	10.61
马拉维	5	4.14	乌干达	3	8.54
马来西亚	68	148.09	乌克兰	10	54.24
毛里求斯	1	3.59	乌拉圭	1	10.16
毛里塔尼亚	1	13.00	乌兹别克斯坦	28	134.32
美国	102	189.07	西班牙	9	115.64
蒙古	1	2.81	希腊	5	30.16
孟加拉国	30	95.78	新加坡	2	0.40
秘鲁	22	148.43	新西兰	2	8.39
缅甸	10	85.36	匈牙利	4	28.66
摩洛哥	14	94.39	叙利亚	3	16.67
莫桑比克	2	2.39	亚美尼亚	3	6.45
墨西哥	55	221.35	也门	2	12.47
南非	20	97.01	伊拉克	5	29.07
尼泊尔联邦民主共和国	1	10.02	伊朗	4	43.76
尼日利亚	95	266.53	以色列	13	59.97
葡萄牙	1	1.28	意大利	6	2.38
日本	67	15.19	印度	164	792.27

（续）

塑料中空成型机（84774010）

出口目的地	出口量/台	出口额/万美元	出口目的地	出口量/台	出口额/万美元
印度尼西亚	94	326.02	赞比亚	4	24.72
英国	5	57.18	智利	7	45.88
约旦	5	65.48	中国台湾	26	8.86
越南	73	319.61	中国香港	7	21.86

塑料压延成型机（84774020）

出口目的地	出口量/台	出口额/万美元	出口目的地	出口量/台	出口额/万美元
合计	**2 563**	**3 258.80**	吉布提	25	15.68
阿尔及利亚	5	72.60	加拿大	16	0.32
阿根廷	2	16.64	加纳	6	9.36
阿联酋	8	3.07	柬埔寨	9	80.95
阿塞拜疆	3	0.01	捷克	1	0.08
埃及	16	35.70	克罗地亚	1	6.20
埃塞俄比亚	5	1.98	肯尼亚	1	0.35
安哥拉	2	2.77	立陶宛	1	0.70
澳大利亚	1	0.31	利比亚	5	0.53
巴基斯坦	586	33.96	罗马尼亚	1	0.06
巴林	5	0.09	马来西亚	57	80.48
巴西	1	48.27	美国	9	103.73
白俄罗斯	5	0.02	孟加拉国	27	48.80
波兰	761	4.77	秘鲁	8	19.59
德国	1	90.70	缅甸	5	3.84
多米尼加共和国	9	19.27	摩洛哥	12	3.82
多民族玻利维亚国	1	0.89	墨西哥	18	79.11
俄罗斯联邦	38	182.78	南非	2	1.17
厄瓜多尔	2	0.14	尼泊尔联邦民主共和国	1	0.12
法国	4	122.05	尼日利亚	11	35.54
菲律宾	16	51.74	日本	10	199.86
刚果（布）	2	0.50	塞尔维亚	1	0.02
刚果（金）	2	0.93	塞内加尔	15	0.25
哥伦比亚	36	51.38	沙特阿拉伯	5	28.86
哥斯达黎加	2	15.26	斯里兰卡	1	3.09
哈萨克斯坦	9	3.86	塔吉克斯坦	5	0.84
韩国	26	146.13	泰国	26	135.77
荷兰	2	0.13	坦桑尼亚	3	38.22

（续）

塑料压延成型机（84774020）

出口目的地	出口量/台	出口额/万美元	出口目的地	出口量/台	出口额/万美元
土耳其	8	262.14	以色列	1	19.31
土库曼斯坦	2	5.72	意大利	1	0.89
危地马拉	1	7.90	印度	33	174.90
文莱	1	0.07	印度尼西亚	445	189.05
乌克兰	2	0.55	英国	3	19.31
乌兹别克斯坦	3	49.61	约旦	2	35.17
新加坡	11	11.71	越南	196	572.84
匈牙利	1	15.55	智利	2	6.60
也门	1	4.60	中国台湾	10	33.22
伊拉克	3	26.45	中国香港	3	0.38
伊朗	2	19.54			

其他真空模塑机及其他热成型机器（84774090）

出口目的地	出口量/台	出口额/万美元	出口目的地	出口量/台	出口额/万美元
合计	**29 728**	**13 048.62**	比利时	262	62.10
阿尔及利亚	154	146.74	波多黎各	1	0.15
阿根廷	28	135.89	波兰	129	24.81
阿联酋	385	160.07	博茨瓦纳	1	15.00
阿曼	6	4.60	德国	377	73.49
阿塞拜疆	5	7.27	多哥	12	10.88
埃及	295	694.59	多米尼加共和国	12	103.28
埃塞俄比亚	11	17.08	多米尼克	1	0.79
爱沙尼亚	1	0.38	多民族玻利维亚国	4	5.85
安哥拉	3	7.34	俄罗斯联邦	193	570.15
奥地利	1	0.52	厄瓜多尔	343	12.98
澳大利亚	233	53.75	法国	7	12.12
巴布亚新几内亚	2	0.63	菲律宾	35	75.32
巴基斯坦	104	358.04	斐济	1	3.41
巴拉圭	6	6.28	刚果（金）	1	0.03
巴林	2	3.20	哥伦比亚	2 003	52.80
巴拿马	2	0.06	哥斯达黎加	5	3.27
巴西	256	155.68	格鲁吉亚	2	14.79
白俄罗斯	27	1.36	古巴	3	7.27
保加利亚	2	22.17	圭亚那	2	25.14
北马其顿共和国	1	1.68	哈萨克斯坦	20	30.84

（续）

其他真空模塑机及其他热成型机器（84774090）

出口目的地	出口量/台	出口额/万美元	出口目的地	出口量/台	出口额/万美元
韩国	1 150	276.75	摩洛哥	53	62.93
荷兰	782	57.92	莫桑比克	8	7.96
黑山	1	11.00	墨西哥	791	370.53
洪都拉斯	5	4.22	纳米比亚	1	4.00
吉布提	17	51.51	南非	33	108.05
吉尔吉斯斯坦	4	3.16	尼泊尔联邦民主共和国	30	0.50
几内亚	1	12.42	尼日尔	20	1.01
加拿大	121	90.20	尼日利亚	37	100.15
加纳	57	47.82	葡萄牙	1	12.58
加蓬	1	0.11	日本	944	149.98
柬埔寨	75	249.40	瑞典	2	2.28
捷克	8	1.84	瑞士	1	0.10
津巴布韦	2	1.09	萨尔瓦多	1	3.82
喀麦隆	15	3.38	塞尔维亚	5	171.67
卡塔尔	5	48.66	塞内加尔	1	0.68
科摩罗	1	0.05	塞浦路斯	1	3.50
科特迪瓦	7	15.41	沙特阿拉伯	29	56.15
科威特	13	111.64	斯里兰卡	9	20.44
克罗地亚	1	5.79	斯洛伐克	3	2.49
肯尼亚	16	37.29	斯洛文尼亚	4	4.23
老挝	3	1.34	苏丹	13	5.23
黎巴嫩	1	1.00	苏里南	2	4.20
立陶宛	7	33.49	索马里	951	3.23
利比亚	4	14.12	塔吉克斯坦	5	9.06
罗马尼亚	8	40.93	泰国	256	926.74
马尔代夫	1	1.18	坦桑尼亚	7	31.50
马耳他	1	6.84	特立尼达和多巴哥	2	3.02
马拉维	1	0.50	突尼斯	7	66.81
马来西亚	360	483.08	土耳其	159	201.25
毛里求斯	4	2.71	土库曼斯坦	8	25.38
美国	14 099	490.77	危地马拉	18	58.46
蒙古	15	2.24	委内瑞拉	1	0.16
孟加拉国	121	429.93	文莱	1	0.56
秘鲁	120	67.53	乌干达	4	15.20
缅甸	6	17.54	乌克兰	36	72.58
摩尔多瓦	2	1.25	乌拉圭	2	0.45

（续）

其他真空模塑机及其他热成型机器（84774090）

出口目的地	出口量/台	出口额/万美元	出口目的地	出口量/台	出口额/万美元
乌兹别克斯坦	156	246.76	以色列	3	1.14
西班牙	542	58.00	意大利	13	30.45
希腊	31	21.51	印度	1 080	1 700.16
新加坡	17	24.97	印度尼西亚	395	609.22
新西兰	9	35.51	英国	301	12.98
匈牙利	118	35.29	约旦	7	25.77
叙利亚	4	12.65	越南	572	1 599.98
亚美尼亚	3	5.18	赞比亚	2	4.20
也门	28	10.47	智利	371	85.15
伊拉克	13	33.81	中国台湾	326	358.37
伊朗	19	34.17	中国香港	299	90.11

三维打印机（3D 打印机）（84775910）

出口目的地	出口量/台	出口额/万美元	出口目的地	出口量/台	出口额/万美元
合计	**2 889 163**	**58 491.40**	保加利亚	59	16.63
阿尔巴尼亚	50	1.79	北马其顿共和国	4	1.44
阿尔及利亚	314	11.47	比利时	130 866	1 942.47
阿根廷	32 711	557.23	冰岛	13	1.22
阿联酋	3 980	252.52	波多黎各	2	0.05
阿鲁巴	3	0.11	波黑	6	0.35
阿曼	145	3.93	波兰	109 205	1 414.40
阿塞拜疆	1 375	42.25	博茨瓦纳	2	0.15
埃及	2 228	111.93	布基纳法索	1	0.11
埃塞俄比亚	10	0.88	大洋洲其他国家（地区）	4	0.21
爱尔兰	40	36.00	丹麦	7 441	98.81
爱沙尼亚	428	14.70	德国	195 730	4 640.00
安哥拉	3	0.05	多米尼加共和国	1	0.45
奥地利	35 781	890.24	多民族玻利维亚国	260	3.74
澳大利亚	54 355	1 572.59	俄罗斯联邦	297 093	1 225.66
巴基斯坦	19	37.18	厄瓜多尔	922	23.22
巴拉圭	379	7.19	法国	48 577	1 134.12
巴林	12	1.57	菲律宾	11 801	70.95
巴拿马	42	0.68	芬兰	10	1.89
巴西	41 486	875.35	哥伦比亚	2 080	62.14
白俄罗斯	15 387	118.94	哥斯达黎加	121	4.64

（续）

三维打印机（3D 打印机）（84775910）

出口目的地	出口量/台	出口额/万美元	出口目的地	出口量/台	出口额/万美元
格陵兰	1	0.12	毛里求斯	17	0.57
格鲁吉亚	3	0.32	美国	986 346	23 198.04
古巴	1	0.57	蒙古	3	0.29
瓜德罗普	2	0.83	孟加拉国	13	4.53
哈萨克斯坦	67 964	125.67	秘鲁	2 494	68.41
韩国	65 068	1 082.23	缅甸	134	3.83
荷兰	69 094	3 014.60	摩尔多瓦	2	0.07
荷属安地列斯	1	0.02	摩洛哥	482	21.22
洪都拉斯	21	0.53	莫桑比克	1	0.14
吉尔吉斯斯坦	34 920	72.36	墨西哥	12 577	264.62
几内亚	1	0.09	纳米比亚	4	0.41
加拿大	68 573	1 623.29	南非	7 527	191.98
加那利群岛	2	0.05	尼加拉瓜	1	0.48
加纳	3	1.71	尼泊尔联邦民主共和国	85	7.91
柬埔寨	386	8.55	尼日利亚	8	0.72
捷克	47 576	1 040.73	挪威	1 301	39.85
津巴布韦	5	0.47	葡萄牙	204	28.73
喀麦隆	1	0.07	日本	32 993	1 323.30
卡塔尔	150	5.69	瑞典	45 948	1 103.02
科特迪瓦	1	0.15	瑞士	1 688	43.73
科威特	667	8.24	萨尔瓦多	4	0.46
克罗地亚	753	28.55	塞尔维亚	593	17.63
肯尼亚	20	0.87	塞内加尔	2	0.25
库克群岛	1	0.12	塞浦路斯	28	0.92
拉脱维亚	421	8.02	沙特阿拉伯	502	31.01
黎巴嫩	211	13.55	圣马力诺	304	1.14
立陶宛	404	9.72	斯里兰卡	113	5.01
利比亚	2	0.76	斯洛伐克	223	6.03
留尼汪	83	3.15	斯洛文尼亚	10 898	227.47
卢森堡	30	0.89	塔吉克斯坦	72	1.60
罗马尼亚	2 142	34.60	泰国	10 294	216.05
马达加斯加	583	8.75	坦桑尼亚	46	0.99
马尔代夫	48	1.72	特立尼达和多巴哥	16	0.44
马耳他	1 518	0.52	突尼斯	131	11.35
马拉维	1	0.06	土耳其	30 863	586.54
马来西亚	3 827	162.34	土库曼斯坦	10	0.18

（续）

三维打印机（3D 打印机）（84775910）

出口目的地	出口量/台	出口额/万美元	出口目的地	出口量/台	出口额/万美元
瓦利斯和浮图纳	3	0.12	也门	2	0.38
危地马拉	539	8.89	伊拉克	188	46.97
委内瑞拉	1	0.42	伊朗	14	2.20
文莱	431	7.50	以色列	7 807	1 020.25
乌克兰	36 265	98.84	意大利	15 817	305.69
乌拉圭	5 315	62.43	印度	31 622	524.48
乌兹别克斯坦	574	52.21	印度尼西亚	5 068	166.69
西班牙	34 890	544.17	英国	136 131	2 210.74
希腊	11 415	383.49	约旦	132	7.87
新加坡	6 986	178.41	越南	5 063	218.08
新喀里多尼亚	2	0.22	智利	27 251	408.87
新西兰	3 001	161.08	中国澳门	26	1.47
匈牙利	21 000	183.21	中国台湾	3 269	257.84
叙利亚	1	7.21	中国香港	32 990	1 783.19
亚美尼亚	3	0.38			

未列名模塑或成型机器（84775990）

出口目的地	出口量/台	出口额/万美元	出口目的地	出口量/台	出口额/万美元
合计	**54 219**	**21 498.84**	白俄罗斯	620	4.08
阿尔巴尼亚	50	0.25	保加利亚	8	2.80
阿尔及利亚	767	31.64	北马其顿共和国	1	1.06
阿富汗	4	0.03	比利时	1	3 美元
阿根廷	66	23.76	波多黎各	1	5.47
阿联酋	543	10.43	波兰	4 294	6.01
阿曼	2	9.47	布隆迪	2	9.51
阿塞拜疆	1	0.46	德国	556	36.32
埃及	2 349	58.88	多哥	30	0.06
埃塞俄比亚	13	23.40	多米尼加共和国	704	25.07
安哥拉	2	8.37	俄罗斯联邦	383	327.31
澳大利亚	17	70.53	厄瓜多尔	22	39.68
巴布亚新几内亚	2	0.02	法国	1	1.15
巴基斯坦	84	1 362.42	菲律宾	1 040	74.69
巴拉圭	2	2.40	斐济	129	0.45
巴拿马	16	39.89	佛得角	2	0.01
巴西	276	686.99	刚果（金）	252	1.24

（续）

未列名模塑或成型机器（84775990）

出口目的地	出口量/台	出口额/万美元	出口目的地	出口量/台	出口额/万美元
哥伦比亚	115	18.94	南非	11	6.25
格鲁吉亚	1	0.23	尼泊尔联邦民主共和国	216	2.55
哈萨克斯坦	9 568	3.40	尼日利亚	279	106.91
韩国	39	381.46	日本	652	41.80
荷兰	42	364.01	瑞典	1	0.02
吉布提	104	1.10	瑞士	2	2.10
吉尔吉斯斯坦	2	1.18	塞尔维亚	3	694.97
几内亚	1	0.03	塞拉利昂	5	8.31
加拿大	4	1.19	塞内加尔	28	1.55
加纳	125	21.97	沙特阿拉伯	287	42.73
柬埔寨	28	434.05	斯里兰卡	646	34.94
捷克	3	10.06	斯洛伐克	79	561.76
津巴布韦	9	7.64	苏丹	92	1.75
喀麦隆	1 161	2.93	苏里南	2	2.44
卡塔尔	50	0.28	塔吉克斯坦	7	1.77
科特迪瓦	25	33.28	泰国	888	3 792.98
科威特	104	0.27	坦桑尼亚	2 426	64.95
肯尼亚	201	6.99	突尼斯	24	31.52
老挝	8	2.16	土耳其	4 876	339.78
黎巴嫩	2	0.05	危地马拉	2	11.06
立陶宛	1	0.02	乌克兰	1 178	18.26
利比亚	33	0.18	乌拉圭	121	0.36
卢旺达	10	7.29	乌兹别克斯坦	57	144.12
罗马尼亚	19	20.82	西班牙	14	28.83
马达加斯加	1	16.48	希腊	501	17.51
马耳他	1	0.28	新加坡	63	8.14
马拉维	13	5.77	新西兰	33	0.07
马来西亚	1 506	119.70	匈牙利	1	0.97
毛里塔尼亚	6	0.03	叙利亚	15	43.00
美国	2 923	121.09	也门	252	1.10
孟加拉国	205	209.32	伊拉克	823	18.42
秘鲁	61	12.83	伊朗	158	33.93
缅甸	38	39.92	以色列	2	2.37
摩洛哥	1 476	12.98	意大利	654	92.53
莫桑比克	51	14.66	印度	2 964	2 213.61
墨西哥	138	303.43	印度尼西亚	1 579	791.24

（续）

未列名模塑或成型机器（84775990）

出口目的地	出口量/台	出口额/万美元	出口目的地	出口量/台	出口额/万美元
英国	658	1.07	智利	3 236	10.09
约旦	2	5.85	中国台湾	129	69.27
越南	850	7 160.50	中国香港	85	3.95
赞比亚	4	43.64			

2018—2021年中国塑料机械进口情况

2018年中国塑料机械进口情况

进口来源地	进口量/台	进口额/万美元	进口来源地	进口量/台	进口额/万美元
注塑机（84771010）					
合计	**7 208**	**76 520.53**	斯洛伐克	1	12.58
奥地利	95	2 402.97	泰国	121	810.61
巴西	1	24.19	土耳其	3	17.46
比利时	1	12.68	西班牙	36	112.24
德国	579	9 618.34	匈牙利	7	50.73
菲律宾	9	25.52	意大利	19	520.00
韩国	450	5 262.64	印度	5	41.06
荷兰	2	3.87	英国	2	74.60
加拿大	19	2 936.36	越南	1	11.00
马来西亚	1	2.71	中国大陆	235	1 420.72
美国	19	160.82	中国台湾	488	4 178.57
墨西哥	1	0.28	中国香港	7	48.79
日本	5 106	48 771.78			
其他注射机（84771090）					
合计	**499**	**7 436.17**	韩国	3	43.35
奥地利	18	346.90	加拿大	14	93.56
巴西	1	30.04	捷克	9	3.70
德国	53	1 944.34	美国	121	18.40
法国	21	418.54	葡萄牙	2	3.78

（续）

进口来源地	进口量/台	进口额/万美元	进口来源地	进口量/台	进口额/万美元
其他注射机（84771090）					
日本	103	2 348.62	印度	10	68.93
瑞士	5	45.10	中国大陆	14	95.12
新加坡	6	60.43	中国台湾	83	644.06
意大利	36	1 271.29			
塑料造粒机（84772010）					
合计	**373**	**14 614.79**	泰国	2	14.25
奥地利	35	1 573.87	新加坡	3	13.21
德国	70	5 083.79	印度	3	37.31
韩国	10	200.61	英国	2	18.37
马来西亚	2	4.71	中国台湾	25	388.72
美国	4	71.43	中国香港	2	18.69
日本	215	7 189.82			
其他挤出机（84772090）					
合计	**819**	**34 149.81**	马来西亚	1	0.05
奥地利	14	914.04	美国	70	2 722.92
澳大利亚	2	3.78	日本	98	7 411.88
巴西	1	0.10	瑞士	11	864.85
比利时	2	71.13	泰国	10	44.82
波兰	1	9.24	土耳其	3	42.72
德国	192	14 091.50	西班牙	1	92.70
法国	30	315.55	意大利	76	3 131.17
芬兰	11	196.14	印度	7	96.08
韩国	40	1 429.25	英国	1	8.53
荷兰	13	269.33	中国大陆	14	44.18
捷克	1	2.23	中国台湾	219	2 310.29
克罗地亚	1	77.35			
挤出吹塑机（84773010）					
合计	**96**	**10 912.24**	瑞士	2	161.67
德国	52	9 583.80	泰国	5	90.45
韩国	1	13.86	意大利	3	223.69
捷克	1	80.06	中国台湾	30	592.25
日本	2	166.46			
注射吹塑机（84773020）					
合计	**91**	**3 193.30**	意大利	1	78.66
德国	11	496.52	印度	21	356.27
日本	55	2 189.77	中国台湾	3	72.08

（续）

进口来源地	进口量/台	进口额/万美元	进口来源地	进口量/台	进口额/万美元
其他吹塑机（84773090）					
合计	**81**	**6 805.55**	瑞士	7	234.38
阿联酋	1	0.57	泰国	3	37.28
德国	35	3 713.04	意大利	5	289.18
法国	12	2 243.62	英国	1	22.15
美国	6	102.71	中国大陆	1	1.08
日本	4	68.41	中国台湾	6	93.12
塑料中空成型机（84774010）					
合计	**481**	**1 838.08**	美国	5	3.57
丹麦	11	3.47	日本	16	646.10
德国	3	17.44	瑞士	1	79.19
法国	1	0.43	意大利	7	871.27
韩国	3	12.08	中国大陆	421	7.70
荷兰	1	11.11	中国台湾	12	185.72
塑料压延成型机（84774020）					
合计	**90**	**2 195.77**	瑞典	1	5.41
奥地利	1	220.90	瑞士	1	52.71
德国	21	514.52	泰国	4	79.76
法国	1	0.67	意大利	6	436.53
韩国	1	65.00	英国	2	2.60
加拿大	1	0.31	中国大陆	3	2.33
美国	6	101.11	中国台湾	36	484.70
日本	6	229.22			
其他真空模塑机及其他热成型机器（84774090）					
合计	**948**	**26 808.33**	瑞典	1	6.03
奥地利	10	265.80	瑞士	7	84.24
比利时	3	67.37	土耳其	2	13.43
丹麦	6	31.69	新加坡	2	4.48
德国	184	6 679.02	以色列	2	15.50
法国	17	499.38	意大利	25	1 607.43
韩国	81	1 849.69	印度	3	1.48
荷兰	2	0.62	英国	8	47.93
加拿大	3	45.11	中国大陆	3	44.86
马来西亚	10	74.95	中国台湾	170	1 270.18
美国	244	996.69	中国香港	1	0.35
日本	164	13 202.11			

（续）

进口来源地	进口量/台	进口额/万美元	进口来源地	进口量/台	进口额/万美元
三维打印机（3D 打印机）（84775910）					
合计	**4 865**	**6 500.09**	美国	1 080	3 259.22
阿联酋	851	28.82	日本	2	19.01
爱尔兰	1	9.86	瑞典	5	22.79
奥地利	2	4.85	瑞士	10	52.56
澳大利亚	6	7.06	泰国	712	34.35
波兰	11	7.06	西班牙	24	16.38
丹麦	20	0.60	新加坡	37	298.37
德国	166	864.15	匈牙利	594	78.38
芬兰	2	2.88	以色列	173	1 439.53
国（地）别不详	2	0.13	意大利	24	20.02
韩国	109	26.90	英国	54	12.24
荷兰	219	76.19	中国大陆	176	25.65
加拿大	7	8.59	中国台湾	522	154.71
捷克	5	0.58	中国香港	6	16.35
拉脱维亚	45	12.84			
未列名模塑或成型机器（84775990）					
合计	**5 710**	**9 824.69**	美国	32	301.52
奥地利	17	13.90	日本	49	1 524.47
澳大利亚	1	37.63	瑞典	1	3.90
丹麦	2	12.27	泰国	2 849	14.64
德国	52	766.08	土耳其	3	1.86
法国	16	9.35	新加坡	30	168.50
芬兰	1	1.51	意大利	65	1 627.57
韩国	49	982.88	英国	10	8.34
荷兰	2	229.80	中国大陆	2 327	11.95
捷克	4	17.92	中国台湾	122	1 592.14
克罗地亚	67	2 109.97	中国香港	2	20.43
马来西亚	9	368.03			

2019 年中国塑料机械进口情况

进口来源地	进口量/台	进口额/万美元	进口来源地	进口量/台	进口额/万美元
注塑机（84771010）					
合计	**6 341**	**66 411.94**	瑞士	2	15.89
奥地利	75	2 012.34	泰国	104	531.42
德国	578	7 885.94	西班牙	49	149.83
韩国	360	4 333.47	匈牙利	4	28.45
荷兰	2	5.73	意大利	23	570.14
加拿大	33	3 635.46	印度	1	4.15
马来西亚	1	7.59	中国大陆	349	1 966.04
美国	28	49.66	中国台湾	345	2 960.98
墨西哥	2	0.72	中国香港	6	1.46
日本	4 379	42 252.66			
其他注射机（84771090）					
合计	**360**	**5 506.64**	日本	80	2 675.30
奥地利	10	88.75	新加坡	1	20.66
德国	48	1 141.07	意大利	24	851.57
法国	10	94.32	印度	2	16.54
韩国	9	58.04	英国	1	4.49
荷兰	3	13.63	中国大陆	5	17.32
加拿大	5	32.07	中国台湾	38	490.06
美国	124	2.83			
塑料造粒机（84772010）					
合计	**291**	**20 793.48**	日本	114	10 248.26
奥地利	16	737.38	瑞士	5	615.80
比利时	1	0.44	泰国	1	1.38
德国	64	4 754.92	意大利	6	1 736.41
菲律宾	1	1.30	中国大陆	16	69.98
韩国	28	1 998.80	中国台湾	28	421.44
马来西亚	6	3.83	中国香港	2	13.54
美国	3	190.00			

（续）

进口来源地	进口量/台	进口额/万美元	进口来源地	进口量/台	进口额/万美元
其他挤出机（84772090）					
合计	**642**	**26 832.76**	日本	83	7 624.16
奥地利	35	1 997.46	瑞士	30	1 253.66
比利时	3	366.04	泰国	4	39.27
德国	165	10 693.70	西班牙	1	42.50
法国	1	15.16	新西兰	1	1.47
芬兰	1	12.07	以色列	1	1.77
韩国	41	743.87	意大利	42	1 263.60
荷兰	5	29.50	英国	29	10.72
加拿大	2	222.40	中国大陆	18	79.31
罗马尼亚	1	24.63	中国台湾	151	1 679.18
美国	28	732.29			
挤出吹塑机（84773010）					
合计	**69**	**8 188.28**	泰国	4	96.61
德国	43	6 496.97	西班牙	2	36.26
韩国	1	19.63	意大利	10	982.49
加拿大	1	120.18	中国大陆	1	33.88
日本	2	119.60	中国台湾	4	146.50
瑞士	1	136.17			
注射吹塑机（84773020）					
合计	**106**	**3 778.98**	意大利	3	127.64
德国	11	318.90	印度	22	446.25
韩国	2	14.25	中国台湾	5	121.14
日本	63	2 750.80			
其他吹塑机（84773090）					
合计	**101**	**9 143.58**	日本	2	71.28
德国	50	5 176.82	瑞士	5	101.33
法国	18	3 136.82	泰国	8	82.60
韩国	1	16.21	乌克兰	1	19.68
荷兰	1	2.61	意大利	6	454.15
加拿大	1	1.05	英国	1	0.10
美国	4	36.40	中国台湾	3	44.53

（续）

进口来源地	进口量/台	进口额/万美元	进口来源地	进口量/台	进口额/万美元
塑料中空成型机（84774010）					
合计	**58**	**1 569.94**	日本	18	513.73
奥地利	1	0.38	瑞士	2	166.83
丹麦	10	3.36	意大利	2	315.92
德国	2	158.99	英国	1	0.20
法国	3	5.66	中国台湾	15	402.07
美国	4	2.80			
塑料压延成型机（84774020）					
合计	**72**	**2 423.03**	美国	3	17.22
奥地利	1	13.29	日本	4	101.85
德国	19	793.10	泰国	2	16.35
法国	2	1.30	意大利	6	282.48
韩国	4	304.14	英国	1	0.47
荷兰	1	35.82	中国大陆	1	0.10
马来西亚	2	0.85	中国台湾	26	856.05
其他真空模塑机及其他热成型机器（84774090）					
合计	**700**	**28 533.78**	日本	104	14 202.11
奥地利	1	11.33	瑞士	6	159.81
比利时	1	31.84	土耳其	1	5.91
丹麦	4	12.45	西班牙	1	0.12
德国	155	9 379.57	以色列	1	2.01
法国	4	88.28	意大利	20	1 003.91
韩国	64	584.92	印度	2	0.73
荷兰	3	3.45	英国	6	3.61
加拿大	5	156.70	越南	3	5.94
马来西亚	3	26.25	中国大陆	39	1 753.19
美国	136	179.11	中国台湾	141	922.54
三维打印机（3D 打印机）（84775910）					
合计	**7 437**	**6 399.82**	国（地）别不详	1	0.01
阿根廷	2	0.70	韩国	247	81.81
阿联酋	161	5.17	荷兰	289	129.43
奥地利	4	75.60	捷克	4	0.58
澳大利亚	7	6.76	拉脱维亚	1	0.71
波兰	8	6.34	马来西亚	1	0.03
德国	107	939.41	美国	505	3 165.77
法国	2	4.84	挪威	1	0.18
芬兰	6	5.85	日本	3	3.68

（续）

进口来源地	进口量/台	进口额/万美元	进口来源地	进口量/台	进口额/万美元
三维打印机（3D 打印机）（84775910）					
瑞典	6	27.88	以色列	113	892.44
瑞士	2	24.77	意大利	41	28.30
泰国	432	33.46	印度	1	0.03
土耳其	1	0.03	英国	33	24.71
西班牙	8	2.97	中国大陆	3 256	306.44
新加坡	52	383.44	中国台湾	353	37.49
匈牙利	1 759	203.79	中国香港	31	7.19
未列名模塑或成型机器（84775990）					
合计	**5 702**	**9 480.34**	日本	64	2 023.08
奥地利	6	7.02	瑞典	2	8.22
澳大利亚	4	44.93	瑞士	1	10.08
丹麦	1	81.87	斯洛文尼亚	1	49.82
德国	82	439.03	泰国	3 757	26.69
法国	11	107.47	土耳其	2	1.66
韩国	27	1 324.35	匈牙利	1	3.50
荷兰	1	252.63	以色列	1	2.62
加拿大	1	59.64	意大利	93	2 564.87
捷克	1	1.35	英国	7	20.82
克罗地亚	26	860.26	智利	1	3.20
马来西亚	2	96.40	中国大陆	1 465	2.91
美国	32	310.41	中国台湾	113	1 177.52

2020 年中国塑料机械进口情况

进口来源地	进口量/台	进口额/万美元	进口来源地	进口量/台	进口额/万美元
注塑机（84771010）					
合计	**5 950**	**59 318.11**	日本	4 467	43 356.99
奥地利	24	397.92	瑞士	32	1 023.16
澳大利亚	6	67.87	斯洛伐克	1	10.95
比利时	1	2.20	泰国	162	963.60
德国	407	5 661.41	西班牙	28	94.96
法国	5	30.71	匈牙利	8	60.13
韩国	173	2 175.89	意大利	19	935.06
荷兰	3	11.57	英国	2	75.89
加拿大	10	1 122.53	中国大陆	204	876.28
美国	29	20.30	中国台湾	369	2 430.71

（续）

进口来源地	进口量/台	进口额/万美元	进口来源地	进口量/台	进口额/万美元
其他注射机（84771090）					
合计	**162**	**3 568.24**	美国	6	5.44
奥地利	11	135.84	日本	31	927.91
德国	31	831.24	意大利	39	1 100.99
法国	4	63.88	印度	1	8.26
韩国	5	175.09	中国大陆	4	5.12
荷兰	2	5.76	中国台湾	28	308.72
塑料造粒机（84772010）					
合计	**264**	**25 230.51**	瑞士	3	265.26
奥地利	44	4 639.83	泰国	3	8.45
德国	67	10 008.01	西班牙	1	0.10
韩国	1	75.43	意大利	4	75.62
日本	108	9 848.61	中国大陆	21	124.02
瑞典	1	16.61	中国台湾	11	168.55
其他挤出机（84772090）					
合计	**810**	**33 204.66**	德国	172	16 247.32
奥地利	16	1 185.31	法国	1	164.43
巴西	3	31.82	芬兰	12	309.38
比利时	1	114.64	韩国	22	406.26
波兰	1	4.45	荷兰	8	247.67
其他挤出机（84772090）					
加拿大	82	0.90	土耳其	1	1.69
马来西亚	1	3.77	意大利	57	1 132.61
美国	9	742.62	印度	8	102.59
日本	48	6 268.38	英国	176	65.76
瑞士	20	2 770.96	中国大陆	29	78.71
泰国	11	61.62	中国台湾	132	3 263.76
挤出吹塑机（84773010）					
合计	**59**	**4 133.88**	泰国	3	59.53
德国	16	2 205.90	土耳其	3	17.99
韩国	5	151.73	意大利	4	324.19
美国	1	44.21	印度	3	46.24
日本	3	416.09	中国台湾	18	748.34
瑞士	3	119.67			

（续）

进口来源地	进口量/台	进口额/万美元	进口来源地	进口量/台	进口额/万美元
注射吹塑机（84773020）					
合计	**81**	**3 042.13**	日本	54	2 403.01
德国	3	161.35	印度	18	316.18
韩国	1	13.87	中国台湾	5	147.72
其他吹塑机（84773090）					
合计	**357**	**4 503.45**	瑞士	2	24.29
德国	24	2 229.61	泰国	290	74.23
法国	9	1 367.52	意大利	9	171.10
美国	8	79.85	印度	1	30.88
日本	12	520.76	中国台湾	2	5.21
塑料中空成型机（84774010）					
合计	**76**	**2 244.01**	日本	18	529.26
奥地利	2	88.89	意大利	4	615.03
巴西	1	10.00	中国大陆	2	1.21
丹麦	11	3.59	中国台湾	34	801.30
德国	4	194.72			
塑料压延成型机（84774020）					
合计	**66**	**1 731.27**	挪威	1	4.90
德国	15	776.47	日本	5	71.65
韩国	1	0.08	西班牙	1	0.68
加拿大	1	9.53	意大利	4	327.07
美国	18	86.45	中国台湾	20	454.44
其他真空模塑机及其他热成型机器（84774090）					
合计	**612**	**30 699.30**	日本	80	11 618.15
奥地利	4	377.42	瑞士	2	35.31
巴西	26	0.46	泰国	2	8.17
丹麦	1	2.08	匈牙利	1	66.87
德国	135	11 802.89	以色列	1	0.33
法国	10	280.11	意大利	18	2 421.57
韩国	32	968.33	印度	2	0.75
荷兰	1	5.14	英国	9	13.26
加拿大	12	651.50	中国大陆	13	732.73
马来西亚	1	57.27	中国台湾	117	1 171.16
美国	145	485.79			

（续）

进口来源地	进口量/台	进口额/万美元	进口来源地	进口量/台	进口额/万美元
三维打印机（3D 打印机）（84775910）					
合计	**12 302**	**5 059.97**	墨西哥	2	0.29
奥地利	2	4.78	日本	6	1.09
澳大利亚	23	22.41	瑞典	5	12.41
波兰	15	124.60	瑞士	1	24.64
德国	108	1 225.71	斯洛文尼亚	1	18.06
俄罗斯联邦	18	23.00	泰国	271	22.12
法国	3	36.45	西班牙	9	14.67
芬兰	3	1.63	新加坡	45	179.88
国（地）别不详	1	0.12	匈牙利	66	7.58
韩国	83	35.97	以色列	114	1 129.49
荷兰	155	58.16	意大利	6	46.45
加拿大	5	0.81	英国	11	45.98
捷克	11	0.84	中国大陆	10 298	355.83
立陶宛	1	59.67	中国台湾	883	89.75
罗马尼亚	1	0.03	中国香港	1	7.77
美国	154	1 509.80			
未列名模塑或成型机器（84775990）					
合计	**414**	**6 242.87**	日本	27	3 375.05
奥地利	11	115.81	瑞典	1	1.50
比利时	1	0.31	瑞士	3	31.79
德国	63	325.76	泰国	113	65.70
法国	5	138.91	土耳其	7	34.01
韩国	9	153.50	新加坡	2	11.24
荷兰	4	0.09	意大利	69	986.02
加拿大	1	2.00	英国	11	1.16
捷克	2	34.97	中国大陆	5	43.94
美国	37	398.23	中国台湾	43	522.87

2021 年中国塑料机械进口情况

进口来源地	进口量/台	进口额/万美元	进口来源地	进口量/台	进口额/万美元
注塑机（84771010）					
合计	**7 762**	**74 274.73**	丹麦	1	16.94
奥地利	75	1 383.18	德国	471	6 780.53

（续）

进口来源地	进口量/台	进口额/万美元	进口来源地	进口量/台	进口额/万美元
注塑机（84771010）					
韩国	306	4 205.54	西班牙	29	90.78
荷兰	3	18.90	新加坡	2	124.59
加拿大	9	839.48	匈牙利	4	31.73
美国	47	52.81	意大利	23	428.54
墨西哥	15	23.75	印度	1	1.66
日本	6 054	54 394.02	英国	1	40.40
瑞士	17	615.10	中国大陆	251	1 708.95
斯洛伐克	8	107.59	中国台湾	303	2 431.82
泰国	140	970.68	中国香港	2	7.75
其他注射机（84771090）					
合计	**172**	**4 582.97**	葡萄牙	2	2.28
奥地利	9	194.37	日本	27	1 175.56
德国	24	654.45	西班牙	1	1.79
法国	8	92.45	意大利	35	1 887.38
韩国	2	6.18	印度	4	34.16
加拿大	13	109.96	中国大陆	2	14.43
美国	5	13.34	中国台湾	40	396.61
塑料造粒机（84772010）					
合计	**304**	**28 444.22**	泰国	3	30.83
奥地利	26	2 865.27	新加坡	2	12.13
德国	50	7 178.25	意大利	1	24.32
韩国	3	48.31	英国	4	414.37
马来西亚	2	1.50	中国大陆	17	35.72
美国	10	1 439.19	中国台湾	8	141.24
日本	178	16 253.08			
其他挤出机（84772090）					
合计	**972**	**40 536.60**	瑞士	13	562.74
奥地利	13	691.30	泰国	4	91.95
德国	222	24 002.37	西班牙	2	16.70
芬兰	43	1 249.81	意大利	36	1 158.12
韩国	30	954.27	印度	7	171.33
荷兰	5	184.12	英国	330	176.62
美国	17	334.45	中国大陆	16	36.05
缅甸	1	1.91	中国台湾	149	2 230.17
日本	84	8 674.69			

（续）

进口来源地	进口量/台	进口额/万美元	进口来源地	进口量/台	进口额/万美元
挤出吹塑机（84773010）					
合计	**69**	**6 116.34**	瑞士	1	50.18
奥地利	1	41.54	泰国	1	3.82
德国	35	4 578.02	意大利	8	642.69
韩国	2	50.00	中国大陆	1	1.51
日本	1	75.20	中国台湾	19	673.38
注射吹塑机（84773020）					
合计	**129**	**3 765.51**	印度	54	971.10
德国	8	385.17	中国台湾	5	113.54
日本	62	2 295.70			
其他吹塑机（84773090）					
合计	**38**	**3 225.37**	日本	1	93.88
德国	17	2 128.31	瑞士	2	26.15
法国	4	769.18	泰国	3	59.52
韩国	2	1.50	印度	1	31.99
美国	7	98.91	中国台湾	1	15.92
塑料中空成型机（84774010）					
合计	**128**	**5 025.12**	土耳其	2	1.65
丹麦	19	7.64	西班牙	2	9.28
德国	15	1 037.36	意大利	16	2 106.41
美国	3	72.39	英国	1	0.23
日本	10	982.00	中国大陆	19	4.08
瑞典	1	12.90	中国台湾	39	783.60
瑞士	1	7.57			
塑料压延成型机（84774020）					
合计	**54**	**1 297.93**	美国	11	105.97
奥地利	2	51.24	日本	4	45.34
德国	8	161.37	意大利	5	292.02
法国	2	189.14	中国大陆	1	0.20
荷兰	1	4.80	中国台湾	20	447.84
其他真空模塑机及其他热成型机器（84774090）					
合计	**1 085**	**39 417.90**	日本	123	16 673.42
丹麦	4	3.20	瑞士	8	316.83
德国	179	15 601.33	土耳其	1	7.47
法国	22	52.19	西班牙	3	8.46
韩国	71	1 389.20	希腊	2	0.19
荷兰	2	8.46	意大利	15	1 146.47
加拿大	8	443.27	印度尼西亚	1	0.26
捷克	2	16.86	英国	13	4.81
马来西亚	8	72.00	中国大陆	241	7.82
美国	160	854.69	中国台湾	222	2 810.95

（续）

进口来源地	进口量/台	进口额/万美元	进口来源地	进口量/台	进口额/万美元
三维打印机（3D打印机）（84775910）					
合计	**7 390**	**3 790.83**	韩国	108	80.42
奥地利	1	5.45	荷兰	198	77.80
澳大利亚	32	46.95	加拿大	1	3.05
波兰	5	5.78	捷克	33	2.95
德国	95	581.39	卢森堡	2	2.89
俄罗斯联邦	13	12.60	马来西亚	1	32.86
法国	2	0.25	美国	189	1 215.41
芬兰	6	11.70	日本	6	9.85
三维打印机（3D打印机）（84775910）					
瑞士	2	10.42	以色列	80	585.57
土耳其	2	2.16	意大利	1	0.99
西班牙	11	13.89	英国	4	3.98
新加坡	88	277.53	越南	3	0.08
新西兰	5	0.48	中国大陆	5 319	736.61
匈牙利	186	13.18	中国台湾	997	56.59
未列名模塑或成型机器（84775990）					
合计	**371**	**5 617.71**	瑞典	4	19.93
奥地利	14	165.81	瑞士	4	85.70
澳大利亚	1	55.97	土耳其	1	6.95
丹麦	2	37.93	新加坡	27	151.88
德国	80	462.43	新西兰	7	1.26
法国	1	7.52	匈牙利	1	74.91
国（地）别不详	1	1.76	意大利	57	1 570.12
韩国	4	10.46	英国	46	289.62
荷兰	3	365.09	中国大陆	4	14.92
美国	20	150.87	中国台湾	77	730.25
日本	17	1 414.31			

企业概况

发布行业优势企业名单及运行分析，分析2021年塑料机械行业上市公司情况，访谈企业管理人士

2021 中国塑料机械行业优势企业名单

2021 中国塑料机械制造业综合实力 30 强企业
（按 2020 年度主营业务收入排序）

Top 30 Comprehensive Strength Enterprises of China Plastics Machinery Manufacturing Industry in 2021
（Sorted by Main Business Income in 2020）

排序 Ranking	企业名称 Company Name	排序 Ranking	企业名称 Company Name
1	海天塑机集团有限公司 Haitian Plastics Machinery Group Co.,Ltd.	16	宁波创基机械有限公司 Ningbo Chuangji Machinery Co.,Ltd.
2	上海金纬机械制造有限公司 Shanghai Jwell Machinery Co.,Ltd.	17	宁波甬华塑料机械制造有限公司 Ningbo Yonghua Plastic Machinery Manufacturing Co.,Ltd.
3	广东伊之密精密机械股份有限公司 Guangdong Yizumi Precision Machinery Co.,Ltd.	18	宁波海星机械制造有限公司 Ningbo Haixing Machinery Manufacturing Co.,Ltd.
4	震雄集团有限公司 Chen Hsong Holdings Limited	19	浙江申达机器制造股份有限公司 Zhejiang Sound Machine Manufacturing Co.,Ltd.
5	大连橡胶塑料机械有限公司 Dalian Rubber & Plastics Machinery Co.,Ltd.	20	宁波海雄塑料机械有限公司 Ningbo Haixiong Plastics Machinery Co.,Ltd.
6	山东通佳机械有限公司 Shandong Tongjia Machinery Co.,Ltd.	21	浙江金鹰塑料机械有限公司 Zhejiang Golden Eagle Plastic Machinery Co.,Ltd.
7	力劲科技集团有限公司 L.K. Technology Holdings Limited	22	广东金明精机股份有限公司 Guangdong Jinming Machinery Co.,Ltd.
8	博创智能装备股份有限公司 Borch Machinery Co.,Ltd.	23	江苏贝尔机械有限公司 Jiangsu Beier Machinery Co.,Ltd.
9	泰瑞机器股份有限公司 Tederic Machinery Co.,Ltd.	24	南京越升挤出机械有限公司 Useon (Nanjing) Extrusion Machinery Co.,Ltd.
10	宁波华美达机械制造有限公司 Ningbo Hwamda Machinery Manufacturing Co.,Ltd.	25	苏州同大机械有限公司 Suzhou Tongda Machinery Co.,Ltd.
11	宁波市海达塑料机械有限公司 Ningbo Haida Plastic Machinery Co.,Ltd.	26	江苏维达机械有限公司 Jiangsu Victor Machinery Co.,Ltd.
12	东华机械有限公司 Donghua Machinery Ltd.	27	新乐华宝塑料机械有限公司 Xinle Huabao Plastic Machinery Co.,Ltd.
13	伯乐智能装备有限公司 Bole Intelligent Equipment Co.,Ltd.	28	南京科亚化工成套装备有限公司 Nanjing Ky Chemical Machinery Co.,Ltd.
14	富强鑫精密工业股份有限公司 Fu Chun Shin Machinery Manufacture Co.,Ltd.	29	广东乐善智能装备股份有限公司 Guangdong Leshan Intelligent Equipment Corp.,Ltd.
15	佛山市宝捷精密机械有限公司 Powerjet Plastic Machinery Co.,Ltd.	30	江苏诚盟装备股份有限公司 Jiangsu Cenmen Equipment Corp.,Ltd.

2021 中国塑料机械制造业综合实力 30 强企业
（按 2020 年度净利润排序）

Top 30 Comprehensive Strength Enterprises of China Plastics Machinery Manufacturing Industry in 2021
（Sorted by Net Profit in 2020）

排序 Ranking	企业名称 Company Name	排序 Ranking	企业名称 Company Name
1	海天塑机集团有限公司 Haitian Plastics Machinery Group Co.,Ltd.	16	南京越升挤出机械有限公司 Useon (Nanjing) Extrusion Machinery Co.,Ltd
2	上海金纬机械制造有限公司 Shanghai Jwell Machinery Co.,Ltd.	17	宁波海星机械制造有限公司 Ningbo Haixing Machinery Manufacturing Co.,Ltd.
3	广东伊之密精密机械股份有限公司 Guangdong Yizumi Precision Machinery Co.,Ltd.	18	广东金明精机股份有限公司 Guangdong Jinming Machinery Co.,Ltd.
4	震雄集团有限公司 Chen Hsong Holdings Limited	19	苏州同大机械有限公司 Suzhou Tongda Machinery Co.,Ltd.
5	宁波市海达塑料机械有限公司 Ningbo Haida Plastic Machinery Co.,Ltd.	20	宁波创基机械有限公司 Ningbo Chuangji Machinery Co.,Ltd.
6	泰瑞机器股份有限公司 Tederic Machinery Co.,Ltd.	21	浙江金鹰塑料机械有限公司 Zhejiang Golden Eagle Plastic Machinery Co.,Ltd.
7	宁波甬华塑料机械制造有限公司 Ningbo Yonghua Plastic Machinery Manufacturing Co.,Ltd.	22	佛山市宝捷精密机械有限公司 Powerjet Plastic Machinery Co.,Ltd.
8	山东通佳机械有限公司 Shandong Tongjia Machinery Co.,Ltd.	23	南京科亚化工成套装备有限公司 Nanjing Ky Chemical Machinery Co.,Ltd.
9	力劲科技集团有限公司 L.K. Technology Holdings Limited	24	新乐华宝塑料机械有限公司 Xinle Huabao Plastic Machinery Co.,Ltd.
10	博创智能装备股份有限公司 Borch Machinery Co.,Ltd.	25	江苏维达机械有限公司 Jiangsu Victor Machinery Co.,Ltd.
11	江苏贝尔机械有限公司 Jiangsu Beier Machinery Co.,Ltd.	26	江苏诚盟装备股份有限公司 Jiangsu Cenmen Equipment Corp.,Ltd.
12	伯乐智能装备有限公司 Bole Intelligent Equipment Co.,Ltd.	27	德科摩橡塑科技（东莞）有限公司 Dekuma Rubber and Plastic Technology（Dongguan）Ltd.
13	富强鑫精密工业股份有限公司 Fu Chun Shin Machinery Manufacture Co.,Ltd.	28	广东乐善智能装备股份有限公司 Guangdong Leshan Intelligent Equipment Corp.,Ltd.
14	宁波海雄塑料机械有限公司 Ningbo Haixiong Plastics Machinery Co.,Ltd.	29	大连橡胶塑料机械有限公司 Dalian Rubber & Plastics Machinery Co.,Ltd.
15	宁波华美达机械制造有限公司 Ningbo Hwamda Machinery Manufacturing Co.,Ltd.	30	大连三垒科技有限公司 Dalian Sunlight Technology Co.,Ltd.

2021 中国塑料注射成型机行业 18 强企业

Top 18 Enterprises of China Plastics Injection Molding Machinery Industry in 2021

排序 Ranking	企业名称（按 2020 年度主营业务收入排序） Company Name（Sorted by Main Business Income in 2020）	企业名称（按 2020 年度净利润排序） Company Name（Sorted by Net Profit in 2020）
1	海天塑机集团有限公司 Haitian Plastics Machinery Group Co.,Ltd.	海天塑机集团有限公司 Haitian Plastics Machinery Group Co.,Ltd.
2	广东伊之密精密机械股份有限公司 Guangdong Yizumi Precision Machinery Co.,Ltd.	广东伊之密精密机械股份有限公司 Guangdong Yizumi Precision Machinery Co.,Ltd.
3	震雄集团有限公司 Chen Hsong Holdings Limited	震雄集团有限公司 Chen Hsong Holdings Limited
4	力劲科技集团有限公司 L.K. Technology Holdings Limited	宁波市海达塑料机械有限公司 Ningbo Haida Plastic Machinery Co.,Ltd.
5	博创智能装备股份有限公司 Borch Machinery Co.,Ltd.	泰瑞机器股份有限公司 Tederic Machinery Co.,Ltd.
6	泰瑞机器股份有限公司 Tederic Machinery Co.,Ltd.	宁波甬华塑料机械制造有限公司 Ningbo Yonghua Plastic Machinery Manufacturing Co.,Ltd.
7	宁波华美达机械制造有限公司 Ningbo Hwamda Machinery Manufacturing Co.,Ltd.	力劲科技集团有限公司 L.K. Technology Holdings Limited
8	宁波市海达塑料机械有限公司 Ningbo Haida Plastic Machinery Co.,Ltd.	博创智能装备股份有限公司 Borch Machinery Co.,Ltd.
9	东华机械有限公司 Donghua Machinery Ltd.	伯乐智能装备有限公司 Bole Intelligent Equipment Co.,Ltd.
10	伯乐智能装备有限公司 Bole Intelligent Equipment Co.,Ltd.	富强鑫精密工业股份有限公司 Fu Chun Shin Machinery Manufacture Co.,Ltd.
11	富强鑫精密工业股份有限公司 Fu Chun Shin Machinery Manufacture Co.,Ltd.	宁波海雄塑料机械有限公司 Ningbo Haixiong Plastics Machinery Co.,Ltd.
12	宁波创基机械有限公司 Ningbo Chuangji Machinery Co.,Ltd.	宁波华美达机械制造有限公司 Ningbo Hwamda Machinery Manufacturing Co.,Ltd.
13	宁波甬华塑料机械制造有限公司 Ningbo Yonghua Plastic Machinery Manufacturing Co.,Ltd.	宁波海星机械制造有限公司 Ningbo Haixing Machinery Manufacturing Co.,Ltd.
14	佛山市宝捷精密机械有限公司 Powerjet Plastic Machinery Co.,Ltd.	宁波创基机械有限公司 Ningbo Chuangji Machinery Co.,Ltd.
15	浙江申达机器制造股份有限公司 Zhejiang Sound Machine Manufacturing Co., Ltd.	浙江金鹰塑料机械有限公司 Zhejiang Golden Eagle Plastic Machinery Co.,Ltd.
16	宁波海雄塑料机械有限公司 Ningbo Haixiong Plastics Machinery Co.,Ltd.	佛山市宝捷精密机械有限公司 Powerjet Plastic Machinery Co.,Ltd.

（续）

排序 Ranking	企业名称（按 2020 年度主营业务收入排序）Company Name（Sorted by Main Business Income in 2020）	企业名称（按 2020 年度净利润排序）Company Name（Sorted by Net Profit in 2020）
17	宁波海星机械制造有限公司 Ningbo Haixing Machinery Manufacturing Co.,Ltd.	宁波双盛塑料机械有限公司 Ningbo Shuangsheng Plastic Machinery Co.,Ltd.
18	浙江金鹰塑料机械有限公司 Zhejiang Golden Eagle Plastic Machinery Co.,Ltd.	东华机械有限公司 Donghua Machinery Ltd.

2021 中国塑料挤出成型机行业 12 强企业

Top 12 Enterprises of China Plastics Extrusion Molding Machinery Industry in 2021

排序 Ranking	企业名称（按 2020 年度主营业务收入排序）Company Name（Sorted by Main Business Income in 2020）	企业名称（按 2020 年度净利润排序）Company Name（Sorted by Net Profit in 2020）
1	上海金纬机械制造有限公司 Shanghai Jwell Machinery Co.,Ltd.	上海金纬机械制造有限公司 Shanghai Jwell Machinery Co.,Ltd.
2	山东通佳机械有限公司 Shandong Tongjia Machinery Co.,Ltd.	山东通佳机械有限公司 Shandong Tongjia Machinery Co.,Ltd.
3	大连橡胶塑料机械有限公司 Dalian Rubber & Plastics Machinery Co.,Ltd.	江苏贝尔机械有限公司 Jiangsu Beier Machinery Co.,Ltd.
4	广东金明精机股份有限公司 Guangdong Jinming Machinery Co., Ltd.	南京越升挤出机械有限公司 Useon (Nanjing) Extrusion Machinery Co.,Ltd.
5	江苏贝尔机械有限公司 Jiangsu Beier Machinery Co.,Ltd.	广东金明精机股份有限公司 Guangdong Jinming Machinery Co.,Ltd.
6	南京越升挤出机械有限公司 Useon (Nanjing) Extrusion Machinery Co.,Ltd.	南京科亚化工成套装备有限公司 Nanjing Ky Chemical Machinery Co.,Ltd.
7	新乐华宝塑料机械有限公司 Xinle Huabao Plastic Machinery Co.,Ltd.	新乐华宝塑料机械有限公司 Xinle Huabao Plastic Machinery Co.,Ltd.
8	南京科亚化工成套装备有限公司 Nanjing Ky Chemical Machinery Co.,Ltd.	江苏诚盟装备股份有限公司 Jiangsu Cenmen Equipment Corp.,Ltd.
9	江苏诚盟装备股份有限公司 Jiangsu Cenmen Equipment Corp.,Ltd.	德科摩橡塑科技（东莞）有限公司 Dekuma Rubber and Plastic Technology (Dongguan) Ltd.
10	德科摩橡塑科技（东莞）有限公司 Dekuma Rubber and Plastic Technology(Dongguan) Ltd.	大连三垒科技有限公司 Dalian Sunlight Technology Co.,Ltd.
11	大连三垒科技有限公司 Dalian Sunlight Technology Co.,Ltd.	四川中旺科技有限公司 Sichuan Advance Technology Co.,Ltd.
12	四川中旺科技有限公司 Sichuan Advance Technology Co.,Ltd.	大连橡胶塑料机械有限公司 Dalian Rubber & Plastics Machinery Co.,Ltd.

2021 中国塑料中空成型机行业 5 强企业

Top 5 Enterprises of China Plastics Hollow Molding Machinery Industry in 2021

排序 Ranking	企业名称（按 2020 年度主营业务收入排序） Company Name（Sorted by Main Business Income in 2020）	企业名称（按 2020 年度净利润排序） Company Name（Sorted by Net Profit in 2020）
1	苏州同大机械有限公司 Suzhou Tongda Machinery Co.,Ltd.	苏州同大机械有限公司 Suzhou Tongda Machinery Co.,Ltd.
2	江苏维达机械有限公司 Jiangsu Victor Machinery Co.,Ltd.	江苏维达机械有限公司 Jiangsu Victor Machinery Co.,Ltd.
3	山东通佳机械有限公司 Shandong Tongjia Machinery Co.,Ltd.	山东通佳机械有限公司 Shandong Tongjia Machinery Co.,Ltd.
4	广东乐善智能装备股份有限公司 Guangdong Leshan Intelligent Equipment Corp.,Ltd.	广东乐善智能装备股份有限公司 Guangdong Leshan Intelligent Equipment Corp.,Ltd.
5	柳州市精业机器有限公司 Liuzhou Jingye Machinery Co.,Ltd.	柳州市精业机器有限公司 Liuzhou Jingye Machinery Co.,Ltd.

2021 中国塑料机械辅机及配套件行业 5 强企业

Top 5 Enterprises of China Plastics Auxiliary Equipment and Accessories Industry in 2021

排序 Ranking	企业名称（按 2020 年度主营业务收入排序） Company Name（Sorted by Main Business Income in 2020）	企业名称（按 2020 年度利润排序） Company Name（Sorted by Net Profit in 2020）
1	宁波弘讯科技股份有限公司 Ningbo Techmation Co.,Ltd.	艾尔发智能科技股份有限公司 Alfa Industrial Corporation
2	信易集团 Shini Group	信易集团 Shini Group
3	艾尔发智能科技股份有限公司 Alfa Industrial Corporation	宁波弘讯科技股份有限公司 Ningbo Techmation Co.,Ltd.
4	宁波伊士通技术股份有限公司 Ningbo Est Technology Co.,Ltd.	宁波伊士通技术股份有限公司 Ningbo Est Technology Co.,Ltd.
5	广东拓斯达科技股份有限公司 Guangdong Topstar Technology Co.,Ltd.	广东拓斯达科技股份有限公司 Guangdong Topstar Technology Co.,Ltd.

2021 中国塑料机械行业优势企业运行分析

自 2011 年以来，中国塑料机械工业协会已连续 11 年推出中国塑料机械行业优势企业榜单。该榜单不仅得到行业的广泛关注，也成为国内外塑料机械相关产业及用户了解中国塑料机械企业发展的风向标。近年来塑料机械行业持续快速发展，优势企业整体经营水平显著提升，因此 2021 中国塑料机械行业优势企业范围扩大至中国塑料机械制造业综合实力 30 强企业、中国塑料注射成型机行业 18 强企业（主营业务收入均超过 4 亿元）、中国塑料挤出成型机行业 12 强企业、中国塑料中空成型机行业 5 强企业、中国塑料机械辅机及配套件行业 5 强企业。

一、体量指标和效益指标全面快速增长

根据中国塑料机械工业协会的统计，2021 中国塑料机械行业共有 40 家优势企业上榜，除纳税总额有所下降外，2020 年度各项主要经济指标继续保持快速增长的态势。其中，工业总产值和工业销售产值分别为 401 亿元和 398.4 亿元，同比分别增长 25%、29%；主营业务收入为 355.6 亿元，同比增长 18%；利润总额为 68.5 亿元，同比增长 80%，远高于行业的整体平均增速；出口额为 75.2 亿元，同比增长 6%。利润率也有较大幅度的改善，显著优于行业平均水平。2021 中国塑料机械行业优势企业主要指标及增长情况见图 1。中国塑料机械行业重点企业主要效益指标对比见图 2。

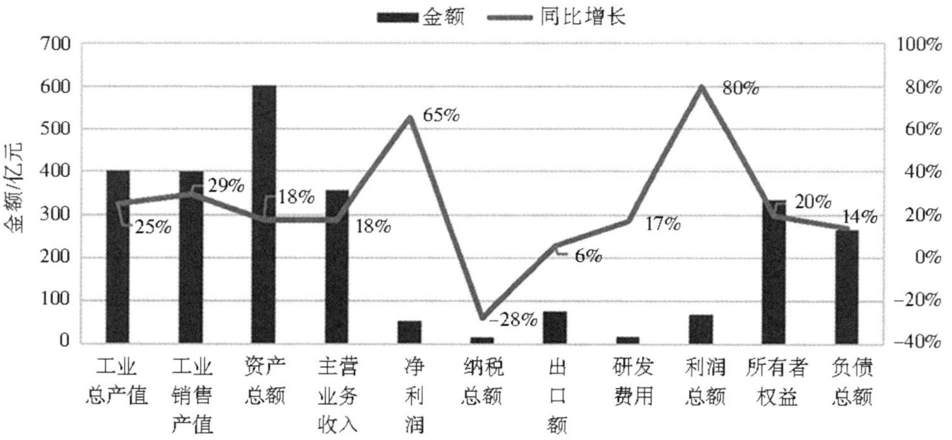

图 1　2021 中国塑料机械行业优势企业主要指标及增长情况

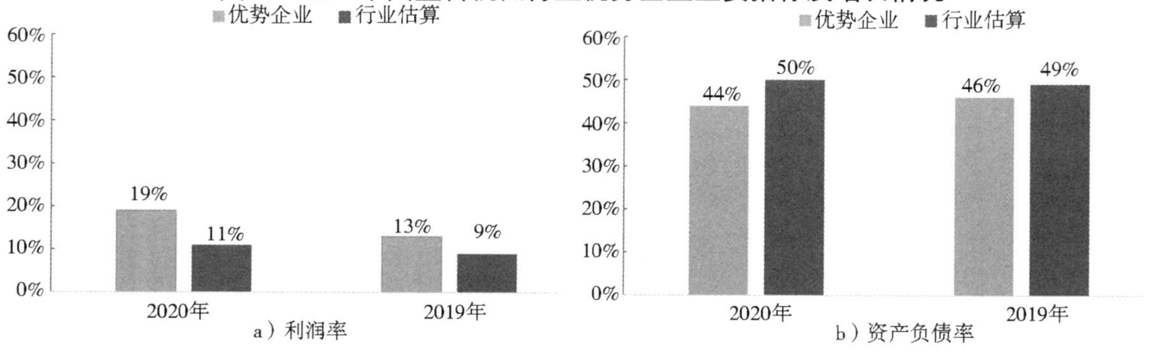

图 2　中国塑料机械行业重点企业主要效益指标对比

注：1. 优势企业利润率指标为主营业务收入利润率。

2. 行业利润率指标估算为营业收入利润率。

二、劳动生产率高

40家入榜企业2020年人均产值（工业总产值/从业人数）为121万元，高于上年的106万元。按细分行业，挤出机企业2020年人均产值达到155万元，明显高于注塑机、中空成型机、辅机及配套件企业，更是远高于行业总体平均水平。中国塑料机械细分行业优势企业人均产值对比见图3。

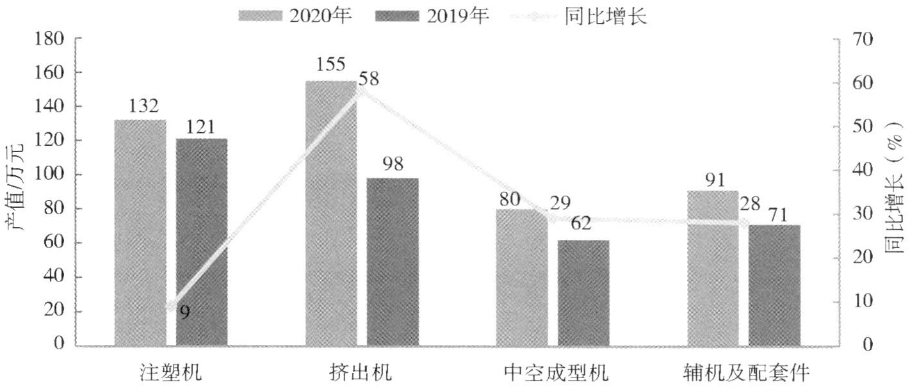

图3　中国塑料机械细分行业优势企业人均产值对比

三、集中度高

中国塑料机械行业优势企业主要集中在华东和华南地区。在2021年入榜企业中，华东地区有24家企业，其中浙江15家、江苏7家、上海1家、山东1家；华南地区有12家企业，其中广东11家、广西1家；另外，辽宁有2家企业，河北有1家企业，四川有1家企业。注塑机企业集中分布在浙江和广东，其中浙江有13家，广东有6家。挤出机企业分布相对分散，江苏有4家，上海有1家，广东有2家，辽宁有2家，山东有1家，河北有1家，四川有1家。中空成型机优势企业在江苏有2家，在广东、广西、山东各有1家。塑料机械辅机及配套件企业集中分布在苏浙和广东地区，其中浙江有2家，江苏有1家，广东有2家。产业集群地发展迅速，与当地良好的营商环境、完善的配套产业链、方便快捷的物流资源以及服务型政府的支持等多方因素有着密切的关系。2021中国塑料机械行业优势企业地域分布见图4。

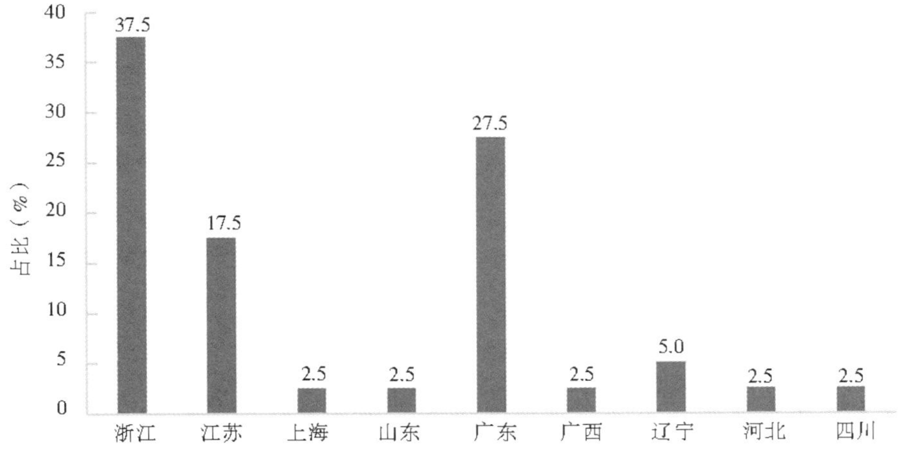

图4　2021中国塑料机械行业优势企业地域分布

四、研发投入比例高

入榜的塑料机械行业优势企业整体研发费用投入占主营业务收入比例超过4%，有的企业投入比例甚至高达8%。

五、出口占比较为合理

40家入榜企业出口总额占主营业务收入的

21%，处于较为合理的比例区间，这可以有效规避对外贸易依存度过高潜藏的风险。

六、行业贡献度大

40家入榜企业的主要经济指标占488家规模以上企业的比例分别为：主营业务收入占43.87%，资产总额占65.53%，利润总额占79.91%，出口额占40.89%。优势企业已成为我国塑料机械行业名副其实的重要支柱。2021中国塑料机械行业优势企业主要经济指标行业占比估算见图5。

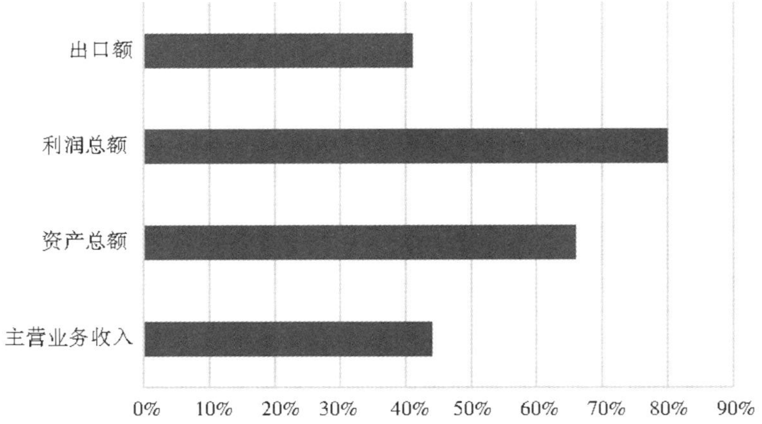

图5　2021中国塑料机械行业优势企业主要经济指标行业占比估算

我国塑料机械行业企业运营概况

2020年年初发生的新冠肺炎疫情使得商业活动及消费大受影响，工业生产停顿，物流运输经常中断，国际间的经济活动受到严重冲击。在疫情前期，企业复工复产延迟、人工不足、资金短缺和物流受阻等造成产能下降，对原材料的需求下降，供应链前端企业受到冲击；产能供给的不足对供应链后端也形成了冲击。对于国内企业而言，物料供应面临不同程度的短缺，铜、铁、钢、铸造等主要金属材料供应不持续且价格开始攀升，人民币汇率持续上扬，物流匮乏导致运费升高，这些削减了企业的利润空间。保持产业链稳定以及保障外贸产业链、供应链畅通运转成为经济循环畅通的关键。

进入第二季度，我国疫情防控形势持续向好，复工、复产、复商、复市加快推进，经济整体走势先降后升，经济运行稳步复苏，市场预期总体向好，社会发展大局稳定。《中共中央关于制定国民经济和社会发展第十四个五年规划和二〇三五年远景目标的建议》中提出，要加快构建以国内大循环为主体、国内国际双循环相互促进的新发展格局，工业活动强劲增长。

塑料机械是对塑料及其他高分子材料进行成型加工的装备。疫情对塑料机械的主要下游用户行业，如汽车、3C、家电、包装、医疗等产生了不同的影响，直接影响其对塑料机械的需求。汽车、家电行业在疫情初期市场疲软，服务于这些行业的产品销售受阻，而医疗、食品包装等行业需求旺盛，尤其是生产防疫用品的设备在疫情初期亟须供给，极大地拉动了这部分产品的销售。当前，随着高分子材料的性能、功效的不断开发与突破、高分子材料与其他材料的不断复合创新，塑料广泛应用于航空航天、国防、石化、海洋、电子、光电通信、建筑材料、包装、农业及轻工业等各个领域。在以塑代钢、以塑代有色金属、以塑代水泥、以塑代木的发展背景下，塑料机械行业发展前景广阔。

汽车行业仍是塑料机械的主要应用领域之一，《中国制造 2025》提出将“节能与新能源汽车”作为重点发展领域。在汽车节能的诸多途径中，轻量化被认为是最有效的可实现方式之一。实现汽车轻量化的重点工作领域包含推广应用铝合金、镁合金、高强度钢、塑料及非金属复合材料等整车轻量化材料，在《新能源汽车产业发展规划 2021—2035 年》的新能源汽车核心技术攻关工程中，包括开展高性能铝镁合金、纤维增强复合材料、低成本稀土永磁材料等关键材料产业化应用。塑料机械对汽车轻量化的实现有重要的作用。

汽车轻量化、消费电子升级加速、白色家电升级，提升了对塑料部件的要求，驱动了塑料机械的更替。而疫情改变了工作和生活的方式，人工智能、互联网、大数据、云计算等的应用提升了经济活动的信息化、自动化、智能化水平，驱动机械装备向高端化、自动化、智能化发展，产品制造向数字化、网络化、信息化方向转型升级，带动制造业整体转型升级。

2020 年共收集了 18 家生产塑料机械或与塑料机械配套的公司年报，这 18 家公司分别是震雄集团（00057）、大同机械（00118）、力劲科技（00558）、海天国际（01882）、汇川技术（300124）、金明精机（300281）、伊之密（300415）、新元科技（300472）、拓斯达（300607）、海川智能（300720）、金鹰股份（600232）、克劳斯（600579）、弘讯科技（603015）、泰瑞机器（603289）、双林环境（832111）、灵鸽科技（833284）、松湖股份（834005）、乐善智能（871695）。2020 年我国塑料机械上市公司主要经济指标见表 1。

表 1　2020 年我国塑料机械上市公司主要经济指标

简称	营业收入/万元	同比增长（%）	净利润/万元	同比增长（%）	每股收益/元	资产负债率（%）	流动比率	速动比率
震雄集团*	236 055.3	56.0	20 482.5	120.1	0.32	31.18	2.61	2.03
大同机械*	243 202.1	3.7	2 587.8	4.0	0.02	52.19	1.62	1.25
力劲科技*	402 120.6	46.4	34 366.7		0.29	55.07	1.21	0.80
海天国际	1 180 005.2	20.3	239 008.8	36.5	1.50	36.79	1.85	1.49
汇川技术	1 151 131.7	55.8	218 169.8	116.0	1.22	40.93	2.09	1.69
金明精机	40 654.4	43.4	3 683.2	49.8	0.09	12.01	5.72	4.05
伊之密	271 820.4	28.6	32 021.6	63.2	0.74	55.94	1.35	0.82
新元科技	44 275.6	-8.88	-38 389.3		-1.82	32.10	1.63	1.44
拓斯达	275 544.0	66.0	51 413.0	173.4	1.95	45.40	1.62	1.23
海川智能	21 826.4	24.2	7 302.7	64.7	0.68	9.11	8.66	7.03
金鹰股份	101 347.3	-18.3	2 221.7	-41.6	0.09	38.68	1.98	1.13
克劳斯	981 639.3	-7.2	-22 999.0		-0.28	66.83	1.28	0.85
弘讯科技	74 967.9	24.8	5 986.4	81.7	0.15	37.46	2.48	1.89
泰瑞机器	87 314.1	8.7	8 669.5	-24.5	0.33	29.73	2.67	2.02
双林环境	15 970.5	3.3	-2 461.4		-0.42	84.71	0.87	0.49

（续）

简称	营业收入/万元	同比增长（%）	净利润/万元	同比增长（%）	每股收益/元	资产负债率（%）	流动比率	速动比率
灵鸽科技	14 714.8	104.9	2 349.6	259.3	0.37	48.46	1.91	1.51
松湖股份	2 898.8	73.5	430.2	199.2	0.41	25.02	3.22	2.16
乐善智能	17 359.6	8.73	599.3	215.9	0.20	65.77	0.92	0.36

注：1. 数据来源于上市公司年报。

2. 年报公告最后日期为 2020 年 12 月 31 日。

3. 带 * 企业的财务指标以港元为单位，震雄集团、力劲科技的财政年度截至 2021 年 3 月 31 日。

震雄集团有限公司

震雄集团 00057

经营情况 在本财年内，受新冠肺炎疫情的影响，国际经济活动受到严重冲击；国内原材料出现短缺，铜、铁、钢等金属价格屡创新高；铸造以及机械加工等行业的需求持续向上，直接增大了注塑机零部件成本，注塑机行业的供应链面临压力。震雄集团实时启动应急措施确保供应，加紧内部整合，调整生产工序流程，积极投资扩充产能，减小外部不确定因素对供应链造成的影响。截至 2021 年 3 月 31 日的财政年度，实现营业额 23.61 亿港元，同比增长 56%。震雄集团 2020—2021 财政年度指标完成情况见表 1。

表 1　震雄集团 2020—2021 财政年度指标完成情况

指标名称	2021 年	2020 年	同比增长（%）
收入 / 万港元	236 055.3	151 336.3	56.0
税前利润 / 万港元	27 080.2	14 901.0	81.7
本公司权益持有人应占利润 / 万港元	20 302.1	9 365.1	116.8
资产总值 / 万港元	437 843.8	344 257.3	27.2
股东权益 / 万港元	299 653.2	266 475.1	12.5
已发行股本 / 万港元	6 305.3	6 305.3	0.0
流动资产净值 / 万港元	202 430.0	176 551.0	14.7
每股基本盈利 / 港仙①	32.2	14.9	116.1
每股现金股息 / 港仙①	16.0	9.0	77.8
每股资产净值 / 港元	4.8	4.2	14.3
平均股东权益回报率（%）	7.2	3.5	105.7
平均资产总值回报率（%）	5.2	2.7	92.6

注：截至 2021 年 3 月 31 日财政年度。

① 港仙 =0.01 港元。

市场销售 2020年年初发生的新冠肺炎疫情直接导致行业格局的变化，小家电、快餐盒包装、清洁消毒产品及医疗用品等大幅增长，其中医疗消耗品的需求增长最为显著。国内市场的强劲需求，加上震雄集团推出的全新机型——SPARK“星火”全电动注塑机、MK6e“演化版”高效能注塑机能够很好地满足防疫制品，如清洁消毒及医疗用品的生产需求，推动集团业务的增长。SPARK“星火”系列全电动注塑机抢占了新的客户群，并成功进入一些传统上较难进入的市场。MK6e“演化版”型号产品成功替代老旧产品线，占集团中小型注塑机总销量的近一半。

未来发展 震雄集团将继续专注于为特定行业开发专业化产品，开辟新的客户群，如，更能满足物流及环保客户专业需求的TP Ⅱ第二代大型二板机，有助于提升包装行业产能和效率的SPEED-PACK Ⅱ第二代高速机，为特殊制品（如大型PVC管道接件、大口径PET瓶坯）生产企业提供全方位解决方案的JM-PET、JM-PVC等特殊材料专用机系列。震雄集团将致力于新物料应用研发，并继续提高产品质量，优化成本结构，增强产品竞争力。

大同机械企业有限公司

大同机械 00118

经营情况 2020年发生的新冠肺炎疫情导致市场出现很大的变化，部分客户要求延迟交付甚至取消已下达的订单。与此同时，与疫情防控用品生产相关的设备需求增长，拉动非长期畅销的系列产品市场热销，大同机械凭借挤出机的技术基础快速研发成功熔喷布设备，获得了可观的订单。2020年，大同机械的机械制造业务及工业消耗品贸易业务收入增长，拉动公司完成收入24.3亿港元，同比增长3.7%；机械制造业务的毛利增长，拉动集团毛利同比增长8.1%至4.1亿港元，毛利率比上年增加0.7个百分点达到16.8%；集团净利润为2587.8万港元，同比增长4%，主要原因是集团工厂的短暂停产获得了政府补贴。2020年大同机械财务指标情况见表1。

表1 2020年大同机械财务指标情况

指标名称	2020年	2019年	同比增长（%）
收入/万港元	243 202.10	234 492.30	3.7
毛利润/万港元	40 797.80	37 754.00	8.1
经营利润/万港元	4 992.90	5 389.40	-7.4
利润/万港元	2 587.80	2 488.40	4.0
每股基本盈利/港仙	2.27	1.83	24.0

市场销售 2020年，大同机械的注塑机制造业务受到疫情的冲击。2020年上半年，集团做好有序复工复产，应对陷于混乱的供应链及市场环境不确定性带来的挑战，同时国际环境的变化导致各类材料和零部件价格出现波动，销量受压，利润率下滑。2020年下半年注塑机市场回升，大同机械的注塑机销售和订单均有所增长，但仍要面临关键原材料涨价及供应短缺等诸多不确定性影响。挤出机及橡胶注射成型机制造业务在2020年上半年出现出口订单骤降、推迟交付产品的情

况。

2020 年上半年，汽车和家电行业疲弱使大型二板机产品销量受压，但食品和饮料包装、基建行业的强烈需求拉动中小型机销售攀升。中小型机系列产品特别是薄壁高速专用机、PET（聚对苯二甲酸乙二酯）瓶坯注塑机系列和 PVC（聚氯乙烯）行业专用方案的销售强劲增长，大同机械两个工厂的产能利用率均处于高位。挤出机制造业务推出了熔喷布机械制造方案。自行研发的 iSee 智慧工业 4.0 平台得到客户认同，数字平台或将继续成为集团机械专用方案的主要特点之一。2020 年年末及 2021 年年初，大同机械的订单量相对稳健。

未来发展 大同机械将加大研发力度，加快研发针对专用行业的产品，通过特定行业专用的注塑机、橡胶注射成型机和挤出机优化方案，加强在汽车、食品包装、基建和电子行业的发展优势。此外，注塑机业务加强与租赁公司的合作，严格控制应收账款，以改善其现金流。

力劲科技集团有限公司

力劲科技 00558

经营情况 2021 年，力劲科技完成营业收入 40.2 亿港元，同比增长 46.4%。其中在中国市场收入 31 亿港元，同比增长 54.1%；海外市场收入 9.2 亿港元，同比增长 25.4%，海外新能源汽车企业对超大型压铸机的持续需求有效抵消了海外市场整体困难的负面影响。股本持有人应占盈利为 3.44 亿港元，比上年大幅上升。

随着制造厂商对新设备投资的恢复，注塑机下游用户中的医疗、包装、小家电、日用品等行业的需求表现理想，集团注塑机业务收入 12.46 亿港元，同比增长 64.7%。

汽车行业是力劲压铸机的主要服务行业，2020 年我国汽车行业受疫情影响销量呈现明显的 V 形变化态势。随着疫情得到有效控制，企业不断加快复工、复产进度，在各地促进汽车消费政策的持续带动下，汽车销量自第二季度以来稳步恢复，总体表现好于预期。新能源汽车轻量化是未来汽车电动化的关键解决方案，力劲将推动新产品快速上市，提升市场竞争力，构造全维度、全过程的新能源汽车压铸解决方案。

海天国际控股有限公司

海天国际 01882

经营情况 2020 年，海天开展技术创新，为 2020 年的持续增长注入了核心动能，最终实现超预期增长，多项指标创历史新高。截至 2020 年 12 月 31 日，海天国际实现销售收入 118 亿元，同比增长 20.3%。累计销售各类机器 43 000 台，同比增长 32.3%。在经营效率提高、规模经济效益和原材料价格相对稳定等综合因素的作用下，海天国际的毛利率从 2019 年的 31.6% 上升至 34.2%，净利率由 2019 年的 17.9% 上升至 20.2%。2020 年海天国际主要指标完成情况见表 1。2016—2020 年海天国际收入变化见图 1。

表1　2020年海天国际主要指标完成情况

指标名称	2020年	2019年	同比增长（%）
收入/亿元	118.00	98.10	20.3
毛利润/亿元	40.40	30.99	30.4
经营利润/亿元	28.73	21.43	34.0
公司股东应占利润/亿元	23.88	17.51	36.4
每股基本盈利/元	1.50	1.10	36.4

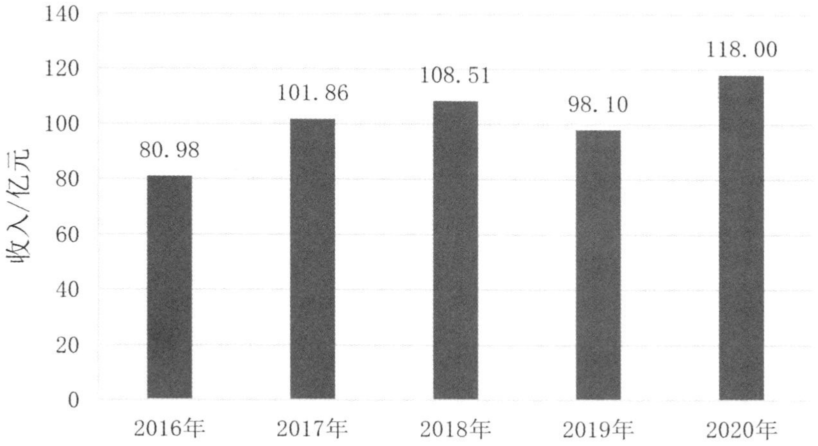

图1　2016—2020年海天国际收入变化

市场销售　我国新冠肺炎疫情得到有效控制后，国内经济活动快速恢复，海天国际的下游客户需求旺盛。2020年，海天国际全面推出的三代机得到广泛认同，国内销售同比增长30.2%，达到82.82亿元。部分海外市场受疫情影响比较大，印度、巴西等市场销售有所下滑，但由于公司多年来不断拓展海外网络，局部区域如土耳其、越南等销售增加显著，出口额仍同比增长2.1%至35.19亿元。2020年海天国际按区域划分的销售额完成情况见表2。

表2　2020年海天国际按区域划分的销售额完成情况

项目	2020年			2019年	
	销售额/亿元	同比增长（%）	占比（%）	销售额/亿元	占比（%）
国内	82.82	30.2	70.2	63.62	64.9
出口	35.19	2.1	29.8	34.48	35.1
总计	118.00	20.3	100.0	98.10	100.0

2020年上半年医疗和包装民用消费品需求旺盛，下半年各行业出现不同程度的复苏，主要产品Mars系列需求旺盛，销售额同比增长28.6%，销量同比增长34.9%。在国内和海外家电行业持续复苏以及下半年汽车行业需求增加的拉动下，长飞亚电动系列注塑机和Jupiter系列二板注塑机的销售额同比分别增长6.8%和3.2%。2020年海天国际按产品系列划分的销售额完成情况见表3。

表 3　2020 年海天国际按产品系列划分的销售额完成情况

产品类别	2020 年 / 亿元	占比（%）	2019 年 / 亿元	占比（%）	2020 年同比增长（%）
Mars 系列（节能注塑机）	82.15	69.6	63.88	65.1	28.60
长飞亚电动系列注塑机	14.40	12.2	13.49	13.7	6.80
Jupiter 系列（二板注塑机）	13.03	11.0	12.63	12.9	3.20
其他系列	4.96	4.2	4.79	4.9	3.60
部件及服务	3.47	3.0	3.32	3.4	4.50
总计	118.00	100.0	98.10	100	20.30

未来发展　2021 年年初，海天制定了加强全球市场布局、提高各行业市场占有率、提升高端市场竞争力和打造数字化海天等“十四五”战略总纲，提出 2021 年是海天的效率规则年，特别要在市场战略、产品研发、技术更新、风险管控和智能制造等方面实现效率规范化。当前正在进行的数字化转型已初显成效，取得阶段性成果，公司将继续以效率驱动，更加注重智能制造过程，提高柔性智能生产能力。数字化工厂的转型和陆续完工的新生产基地将有助于提高未来产能。

深圳市汇川技术股份有限公司

汇川技术 300124

经营情况　汇川技术经过 18 年的发展，开展通用自动化、电梯电气大配套、新能源汽车电驱 & 电源系统、工业机器人、轨道交通等多项业务，产品包括变频器、伺服系统、控制系统、一体化专机、高性能电机、编码器、工业机器人、精密机械、电驱 & 电源总成系统、牵引系统等产品与解决方案。其通用自动化业务属于成长型业务，市场份额相对不大，主要竞争对手是外资品牌，在该业务领域主要采取“行业营销 + 技术营销”“工控 + 工艺”等营销模式。

报告期内，汇川技术实现营业收入 115.11 亿元，同比增长 55.76%；实现营业利润 23.48 亿元，同比增长 124.15%；实现利润总额 23.44 亿元，同比增长 121.97%。报告期内，汇川技术产品的综合毛利率为 38.96%，其核心技术工业自动化领域的驱动类、控制类产品的毛利率达 50% 左右。

为了满足口罩机等防疫物资的生产需求，汇川技术专门成立了口罩机解决方案保供项目小组，设计相关电气产品解决方案，加大力度生产口罩机所需的伺服系统、PLC 等产品。

2020 年汇川技术主要指标完成情况见表 1。

表 1　2020 年汇川技术主要指标完成情况

指标名称	2020 年	2019 年	同比增长（%）
营业收入/万元	1 151 131.68	739 037.09	55.76
归属于上市公司股东的净利润/万元	210 014.21	95 193.63	120.62

（续）

指标名称	2020 年	2019 年	同比增长（%）
归属于上市公司股东的扣除非经常性损益的净利润/万元	191 309.10	81 065.66	135.99
经营活动产生的现金流量净额/万元	146 734.77	136 118.13	7.80
基本每股收益/元	1.22	0.58	110.34
稀释每股收益/元	1.21	0.58	108.62
加权平均净资产收益率（%）	21.70	13.79	7.91 个百分点
资产总额/万元	1 864 758.99	1 488 601.05	25.27
归属于上市公司股东的净资产/万元	1 063 745.93	861 785.00	23.44

市场销售 报告期内，汇川技术的通用自动化业务（含电液、纺织、视觉、DDR/DDL）实现销售收入 53.15 亿元，同比增长约 63%。其中，通用变频器实现销售收入 21.23 亿元，通用伺服系统实现销售收入 18.43 亿元，PLC & HMI 实现销售收入 4.23 亿元，电液系统实现销售收入 6.70 亿元（含伊士通）。3C 制造、锂电池、印刷 & 包装、光伏、TP、注塑机、机床、冶金、起重、风电等行业的订单均实现了大幅增长。2020 年汇川技术不同类别产品收入与成本情况见表 2。2020 年汇川技术工业自动化/电梯/工业机器人产销存情况见表 3。

表 2 2020 年汇川技术不同类别产品收入与成本情况

产品类别	营业收入/万元	占营业收入比例（%）	营业成本/万元	毛利率（%）	营业收入同比增长（%）	营业成本同比增长（%）	毛利率同比增加
变频器类	350 220.92	30.42	185 777.69	46.95	17.83	14.27	1.65 个百分点
运动控制类	218 538.43	18.98	112 026.24	48.74	90.50	82.01	2.39 个百分点
控制技术类	58 787.94	5.11	28 043.94	52.30	94.52	68.95	7.22 个百分点

表 3 2020 年汇川技术工业自动化 / 电梯 / 工业机器人产销存情况

项目	2020 年	2019 年	同比增长（%）
销售量 /（万台、万件）	1 098.76	537.34	104.48
生产量 /（万台、万件）	1 141.32	554.80	105.72
库存量 /（万台、万件）	74.39	31.83	133.74

科技研发 2020 年汇川技术有研发人员 2 513 人，研发投入达 10.23 亿元，研发费用率为 8.89%。报告期内，公司及其子公司获得专利 295 件，其中发明专利 31 件、实用新型专利 189 件、外观设计专利 75 件，获得软件著作权 16 件。截至 2020 年 12 月 31 日，累计获得专利 1 898 件，其中发明专利 338 件、实用新型专利 1 207 件、外观设计专利 353 件，获得软件著作权 213 件。

报告期内，研发完成液压行业专用控制器（全电控制系统），将强化汇川技术在注塑机行业的竞争力。

广东金明精机股份有限公司

金明精机 300281

经营情况 金明精机是以提供主机为主的综合性解决方案系统集成供应商，主要产品包括薄膜吹塑机组、薄膜流延机组、薄膜拉伸机组、涂布复合生产线、挤出覆膜生产线等。2020 年，金明精机在产业升级、新产品开发、全球市场多元化拓展、管理效率提升等方面取得成效，实现营业收入 4.07 亿元，同比增长 43.42%；归属于上市公司股东的净利润 3 683.21 万元，同比增长 49.78%。

2020 年年初新冠疫情发生，金明精机快速响应，在短时间内完成了口罩及其设备、熔喷布设备的设计、生产、销售，在满足自身复工用工防疫需要的同时，帮助上下游、上下级企业复工复产，缓解市场对防疫设备及制品的迫切需求，被列入广东省新冠肺炎疫情防控重点保障企业全国性名单（第一批）。报告期内，公司口罩、口罩机、熔喷布设备共实现销售收入 1 766.03 万元，实现销售利润 436.86 万元。2020 年金明精机主要指标完成情况见表 1。

表 1 2020 年金明精机主要指标完成情况

指标名称	2020 年	2019 年	同比增长（%）
营业收入/万元	40 654.37	28 347.32	43.42
归属于上市公司股东的净利润/万元	3 683.21	2 459.00	49.78
归属于上市公司股东的扣除非经常性损益的净利润/万元	1 409.77	−2 764.25	151.00
经营活动产生的现金流量净额/万元	5 026.78	2 279.40	120.53
基本每股收益/元	0.09	0.06	50.00
稀释每股收益/元	0.09	0.06	50.00
加权平均净资产收益率（%）	2.96	2.02	0.94 个百分点
资产总额/万元	142 956.51	150 220.66	−4.84
归属于上市公司股东的净资产/万元	125 849.43	122 875.67	2.42

市场销售 金明精机积极探索以线上形式开展产品推介、市场拓展、售后服务等工作。一方面，积极运用新媒体工具进行品牌宣传，加大线上业务资源投放力度，完善官网、官微、产品电子画册，与 YouTube、抖音等搜索引擎服务商和视频社交网站合作，多样化呈现公司产品，提升品牌知名度及认可度；另一方面，加深与陶氏化学、埃克森美孚、博禄、巴斯夫等全球知名原材料供应商的合作伙伴关系。2020 年下半年，公司在保障疫情防控的前提下参加行业交流活动、拜访重点客户、举办开机演示会，通过多种方式及时收集市场反馈信息。

报告期内，金明精机以打造“全系列薄膜智慧工厂方案解决商”为目标，以智能制造为主线，搭建“新材料－智能装备－智慧工厂－大数据云平台－特种薄膜”新产业链，深化技术创新及产业延伸，助力企业挖潜增效。2020 年金明精机不同类别产品业务收入与成本情况见表 2。2020 年金明精机塑料机械及塑料制品产销存情况见表 3。

表2　2020年金明精机不同类别产品业务收入与成本情况

类别	营业收入/万元	占营业收入比例（%）	营业成本/万元	毛利率（%）	营业收入同比增长（%）	营业成本同比增长（%）	毛利率同比增加
塑料机械	30 469.15	74.94	23 057.17	24.33	74.36	76.94	-1.10个百分点
薄膜吹塑机	24 304.68	59.78	18 700.00	23.06	85.05	89.41	-1.77个百分点
其他设备	6 164.46	15.16	4357.17	29.32	42.02	37.94	2.09个百分点

表3　2020年金明精机塑料机械及塑料制品产销存情况

项目	2020年	2019年	同比增长
销售/万元	36 460.56	18 541.39	96.64
生产/万元	36 631.61	17 297.90	111.77
库存/万元	661.27	490.22	34.89

科技研发　在主业塑料机械领域，金明精机坚持走科研与生产相结合的专业道路，秉承转型升级、绿色发展的理念，在智能装备研制、工业互联网应用开发、大数据平台运行、自动控制、智能服务管理等方面持续钻研，提升产品附加值和科技水平。成功研制的在线涂覆宽幅农用膜设备、输液袋膜设备、糙面土工膜设备和高速宽幅流延设备、可降解农用薄膜生产装备等产品，成功打破了国内该设备长期依赖进口的局面。逐步实现了精密涂布复合生产线（下游应用包括烟盒包装、光学膜、快递包装袋、防锈膜等）和双向拉伸薄膜生产设备（主要应用于高端电子、光学、新能源等领域薄膜生产）的技术消化和成果转换。

截至目前，公司共获授权专利360件，其中发明专利50件、实用新型专利280件、外观设计专利15件、PCT专利10件、德国专利5件，知识产权保护体系不断完善，形成了持续创新机制。

2020年金明精机研发支出达2 449万元，占营业收入的6.02%，研发投入占营业收入的比例保持稳定。公司坚持“绿色发展”理念，为适应市场需求和柔性包装的可持续发展趋势，推出了环保易回收的单材料包装解决方案，成功开发三层和五层吹膜工艺的在线MDO解决方案并实现销售，对PE膜进行单向拉伸，在提高PE膜刚度和拉伸性能的同时提升薄膜生产效率。目前，金明精机已将单材化包装解决方案应用于薄膜吹塑机组上，主要适用于单材化软包装复合膜、单材化高阻隔共挤膜等包装领域，实现智能化塑机的运行高效能、高性能、低能耗和塑料包装材料的可回收、可持续使用。

报告期内，金明精机的“风电/航空专用宽幅多层膜吹塑成套装备研发及产业化”获中国塑料加工行业“十三五”优秀科技成果、“M5B-2800Q-C青贮牧草膜专用五层共挤智能装备”获广东省机械工业科学技术奖二等奖。

重大项目　以募投项目“特种多功能膜智慧工厂建设项目”为契机，金明精机持续进行双向拉伸光学基材薄膜装备技术的科研攻坚及光学基材薄膜产业化的技术积累，已完成一条双向拉伸光学基材薄膜生产线的铺设，经调试期不断进行性能优化升级，生产工艺水平及其薄膜产品性能不断提升，目前生产线运行稳定，已实现部分产品销售，市场反馈较好。另一条以自有资金建设的双向拉伸光学基材薄膜生产线已完成技术改造。

募投项目“云端大数据智慧服务平台建设项目”初步取得成效，已实现全球160多台智能装备的并网服务，其中国外设备超过50台（套）。后续将持续推动云端大数据平台在智能制造领域的应用，进一步深入发掘数据潜力，实现数字赋能。

广东伊之密精密机械股份有限公司

伊之密 300415

经营情况 2020 年年初，伊之密日常经营活动受到疫情冲击。1—2 月，国内疫情较为严重，大量客户、供应商延期复工，导致公司原有订单不能按期交付，新接订单明显减少；进入 3 月，国内疫情控制成效显著，国内客户订单交付、新接国内客户订单、供应链配套等逐步恢复正常，但是国外疫情开始蔓延，给公司的海外业务拓展带来较大困难。受疫情的影响，公司 2020 年第一季度经营业绩较上年同期大幅下降，营业收入 3.53 亿元，同比下降 27.15%；归属于上市公司股东的净利润 -1 354.49 万元，同比下降 125.65%。

面对疫情导致业绩下滑的风险，伊之密通过调整生产、行业布局等方式积极应对。随着国内疫情得到有效控制，国内市场特别是注塑机的国内市场快速复苏，行业景气度较高，公司在做好疫情防控的同时，依托产品、运营和全球化三大战略，立足自身优势，积极采取多项措施，生产经营得到有序恢复，订单饱满，注塑机销售增长较快，营业收入大幅增长。2020 年，伊之密实现营业总收入 27.2 亿元，同比增长 28.59%；归属于上市公司股东的净利润为 3.14 亿元，同比增长 62.93%。2020 年伊之密主要指标完成情况见表 1。2020 年伊之密不同类别产品业务收入与成本情况见表 2。

表 1　2020 年伊之密主要指标完成情况

指标名称	2020 年	2019 年	同比增长（%）
营业收入/万元	271 820.39	211 385.13	28.59
归属于上市公司股东的净利润/万元	31 418.13	19 283.02	62.93
归属于上市公司股东的扣除非经常性损益的净利润/万元	30 359.46	17 132.27	77.21
经营活动产生的现金流量净额/万元	54 253.29	30 070.33	80.42
基本每股收益/元	0.74	0.45	64.44
稀释每股收益/元	0.73	0.45	62.22
加权平均净资产收益率（%）	22.16	16.06	6.10 个百分点
资产总额/万元	362 902.28	286 535.63	26.65
归属于上市公司股东的净资产/万元	155 970.17	127 860.79	21.98

表 2　2020 年伊之密不同类别产品业务收入与成本情况

类别	营业收入/万元	占营业收入比例（%）	营业成本/万元	毛利率（%）	营业收入同比增长（%）	营业成本同比增长（%）	毛利率同比增加
注塑机	202 399.23	74.46	130 800.45	35.38	41.37	38.50	1.34 个百分点
压铸机	43 295.79	15.93	30 258.69	30.11	1.98	9.34	-4.70 个百分点

市场销售 报告期内，伊之密的主要业务为注塑机、压铸机、橡胶机、高速包装系统及模具、机器人自动化系统的设计、研发、生产、销售和服务。注塑机主要有通用机型（A5 标准型高端伺服中小型注塑机、A5 标准型高端伺服大型注塑机、SK 系列变量泵注塑机、SM 领航系列等）、二板机机型（DP 系列、D1 系列等）、专用机型（SJ 系列专用注塑机、UPVC 管件专用注塑机、PET 瓶坯专用注塑机、储料缸 M 系列专用注塑机等）和精密全电动注塑机。高分子材料模压注射成型设备全年销售 210 480.95 万元，同比增长 38.66%。受益于国内注塑机市场在疫情后的快速复苏，注塑机成为公司销售增长的主要拉动力。

压铸机主要有冷室压铸机型（H 系列重型压铸机、SM 系列伺服压铸机、DM 重型冷室压铸机系列、DM 中小型冷室压铸机系列等）、专用机型（HM 热室压铸机系列、HM-H 热室压铸机系列等）和镁合金系列机型（HM-M 热室镁合金压铸机系列、HPM 半固态镁合金注射成型机等）。2020 年上半年受下游汽车行业影响，轻合金模压成型设备市场下行压力加大，下半年随汽车行业逐步复苏而稳步向好。压铸机全年经营情况比较平稳。

2020 年，各国展会纷纷取消或延迟，伊之密探索出新的市场推广方法。举办吴江工厂 2020 云开放周，以“连接中欧智慧未来”为主题，利用云在线平台、网络直播等新媒体，与全球客户分享多个注塑先进成型技术。

截至 2020 年年末，伊之密已有 40 多个海外经销商，业务覆盖 70 多个国家和地区。利用“HPM”品牌，开拓了北美及欧洲市场；在印度等重要市场实施本土化投资及经营，加大了产品的直销力度，加强了售后服务能力；利用现有的海外销售网络进一步拓展市场份额，加大战略性市场开发力度。

科技研发 2020 年，伊之密有技术研发人员 690 人，占公司总人数的 22.89%。研发总投入达到 12 796.52 万元，同比增长 21.64%。新增专利申请 83 件，其中发明专利 28 件；获得授权专利 41 件，其中发明专利 1 件、实用新型专利 39 件、外观设计专利 1 件，申请专利数、获得授权专利数都有明显提升。“注塑机无滞留柱塞注射储料缸结构”获中国专利优秀奖。累计获授权有效专利 269 项。

注塑机领域，持续优化完善液压三板式通用注塑机细分市场产品布局，加强大型伺服驱动节能环保二板式注塑机在特殊应用工艺领域研究，重新打造全电动高精密注塑机产品竞争力，重点拓展多物料成型工艺装备，持续优化高速包装成型市场应用设备，加快橡胶注射成型设备开发。持续投入特殊工艺应用研究，优化微发泡成型（FormPro）、表面装饰成型工艺（DecoPro）、注射成型与 PUR 聚氨酯反应成型工艺组合应用（ReactPro）、长纤维直接注射成型工艺（DirectPro-DIM）、聚合物在线配混直接注塑成型工艺（DirectPro-DCIM）、水辅注射工艺（WIT）等特殊工艺应用设备。

轻合金模压成型工艺应用领域，重点研发 H 系列第二代压铸机，全面提升设备性能；研发优化半固态镁合金系列产品及应用技术；产品与工艺应用中心投入使用，完善 3 000t 全自动化压铸岛应用，成功完成汽车结构件试模，为汽配行业客户提供更高性价比的压铸解决方案。

2020 年，印度古吉拉特邦新工厂一期启动建设，德国亚琛研发中心及技术服务中心搬迁至阿尔斯多夫完成，德国纽伦堡技术服务中心投入运营，巴西技术服务中心正式成立。

未来发展 未来三年，伊之密将持续通过产品、运营和全球化三大战略的实施，不断优化产品结构，提升技术水平，建立具有欧洲中位水平的整体解决方案能力，建立世界级的高效运营系统，保障技术方案落地最佳性价比成本。

万向新元科技股份有限公司

新元科技 300472

经营情况 新元科技主要面向橡胶轮胎行业提供智能输送配料装备及其解决方案，主要产品包括智能环保型密炼机上辅机系统、气力物料输送系统和小料自动配料称量系统等。产品按应用领域可分为智能输送配料装备、绿色环保装备、智能显控装备、智能专用装备、智能裂解装备五类。智能输送配料装备、绿色环保装备及智能裂解装备属于非标准化设备，具有定制化生产的经营特点；智能输送配料是集自动控制技术、计量技术、传感器技术、计算机管理技术、环境保护技术等于一体的机电一体化系统，技术要求较高。

报告期内，新元科技的客户和供应商复工推迟，各项目均有不同程度的推迟，对 2020 年的生产经营产生了较大影响。公司严格贯彻执行年初董事会制定的战略规划部署，分解落实 2020 年重点工作任务，加强技术研发和市场开拓，在继续做好主营业务的同时以自主研发、外延式发展等方式持续拓宽产品线，开拓新的业务领域，同时继续推进管理规范化工作和科学管理体系的建设，提升公司整体运营效率和盈利能力。

2020 年，新元科技承接了多个绿色智慧工厂建设项目，全面应用了公司在智能制造、绿色环保、工业互联网方面的最新技术成果，如一次法炼胶系统、智能配料系统、环保废气治理系统、基于 WPF 框架的工业互联网软件平台等，实现了生产智能化、少人化和运营绿色化，引领行业的发展趋势。

报告期内，公司实现营业总收入 44 275.61 万元，同比下降 8.88%；营业利润 −38 817.69 万元，利润总额 −38 218.46 万元。2020 年新元科技主要指标完成情况见表 1。2020 年新元科技不同类别产品业务收入与成本情况见表 2。

表 1　2020 年新元科技主要指标完成情况

指标名称	2020 年	2019 年	同比增长（%）
营业收入/万元	44 275.61	48 588.14	−8.88
归属于上市公司股东的净利润/万元	−37 050.82	6 142.89	−703.15
归属于上市公司股东的扣除非经常性损益的净利润/万元	−38 753.21	−3 021.36	−1182.64
经营活动产生的现金流量净额/万元	−7 840.48	6 483.72	−220.93
基本每股收益/元	−1.82	0.29	−727.59
稀释每股收益/元	−1.82	0.29	−727.59
加权平均净资产收益率（%）	−41.88	5.30	−47.18 个百分点
资产总额/万元	142 763.27	157 861.88	−9.56
归属于上市公司股东的净资产/万元	69 687.16	107 837.79	−35.38

表 2　2020 年新元科技不同类别产品业务收入与成本情况

类别	营业收入/万元	占营业收入比例（%）	营业成本/万元	毛利率（%）	营业收入同比增长（%）	营业成本同比增长（%）	毛利率同比增加
智能输送配料装备	12 528.42	28.30	8 988.07	28.26	51.95	33.57	9.87 个百分点
绿色环保装备	7 049.95	15.92	5 109.01	27.53	7.32	-5.71	10.01 个百分点
智能显控装备	13 756.34	31.07	9 573.66	30.41	-2.35	6.13	-5.56 个百分点
智能专用装备	9 965.76	22.51	6 474.55	35.03	-39.47	-16.15	-18.07 个百分点

科技研发　截至报告期末，新元科技拥有技术人员 273 人，占员工总数的 45.42%。拥有 245 件软件著作权、50 件发明专利、7 件外观设计专利、121 件实用新型专利（含控股子公司）。

2020 年成立了控股子公司万向新元数字科技研究院有限公司，主要从事 5G 数字通信、数据处理及存储软硬件、数字技术的智慧平台等方面研发，将整体增强公司在通信传输方面的核心技术竞争力及设备产品的综合研发能力。

报告期内，新元科技通过 CMMI 3 级评估认证，标志着过程组织能力、软件技术研发能力、项目管理能力、方案交付能力等提升到新的高度，是公司研发规范化的重要里程碑。

广东拓斯达科技股份有限公司

拓斯达 300607

经营情况　报告期内，第一季度拓斯达应用控制、伺服驱动、超声波焊接等技术，在短时间内研发出口罩机并完成技术迭代，形成稳定的出货能力，保障了国内外市场需求，抗疫产品链业务实现了较好的业绩。随着国内疫情防控较早进入平稳阶段，经济运行持续恢复，第二季度国内智能制造市场强势回暖。报告期内公司继续平稳发展，实现营业收入 27.6 亿元，同比增长 65.95%；归属于上市公司股东的净利润 5.2 亿元，同比增长 178.56%；归属于母公司股东权益合计 21.5 亿元，同比增长 28.63%。2020 年拓斯达主要指标完成情况见表 1。

表 1　2020 年拓斯达主要指标完成情况

指标名称	2020 年	2019 年	同比增长（%）
营业收入/万元	275 543.96	166 036.34	65.95
归属于上市公司股东的净利润/万元	51 971.17	18 657.38	178.56
归属于上市公司股东的扣除非经常性损益的净利润/万元	49 684.25	18 332.09	171.02
经营活动产生的现金流量净额/万元	100 424.02	12 220.13	721.79
基本每股收益/元	1.95	0.78	150.00
稀释每股收益/元	1.94	0.78	148.72
加权平均净资产收益率（%）	27.23	18.07	9.16 个百分点
资产总额/万元	402 948.13	266 790.15	51.04
归属于上市公司股东的净资产/万元	215 133.98	167 249.18	28.63

市场销售 报告期内，拓斯达客户拓展取得了有效的进展。新开拓了新能源行业客户如宁德时代，持续拓展了伯恩光学、立讯精密、比亚迪、欣旺达、亿纬锂能等客户需求，开展智能能源及环境管理系统业务、注塑机及周边配套设备业务、自动化应用解决方案业务等主营业务合作，各主营业务模块保持健康发展势头，工业机器人、注塑机及辅机的销量都创历史新高。2020 年拓斯达不同类别产品业务收入情况见表 2。

表 2 2020 年拓斯达不同类别产品业务收入情况

类别	营业收入/万元	占总营业收入比例（%）	同比增长（%）
工业机器人及自动化应用系统	193 388.64	70.18	141.69
注塑机、配套设备及自动供料系统	23 534.65	8.54	-9.78

工业机器人及自动化系统中新增口罩机业务，产销量增幅较大。工业机器人及自动化系统，注塑机、配套设备及中央供料系统库存量增加，均为疫情影响降低后接单量增加，在手订单尚未完成交付而导致。2020 年拓斯达不同类别产品产销存情况见表 3。

表 3 2020 年拓斯达不同类别产品产销存情况

项目	2020 年	2019 年	同比增长（%）
工业机器人及自动化应用系统			
销售量 /（台、套）	15 139	10 516	43.96
生产量 /（台、套）	16 511	9 431	75.07
库存量 /（台、套）	2 345	973	141.01
注塑机、配套设备及中央供料系统			
销售量 /（台、套）	15 677	17 525	-10.54
生产量 /（台、套）	18 025	15 984	12.77
库存量 /（台、套）	3 612	1 264	185.76

科技研发 报告期内，拓斯达研发投入金额逐年增长，研发费用达到 1.6 亿元，同比增长 129.83%。2020 年累计申请各类知识产权 183 件，截至 2020 年 12 月 31 日共获得授权专利 421 件，其中发明专利 18 件；各类软件著作权 66 件。

公司自主研发能力不断提升，产品与服务的市场竞争力不断增强。

工业机器人本体方面，六轴工业机器人新增 3 个主力型号、四轴机器人（SCARA）新增 2 个主力型号、并联机器人（DELTA）新增 1 个主力型号；注塑机方面，全新的 TM 系列产品采用先进的注射控制方式、稳定的机铰合模结构、高效的伺服驱动系统、人性化的计算机操控，提高设备生产过程的兼容性、节能性、稳定性；数控机床方面，推出立式加工中心和钻攻中心，拟通过对外投资拓展五轴数控机床产品。

底层技术储备研发主要是驱控一体控制器，注塑机控制器，面向数控机床、机器人及工业自动化应用的高性能、轴数可灵活组装的插板式驱动器，面向液压机应用的高响应压力闭环控制的液压驱动器、电液伺服驱动器、视觉定位算法、视觉相关性匹配、视觉平台等；自动化技术储备主要是面向新能源行业、光电行业、3C 等领域的定向研发。

其中，注塑机控制器用于控制卧式直压机、曲臂机的智能液压注塑控制系统。该控制系统基于抢占的多任务调度的实时 RTOS 系统，运动控制周期达到 2ms，运动重复定位精度达到 0.5mm；

支持标准的以太网、CAN总线通信，支持TCP/IP、OPC、Modbus通信协议；支持注塑工艺动作流程开放式编程，工艺动作顺序流程可以自由组合，以满足用户不同产品的工艺需求；支持自适应PID温控算法，多路温控精度达到±1℃。该产品处于样机验证阶段。

多合一伺服驱动器是专为注塑机械手上下料而研发的专用伺服产品，支持顶针软浮动控制、无传感器回零、电机参数自识别等行业定制工艺。采用多轴共母线设计方案，能效可提升20%。实现五轴合一设计，系统功率密度高，结构紧凑，安装便捷。支持单轴最大功率850W，CAN总线控制接口，接口遵循标准CIA301/DS402协议规范。支持轮廓位置控制，插补控制；支持绝对点位运动控制与实时状态反馈、快速定位、回原点。系统配备人性化上位机调试软件，实现多轴报警监控、运行数据可视化、高效运动参数管理等功能。控制性能较高，重复定位精度0.05mm，空循环时间＜5.6s。该产品已小批量试产成功。

伺服驱动方面，推出了机械手专用的高性价比多合一驱动器、面向液压注塑机应用的高响应压力闭环控制的液压驱动器。

电液伺服驱动器是专为注塑机系统精确压力控制而研发的专用大功率驱动器，目前单轴最大功率22kW，驱动器最大电流100A，控制精度达到±0.1MPa。控制接口开放，模拟量控制接口简单易用，CAN总线控制接口遵循CIA301/DS402协议规范，实现多从站节点高效互联互通；支持标准旋变编码器接口，内置安全转矩关断STO功能。产品样机已研发成功，启动产品规模化生产试制。

基于集运动控制、PLC控制和网络化控制于一体的运动控制平台，拓斯达正在开发具有完全自主知识产权的油电混合注塑机和全电注塑机控制器。

广东海川智能机器股份有限公司

海川智能 300720

经营情况 2020年疫情期间，海川智能成立了“应对新冠肺炎疫情”工作组，在做好疫情防控的同时，率先实现复工复产。与此同时，继续坚持公司战略规划，稳步推进计量设备业务和检测设备业务，疫情防控、经营业绩、技术研发均取得较好成果。报告期内，公司抓住自动化生产需求加速增长的机遇，业绩再创新高，实现了“稳健、可持续、高增长”的中长期发展目标，全年实现营业收入2.18亿元，同比增长24.15%。其中，计量设备完成营业收入1.8亿元，同比增长28.2%，占公司总营业收入的83%；毛利率为58.9%，比上年增加0.72个百分点。2020年海川智能主要指标完成情况见表1。

表1 2020年海川智能主要指标完成情况

指标名称	2020年	2019年	同比增长（%）
营业收入/万元	21 826.44	17 580.39	24.15
归属于上市公司股东的净利润/万元	7 309.57	4 435.20	64.81
归属于上市公司股东的扣除非经常性损益的净利润/万元	6 828.71	3 906.40	74.81
经营活动产生的现金流量净额/万元	7 535.12	4 947.46	52.30
基本每股收益/元	0.68	0.41	65.85

（续）

指标名称	2020 年	2019 年	同比增长（%）
稀释每股收益/元	0.68	0.41	65.85
加权平均净资产收益率（%）	14.48	9.50	4.98 个百分点
资产总额/万元	58 622.79	51 753.09	13.27
归属于上市公司股东的净资产/万元	53 140.58	47 835.96	11.09

市场销售 海川智能主要研发、生产和销售自动衡器，产品主要包括微机组合秤、失重秤、检测设备及其他配套设备等。产业升级、人力成本增加、个性化需求增加、相关制造企业提升生产效率、降低单位成本等因素，促使企业选用自动衡器替代生产过程中的称重、配料等工序。受惠于国家产业政策扶持和行业市场需求的增长，海川智能的高端智能衡器有望迎来广阔的市场。2020 年海川智能国内外业务收入与成本情况见表 2。2020 年海川智能仪器仪表制造领域产销存情况见表 3。

表 2 2020 年海川智能国内外业务收入与成本情况

项目	营业收入/万元	占比（%）	营业成本/万元	毛利率（%）	营业收入同比增长（%）	营业成本同比增长（%）	毛利率同比增加
国内	13 269.09	60.79	6 054.60	54.37	46.40	40.20	2.02 个百分点
国外	8 557.35	39.21	2 596.80	69.65	0.48	-1.42	0.58 个百分点

表 3 2020 年海川智能仪器仪表制造领域产销存情况

项目	2020 年	2019 年	同比增长（%）
销售量/台	3 932	3 264	20.47
生产量/台	4 155	3 219	29.08
库存量/台	523	300	74.33

科技研发 报告期内，海川智能持续加大研发投入，整合各子公司研发团队资源，及时开发出满足市场和客户需求的新产品，巩固和保持公司在行业中的技术优势。2 层智能组合秤及失重秤扩产项目、定量智能称重技术研发中心扩建项目得到有效执行。截至报告期末，海川智能拥有国内专利 89 件，其中发明专利 6 件、外观设计专利 15 件、实用新型专利 68 件；国外专利 8 件，其中发明专利 3 件、外观设计专利 4 件、实用新型专利 1 件；软件著作权 23 件。

报告期内，公司完成微量微机组合称、带记忆斗功能微机组合秤、防黏稠微机组合秤、防水微机组合秤、低噪声微机组合秤的样机试制；完成连续式混配料机、双通道混料组合秤、手动组合秤、防碎秤、面条秤、条状型微型组合秤的研发。

未来发展 2021 年，海川智能将围绕行业与市场动态积极探索智能产品创新。在巩固智能微机组合秤单机市场占有率的基础上，以单机为核心，一方面深挖高端市场空间，另一方面着力发展差异化定制机型，为客户提供一整套的系统解决方案。继续积极配合国际、国内龙头客户加速研究新结构、发展新工艺、开发新产品，巩固与现有合作伙伴的关系，强化与高端客户合作的深度和广度，着力开发高端市场空间，培育新的利润增长点。

浙江金鹰股份有限公司

金鹰股份 600232

经营情况 2020年，金鹰股份努力推进复工复产，减少疫情对生产及销售带来的影响。下半年，随着下游市场的需求恢复，公司经营业绩逐步恢复。报告期内，公司共实现营业收入10.13亿元。其中，注塑机及配件完成营业收入4.03亿元，同比增长41.52%；毛利率18.14%，比上年减少3.94个百分点。报告期内，金鹰股份生产塑料机械1 172台，销售1 876台，同比分别增长49.7%和48.5%。2020年，公司向浙江省舟山市慈善总会捐款100万元用于新冠肺炎疫情防控。2020年金鹰股份主要指标完成情况见表1。

表1 2020年金鹰股份主要指标完成情况

指标名称	2020年	2019年	同比增长(%)
营业收入/万元	101 347.26	124 031.50	-18.29
归属于上市公司股东的净利润/万元	3 181.38	2 569.00	23.84
归属于上市公司股东的扣除非经常性损益的净利润/万元	-4 671.56	262.32	不适用
经营活动产生的现金流量净额/万元	9 773.29	-6 686.31	不适用
归属于上市公司股东的净资产/万元	106 723.27	110 706.11	-3.60
总资产/万元	182 341.32	185 934.35	-1.93
基本每股收益/元	0.09	0.07	28.57
稀释每股收益/元	0.09	0.07	28.57
扣除非经常性损益后的基本每股收益/元	-0.13	0.01	不适用
加权平均净资产收益率（%）	2.75	2.24	增加0.51个百分点

科技研发 公司注重研发节能、高效、稳定和环保的新型注塑机，内循环直压式精密高速机已获得国家科技创新基金项目支持，拥有3件国家专利。

金鹰注塑机以核心技术为支点，运用先进的产品设计理念逐步形成针对各种细分行业的专业解决方案，如针对薄壁包装容器的高速注塑成型解决方案，针对精密电子塑料元器件及通信接插件等的全电动精密注塑成型解决方案，针对汽配注塑行业的二板机精密成型解决方案、多组分解决方案和超大注射量挤注成型解决方案。

控股子公司金鹰塑机坚持以科技为先导，走产学研结合发展之路，不断提高技术队伍创新能力。报告期内，金鹰注塑机GEK2800/3600W/S一次性试模成功，正加大GEK/S伺服节能注塑机的市场开发力度和GED紧密全电动注塑机的研发投入力度。2021年，金鹰股份将在提高注塑机节能性能、降低噪声、提高精度和稳定可靠性上加大研发力度和资源配置，不断提高注塑机自动化程度。

克劳斯玛菲股份有限公司

克劳斯 600579

经营情况 2020 年，新冠肺炎疫情对克劳斯的海外企业及其上下游企业的经营活动产生了一定程度的影响，汽车、塑料包装行业客户的设备及服务订单以及收入出现下滑，公司营业收入同比下降 7.18%。竞争加剧及原材料价格的波动导致毛利率下降。2020 年克劳斯主要指标完成情况见表 1。

表 1　2020 年克劳斯主要指标完成情况

指标名称	2020 年	2019 年	同比增长 (%)
营业收入/万元	981 639.26	1 057 610.13	-7.18
归属于上市公司股东的净利润/万元	-22 998.99	-15 842.02	不适用
归属于上市公司股东的扣除非经常性损益的净利润 / 万元	-10 698.94	-3 785.39	不适用
经营活动产生的现金流量净额/万元	14 675.26	59 881.54	-75.49
归属于上市公司股东的净资产/万元	531 008.72	549 819.43	-3.42
总资产/万元	1 600 718.48	1 635 588.03	-2.13
基本每股收益/元	-0.28	-0.18	不适用
稀释每股收益/元	-0.28	-0.18	不适用
扣除非经常性损益后的基本每股收益/元	-0.13	-0.04	不适用
加权平均净资产收益率（%）	-4.25	-2.83	减少 1.42 个百分点
扣除非经常性损益后的加权平均净资产收益率(%)	-1.98	-0.68	减少 1.30 个百分点

市场销售 2020 年度克劳斯新签订单 92.95 亿元，同比下降 14.85%，其中 KM 集团新签订单 72.81 亿元，同比下降 19.56%。截至 2020 年 12 月 31 日，公司在手订单 52.46 亿元，其中 KM 集团在手订单 38.57 亿元。2020 年克劳斯不同产品营业收入与成本情况见表 2。

表 2　2020 年克劳斯不同产品营业收入与成本情况

产品类别	营业收入/亿元	营业成本/亿元	毛利率（%）	营业收入同比增长（%）	营业成本同比增长（%）	毛利率同比增加
注塑成型设备	492 613.55	383 389.17	22.17	-16.1	-12.38	-3.30 个百分点
挤出成型设备	211 762.91	159 524.38	24.67	-1.11	-2.73	1.26 个百分点

克劳斯的下属子公司 KM 集团是全球橡塑设备系统解决方案以及相应领域的机械服务提供商，其业务在全球范围内，特别是在欧洲以及美洲地区开展。2020 年，KM 集团开始向中端市场进军，自主研发的 PXAgile 系列注塑设备成功进入中国中端市场，推出了专门针对中端市场需求的 ZE-GoldPowerAgile 系列挤出设备。

汽车行业是 KM 集团最主要的下游客户，受疫情影响，汽车行业的投资意愿低迷导致KM集团注塑成型及反应处理技术分部的订单和收入均下滑。报告期内，KM集团签订汽车行业相关设备订单14.63亿元，同比下降37.84%；汽车行业相关设备销售收入下降39.45%；与汽车行业相关的新签设备订单的比重从2019年同期的35.64%下降到2020年的29.79%。

2020年非汽车行业的新设备订单占KM集团新设备订单的70.21%，高于2019年的64.36%。其中新签生活消费品行业订单较2019年增长8.07%，新签医疗行业订单较2019年增长19.17%。非汽车行业的新设备收入占KM集团新设备收入的68.71%，高于2019年的56.45%。其中消费电子产品行业收入同比增长22.12%，化工行业收入同比增长68.16%，医疗行业收入同比增长9.61%。

报告期内，KM集团化工相关设备的订单和收入分别为7.26亿元、8.71亿元，与化工相关的新签设备订单的比重从2019年的12.11%增加到14.78%。

包装行业是KM集团的另一大主要下游客户，新冠肺炎疫情对塑料包装行业造成一定影响，行业的新投资处于中等水平，公司部分下游包装客户的订单增长乏力。报告期内，KM集团签订包装行业相关设备订单7.33亿元，同比下降34.01%；相关设备销售收入同比下降7.02%；与包装行业相关的新签设备订单的比重从2019年同期的16.82%下降到2020年的14.93%。

重大项目 2020年，KM中国浙江嘉兴新工厂正式启用。嘉兴工厂位于嘉兴经济技术开发区，兼具科技研发、工程设计、设备制造、供应链管理等职能，是KM集团除德国本土以外又一个综合性功能总部。同时，嘉兴工厂与北京化工大学合作设立了实践基地。2020年，KM中国成功研制推出Tiger（GXA）全液压注塑机，并与天华院联合在大型聚碳酸酯造粒领域实现突破。

宁波弘讯科技股份有限公司

弘讯科技 603015

经营情况 报告期内，弘讯科技在做好防疫措施的前提下，积极推进复工复产，全面落实2020年经营计划，大力开拓市场，推动降本增效，实现盈利能力提升。后疫情时代给塑料制品带来新的发展机遇，公司积极响应市场需求，主营产品订单增加；意大利子公司EEI在组织重整后，如期完成各项订单交付。2020年弘讯科技主要指标完成情况见表1。

表1　2020年弘讯科技主要指标完成情况

指标名称	2020年	2019年	同比增长(%)
营业收入/万元	74 967.86	60 054.10	24.8
归属于上市公司股东的净利润/万元	6 191.42	3 314.24	86.8
归属于上市公司股东的扣除非经常性损益的净利润/万元	5 109.61	2 018.19	153.2
经营活动产生的现金流量净额/万元	5 409.31	8 110.17	-33.3
归属于上市公司股东的净资产/万元	127 019.36	120 800.15	5.2
总资产/万元	204 361.98	174 363.10	17.2
基本每股收益/元	0.15	0.08	87.5

（续）

指标名称	2020 年	2019 年	同比增长 (%)
稀释每股收益/元	0.15	0.08	87.5
扣除非经常性损益后的基本每股收益/元	0.13	0.05	160.0
加权平均净资产收益率（%）	5.00	2.74	2.26 个百分点
扣除非经常性损益后的加权平均净资产收益率（%）	4.12	1.67	2.45 个百分点

弘讯科技专注工业控制领域产品与系统的研发、生产、销售，营业收入主要来源于为中高端塑料机械制造商提供自动化系统解决方案。塑料机械控制系统目前主要应用于各类塑料机械领域，包括注塑机、吹瓶机、注吹机、挤出机等，该系统由人机界面与主控制器两部分组成。驱动系统类产品包括油压伺服系统、高端全电伺服系统总成及其他伺服驱动器与变频器等。油压伺服系统业务收入主要来自塑料机械领域，主要包括伺服驱动器、伺服电动机、液压泵等核心部件，可适用于注塑机、吹瓶机、注吹机、挤出机、橡胶机、压力试验机、压铸机等各类机械的动力单元。高端全电伺服系统总成主要应用于全电动注塑机（含油电混合注塑机）、全电动折弯机。全电动注塑机系统总成主要包括控制系统、伺服驱动系统、运动控制装置、精密传动机械部件及其他相关组件。与塑料机械行业相关的工厂数字化相关产品主要有塑机网络管理系统 iNet、塑料加工信息化管理云平台“弘塑云”。弘塑云主要提供 SaaS 服务类产品，在 iNet 基础上实现设备层与软件平台的交互，同时可实现横向跨系统整合。

市场销售　报告期内，弘讯科技的控制系统类与伺服系统类产品销售收入双双提升，同比分别增长 30.05%、21.70%，主要面向注塑机，也服务于注吹机、吹瓶机、橡胶机等各类机械。随着新一代控制系统的导入，高端全电机伺服系统总成 SANDAL 在全电动注塑机市场的持续推展，SANDAL 订单较上年同期大幅增加。2020 年弘讯科技主要产品营业收入及成本情况见表 2。2020 年弘讯科技部分产品产销存情况见表 3。

表 2　2020 年弘讯科技主要产品营业收入及成本情况

类别	营业收入/万元	营业成本/万元	毛利率（%）	营业收入同比增长（%）	营业成本同比增长（%）	毛利率同比增加
工业控制类	36 205.38	21 177.98	41.51	30.05	31.44	-0.62 个百分点
驱动系统类	30 220.97	21 541.03	28.72	21.70	22.14	-0.26 个百分点

表 3　2020 年弘讯科技部分产品产销存情况

主要产品	生产量/套	销售量/套	库存量/套	生产量同比增长（%）	销售量同比增长（%）	库存量同比增长（%）
工业控制类	78 858	74 371	7 213	39.97	36.05	164.60
驱动系统类	13 651	12 941	1 561	35.00	34.83	83.43

报告期内，公司力推“一机一手一系统”数字工厂方案。该方案采用弘讯自研 SA Communication System 通信标准，整合全电机控制系统 (SANDAL Ⅱ)、机械手控制系统（THUJA）和辅机设备整合系统等硬件，并搭载弘讯最新研发的服务器，通过注塑管理软件，实现设备管理、工艺管理、即时监控、过程追溯等功能，完整架构数字化时代工厂的整体解决方案。

广东伊雪松机器人于2021年4月更名为广东弘讯智能科技有限公司，定位为弘讯华南运营中心，未来将着力开拓原有业务的华南市场。

科技研发　截至2020年年末，弘讯科技研发人数占公司员工总数的比例为45%，研发投入占营业收入的8.42%。公司拥有授权专利202件，其中发明专利57件；主要负责起草或者参与起草了多项国家标准和行业标准，其中3项国家标准《工业机械电气设备及系统　术语　第2部分：塑料机械》《机械电气设备　塑料机械计算机控制系统　第2部分：试验与评价方法》《机械电气设备　塑料机械计算机控制系统　第1部分：通用技术条件》，4项行业标准《工业机械电气设备及系统　塑料机械计算机控制系统形象化图形符号》《工业机械电气设备及系统　注塑机交流伺服驱动系统技术条件》《工业机械电气设备及系统　塑料机械控制系统接口与通信协议》《注塑机计算机控制系统　通用技术条件》已发布实施，参与起草的团体标准《塑料机械控制系统与周边设备的接口与通信协议》处于报批阶段。

报告期内，弘讯科技持续研发注塑机控制系统，持续优化新一代控制系统、驱动器与系统集成；持续研发数字工厂整体解决方案，打造硬件、软件、通信方案与云端平台；开展高端伺服系统优化，致力于开拓高端塑机市场。

未来发展　以国家大力发展智能制造，全面推进制造业智能转型为契机，立足塑料机械行业，开拓其他行业市场。在“技术基础+前瞻视野”双轮驱动下，打造具有弘讯特色的塑料加工工业物联网平台，实现塑料加工行业“工业4.0”。积极整合已完成投资的新项目新事业，实现增量业绩，并探索战略性新兴产业，做好中长期项目培育，把握外沿扩张的发展机会。

工业自动化方面，深耕塑机控制系统行业，不断推出油压注塑机控制单元、驱动单元新产品。完善公司塑料加工“工业4.0”产业链，培育新的业务增长点。加大在塑料加工智能制造方向的投入，基于“弘塑云”提供一站式智能工厂解决方案，在塑料加工网络化、数字化、智能化发展趋势中抢占先机，改变传统塑料加工制造的生产模式。

（1）向塑料机械厂提供智能控制解决方案（含工业控制类与驱动系统类产品），逐步提升高端系统总成SANDAL的市场占有率。2021年继续加强与中大型客户的深度合作，强化双方合作黏性，提高市场占有率。

（2）向塑料制品加工商提供智能制造（含云端管理）解决方案。着力向塑料机械的终端用户延伸，为塑料制品加工商提供智能制造全套解决方案。整合机械手、机器人及周边设备，利用iNet系统和“弘塑云”，通过云计算、大数据分析等手段，实现对生产管理要素的智能化识别、定位、跟踪、监控和管理。

泰瑞机器股份有限公司

泰瑞机器 603289

经营情况　2020年，泰瑞机器坚持全球化战略和稳健经营方针，坚持疫情防控和生产经营两手抓，强化运营管理，总体取得了稳健的业绩。实现营业收入8.7亿元，同比增长8.67%；其中，内销实现主营业务收入5.63亿元，同比增长9.17%，收入占比64.53%；外销实现主营业务收入3.1亿元，同比增长7.80%，收入占比35.47%。经营性现金流量净额1.76亿元，现金流水平良好；整体毛利率27.45%，比上年减少3.35个百分点。公司在手订单增长较快，储备良好，排产紧张有序，生产注塑机2 538台，同比增长46.4%。2020年泰瑞机器主要指标完成情况见表1。2020年泰瑞机器主要产品营业收入及成本情况见表 2。

表 1　2020 年泰瑞机器主要指标完成情况

指标名称	2020 年	2019 年	同比增长 (%)
营业收入/万元	87 314.09	80 350.07	8.67
归属于上市公司股东的净利润/万元	8 669.50	11 483.30	-24.50
归属于上市公司股东的扣除非经常性损益的净利润/万元	7 442.71	10 478.63	-28.97
经营活动产生的现金流量净额/万元	17 599.99	9 421.07	86.82
归属于上市公司股东的净资产/万元	106 146.41	102 911.42	3.14
总资产/万元	151 063.87	140 542.26	7.49
基本每股收益/元	0.33	0.43	-23.26
稀释每股收益/元	0.33	0.43	-23.26
扣除非经常性损益后的基本每股收益/元	0.28	0.39	-28.21
加权平均净资产收益率（%）	8.33	11.60	-3.27 个百分点
扣除非经常性损益后的加权平均净资产收益率（%）	7.15	10.58	-3.43 个百分点

市场销售　报告期内，在防控医疗物资、普通 3C 产品及居家用品的需求带动下，泰瑞机器小型机营业收入大幅增长，拉动注塑机整机销售量同比增长 50.77%，达到 2 459 台。报告期末，注塑机库存量 541 台，同比增长 17.10%，主要原因是公司根据在手订单以及正在洽谈的潜在新订单进行采购、备货及产品生产。泰瑞机器的优势产品在于大型机，受需要大型注塑机的汽车、大型建材等行业需求减弱等因素的影响，大型机产品营业收入明显下降，毛利润贡献相应下降。2020 年泰瑞机器主要产品营业收入及成本情况见表 2。

表 2　2020 年泰瑞机器主要产品营业收入及成本情况

类别	营业收入/万元	营业成本/万元	毛利率（%）	营业收入同比增长（%）	营业成本同比增长（%）	毛利率同比增加
注塑机	85 248.74	61 885.20	27.41	8.53	13.84	-3.38 个百分点
配件及劳务	2 061.11	1 463.42	29.00	15.03	18.39	-2.01 个百分点

2020 年，泰瑞机器加强了华东、华南等区域的直销及服务团队力量，加强对韩国、巴西等海外子公司渠道的开拓，逐步实现本地化销售及服务。

科技研发　报告期内，泰瑞机器支出研发费用 4 083.74 万元，同比增长 9.88%。“新型材料成形与加工装备研发及产业化——纤维复合特种工程聚合物高端注射成形装备研发及产业化”项目被评为 2020 年度浙江省重点研发计划项目。2020 年，泰瑞机器打造了全新的 NEO 系列高端注塑机，并在 Chinaplas 2021 展会亮相。

重大项目　泰瑞机器以自有资金设立全资子公司浙江泰瑞精密机械有限公司，由全资子公司负责实施桐乡制造基地项目投资建设。项目规划用地面积逾 1.3 万 m^2，预计总投资 10 000 万元，其中固定资产投资（土地 + 厂房 + 设备）预计

8 000 万元。该制造基地项目主要用于机械设备零配件的设计、研发、制造、加工及销售，项目已进入施工建设阶段。

泰瑞机器投资 6 亿元建设集研发、技术、营销、采购、财务中心于一体的总部大楼和年产能 600 台（套）大型二板及全电动智能化精密注塑机智慧工厂。项目已进入施工建设阶段。

未来发展 泰瑞机器将进一步优化产品生产布局，以现有产品市场的传统优势为基础，重点发展二板式注塑机、全电动注塑机、多组分注塑机系列，不断研发并生产大型、智能、快速、精密、节能注塑机，丰富并优化产品结构，加快产品升级换代，开发及生产适用于更多领域的新产品，并与公司现有产品线协同发展，为不同行业提供解决方案及应用服务。改造和优化现有的注塑机生产线布局，使之更适合柔性化生产，充分利用公司现有设施进行集约化生产。

浙江双林环境股份有限公司

双林环境 832111

经营情况 双林环境立足于塑料管道成套装备行业，主要业务为塑料管道成套装备、智慧地下管网系统服务。2020 年双林环境主要指标完成情况见表 1。2020 年双林环境主要产品营业收入及成本情况见表 2。

表 1　2020 年双林环境主要指标完成情况

指标名称	2020 年	2019 年	同比增长（%）
营业收入/万元	15 970.48	15 457.93	3.32
归属于挂牌公司股东的净利润/万元	−2 461.41	−4 475.14	
归属于挂牌公司股东的扣除非经常性损益后的净利润/万元	−2 489.21	−4 749.22	
资产总计/万元	35 743.13	27 191.19	31.45
负债总计/万元	30 277.53	19 264.19	57.17
归属于挂牌公司股东的净资产/万元	5 465.59	7 927.01	-31.05
基本每股收益/元	−0.42	−0.77	
归属于挂牌公司股东的每股净资产/元	0.94	1.37	-31.05
毛利率（%）	27.54	24.87	
资产负债率（合并）（%）	84.71	70.85	
流动比率	0.87	1.01	
应收账款周转率	2.07	1.72	
存货周转率	1.04	0.87	
加权平均净资产收益率（依据归属于挂牌公司股东的净利润计算）（%）	−36.76	−43.83	

表 2　2020 年双林环境主要产品营业收入及成本情况

产品类别	营业收入/万元	营业成本/万元	毛利率（%）	营业收入同比增长（%）	营业成本同比增长（%）	毛利率同比增长（%）
单机	582.71	465.86	20.05	-19.53	-15.42	-16.21
配件	672.73	469.63	30.19	-48.96	-54.78	42.35
生产线	9 496.01	7 004.06	26.24	29.48	27.07	5.63
水系统	890.11	660.57	25.79	-23.89	-26.03	9.09

科技研发　报告期内，双林环境投入研发费用 1 422.41 万元，同比增长 12.48%。目前拥有聚乙烯结构壁管缠绕生产技术、超大直径聚乙烯实壁管挤出生产技术、PEX-b 一步法硅烷交联聚乙烯管挤出生产技术、PE-RT/PP-R 管高速生产技术等十余项自主研发核心技术。大口径钢板网铆塑复合压力管及制作方法、五层共挤塑管成型模等 37 件发明专利和 136 件实用新型专利。2020 年 8 月企业通过了高新技术企业的复审认定。

无锡灵鸽机械科技股份有限公司

灵鸽科技 833284

经营情况　报告期内，灵鸽科技专注主营业务，不断深入拓展自动配料系统、物料输送产品在锂电池材料领域的应用，同时新增智能小料配料系统，实现营业收入 1.47 亿元，同比增长 104.90%。其中，配混设备销售 8 874.4 万元，同比增长 71.7%；毛利率 35.6%。报告期内，双林环境的智能化小料配料系统在食品行业得到推广，与亿滋集团苏州公司签订了第二条生产线，为全面进入食品行业奠定了很好的基础。报告期内毛利率上涨明显，得益于订单的突破性增长，以及成本、费用的有效控制。2020 年灵鸽科技主要指标完成情况见表 1。

表 1　2020 年灵鸽科技主要指标完成情况

指标名称	2020 年	2019 年	同比增长（%）
营业收入/万元	14 714.78	7181.45	104.90
归属于挂牌公司股东的净利润/万元	2 371.60	-1 475.25	
归属于挂牌公司股东的扣除非经常性损益后的净利润/万元	1 863.31	-1 609.23	
资产总计/万元	19 349.23	14 676.11	31.84
负债总计/万元	9 377.53	7 084.87	32.36
归属于挂牌公司股东的净资产/万元	9 963.68	7 591.23	31.25
经营活动产生的现金流量净额/万元	1 881.47	953.00	97.43
基本每股收益/元	0.37	-0.23	
归属于挂牌公司股东的每股净资产/元	1.57	1.20	30.83
资产负债率（合并）（%）	48.46	48.27	
流动比率	1.91	1.77	

（续）

指标名称	2020 年	2019 年	同比增长（%）
毛利率（%）	40.58	25.23	
应收账款周转率	5.41	3.18	
存货周转率	2.60	2.07	
净利润增长率（%）	259.27	-10.66	
加权平均净资产收益率（依据归属于挂牌公司股东的净利润计算）（%）	27.02	-17.60	
加权平均净资产收益率（依据归属于挂牌公司股东的扣除非经常性损益后的净利润计算）（%）	21.23	-19.20	

科技研发 报告期内，灵鸽科技投入研发支出 582.91 万元，占收入的 3.96%。重点投入研发锂电池连续式智能匀浆技术及装备，改进自动配混系统包括失重称、液体称、龙门切粒机等单机产品与系统类产品的性能，提高产品的一致性、稳定性、智能性。加强对集成系统板卡的开发，达到对系统集中控制的便捷性、规范性，且可以加强生产数据的过程管理及分析，实现对生产过程的追溯性。

结构调整 报告期内，公司成立了灵鼎智能控股子公司，专注于锂电池新能源行业的制浆系统的研发与制造，产品包括胶液溶剂计量输送系统、双行星真空搅拌系统、高速分散处理系统、浆料除铁过滤输送系统、浆料周转储存系统、管道推球清洁系统以及双螺杆连续制浆设备系统等。

东莞市松湖塑料机械股份有限公司

松湖股份 834005

经营情况 松湖股份主要提供中小型精密成套塑料挤出设备生产线及塑胶产品 3D 打印耗材。报告期内，公司积极开拓各项业务，扩大业务规模，完成营业收入 2 898.82 万元，同比增长 73.54%，实现连续稳步增长。2020 年松湖股份主要指标完成情况见表 1。

表 1 2020 年松湖股份主要指标完成情况

指标名称	2020 年	2019 年	同比增长（%）
营业收入/万元	2 898.82	1 670.43	73.54
归属于挂牌公司股东的净利润/万元	409.27	127.73	220.42
归属于挂牌公司股东的扣除非经常性损益后的净利润/万元	342.65	97.92	249.94
资产总计/万元	2 344.66	1 721.56	36.19
负债总计/万元	586.59	371.15	58.05
归属于挂牌公司股东的净资产/万元	1 617.75	1 276.09	26.77
经营活动产生的现金流量净额/万元	189.48	-16.96	1 217.49
基本每股收益/元	0.41	0.13	215.38

（续）

指标名称	2020 年	2019 年	同比增长（%）
归属于挂牌公司股东的每股净资产/元	1.62	1.28	26.56
毛利率（%）	35.83	45.98	
资产负债率（合并）（%）	25.02	21.56	
流动比率	3.22	3.42	
应收账款周转率	42.81	42.69	
存货周转率	4.06	3.66	
总资产增长率（%）	36.19	4.60	
净利润增长率（%）	199.17	39.60	
加权平均净资产收益率（依据归属于挂牌公司股东的净利润计算）（%）	28.21	10.04	
加权平均净资产收益率（依据归属于挂牌公司股东的扣除非经常性损益后的净利润计算）（%）	23.62	7.70	

报告期内公司聚焦 3D 打印耗材生产线的研发升级及销售，深挖拓展医疗精密挤出生产线市场，全资子公司的 3D 打印机业务及服务也取得一定进步。报告期内，受疫情影响，3D 打印耗材生产线及配件市场需求急骤升高，3D 打印耗材生产线收入同比增长 182.74%，3D 打印机及耗材同比增长 60.25%。2020 年松湖股份主要产品营业收入及成本情况见表 2。

表 2　2020 年松湖股份主要产品营业收入及成本情况

产品类别	营业收入/万元	营业成本/万元	毛利率（%）	营业收入同比增长（%）	营业成本同比增长（%）	毛利率同比增长（%）
3D 打印耗材生产线	872.51	447.47	48.71	182.74	191.71	-1.58
3D 打印机及耗材	1 089.64	777.71	28.63	60.25	72.44	-5.05
工业管生产线	860.74	565.67	34.28	36.41	106.87	-22.38
精密医用管生产线	34.07	31.76	6.77	78.65	163.33	-29.98
其他	41.87	37.69	9.98	67.10	231.99	-44.71

股权变化　2020 年 4 月 30 日，松湖股份收购尤坛明持有的东莞市致通塑料机械设备有限公司 1.5% 的股权（其中实缴出资 3 万元），收购价格 3 万元，收购完成后松湖股份持有该公司 94.25% 的股权。7 月 20 日，松湖股份出售东莞市致通塑料机械设备有限公司 20.25% 的股权，交易价格 40.5 万元，交易完成后松湖股份持有该公司 74% 的股权，已完成股权工商变更登记。

广东乐善智能装备股份有限公司

乐善智能 871695

经营情况 2020年乐善智能的经营业绩没有受到疫情及经济下行的影响，开发的新产品速龙吹瓶机、全电动高节能吹瓶机陆续投放市场，拉动报告期内营业收入的增长。其中，中空成型机实现营业收入15 590万元，同比增长9.34%；毛利率25.4%。2020年公司注重质量提升、成本管控、精益生产等，订单同比增长25%以上。2020年乐善智能主要指标完成情况见表1。

表1 2020年乐善智能主要指标完成情况

指标名称	2020年	2019年	同比增长（%）
营业收入/万元	17 359.60	15 965.21	8.73
归属于挂牌公司股东的净利润/万元	599.31	189.71	215.91
归属于挂牌公司股东的扣除非经常性损益后的净利润/万元	462.04	-11.00	
资产总计/万元	16 340.82	14 458.53	13.02
负债总计/万元	10 747.08	9 464.11	13.56
归属于挂牌公司股东的净资产/万元	5 593.74	4 994.42	12.00
经营活动产生的现金流量净额/万元	2 648.09	1 994.64	32.76
基本每股收益/元	0.20	0.06	233.33
归属于挂牌公司股东的每股净资产/元	1.84	1.64	12.20
毛利率（%）	25.20	26.08	
资产负债率（母公司）（%）	65.77	65.46	
流动比率	0.92	0.79	
应收账款周转率	32.76	19.32	
存货周转率	2.60	2.95	
加权平均净资产收益率（依据归属于挂牌公司股东的净利润计算）（%）	11.32	3.87	
加权平均净资产收益率（依据归属于挂牌公司股东的扣除非经常性损益后的净利润计算）（%）	8.73	-0.22	

科技研发 乐善智能重视技术创新，每年约投入销售总额的5%用于技术研发。报告期内投入研发费用855.8万元，在拓展原有产品基础上积极研发适应市场需求的新产品，继续加大力度研发提升全电动高节能各产品领域的吹瓶机，运用AI技术，提升新产品的智能化水平。目前乐善智能的伺服驱动吹瓶机节能降耗最高可达50%～60%。乐善智能在节能降耗的基础上，首创齿轮锁模技术，仅用7kW伺服电动机驱动就能提供200kN锁模力。

2020年，乐善智能新增实用新型及外观设计专利7件，通过佛山市制造业隐形冠军评定，获广东省名优高新技术产品和高新技术企业认定。

企业风采

创新驱动　百年国企再创辉煌
——大连橡胶塑料机械有限公司

一、承载装备振兴梦想的百年国企

大连橡胶塑料机械有限公司（简称大橡塑）是立厂于 1907 年的“老字号”国有企业，是我国橡塑机械行业中历史最悠久、研发和制造能力最强的企业之一。大橡塑主导产品有大型挤压造粒机组、密炼机、开炼机、压延机组、吹塑薄膜机组、拉伸薄膜机组，共计 200 多个品种、400 多个规格，技术处于国内领先水平，达到或超过国际先进水平。产品畅销全球 70 多个国家和地区。

百年国企，树立行业标杆。大橡塑在行业技术进步、结构调整、节能减排、资源节约综合利用等方面起到示范和带动作用。大橡塑多次完成国家重大技术装备攻关任务，累计百余项中国第一台（套）产品在这里诞生。公司产品获科技进步奖 81 项，其中国家级 8 项，目前拥有发明专利 87 件。大橡塑作为百年装备制造企业，被誉为中国橡塑机械摇篮，承载着国家装备制造业的期盼和梦想。振兴民族工业是企业应担负的最大社会责任，大橡塑围绕国家重点领域重大技术装备进行攻关，促进国内轮胎、石化等重要产业高质量快速发展，在国民经济发展、国家能源安全中起到关键作用。

大橡塑近年来发生了翻天覆地的变化。带领员工坚持创新驱动发展，创新经营管理模式，探索技术创新，强化科技创新投入，制定实施明确的发展战略，以顾客满意为最高价值导向，创建“四位一体”经营模式，构建自适应组织管控模式，提升经济运行质量，实现高质量可持续发展。

公司近三年科研立项 254 项，完成 5 个重大项目国产化替代；创建高端研发平台，引进院士及海内外专家，内外部专家协同创新；带领员工自主创新、开拓市场，公司销售收入、订货大幅增长，员工人均收入连续三年实现两位数增长，企业和员工共同成长，创造了 114 年建厂史上的新纪录。近三年大橡塑主持和参与制修订国际、国家、行业、团体标准共计 14 项，正在主持起草的国际标准是我国橡胶塑料机械行业牵头起草的第一项国际标准。近三年大橡塑研制的新产品进入国家、省级首台（套）项目的有 6 项，获得省部级科技进步奖 6 项，其中一等奖 5 项，处于行业科技创新的前沿。2018 年大橡塑被评为国家知识产权示范企业，2020 年被评为辽宁省瞪羚企业、国家绿色工厂，实现了效益、科技、绿色齐头并进的高质量发展态势。

二、创建自适应组织管理模式

大橡塑创建的自适应组织管控模式是战略落地的有效方式方法。公司搭建了战略分解、经营责任制、责任履行、过程管控、绩效考评五大绩效管控体系，完善了自适应、自组织、适者生存的管理运行机制，突出了对企业发展有利、有益、努力工作、做出贡献和提升核心竞争力五个维度共享企业发展成果，近年来取得了事半功倍的效果。公司全面开展自适应组织绩效，激发各事业部、子公司、车间、职能部门工作的主动性、积极性和创造性，促进了总体经营目标、部门目标和员工利益相统一，真正实现了企业、员工共担发展责任、共享发展成果。该模式使企业快速适应市场变化，提高公司竞争力及可持续发展能力，把公司打造成最具品质与实力的自适应组织，实现顾客、员工、企业共同成长的目标。大橡塑自适应管控模式见图 1。

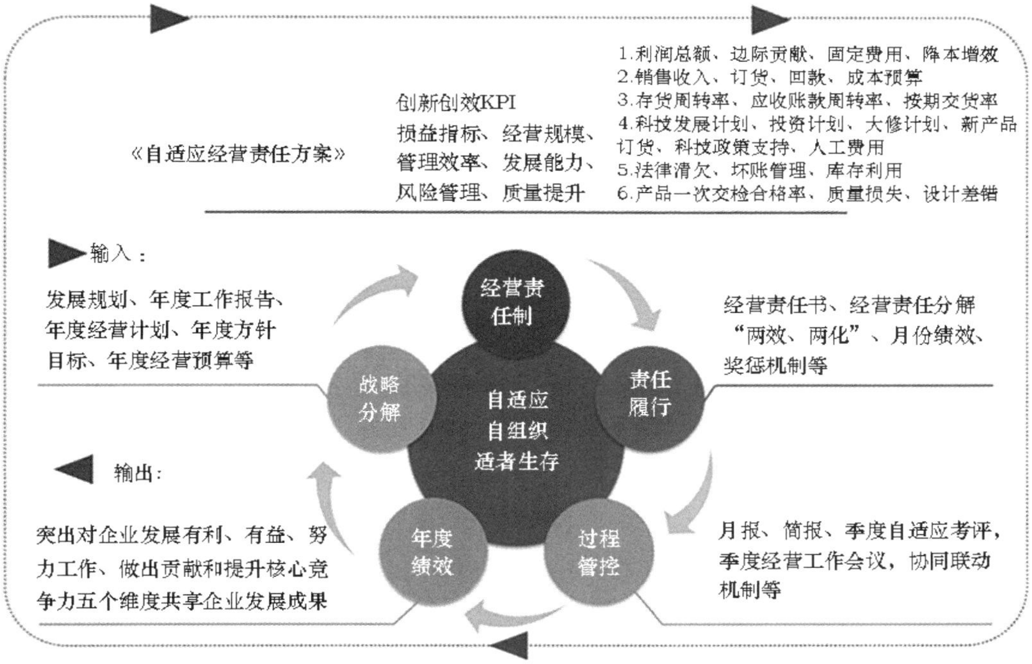

图 1　大橡塑自适应管控模式

三、技术创新实行“五要素”管理法

公司技术创新实行“五要素”管理法：研发体系是基础，研发路径是方法，创新机制是动力，技术人才是根本，研发投入是保障。

1. 研发体系是基础

大橡塑全面贯彻创新发展理念，建立了国际化研发平台，建立了覆盖相关专业的完善的研发机构。公司以省级企业技术中心为基础，分为内外部两个创新平台。内部创新平台下设六大产品研究所、工质部和试验中心，2018 年创新成立了技术专家委员会和技能大师委员会。外部创新平台下设捷克和加拿大两个海外研发中心、石油化工行业工程研究中心、省级专业技术创新中心及工程研究中心，建有院士团队专家工作站、国家级博士后科研工作站和两个行业产、学、研、用技术创新联盟，协同国内外知名的技术专家进行前沿技术、重大共性关键技术研究，开发全新产品，持续产品迭代创新。

大橡塑内部建立了技术专家委员会和技能大师委员会，深挖内部创新潜能。定期组织专家召开技术沙龙，挖掘专家智慧，进行头脑风暴，研究公司如何开展科技研发，从技术角度如何保证产品质量稳定性及产品性能先进性，针对产品智能化应用组织交流和研讨，为公司高质量发展出谋划策。为技术新人量身制订培养方案，由技术专家对新入职员工进行定向培养。

2. 研发路径是方法

大橡塑构建国际化产学研用技术创新平台，通过合作开发、协同创新、创新联盟等模式聚集国内外行业领域创新优势资源，承担国家、省市科技重大专项科研攻关，解决行业核心产品技术空白、“卡脖子”关键技术和首台首套应用推广等问题。公司建立了国家级博士后科研工作站，引进华南理工大学院士团队建立了专家工作站，牵头华南理工大学、大连理工大学等 11 家单位组建辽宁省大橡塑密炼装备产学研联盟，同时加强了国内外专家引进，协同科技创新。

大橡塑与科研院所、高技术企业技术合作方式灵活，实现共赢发展。与世界一流大学、国际知名公司建立利益共同体，共同攻关拉伸流变技术应用、密炼机智能质量模型等国际前沿、高端技术，已初见成效。大橡塑与国内橡塑机械理论研究领先高校进行合作，共同承担重大科技项目，研制出具有自主知识产权、填补国内空白的35 万 t/a 大型聚丙烯挤压造粒机组，实现国产化替代，积极推进重大石化装备全面国产化和石化产业供给侧改革，促进石化产业的高质量发展。大橡塑通过“揭榜挂帅”方式，与高校院所、高新技术企业合作开展“基于低滚阻轮胎胶料混炼的高效环保密炼装备”研制，提高了科技创新效率和质量。

3. 创新机制是动力

大橡塑建立了完善的科技创新管理机制，制订相关制度 33 项。公司年初进行科技发展计划立项，中间可以增减，严格动态跟踪管理；内部建立攻关小组，随时解决产品技术问题。公司内部也开展“揭榜挂帅”项目攻关，高管挂帅，专家组团揭榜，解决公司亟待解决的技术难题。

大橡塑通过建立完善的科技创新激励体系，实施新产品转化、孵化项目、技术降成本、专利转化、合理化建议等多元化激励方式，用足用好工资，切实增强科技人员的获得感。中心不断完善技术创新人才激励机制，逐年加大科技创新奖励力度，内部科技创新氛围高涨，科技创新计划立项数量大幅提升，三年来科技发展计划共立项 254 项，项目数量逐年递增，2021 年高达 136 项，较 2020 年增长约 80%。

4. 技术人才是根本

大橡塑拥有国际一流的橡塑装备研发团队，为夯实公司高端产品基础提供了强大的人才支撑。公司目前拥有高中级技术人员近 200 人，23 人成为国务院政府特殊津贴专家、全国技术能手、全国五一劳动奖章等国家级人才，45 人成为辽宁省优秀专家、辽宁省“兴辽英才”、辽宁省技术能手、辽宁工匠、辽宁五一劳动奖章获得者、辽宁省百千万人才等省级人才，65 人成为市政府特殊津贴、大连市领军人才、大连市优秀专家、大连工匠、大连市五一劳动奖章获得者等市级人才。

5. 研发投入是保障

大橡塑建有规范严格的科技创新投入论证、审批程序，细化预算管理，保障资金投入。企业科技投入成多倍增长，近三年母公司研发投入 1.52 亿元，研发投入占销售收入的比例高达 6.6%，保证了各项科技创新工作的持续有效开展。

四、服务模式创新

公司围绕“节能、环保、高效、智能”不断对传统装备进行技术优化，迭代升级。密炼机智能炼胶质量模型为国内外独创，在 190E 密炼机上实际应用取得突破，炼胶合格率由 55.9% 提升至 100%，智能化研究国际领先。串联密炼机、一次双面擦胶双三辊压延线等节能、环保特性优异的传统装备产品不断研制成功，带来革命性的改变。为传统橡胶机械注入“智能因子”，大型、串联密炼设备获得良好市场反馈，填补了啮合型密炼生产线总包、压延生产线总包项目的国内空白，为顾客提供了生产线全套辅助设备，真正实现了 EPC 交钥匙模式。

公司与华为公司合作，进行设备售后服务全生命周期管理信息化平台建设，助力公司由传统装备制造企业向产品智能化和服务化转型。搭建设备状态监测与健康管理云智慧平台，实现设备的状态监测、远程运维、自主诊断、预测维护、智能服务，实现向产品智能化和服务化转型升级及全生命周期智能服务的战略落地，提升产品的市场竞争力。

结语

大橡塑始终把创新驱动放在企业发展全局的核心位置，坚持不懈地全面推进科技创新、管理创新、体制机制创新，全面推动制造升级、质量升级、创新升级、智能升级、绿色升级，致力于成为国际领先的高端装备制造商、整体解决方案和智能全生命周期服务提供商。

〔供稿单位：大连橡胶塑料机械有限公司〕

伊之密：聚力创新　激发活力释放新动能

2022 年，广东伊之密精密机械股份有限公司（简称伊之密）迎来二十周年庆典。在二十年的发展历程里，伊之密紧抓技术革命浪潮，围绕“产品、运营和全球化”三大战略，逐步从机器的制造商转型为整体解决方案提供商。

一、科技创新　催生企业发展的核心动能

作为我国高新技术产业的重要组成部分，高端装备制造业涉及各产业链的核心制造环节，被认为是现代产业体系的脊梁，是推动工业转型升级的引擎。然而，当下全球贸易形势正发生变化，如何化解“卡脖子”的技术问题成为高端装备制造业的当务之急。

对此，伊之密高层认知清醒，始终坚持将智能、科技作为企业发展的主旋律。风雨二十载，伊之密在注塑机领域从零起步发展到如今的全国前二、全球前十，靠的就是持续创新。然而，创新意味着持续不断地迎接挑战。

“技术创新不能完全依赖技术人员的顿悟和灵光一现，必须遵循科学的规律和方法，我们尝试从创新理论探索出发，通过引入 TRIZ 创新方法来改变创新质量和效率。”伊之密注塑机事业部副总经理蒋小军说，“此外，政府部门在创新环境方面给予了企业极大的支持，伊之密自身也持续加码，投入大量经费支持研发和技术创新，让我们技术人员备受鼓舞。”

作为伊之密注塑技术中心总监，蒋小军见证了伊之密的飞速发展，也真切地感受到了公司对人才的重视与关爱。一直以来，公司十分重视人才队伍的建设和专业技术的研发，由技术专家及年轻骨干组成的研发团队始终保持活力并不断自我提升，200 余件专利证明了其技术创新精神。

此外，伊之密积极调整布局，成立了相应的研发创新部门。同时，连接中欧技术，以更加开放的视野、积极的心态拥抱欧洲先进技术，对接欧洲研发机构和合作伙伴。在硬件投入上，伊之密建造了全球创新中心和新工艺新技术预研测试中心，搭建新技术预研合作项目平台，向全球传递合作、开放、共赢的强烈信号。

二、客户认同　实现技术与市场的成功对接

如果一件产品没有得到使用，那么它的价值就等同于零；如果一个企业得不到客户的认同，那么这个企业的发展必将举步维艰。

一直以来，伊之密致力于成为技术领先的最佳性价比方案提供商，为客户拓展更大的竞争优势。为此，伊之密为客户提供的不仅是一个设备，而是一种基于设备以及周边性能和价格最优的注塑生产服务。

“我们在围绕行业发展趋势和应用市场需求的同时，不断加强竞争力，通过洞察客户需求，不断推陈出新。”蒋小军介绍，“我们追求用专业的产品和丰富的行业经验，在产品的设计和制造上契合实际需求，聚焦客户普遍关心的问题。”

例如，伊之密 A5 系列产品开发引入的 IPD 模式，就是深入学习汇川等优秀企业的 IPD 研发模式，从研发方法论上找到了适合公司产品的开发模式。把关注客户需求、实现客户认同作为检验产品成功的核心指标，来实现技术与市场的成功对接。

在产品开发方面，公司采用行业线和产品线分开的项目管理模式，由资深的行业专家和技术专家牵头深入客户，及时了解客户需求和行业发展趋势，为行业专机开发定制专用设备，向客户提供更具竞争力的产品。例如，多组分车灯专用机、高速包装 PAC 专用机、PET 瓶坯专用机、UPVC 管件专用机、BMC 专用机、C 系列多物料专用机等，涵盖汽车、医疗、电子多个领域。2021 年开发完成的 85 000kN 超大型二板式精密注塑机在多项技术指标上位居国内领先地位。

此外，垃圾分类的深腔制品 W 系列超大开模行程专机也有较好的应用案例，环保材料 PLA 专机也在积极布局中。

三、循环经济　助力用更低的能耗制造产品

20 世纪 90 年代，注塑机被喻为“电老虎”，这是注塑产业的痛。经过二十多年的不断发展，节能技术不断变革，变量泵节能技术、伺服泵节能技术、全电动伺服节能技术的几次重大突破，使注塑机成为装备制造业节能技术革新比较早的行业。

“对于企业来说，除了在生产过程中针对节能降本进行技术改造之外，生产出来的产品是否是低能耗的绿色产品更重要。”蒋小军强调，“注塑机作为制造装备的工业母机长期服务于各行业，自身的能耗水平十分重要。”

目前，伊之密产品在节能技术方面一直处于业内比较领先的水平。在国内伺服节能技术普及、推广和提升后，公司在动力控制技术和料管红外加热节能技术研发上有着较好的表现。

在低能耗新工艺的应用方面，伊之密也不断推出新的技术，使下游厂商进一步降低运营成本，提升竞争力。例如，伊之密成功研发的免造粒、免干燥直接注塑成型技术，帮助部分简单配方的或再生料回收不需要再造粒的企业，省去了造粒、包装、存储、运输等诸多环节的碳排放过程。

谈到能源产业的发展趋势，蒋小军说：“循环经济与碳中和是大势所趋，也是装备制造企业重要的社会责任。企业作为经济建设中的主体应该发挥重要的作用。未来，伊之密将加大节能技术的开发力度，加大节能产品，如大型全电动注塑机、大型油电复合注塑机的推广力度，不断细化产品布局，提升节能水平。”

作为制造型企业，无论宏观环境如何变化，伊之密将坚持连接中欧的思路，创新不止。在新的一年里，真诚希望全球客户、合作伙伴能与伊之密一起拥抱蜕变，释放更多能量。

企业访谈

华美达 2021：发展，创新，提升

——宁波华美达集团有限公司总经理刘翔

宁波华美达集团有限公司（简称华美达）是一家专业化生产塑胶注射成型机械的高新技术企业，经过不断技术创新，公司开发制造的产品已经广泛应用于汽车、电子、医疗、包装等众多行业。近几年，华美达实现了快速发展，已经成长为国内具有规模以及雄厚竞争实力的注塑机械研发制造企业。

请简要介绍一下华美达。

刘翔总经理（以下称刘总）：华美达自创业之始，就将“专心专注，做好塑机”作为企业的发展理念，在新产品推广、新技术开发领域不断推陈出新，主要产品有精密伺服节能注塑机系列、高速精密注塑机系列、二板注塑机系列、全电动注塑机系列、双色注塑机系列、PET 专用快速注坯系统等，在白色家电、医疗注塑、化妆品、汽车配件、光学电子、建筑建材以及家用日化等各行业领域为客户提供定制化的专用产品解决方案。华美达作为主要单位起草的《高速精密塑料注射

成型机》标准于 2018 年发布实施为“浙江制造”标准。

请介绍一下华美达的运营情况。

刘总：从国家统计局数据及相关行业预期来看，2021 年国内工业经济运行总体趋向前高后低。2021 年上半年，公司内外贸订单持续呈现饱和状态，总体销售同比增长 40% 以上，实现了较好的增长。但是随着国际原材料价格持续高位，第三季度以来，主要经济指标增速较上半年明显放缓。国内工业生产总值发展预期下降，当前制造型企业面临原材料价格持续走高，企业成本压力上升，效益指标下降，资金周转率降低等问题，这些都将极大地制约市场整体发展水平。

受新冠肺炎疫情的长期影响，全球经济复苏进程缓慢，发展预期充满更多不确定性，再加上国际经济政治环境日趋复杂，这些对中国制造企业的发展提出了更大挑战。过去一年对所有行业从业者来说都是不平凡的一年，当全球经济因疫情发展受阻之时，中国制造业却蓬勃向上，迎来新的发展机遇。2020 年是华美达的发展突破之年，通过加大投资扩建规模，持续引进设备和人员，获得数字化管理升级方面的加持，公司年产能首次突破 5 000 台，实现了企业发展史上里程碑式的跨越。

华美达 SP 高速精密机市场反馈优异，请介绍一下相关机型的技术优势。

刘总：华美达 SP 系列高速机产品技术日趋成熟，已经成功升级至第五代。该系列产品主要采用高速低压注射和多动作复合运行的设计概念，进一步融合生物可降解技术，不断切合当前注塑行业客户追求高效、环保的绿色可持续发展理念。现阶段，公司技术研发团队正逐步将高速注射技术拓展延伸到医疗、物流、多色注塑等更广泛的生产领域，致力于为终端客户实现高效率、轻量化生产提供更优的解决方案。2021 年通过相关部门的审批与对外公示，公司成立了宁波华美达精密高速注塑机企业研究院，持续推动该项技术领域的专业化、专精化发展。

华美达致力于为客户实现更大的市场价值而不断创新，在做好自己产品和服务的同时，也不断践行着全新的企业发展道路。在这个变革日新月异的时代，华美达始终以技术创新为核心理念，一直致力于注塑机精密、节能、高效、环保等方面的技术研发和工艺改进，掌握了全闭环控制、高效节能控制、低噪声控制、高速注射成型等具有完全自主知识产权的核心产品技术，不断提升产品的市场品牌价值，为企业高质量发展注入了鲜活生命力。依靠产品创新、管理优化和差异化的市场发展战略，华美达扬长避短，不断突破，在细分化的行业领域充分抓住机遇，在激烈更替的市场竞争中始终保持前行。

在智能制造方面，华美达做了哪些努力？

刘总：华美达与优秀的厂商积极合作，通过整厂规划为客户建立自动化生产线和实现无人工厂提供技术支持，帮助终端客户生产进一步向智能制造方向转型。在过去的几年中，我们在企业管理的各个业务层面着力引进先进的信息化管理工具，通过基于大数据的信息管理优化，持续推行对业务流程的精细化管理和高效率运营的工作改进，在深入挖掘产能、提升效率、改善质量方面取得了显著成效。公司已经在主要业务模块建立了覆盖所有制造基地的信息化管理系统，实现对各大生产基地的无缝对接，为推动企业更长远战略目标的落地和实施提供了更符合时代发展的管理内驱力。

华美达是如何加强外贸，增进海外知名度的？

刘总：目前华美达建有 20 多处海外服务中心，广泛分布于欧洲、北美洲、东南亚、中东、南美洲、非洲以及俄罗斯等国家和地区，建立了相对完善的国际市场营销体系。公司每年参与在世界各个国家和地区举办的，具有一定国际影响力的塑料机械行业的专业性展会，不断提升品牌的海外知名度。与此同时，公司也通过与众多优秀的国际贸易合作伙伴建立稳固关系，将更优质的产品和服务向全球客户推广。

请介绍一下华美达新一轮投资计划。

刘总：出于企业新时期的战略发展规划，公司于 2021 年注册成立了宁波华美达集团有限公司，并于 9 月下旬将企业总部办公地点搬迁至位于小港装备园安居路厂区的新办公大楼，华美达展示中心也同期向行业客户开放。为了迎接未来挑战，公司经过重大决策，已经启动总额超过 15 亿元的规模投资计划，预计在三年内持续提升企业各项软硬件综合实力，加大引进国际先进设备及技术投资的力度，打造更优秀的管理创新团队，实现中国华美达、世界工匠心的美好愿景。

请介绍一下华美达的发展战略。

刘总：制造业的升级首先是技术的升级、管理的升级和人才的升级。在这个过程中，人才的升级将起到决定性作用，企业最终的竞争还是人才的竞争。华美达的快速发展一直为行业所称道，究其原因，我们拥有一支敢想敢做、勇于尝试的技术创新与企业管理团队。未来，华美达也将提供更优厚的条件，吸收更多有理念、有激情、有才华的年轻人加入到华美达的事业当中，为促进中国制造产业向全球智造发展中心迈进贡献绵薄之力。

与时俱进，锐意创新

——海天国际执行董事兼长飞亚总经理张斌

作为海天第三代管理者，请先介绍一下自己。

张斌总经理（以下称张总）：我毕业于英国诺丁汉大学机械工程专业，并在伦敦大学国王学院获得工程管理硕士学位。2014 年起加入海天，先后担任过集团信息中心主任、宁波长飞亚总经理助理，目前我担任海天国际执行董事兼宁波长飞亚总经理。

您认为长飞亚是如何取得成功的？

张总：长飞亚还是市场上比较年轻的品牌，还有很大的成长空间。之所以近年来发展速度较快，也取得了一定的成绩，我认为主要得益于团队的努力。从定位上看，相对于进口设备，长飞亚电动注塑机具有精密、洁净、高效等优势，性能参数高，质量过硬，且性价比优势明显。灵活的模块化设计和丰富的应用，使得产品可满足市场上绝大多数客户对高品质、定制化注塑的需求。

另一方面，得益于海天集团 50 余年的制造经验，我们能共享集团层面的一些优势资源。从成立之初，长飞亚便采用了 IPD 管理模式，团队覆盖研发、制造、销售、服务等产品全生命周期的各个领域，年轻而具有活力，这有利于我们快速地对市场需求做出响应，提升整体竞争力。

在电动注塑机领域，前有新技术壁垒，后有国内外众多同行的追赶，您是如何处理这种竞争压力，并继续确保长飞亚的竞争优势？

张总：在电动注塑机领域，我们主要面对海外竞争对手。应对的方式，简而言之，就是与时俱进。一方面，我们始终以客户和市场需求为导向，持续投入研发与创新。全面推出的三代机，在客户使用体验和设备性能上居国际先进水平。另一方面，我们通过数字化改造提升生产管理水平，从而持续提升制造效率，增强对品质的把控。我始终相信，品质是决定产品的核心竞争力。第三，我们也在不断地完善售后服务，以高效、便捷的服务提升客户的满意度，为客户的生产保驾护航。

长飞亚三代机有哪些创新？

张总：总体上，新一代的长飞亚 VE 系列具有精密、智慧、交互等多重优势，具有卓越的性价比。长飞亚三代机采用了高驱力伺服驱动系统，结合专业的软件系统平台灵活实现了对注塑过程的高效、精准控制；搭载了高度开放的国际通用接口，可轻松实现与自动化设备或 MES 的集成。整机的注射速度动态性能突出，运动重复精度更高。同时，采用智能 AI 算法保证了快速、智能和高敏感度的模具安全保护。整体上，三代机将极大地提升客户的使用体验。

疫情之下，海天是如何开展市场推广的？

张总：我们开展了多样化的线上、线下营销与服务支持，确保与客户交流渠道上的畅通。例如，开展了在线直播交机，海外客户通过我们提供的在线直播平台对机器进行了验收。此外，还持续举办了线上培训和在线研讨会。海天云讲堂邀请行业内的多位专家学者，共同探讨当下的行业热点和应用解决方案，反响强烈。

海天是如何规避海外风险的？

张总：2020 年上半年，面对疫情的影响以及错综复杂的国际局势，我们的海外销售额仍然保持稳健的发展态势，销售收入达 15.5 亿元，同比增长 0.1%。未来，我们将继续全球化布局，加强本地团队的建设，充分发挥当地化优势。通过遍布全球主要核心市场的海外直属子公司、覆盖 60 多个国家和地区的经销商、代理商网络，为当地客户提供丰富、充足的配件支持和高效、便捷的服务支持，从而更好地贴近客户和市场需求，以应对国际市场上的不确定因素，并对不同市场的差异化需求做出快速响应。

从您个人角度出发，谈谈对海天的未来发展规划。

张总：海天经过 50 多年的发展，已经成为全球领先的塑料机械制造商。如何强化公司的领先地位，进一步扩大我们在全球市场的占有率，是我所面临的挑战。对我而言，与时俱进是最重要的，我将不断鞭策自己，继续传承海天“务实、开拓、创新”的价值观，为实现“装备中国、装备世界”的梦想而奋斗。

专注专业　超越卓越　做塑机行业优选螺杆制造商

——浙江华业塑料机械股份有限公司董事长夏增富

创办于 1994 年的浙江华业塑料机械股份有限公司（简称华业）是一家专业从事塑机螺杆、机筒及配套件开发、生产、销售的制造企业，是科技部国家火炬计划重点高新技术企业、工业和信息化部认定的专精特新“小巨人”企业、浙江省细分行业“隐形冠军”企业，连续多年蝉联中国塑料机械工业协会评定的中国塑料机械行业综合实力 25 强企业、中国塑料机械辅机及配套件行业 5 强企业。

请您先简要介绍一下华业。

夏增富董事长（以下称夏董）：华业成立于 1994 年，坐落于中国塑机螺杆小镇——舟山金塘。公司目前占地面积 200 多亩（1 亩 =666.7m^2），现有厂房建筑面积 10 万 m^2，员工 1 200 多人。华业下设单螺杆、双螺杆和哥林柱三个产品事业部，建有先进的机械加工、金属热处理、氮化、合金浇铸和电镀生产线，设计年产单螺杆、双螺杆、哥林柱 12 万套。

华业秉持“专注专业、超越卓越”的理念，通过持续创新，已经发展成全球塑机螺杆产业中生产规模最大的精密机筒、螺杆制造企业之一，产品工艺技术和质量标准与美、日、欧同步。

目前，华业有 PTA 双金属螺杆系列、PVD 镀膜螺杆系列、HPT 全硬螺杆系列、HK 双金属机筒系列、挤出机螺杆机筒系列、挤出机锥双 / 平双机筒螺杆系列、橡胶机螺杆机筒系列以及离子碳氮后氧处理哥林柱产品系列八大系列产品，实现对注塑机、挤出机、橡胶机等产品领域的全覆盖，高新产品占公司销售额 60% 以上。

华业是如何保障螺杆质量与性能的？

夏董：螺杆、机筒是注塑机、挤出机的心脏部件，产品精度、硬度直接决定了下游客户最终制成品的质量和成本。华业从产品的来图加工、原创设计到未来数字化仿真验证，依靠专有技术为产品注入灵魂，大大提升了企业的核心竞争能力，也为客户创造了更大价值。

华业始终专注于螺杆机筒加工技术和材料的研发、探索，不断强化新产品、新工艺、新材料的研发，组建了以工程工艺部门为核心的产品研发团队和以新材料研发为核心的浙江华业宁波研发中心，联合美国 APS 公司、瑞士 Swiss Plastics 公司布局研发国际合作，每年投入的研发经费数千万元。

华业还与华南理工大学、北京化工大学、山东大学等国内知名高校建立紧密合作关系，与华南理工大学瞿金平院士合作建立了企业院士工作站，通过强化产学研合作，引进“外脑”，助力企业研发。目前公司拥有产品、加工工艺、设备等领域的发明专利 11 件、实用新型专利 34 件，参与制定了行业标准 JB/T 8538—2011《塑料机械用机筒、螺杆》以及 2 项浙江制造标准。

质量是企业的生命。华业从材料、制造、管理各个环节严格控制产品质量，确保产品精度，保证产品寿命，实现客户价值的最大化，以此巩固在业内的口碑和品牌形象。1999 年华业成为国内同行中首家通过 ISO 9001 质量管理体系认证的企业，此后的 20 多年间，公司始终坚持质量管理流程，通过系统化的管理规范质量管理，循序渐进、不断优化产品质量，产品出厂合格率达 99.3% 以上。

2016 年公司引进麦肯锡公司进行管理咨询，再造管理流程，建立了体系化、流程化的经营管理体系和精益制造体系，实现了精细化管理。2019 年，华业产品获浙江制造“品”字标认证。

引入麦肯锡的管理团队，为公司带来了哪些改变？

夏董：如前面所讲，引进麦肯锡公司管理咨询后为公司带来的改善是显而易见的。体系化、流程化的经营管理体系和精益制造体系建立起来了，华业也实现了精细化管理。另外，华业引入以 SAP 为核心的企业管理软件，融合了 PLM/CAPP/MES/DNC/OA 等一系列的管理软件，对产品从订单/图样进入公司、生产全过程直至产品最终交付进行全生命周期的数字化管理，对加工工艺工序所有过程的加工参数和质量数据进行记录，以便后期追溯。

大数据的应用极大便利了公司的管理决策，经营效率大幅提升；可视化的过程控制方便，及时打通生产瓶颈，产能利用率有效提高；产品交付周期大大缩短，准时交付率提升到 90% 以上。

您认为国内螺杆企业与国外同行相比有哪些优势与劣势？

夏董：我认为基本没什么差距了。这些年来，华业积极拓展国外塑机市场，产品远销加拿大、美国、德国、印度、日本等国家和地区，与恩格尔、赫斯基注射有限公司、克劳斯玛菲、米拉克龙、东芝等世界顶级品牌企业建立起配套合作关系，成为全球塑机产业领导者和顾客首选的配套与业务合作伙伴。

在螺杆标准方面，华业还有哪些建议？

夏董：华业非常注重标准化工作，也积极起草螺杆方面的标准，比如《塑料机械用氮化螺杆、机筒》“浙江制造”标准正面向社会征询意见。主机企业每家的设计标准都不太一样，如果螺杆能够标准化我们还是希望进行标准化，否则螺杆厂的数字化、智能化很难执行。那些完全可以标准化的产品，行业可以制定相关标准，既可以降低生产成本，又可以缩短交货期。

请分享一下华业的转型升级之路。

夏董：作为一家传统型的机械加工制造企业，机筒螺杆又是典型的按单生产、单件加工模式。为适应时代的发展，华业不断进行产业转型升级的探索，走出了依托信息化，通过数控设备联网改造、引进复合加工设备、清洁生产设备、机器人辅助送料的具有行业特点和华业特色的转型升级之路，实现了工序合并压缩、简化重复编程、一人多机操作，大大提高了设备利用率，减少了加工装夹频次和用工量，生产产出得以提高，人工成本得以降低，质量一致性更稳定。例如，华业引进的金属棒材调质流水线，从传统井式炉调质需要3个小时以上到流水线调质只需十几分钟，从传统用工需要近30名工人压缩到流水线仅需几个人轮班操作，调质成本下降近50%，工效、成本、能耗得到大幅优化。未来，公司将在转型升级上持续投入，通过技术革新和技术创新，实现两化深度融合，不断提高劳动生产率，推动企业从华业制造到华业创造向华业智造的飞跃。

迎难而上　再攀高峰

——山东通佳机械有限公司董事长张建群

山东通佳机械有限公司（简称通佳）是从事塑料高分子复合材料成套加工装备的研究开发和生产经营的企业，是中国塑料机械工业协会副会长单位。自中国塑料机械工业协会推出优势企业排名以来，通佳连续10年跻身中国塑机制造业综合实力30强企业，中国塑料挤出成型机行业10强企业三甲之列。10年来，通佳销售收入翻了6倍，实现了跨越式的发展。

请简要介绍一下通佳。

张建群董事长（以下称张董）：通佳主要从事塑料高分子复合材料成套加工装备的研究开发和生产经营。除了是中国塑料机械工业协会副会长单位、中国塑料加工工业协会副理事长单位外，通佳还是国家火炬计划重点高新技术企业、中国专利明星企业、国家知识产权优势企业和国家专精特新“小巨人”企业。

通佳的产品主要包括注塑、中空吹塑和挤出成型三大系列，有300多个规格的塑料机械产品，多项产品填补了国内空白，获得了多项省部级科技进步奖。产品被列入国家重点新产品，进入国家火炬计划项目、国家技术创新基金项目、中央预算内投资项目、山东省重大科技专项。拥有产品核心技术的自主知识产权，累计获授权专利360余件，其中发明专利46件，产品主要应用于航空航天、轨道交通、新能源汽车、信息产业等诸多领域。

企业全面通过ISO 9001、ISO 14001、OHSAS 18001体系认证，产品通过欧盟CE认证、美国UL认证，在46个国家和地区注册了“Tongjia”商标。主导产品国内市场占有率60%以上，产品出口到美国、日本、加拿大、澳大利亚等90多个国家和地区。

2020年，通佳外贸部门及时转变宣传模式，增加外国视频宣传平台的投放，积极发挥国外代理的现场服务作用，全年外贸出口业务取得了历史最好成绩，出口额同比增长30%以上。外贸市场在上半年主要集中在口罩机和熔喷布生产线，下半年主要集中在塑料土工复合材料生产线和塑料包装生产线。

面对以国内大循环为主体、国内国际双循环相互促进的新发展格局，企业要积极应对，关键还是自身要有过硬的本领、成熟的技术、完善的服务，要加大科技创新力度，实施细分领域市场龙头产品培育计划，于危机中育先机，在变局中开新局，全面推进企业的创新发展。基础设施建设、新基建项目、5G技术的全面应用、装配式建筑的推广发展、大规模禁塑令的实施带来的绿色塑料包装产业发展等，都将给企业带来更大的市场空间。

通佳的注塑、挤出以及中空等业务是独立运营还是联动发展的？

张董：通佳按照产品分为注塑、挤出以及中

空三个业务板块，建有山东通佳机械有限公司、山东通佳智能装备有限公司、山东通佳进出口有限公司，三个板块都拥有独立的研发、生产和营销机构，分别进行独立核算。

三个板块之间市场资源、技术资源和生产资源内部共享、内部结算，在技术开发上形成了相对完善的标准化体系，比如中空和挤出的主机部分可以实现通用性和标准化，中空和注塑的液压系统实现部分通用性和标准化。三个板块共享同一个供应链平台，实施标准化供应产品的招投标制度，通用性零部件能够形成规模化采购，在一定程度上可以降低采购成本，保障产品质量。三个板块共享生产平台，每个分公司都有自己的生产制造体系，在确保自身生产任务完成的基础上，还能够共享内部生产资源，有效地提升生产资源的利用效率。三个板块的销售和市场资源实施有效共享，针对综合性产品用户，能够有效发挥公司产品线齐全的优势，减少市场开发成本。

通佳是如何夯实基础，在挤出行业做大做强的？

张董：首先是创新。创新是企业发展的不竭动力。通佳先后建成了山东省塑料机械物理发泡工程技术研究中心、山东省企业技术中心、山东省工业设计中心、山东省博士后创新实践基地、山东省示范工程技术研究中心山东省复合材料智能成形装备工程实验室、院士工作站等省级创新平台，与北京化工大学共建了高分子材料先进装备创新研究中心。依托这些创新平台，我们开发了一大批具有国际先进水平的新技术、新装备。

公司发展从小到大，由弱到强，经历了诸多的困难，面临了诸多挑战。我们一直秉承“科技创造卓越、创新引领发展”的企业理念，加强自主创新与产学研合作创新，以国家产业政策为导向，紧贴市场需求，积极开发具有核心竞争力的新产品，促进企业不断发展壮大。

其次是人才。企业之间的竞争、产品的竞争，归根结底还是人才的竞争。通过引专才、练专长，打造了一批高素质的人才团队，在企业的创新发展中起到了重要作用。

第三是品牌。十多年来，我们一直致力于通佳品牌的培育和打造，加强产品质量管理，提升产品质量水平，瞄准行业技术难题，加大研究开发力度，形成具有通佳特色的差异化、优势化系列产品，特别是在物理发泡、智能成套装备、大型多层复杂结构中空成型，以及土工材料、生物基材料加工等产品细分领域，通佳已经具有相当大的优势。通佳的塑料土工材料系列生产线、超临界 CO_2 发泡材料系列生产线，技术优势明显，性能指标优越，节能降耗显著，十多年来一直稳居国内前列，在国内外享有较高的知名度。

同时我们不断提升产品服务和管理水平，建设基于互联网技术的远程数据服务平台，在 6 个国家和地区建立了服务中心，为通佳产品的用户提供及时的服务。

通佳的企业愿景就是“建设百年企业，铸就国际品牌”。品牌是企业硬实力和软实力的综合体现，能够为产品提升核心竞争力，形成差异化的竞争优势，对企业长期、稳定、快速发展具有非常重要的支撑作用。

您如何看待目前中国的挤出技术水平？

张董：我国塑料机械工业通过几十年的发展，特别是改革开放以来的快速发展，历经了从无到有、从小到大、由弱渐强的发展历程。现阶段我国塑料挤出机械的产销量已经跃居世界首位，在通用型塑料高分子材料的常规加工装备方面，与国际先进水平的差距越来越小，甚至在某些细分领域，加工装备技术已经不弱于欧、美、日等国家和地区的先进水平，优异的性价比是我国塑料挤出机械新的代名词。但是不得不承认，我们与国际先进的塑料挤出成型装备相比仍然存在较大差距，主要体现在这几个方面：第一，精密制造方面，比如医用导管、微制造、精密尺寸精度制品的生产制造装备技术；第二，特殊工程材料的加工技术装备，特别是航空、航天、军事用途的特殊高分子材料的加工技术与装备技术；第三，在塑料挤出成套装备的智能化、高效化、节能化、人性化和加工技术工艺数据积累方面也存在一定差距。

在环保以及可降解方面，通佳做出了哪些努力？

张董：我们一直比较关注与塑料材料相关的环保问题。实际上十多年以前通佳就开始涉足可降解高分子材料加工技术和装备的研发，是国内最早从事PLA（聚乳酸）轻量化加工成套装备的企业。2010年研发成功PLA超临界CO_2发泡生产线，研究开发成功了世界上第一条PLA物理发泡片材生产线，已经交付了多条成套生产线。中粮生物、恒天生物、丰原生物、安徽恒鑫、汕头三马、台湾山健、道恩股份、天仁生物使用的PLA发泡生产线都是通佳生产制造的。PLA全降解发泡片材生产技术与装备获得了山东省和中国轻工业联合会的科技进步奖，被列入国家火炬计划项目。

除了PLA发泡生产线以外，通佳还研发生产了PBAT发泡片材试验机、淀粉发泡设备、生物降解塑料专用造粒机等生物基高分子材料和生物降解材料装备。

在智能制造方面，通佳做了哪些努力？

张董：成套装备的智能化升级是行业发展的必由之路。多年来通佳以智能装备与智能终端为基础构建智能工厂，实现生产过程智能化、自动化、精密化、绿色化，实现计划、品质、异常信息透明化和设备远程控制，建成了基于互联网的塑料机械远程服务平台，使机械拥有精准控制、遥控控制、故障自诊断、信息汇总及分析等功能。现阶段，通佳建设的远程服务平台，能够为90多个国家和地区的用户提供远程监控、诊断、预警和数据服务。

通佳是如何做好人才储备与培养的？

张董：前面提到，公司之所以能够取得长期、稳定、快速的发展，其中最重要的因素之一就是人才。在企业人才队伍建设上，通佳始终坚持多种形式的培育模式。

我们的核心管理和创新团队大都是十多年以上的老员工，这些员工与企业有感情，认同企业的价值观，能够与企业共进退。

在留住人才、用好人才方面我们主要做好以下几点：

首先，尊重人才。企业的管理与技术人才是中流砥柱，解决他们在住房、子女教育、生活工作中的困难，让人才感觉到企业大家庭的温暖，让员工有归属感。

第二，相信人才。在企业的管理与项目研发中，让人才参与到项目中来，积极发挥人才的优势特长，相信认同他们能在项目中发挥关键作用。

第三，激励人才。公司设立了项目创新奖励激励制度，对在项目研发及管理中取得成绩的人才实施奖励激励，使他们在物质上获得奖励，在荣誉体验上获得成就感。

第四，培养人才。公司多年来十分注重企业人才的培养，每年都会组织多批次的人员到国内外学习、考察、深造，同时借助与高校和研究院所的合作关系，请专家来企业开展专业培训。更重要的是让人才参与到项目中来，在实践中得到体验、提高与升华。

请描绘一下通佳未来的发展战略。

张董：企业的奋斗目标是建设百年企业，铸就国际名牌，创建中国技术先进、实力雄厚、国际一流的塑料机械产业集团。围绕奋斗目标，实施创新发展战略，建设国家级创新平台。

总体目标是：以品牌战略、精细化营销战略、技术创新和人才战略、信息化战略为支撑，实现“创建中国技术先进、实力雄厚、国际一流的塑料机械产业集团”的产业目标。公司将实施全球市场营销战略，形成覆盖全球的销售网络，融入全球产业链。继续加大科研投入，加大对各类人才的引进、培养和对新产品、新工艺的研究与开发。预计未来五年，继续加大研发投入，提升企业的技术竞争优势，实现公司销售收入翻两番的销售目标。

品牌目标是：以现有公司品牌为基础，做中高端塑料装备产品，树高端品牌。长期品牌战略目标是，成为具有国际影响力的塑机企业。争取每一年都有新突破，每一年都有新发展，每一年都为行业带来新贡献，最终实现长期品牌战略目标。

营销网络目标是：深耕三大模式(国内外网络销售模式，拓展基于5G互联网的塑料机械远程服务平台模式，建立国际销售商代理模式)的多渠道、多层次的综合营销网络体系。

管理目标是：导入并实施以量化管理为基础的管理体系，不断完善现有的考核手段，建成覆盖品牌管理、服务管理、组织管理、生产管理、产品研发和人力资源管理在内的六大标准量化管理系统。

创新目标是：继续实施科技创新驱动战略，积极创建国家级创新平台，加快建设山东省高分子复合材料智能制造云服务中心，努力提升企业创新和服务能力，深入开展塑料高分子材料成型装备智能制造和绿色制造技术与装备研究，在轻量化、精密化、高效化等方面全面提升装备水平，在细分领域努力培育优势产品，把通佳塑机打造成为国际知名品牌。

博创：谨慎 + 乐观　迎接新挑战

——博创智能装备股份有限公司董事兼运营总监袁中华

博创智能装备股份有限公司（简称博创）成立于2003年年初，专注于研发、生产制造注射量25～300 000g的智能注塑机，是二板智能注塑机专家，亚洲首台68 000kN二板智能注塑机制造商。产品广泛应用于航空航天、国防、交通、电子、建筑、生物医药等领域。博创是中国塑料机械工业协会第五届会长单位、第一届监事长单位，首批全国46家智能制造试点示范项目企业，国家智能制造新模式应用示范项目单位，2019年国家科学技术进步奖二等奖获奖单位。

在智能制造方面，博创做出了哪些努力，取得了哪些进展？

袁中华总监（以下称袁总）：早在2010年博创就提出了“数字博创、幸福博创”的理念。“数字博创”是在互联网信息化和大数据的背景下提出来的。2015年，博创提出“注塑工业4.0概念”。那一年，博创成为国家首批46家智能制造试点示范单位之一，是塑料机械行业中唯一一家获得该称号的企业。同年，博创成为国家首批两化融合（工业化和信息化融合）贯标评定示范企业。

2018年，博创投资1亿元成立广州中和互联网技术有限公司，专门从事塑胶机械行业的智能化发展。通过自主研发的注塑云MES与iPHM注塑机全生命健康大数据平台，实现注塑数据的采集、传输、保存、处理、分析、应用，形成注塑信息“感、传、知”的初步流程。其宗旨就是以客户为中心，扎根用户需求，全力建设行业大数据平台。

在设计之初，智能制造原本是对主营业务的一个补充，现在我们把这块业务全部独立出来并变成主要板块。博创高层专门对智能制造进行了业务划分，独立运营，这也显示出博创对智能制造的重视和对未来发展的期望。另外，从数据上来看，博创已经“改头换面”，转变为“互联网+制造业”企业。博创实现互联互通的注塑机已经超过1.2万台。虽然在注塑机行业，互联互通目前来看并没有带来太大的效益或者具有强大的功效，比如设备的远程诊断、集中运维等，但这就像10年前，谁又能想到靠一部智能手机就能够走天下呢？我们正在加强注塑机互联互通的建设，但发掘得还远远不够。

博创成立了广州中和互联网技术有限公司，还推出了中和注塑云智能工艺专家系统，请介绍一下相关的应用案例。

袁总：我简单举个例子。2020年6月10日，中和注塑云MES的相关工作人员到厦门维博工贸有限公司进行客户回访，了解注塑云MES的使用情况。厦门维博总经理吴重阳表示，自从使用了中和注塑云MES，公司管理得到了大大改善，在使用了2～7个月后，车间机台平均每月的加工金额提升47%，企业整体运营成本也得到降低。

MES云系统对管理人员随时随地了解车间生产状况起到关键作用，打开手机APP就可以了解到情况；对于分析生产异常、模具异常等可以起到辅助作用，打开手机APP就可以调出异常发生前的生产记录、停机记录，为异常分析提供参考信息；对提升基层员工使用移动办公系统起到非常好的促进作用；提升了维博的整体生产效率。

2020年4月30日，中和公司的“注塑云智能工艺专家系统V1.0”与华为技术有限公司的“华为云鲲鹏云服务”完成兼容性认证，获得HUAWEI COMPATIBLE证书及认证徽标的使用权，正式成为注塑行业首个以智能工艺通过华为鲲鹏认证的产品。

2020年下半年，博创升级了Bi全新一代互联网注塑机，为客户带来了哪些显而易见的好处？

袁总：博创升级了Bi全新一代互联网注塑机。与前一代产品相比，新机型各方面的性能参数都得到了全面升级与完善，并标配了互联互通、数据采集功能。该机型可以与周围辅机进行互联，完成双向数据通信，将周围辅机状态信息集成到注塑机电脑操作页面统一处理。内载工业互联网的通信模块，可以链接到注塑云平台，从而实现实时监控、异常报警、工艺管理、设计管理以及品质追溯等功能。机台的模块化设计可以灵活应对客户需求。

可以说，Bi全新一代互联网注塑机紧跟时代潮流，自从2020年年底推出以来，对注射速度与精度、开合模行程、拉杆间距等都进行了升级改造。在软硬件各方面，Bi注塑机都是一款最新产品，目前Bi系列注塑机产能已经非常饱和，甚至处于超量状态。

对于两板大型注塑机的未来发展趋势，博创有哪些见解？

袁总：大型二板机常用的锁模力基本在一个区间里面，锁模力越大，可能越代表公司的技术实力以及研发水平。近三四年里，行业对于二板机的认识也开始转变，二板机获得了行业及客户的共识。

虽然大家都在向大型二板机转型，但是二板机并不是小机的简单比例复制，这里面需要很多的技术积累和沉淀，没有一定时间的技术沉淀，做到逐渐接近进口产品的水平是不现实的。我们也一直在深耕二板机的技术。

我认为，二板机的市场空间巨大，国内的中大型机器都可以被二板机替代。汽车、家电、民用以及建材这几个大行业如果全面进行二板机的替换，未来5～10年难以完成，这也是二板机的广阔市场空间，前景非常光明。而且博创较早切入了汽车市场，技术非常成熟，也在逐步开展推广。随着汽车市场的复苏，新能源汽车的普及，博创将再次迎来新机遇。

博创将如何抓住粤港澳大湾区发展的历史机遇？

袁总：博创总部位于广州，正好身处大湾区。实际上，我们更应该检讨自己，身处大湾区，我们却“灯下黑”，并没有着重发力于华南市场。华南这片市场非常肥沃，也是国内经济发展的主要龙头之一。以前我们各大市场发力较为平均，随着粤港澳大湾区国家战略的推进，我们以后将更加注重家门口这块市场，并做好重点布局，抓住新的发展潜力与市场机遇。

从您个人角度来看，为了更好地服务行业企业，协会还应该从哪些方面努力？

袁总：首先我认为协会的团结性、会员的参与度都是非常好的，这一点是值得肯定的。博创受益于一个团结、稳定的行业氛围，也非常关注整个行业的发展状态。

目前，国内装备与国外尖端装备仍有差距。从我个人来看，我们国内的基础研究并没有做好，大家奉行“拿来主义”，并没有深入地去做研究、做分析，没有基础理论的研究，装备上难有突破。我希望，协会能够在这一方面发挥作用，联合高校，在这些投资大、见效慢的基础理论研究领域，比如注塑精度的研究，加强合作，解决行业痛点，提升行业的整体实力。另外，我们也希望产学研、全产业链的建立能够更快落地，学习欧洲全产业链共同攻坚课题，也希望行业协会能够加强上下游、产业链的合作，促进全行业共同发展。

稳步发展　坚持走技术路线

——东华机械有限公司注塑机事业部总经理杜江

东华机械有限公司（简称东华）是国内注塑机行业的中坚力量，连续多年入围中国塑料机械制造业综合实力 30 强、中国塑料注射成型机行业 15 强企业，是中国塑料机械工业协会副会长单位。自 1986 年成立以来，东华始终专注于注塑机的研发和生产，三十余年的潜心钻研，三十余年的技术积累，奠定了其在行业中的地位。

请简要介绍一下东华机械。

杜江总经理（以下称杜总）：东华是大同机械有限公司旗下核心子公司，1986 年成立，主营全自动注塑机及其附属设备的生产，拥有东莞、无锡两大生产基地。公司占地面积约 20 万 m^2，是目前我国大型塑料机械生产基地之一。东华现有固定资产 2 亿多元，员工近 1 000 人。公司以产品规格齐全著称国内同行，以技术与产品创新引领国内产品发展。公司配备了一整套先进完备的设计、生产、加工、装配及检测设备，拥有各类金属切削设备 80 多台（其中数控加工设备近 50 台）。公司可一次性提供全套注塑机及其配套设备，注射量 43～300 000g，锁模力 600～40 000kN，共有 90 多个规格、百余种款式，年产能 5 000 台以上。

请介绍一下东华的运营情况。

杜总：2020 年第一季度由于疫情情况，整个行业情况不是很乐观。但是由于我国采取强有力的疫情防控措施，从第二季度开始，复工复产之后，我们的业务便进入正常阶段，而且订单非常多，这种态势一直延续到了 2021 年。

2021 年上半年，受益于国家疫情得到有效控制及经济企稳回暖的大环境，东华注塑机事业部全体同仁协同作战，抢抓商机，取得了突破性的业绩：接单量同比增长 55%，销售收入同比增长 45%，产量同比增长 30% 以上，在建材、医疗和食品包装等领域的销售都创新高。可以说 2021 年上半年东华注塑机的业绩是令人满意的。但是，2021 年上半年原材料涨价给公司造成了不小的影响，也促使东华重新审视供应链方面的问题。

我个人认为这一年多以来，整个行业的订单数量以及产能一直维持高位运转，但我们的产能有限，随着订单的增加以及时间累积，会出现“消化不良”的症状。而且，随着产能不断扩大，市场不断被透支，后疫情时代或面临一些问题。

当然，我国的新兴产业比较多，比如新能源汽车、外卖行业的蓬勃发展，以及人们生活水平提高后对医疗健康需求的增加，都会带来新的市场机遇。另外，各大城市正在进行老旧小区改造，也会带来新的机遇。

东华的华南与华东基地是如何统筹的？

杜总：注塑机事业部分为华南东莞以及华东无锡基地，两个基地之间的规划一要考虑供应链，二要考虑市场。当然，也会结合我们内部技术队伍的专长，两个基地都有非常优秀的技术团队。

两大基地分工的一个原则是东莞以中小型机器为主，无锡以大型机为主。无锡苏州在供应链以及加工产能方面要优于广东地区，尤其是在大型铸件方面。受益于风电行业，无锡在大型加工设备方面的优势明显，不少国内、国际同行将大型机落户在苏锡常地区。我们将中小型机器放在东莞，因为广东地区产业集群便以中小型机器为主，供应链也相对偏中小型机。

另外，无锡相对而言在全国的中心位置，北上南下的地理区位优势明显，销售半径、服务半径相对较小。考虑到大型铸件等供应链问题，我们便将无锡作为大型机的生产基地，无锡工厂在布局之初便考虑了相关问题，可以满足大型机的加工生产要求。

东华做出了哪些调整把握新市场机遇的？

杜总：稳定可靠的产品是品牌的基础。借助强大的研发实力，东华及时推出满足市场需求的新产品。举个例子，2020 年受疫情的影响，医疗包装类市场呈现爆发式增长，我们针对市场需求推出医疗专用机、升级版薄壁包装机等系列产品，得到市场的好评。

具体来说，由于近几年汽车市场下滑明显，东华的中大型机器也受到了不小的影响。但是，经过前几年的产品布局以及技术更新，中小型机取得了非常不错的成绩。尤其是 2020 年，我们基本上以中小型机为主，虽然大机下滑比较厉害，但是全年依旧实现了销量增长，这主要依赖于中小机方面的突破。

另外，得益于前几年的产品布局以及市场拓展，我们在专业市场也取得了突破，比如医疗、PVC 市场等。在这些专业市场，东华产品的占比提升很大，从原来的只有 10% 发展到 2020 年的 30% 以上。

另外，顺应整个集团的战略规划发展方向，东华注塑机事业部在销售领域也开启了市场营销与管理改进同步并举的局面。推行扁平化结构、区域自主管理制，配以权责分明的授权机制，提升市场响应速度；丰富宣传、推介手段，将产品、技术、管理和服务的最新动态及时向顾客传达。

针对医疗行业，东华有哪些解决方案？

杜总：受疫情影响，国内外医疗防护水平的提升必然驱使高精度的医疗塑料用品需求的增长。东华 2021 年推出的 D 系列全电动注塑机，控制精度、制品重复精度更高，能适应精密医疗制品的生产。

D 系列全电动注塑机是东华集 20 年全电动注塑机设计经验研发而成，采用伺服电动机、伺服器以及控制系统一体化设计，拥有协同控制功能，整机响应更灵敏、控制精度更高，射出、熔胶、开合模、顶出等各运动轴位置精度都能够达到 ±0.02 mm 以内，更适合精密制品的全自动化生产。

多色成型是行业的关注热点之一，东华有哪些应对策略？

杜总：如今，多色成型机在注塑行业越来越受欢迎，多色成型注塑机能做出多种颜色或种类不同的塑料制品，使产品有更多的可能性。东华自 2000 年开始研发生产多物料注塑机，在多物料成型方面具备丰富的经验，拥有众多客户群体。

长期以来，东华技术研发部门一直根据客户的要求在对多物料注塑机进行优化和创新。2020 年，继直角式结构多物料注塑机后，东华研发了平行式双色注塑机。目前东华共有 FT 直角式多物料成型机、FTY 肩负式双物料成型机、P 系列平行式多物料注塑机和 HS 混色夹层注塑机 4 款多色成型机，应用于汽配、电子、日用品等多个行业。

在智能制造方面，东华做了哪些努力？

杜总：当前塑料加工技术已经非常成熟，要在工业 4.0 时代持续发展，注塑机企业仍需在技术上不断创新，不断满足客户提出的新需求。在与客户交流的过程中，我们发现很多客户都面临着急需解决的三方面问题：实时监控方面，包括设备运行情况、工作计划等；设备维保方面，如何及时维护避免停机、设备故障预知等；生产管理方面，如何通过流程及工艺改善提升整体效率等。

东华在智能化方面发力非常早，10 年前便已经开始了相关工作，启动了大同机械数据中心。经过这些年的发展，我们已经建立了自己的 iSee 平台。iSee 是一个以工业设备物联网为基础，融合云计算、大数据，为客户构建数据驱动行业应用、完善生产流程、降低生产成本、提高生产效益的智能化 MES 平台。iSee4.0 带来以下行业的创新与改变：

大数据。采集大数据进行专业化处理，洞察

生产过程中的细微变化，为人工智能打下坚实基础。为客户建立管理体系，通过云计算来监控设备的使用情况，及时发出预警和维护通知。

人机交互。接入车间协同设备，如工业计算机、智能传感器、条码枪、RFID、手机 APP 等，即可完成车间协同管理；数据实时同步到 iSee 平台，为管理者提供宏观的数据支持。

设备健康预测。为客户建立设备健康管理体系，通过云计算来监控设备、模具和辅机的使用情况，从而准确得到设备故障的发生时间及原因，及时发出预警和维护通知，进行合理备件，规划生产。

售后服务。通过 iSee 增进与客户的联系，提升用户体验，提高东华的售后服务质量。这不仅能促进 iSee 的优化迭代，也能不断地帮客户提升车间管理水平，提高效益。

智慧工厂。注塑机物联网和信息化完美结合，实现对生产数据的自动采集和对设备的实时分析，提高生产过程的可控性，减少生产线上人工干预，构建高效节能、绿色环保、环境舒适的智慧工厂。

请介绍一下东华的未来规划。

杜总：整体来说，我们还是要坚持一个稳步发展的策略。这些年来，东华也走过一些弯路，经历过一些坎坷，但这也让我们看清了发展道路。我们内部经过讨论达成了稳步发展的共识，不要急功近利。

东华还是要坚持走技术路线。现在我们的全电机、大型油电混合机技术都已经取得了非常大的突破，专业市场份额的增加也验证了我们的技术水平。这些年来，我们的研发投入也一直在增加，现在看来还是卓有成效的。即便利润少一点，我们也要加大研发投入，这是未来企业发展的必经之路。我们不能简单地靠拿来主义，做现成生意，这样的话，企业发展是没有后劲的。

接下来数年，我们还会继续加强信息化、智能化管理，在降低管理成本的同时，提升公司整体效益，并进一步加强产品品质控制。在销售前线方面，仍然会加大资源投入，增加国内外新兴市场的销售网点布局。同时继续顺应市场需求，加大研发费用的投入，并结合公司技术力量雄厚的特点，加强产品创新，致力于设备个性化和差异化设计，提供快速满足客户需求的专用设备机型和定制化解决方案，不断提高客户满意度水平。

富强鑫：深耕细分市场　继续做强多组分成型技术

——富强鑫（宁波）机器制造有限公司董事长王俊杰

富强鑫集团始创于 1974 年，连续多年荣膺中国注塑机行业 10 强企业。目前，集团在中国大陆有东莞、宁波两座工厂，杭州湾工厂亦在紧张建设之中。集团年销售额近 8 亿元，年产量约为 3 000 台。生产的机型包括双色双料射出机、夹层混色射出机、高速闭回路精密射出机、油电复合式射出机、全电式射出机、PET 瓶坯射出机、电木射出机、超大型射出机等，锁模力 300～37 000kN，射出量 20g～12 万 g。

富强鑫集团是知名注射成型方案解决商，以双色成型机闻名业界。近年来，新推出的伺服节能双色注塑机 FB 系列、大型水平转盘双色射出机 HB 系列不断被汽车配件、车灯部件、精密电子、家电外壳、五金工具、日用品、模塑等行业企业使用，赢得了客户信赖。

请介绍一下公司运营情况。

王俊杰董事长（以下称王董）：2020 年的形势很微妙，上半年大家都很紧张，担心疫情的冲击，结果下半年订单量非常大，我们的接单量也实现了两位数增长。不过，由于我们提供的是定制化、客制化的产品，较标准机型要复杂一点。富强鑫产品属于多样少量，在出货量方面有别于其他同行的标准机型。受到供应链的影响，2020年的出货量与2019年持平。

由于网课、视频会议等新业务的出现以及电子竞技的蓬勃发展，市场对于笔记本电脑的需求一直比较旺盛，到2021年上半年都供不应求。受益于此，2021年富强鑫中大型双色机的销量持续增长，对业绩贡献也非常大。

公司很期待汽车行业能够慢慢恢复。几年前汽车行业非常火热，但这两年，汽车市场出现了下滑，2020年年底汽车行业又逐渐有了起色。汽车工业2022年或者2023年或迎来一波新行情，因为国家一直在关注电动汽车的发展。在中国市场，汽车的人均保有量还有很大的空间，汽车零部件占我们业务的比重也很大，所以我们也很期待汽车市场的增长。

我们也在努力做好医疗市场，也希望挖掘一下医疗产品的多组分应用，这是富强鑫比较擅长的领域。另外，双色、多组分机器的电动化也是我们后续发展的重点，以挖掘新的市场潜力、新的应用。我们最近一两年做的新业务是大型水平对射这方面的应用。水平转盘机越来越大，这是一种新发展趋势，不过也是一个挑战。

疫情令我们有了一些新的想法。2020年上半年熔喷布火爆，下半年行业也实现了爆发式增长，螺杆供不应求。与许多同行一样，螺杆的供不应求也影响了我们的出货量。所以，目前工作的一个重点就是发展自己的供应链。我们的供应商都在宁波，经过疫情的历练之后，我们也想站得远一点，在积极开发江苏、山东的供应商，以应对严重的缺料情况。

疫情给我们的另一个提示就是要提高自制率。前两年富强鑫购买了新设备，2 000多万元的资金都在运作，但这样还不够。我们在杭州湾的新工厂正在建设之中，到时候将提高一部分的自制率，这些也都在规划之中。另外，我也在思考标准机型方面的事情。富强鑫都是定制化产品，需要跟客户谈一些细节，所以是无法批量生产的。虽然单机利润比较高，但是在数量方面跟其他同行相比差很多。可能标准机型做一些量也比较好，销量起来以后，利润也不会低。

请谈一谈富强鑫的运营策略？

王董：刚刚我有讲到，富强鑫是走客制化机型的道路。我们发觉，普通量产型的机器在我国已经有很多企业在做，富强鑫的规模又不大，宁波50亩（1亩$=666.7m^2$，后同）地、东莞才25亩，总共75亩地，无法在标准型机器上与其他同行竞争，所以，后来就走多组分的道路，稍微做出了一点成绩。另外，我们两个工厂也有分工：东莞工厂走比较偏向标准型的路线，2020年的业绩增长比较大；宁波工厂则生产中大型、特殊机型。

富强鑫的经营策略是有限资源只能投在有利的市场，所以我们就选了几个市场。一个是汽车行业。汽车对产品的要求比较高，而且是有特殊要求的，我们的多组分技术是比较有优势的。另外一个就是电子行业，精密型产品方面我们也比较有机会，多组分的应用也很多。比如，华南市场东莞那边，智能音箱、运动手环、按键、计算机以及智能手机领域的双色应用增长非常快速。宁波工厂这边则是笔记本电脑、汽车车灯、汽车内外饰、手动工具方面的多组分应用增长很快。我们资源太有限，只能专注于这些细分市场上的特殊应用。

请介绍一下杭州湾工厂的相关情况。

王董：这是富强鑫集团全球第五个注塑机工厂。杭州湾工厂是2020年9月开工的，预计18～20个月主体完工，即大概2022年3月左右完工。我们计划2023年1月正式运作。工厂占地面积100多亩，投资约4 000万美元，合人民币2亿多元。产能规划方面，我们希望杭州湾工厂能够做到8亿～9亿元。当然，初期目标是2025年做到6亿元，年产2 000多台，未来再实现产能翻倍。

杭州湾工厂主要生产锁模力5 000kN以上大型二板注塑机、双色注塑机、水平对射式注塑机等。

工厂也主要考虑汽车零部件这块市场，这里离我们的客户更近，比如一两公里之外便是吉利汽车的配套企业。我们希望能够进一步抓住汽车市场的机遇。

请谈一谈富强鑫的国际市场策略。

王董：国际市场方面，富强鑫做外销做得很早。由于台湾生产成本的提高，我们后来在大陆投资设厂，整个中国市场的出口量非常大。

我们外销有几个重点市场，在这些重点市场，比如印度尼西亚、越南、泰国、菲律宾等，都设有自营点。2020 年我们也在印度设了一个工厂，厂房目前是租的。未来印度工厂将有 60 亩地，位于古吉拉特邦阿米达巴德（Ahmedabad），这里是印度塑机产业的集群地。其他市场主要通过经销以及代理商运营。

在国外经营一个工厂需要许多人才，富强鑫会吸纳并培养一些在台湾求学的留学生。印度市场的几个骨干都是当初在台湾的留学生，我们会把印度市场做好，慢慢地把工厂建起来，这几年的投入也是比较大的。

另外，我们发现外贸越来越不好做。本来外销都是发货前付清款项的，这样比较安全，但是我们发现很多同行外销都开始分期了，这样风险就来了。如果我们不分期，那么我们在市场上的竞争力又会下降。原先的市场规则被打破，我个人不是很希望这样。

在智能制造方面富强鑫做了哪些努力？

王董：总公司林宗彦博士有一个团队在研发，并且做得相当不错，台湾业绩里面有 30% 的客户已经运用了这个技术，我们称之为 iMF4.0 智能制造管理平台。首先这需要机器智能化，需要应用很多感测技术，多放一些感应器。感测出来之后，机器需要做一些自我调试。比如，水温变了、模具温度变了，那么你需要调整水量，现在机器可以实现自动调节。再比如，今天原料温度、湿度变了，你发现产品重量变了，那你是要降低温度？提高压力？降低温度要降哪一段？提高压力要提高哪一段？这些都是关键的。

中国跟西方国家的差别就是西方国家累积了很多的资料库，他们知道一旦变化怎么去调整恢复稳定生产。我们现在只做到先知道变化，然后再说怎么去应对，这已经涉及专家系统、人工智能了。机器不断感受，而且还能够自己修正，这相当于注塑机已经变成了机器人了，其实技术没有那么简单。

借助智能制造管理平台，我们可以实现注塑机的健康检测以及智能预警等等。比如机器运作过程中出现了偏差，大柱有断裂风险，系统会警告你第几根大柱延伸度异常，需要调整。这个还是需要人工去调的。现在借助智能系统，我们可以提前预警。再比如，通过监测螺杆磨损程度，在使用寿命将尽时系统会做出提醒，以留足时间备料。

我们也一直在开发新软件、新功能来提升注塑机的智能化水平。在这里，我还是要讲一下为什么富强鑫要做智能化。我们的目的是改善整个注塑机工厂的管理，让年轻人更愿意到工厂工作。现在的年轻人不愿意走进工厂，没有人愿意脚踏实地地做实业。实业是国家的根本，工业是基础，所以这是一个使命，就是让年轻人能够愿意到一个比较干净、比较整洁、看起来比较现代化的工厂工作。

另外，智能化需要提升技术，重视科学，提高整体的智能化水平。以前老师傅调机靠经验，这边调一点，那边调一点，这边敲一下，那边敲一下，而现在则是靠数据、靠理论。我们公司最近几年培训的服务工程师都配有六大工具的，比如水平仪、湿度及温度测试仪、红外线检测仪等。出现状况后，工程师都是先把数据告诉客户，通过数据说话，而不是什么事情都靠经验。2020 年，我们还新成立了一个应用技术中心，就是在培养这样的高级工程师。智能制造是未来走向，我们还需要继续努力。

请简要介绍一下富强鑫研发多组分成型技术的历史，以及富强鑫的技术优势。

王董：多组分成型技术的发展以双色注塑为

开端，即业界常说的双色机，它由德国企业于20世纪60年代开始开发。1984年，富强鑫推出第一代双色机KT-300D，成为当时极少数能够制造双色机的企业。1990年推出FB系列，成为现今富强鑫双色机的代名词。进入21世纪之后，富强鑫多组分成型技术得到了快速发展，先后推出大型双色机，油电式双色机，制笔专用、手机按键专用双色机、三色机，并于2012年推出超大型二板式水平转盘双色机。

2014年，富强鑫推出了FB二代系列机型，2017年推出多组分注塑机射出型式定义。2020年，富强鑫推出超大型射出可移动多工位五射机FB-1600RLV，将富强鑫多组分成型技术推向了顶峰。同时，富强鑫还推出FB-1600Re、HB-1900Re射出全电动注塑机及CT-180R全电式双色机，开启双色机电动化的新纪元。截至2020年年底，富强鑫累计销售5 300台双色机，金额达28亿元，而由富强鑫牵头起草的多组分注塑机团体标准也已经正式公布实施。

富强鑫的技术研发一直都是针对行业需求开展的。一开始我们是做手机电子这块研发，后来有一部分是民用品，之后发展到车灯、电动工具、笔、牙刷等。不同的需求有不同的技术要求，我们也根据市场需求不断开发新技术，从单色到三色、四色，最近我们在研发五色。而且现在机器吨位也在不断增加，以前只有160tf（1tf=9.8kN，后同），现在最大到1 900tf，我们未来会发展到3 300tf，大型化的趋势越来越明显。当然，还有电动化，这都是未来的发展趋势，也是我们关注的重点。

富强鑫的未来发展策略是什么？

王董：当然我们还会继续专注于细分市场的多组分应用。比如，我们的双色机已经要到第三代了，机器将会更精进。另一个方向就是电动化。2020年富強鑫台湾工厂就生产了2台超大型电动双色机，一台是19 000kN射出全电动双色机（垂直转盘），另一台是19 000kN水平对射式射出全电动双色机。市场上，注塑机电动化的趋势非常明显，富强鑫的多组分机型朝着大型化、电动化发展是非常必要的。

小型机应用方面，我们将继续走高性能道路。富强鑫的机型并不是普通机型，注射速度、精密度都是比较高的，这样才能满足客户产品不断升级的需求。我们也在推新一代机型，它的射速、周期、良品率以及稳定性都比较高，质量也实现了提升。当然，我们的大型机也将走同样的路线，以更高的技术水平满足客户升级换代的需求。

传承工匠精神　引领产业突破

——震雄集团主席兼总裁蒋丽婉

震雄集团由蒋震博士于1958年创立，至今已有60多年的历史。经过半个世纪的风雨兼程，震雄一路坚持不懈，已由一间小规模的机械加工厂发展成为全球最大的注塑机生产企业之一。目前，震雄的年产量已达到15 000台，震雄品牌注塑机承载着良好的信誉热销全球。凭借对技术突破、创新生产的永恒追求，秉持不断提升服务水准、力求完美的理念，震雄集团奠定了自己在注塑行业的领导地位。

请简要回顾一下震雄集团的发展历史。

蒋丽婉主席（以下称蒋主席）：震雄由1958年创立至今，60多年来经历了不少大环境的转变以及工业界的挑战，仍然屹立而且成为全球最大的注塑机生产企业之一。我认为，最重要的是传承了创办人蒋震博士的工匠精神，在工业上坚持专注发展，精益求精，锲而不舍地钻研如何满足客户需要。正因坚持了这种钻研的理念和与客户共赢的原则，震雄在这60多年的历史中始终处于行业领先地位，为国家工业发展倾尽所能。

震雄集团做出了哪些调整以应对疫情

蒋主席：疫情期间，业界面临最大的挑战是供应链不畅。我认为是内外循环经济模式带动的需求量大增引起的，这对企业来说是正面的机遇，但亦需有策略地应对。震雄为了保证物流链供应，后期的生产及供应量都加速很多，当中涉及的成本增加都由震雄承担，因为我们希望可以尽快协助客户解决供应问题。逆市中震雄的营业额仍然同比增长约 56%，源于这份以客户为先的精神赢得的客户认可与支持，亦是与客户保持长期良好合作关系的主因。

震雄更为医疗客户及时提供所需的 SPARK 全电动注塑机（简称 SPARK 全电机），以助力加速生产防疫产品，近两年来赢得了不少医疗行业客户的青睐。两板式注塑机在汽车市场的占比亦提升了超过五成，在逆市中业绩仍能持续增长。

超薄、超轻、超精密塑胶制品的市场需求不断增大，成型工艺要求越来越高，震雄是如何应对新的市场需求的？

蒋主席：现在客户对注塑机的技术含量、性价比和适配性的要求愈来愈高，期望震雄的产品能够协助他们生产更高价值的产品，并利用有效的智能生产降低人工成本。SPARK 全电机由震雄最顶尖的技术团队，抱着集团“品质至上，科技为本”的价值理念去开发的。在研发期间，我积极参与，提供产品方向及意见，并给研发团队很多鼓励和启发，令 SPARK 打破了传统中国全电机及高端日本全电机之间的表现界限及技术壁垒，成为中国领先的全电机产品。

SPARK 全电机对整个行业而言绝对是一个重大突破。它的适用性非常广泛，生产制品的能力相当于两三台传统的全电机，加上能兼顾生产动作的高速动态和精确重复性，可让包装、家电及电子等行业的厂家在投资回报、人力成本，乃至生产调度灵活性等方面具有极大的优势。SPARK 全电机更获得香港中华厂商联合会颁发的“设备及机械设计组别”香港工商业大奖。

另一个自推出以来广受客户赞赏的机型是 MK6 系列。其卓越的性价比以及稳定性，适合解决各项注塑难题，为集团带来极佳的市场口碑，继续满足不同新市场的需求。

震雄早早发力于工业互联网的应用，请介绍相关的情况。

蒋主席：我坚信要成功便要“快人一步”，因此早在 2001 年时已着手研发具备联网智能技术的注塑机，协助客户利用大数据分析管理生产运作。当年要做先头部队并不容易，因为那时候工业数据联网技术应用尚未成形，相关的技术人才亦很少，而且硬件非常昂贵，现在只需一二百元便能买到的零配件，当时却要 1 000～2 000 元；加上当年工业互联网技术尚未稳定，客户需要额外投放资源完善网络进行数据传输，令不少客户却步。

纵然智能化的发展道路未如想象中平坦，但是我以及震雄集团没有因此而放弃，反而不断投入研发，2004 年成功开发工业联网技术“iChen System”配套服务，为客户收集机器运行数据、周期数据和参数修改记录等信息，并做出预警提示，深得客户青睐。

推出的震雄 Mega Cloud 智能注塑管理云平台为客户实现从线下人工到线上智能化的价值转换，将传统注塑制造业相关产业链连接，实现一体化管控，为客户提升生产效益、加强竞争力。

震雄集团在管理以及售后方面有哪些独到的经验？

蒋主席：人才是企业的命脉。震雄在人力资源部署方面不遗余力，除了重组业务团队、成立客户亲密组，更邀请各大型企业高管加盟，为管理层带来新的经营理念。我认为工业生产除了关注如何提升产能及保持品质，带来工业制造的理念也很重要；又因应办公室及工厂位于不同地区引进适当的企业管治文化，以人为本。近年我们更投资 1.5 亿元引进智能管理系统、更新设备，进行智能厂房改造，以推动内部生产效率升级。一年多前开发的客户智能生产管理系统，有助于提升生产效率。这些投资源于我们的信念：客户赢，震雄才算赢!

管理思维除了因地制宜，亦必须与时并进，因此除了智能化，震雄亦认为须兼顾全球市场客户所重视的价值观，例如产品安全、环保、节能等。目前粤港澳大湾区战略给震雄业务发展带来极大的历史机遇，位于深圳、顺德的两个研发、生产、营运基地的区位资源优势突显。集团将加大两地的资源投入，包括人才引入和生产设备自动化、智能化的升级改造。

请您介绍一下震雄集团的发展战略。

蒋主席：震雄一直坚守“品质至上，科技为本；以客为先，创造价值”的理念，我自豪于震雄在这方面的专注。我们一直专注于注塑机及相关行业，不断在技术上精益求精，我们相信只有够专注才能保持技术前列的位置，这亦是父亲蒋震博士创立企业至今传承下来的精神和企业文化。我本人于2010年两度赴日本，邀请三菱重工前技术总工程师盐田先生担任震雄的高级技术顾问，助震雄订立研发和生产线标准。

工业生产最重视细节，这亦是我们所需贯彻的精益求精的理念。震雄于2011年成为三菱的全球战略合作伙伴，三菱对生产流程、检测等各阶段的高要求，驱使我们不断进步。其后震雄开发了极受欢迎的MK6及MK6e等注塑机型号，客户翻单率至今仍然超过九成。

先进科技是震雄核心愿景与价值观之一。我们将一如既往、积极地投资开发创新的产品与专业应用技术，用高新技术为客户带来最高价值。目前国内新能源汽车销量和渗透率逐月快速提升，新能源汽车市场进入了爆发式增长新阶段。最近震雄与中国新能源汽车制造的龙头企业达成2亿元合作协议，为该企业提供高技术含量的注塑机。通过与不同行业领域的龙头企业合作，共同向更高技术水平迈进，将成为震雄发展的另一重要里程碑。

震雄的目标是成为国内注塑机行业百年企业。与客户成为战略合作伙伴，为客户带来价值最大化，建立长远稳定的合作关系，这正是未来震雄与客户双赢的战略与准则。重视客户亲密度，提高客户黏度，把注塑机的售前、售中、售后服务水平提升至行业领先地位，将是震雄未来服务客户的目标，是企业的必赢之战。

震雄非常乐意与客户共同研发新的技术及解决方案，共谋突破，同时亦积极响应国家的碳中和、环保、可持续发展方针。我们相信未来几年是制造业改革的最好时机。

产品项目与技术

介绍获得国家及机械工业奖项的产品项目、塑料机械行业进入国家各类目录的产品

产品项目与技术

2020年度中国机械工业科学技术奖获奖项目（塑料机械）

项目编号	项目名称	完成单位	完成人	获奖类型及级别
2002097	挠性覆铜板用高性能聚酰亚胺薄膜关键技术开发及应用	桂林电器科学研究院有限公司	青双桂、白小庆、任小龙、唐必连、冯俊杰、唐夏军、郑汉明、邹本久、马纪翔、姬亚宁	技术发明类二等奖
2009079	复合微合金化机械工程用钢的系列开发与创新应用	中信金属股份有限公司、中国汽车工程研究院股份有限公司、钢铁研究总院、海天塑机集团有限公司、山东雷帕得汽车技术股份有限公司、吉林公主岭经济开发区信通模具有限公司、东莞市豪斯特热冲压技术有限公司	路洪洲、马鸣图、包耀宗、王文军、万鑫铭、李振华、翟述基、张西富、刘中柱、王子健	科技进步类二等奖
2001034	标准型数控系统的产业化的研究开发	广州数控设备有限公司	何敏佳、陈杰、邓龙军、李鸿基、唐建悦	科技进步类三等奖
2003031	智能防雷大通流在线插拔电涌保护器（SPD）	上海辰竹仪表有限公司	陈科企、翟春坡、陈出新、杜　刚、倪　敏	科技进步类三等奖
2006038	TDB-250L柔性多工位高效吹塑智能化生产线	苏州同大机械有限公司、江苏科技大学	徐文良、张礼华、林一波、刘芳华、何建领	科技进步类三等奖

2021年度中国机械工业科学技术奖获奖项目（塑料机械）

项目编号	项目名称	完成单位	完成人	获奖类型及级别
2106019	光学级塑料零件形性控制技术与成型装备的研发及产业化	北京化工大学、泰瑞机器股份有限公司、杭州电子科技大学	谢鹏程、周宏伟、邬惠峰、安　瑛、林　武、孙丹枫、杨卫民、郑建国、赵建勇、谭　晶、沈海波、丁玉梅、魏建鸿、焦志伟、姚礼贤	科技进步类一等奖
2106033	大型电液混合动力塑料注射成型智能装备关键技术及产业化	宁波长飞亚塑料机械制造有限公司、中国科学院宁波材料技术与工程研究所、海天塑机集团有限公司	傅南红、张驰、陈邦锋、朱宁迪、焦晓龙、叶立永、朱　淦、徐　柯、周东海、王金领	科技进步类二等奖
2106003	短纤维定向取向增强轮胎性能关键技术装备及产业化	青岛科技大学、青岛双星轮胎工业有限公司	张德伟、汪传生、郭　磊、苏　明、李　利	科技进步类三等奖

国家工业节能技术装备推荐目录（2020）（塑料机械）

设备名称	型号	主要技术参数	申报单位
注塑机			
YH/JS 系列伺服节能型塑料注射成型机	YH/JS 系列（980 ～ 2 680kN）	锁模力：980 ～ 2 680kN 理论注射容积：198 ～ 868cm^3 注射压力：143 ～ 160MPa 实测能效值：0.30 ～ 0.39kW • h/kg	宁波甬华塑料机械制造有限公司
SKII 系列伺服节能塑料注射成型机	SKII（900 ～ 4 800kN）	锁模力：900 ～ 4 800 kN 理论注射容积：158.7 ～ 1 886.4cm^3 注射压力：75MPa 实测能效：0.29 ～ 0.39kW • h/kg	广东伊之密精密注压科技有限公司
JUIII 系列两板式塑料注射成型机	JU4500III ～ JU40000III	锁模力：4 500 ～ 40 000 kN 理论注射容积：1 239 ～ 80 170cm^3 注射压力：133 ～ 183MPa 实测能效：0.22 ～ 0.38kW • h/kg	海天塑机集团有限公司
MAIII 系列伺服节能塑料注射成型机	MA600III ～ MA14000III	锁模力：600 ～ 14 000kN 理论注射容积：68 ～ 6 220cm^3 注射压力：171 ～ 184kg/cm^3 实测能效：0.28 ～ 0.36kW • h/kg	海天塑机集团有限公司
伺服节能注塑机	GEKW/S 系列（1 000 ～ 10 800kN）	锁模力：1 000 ～ 8 800kN 理论注射容积：203 ～ 5 190cm^3 注射压力：146 ～ 160MPa 实测能效值：0.34 ～ 0.39kW • h/kg	浙江金鹰塑料机械有限公司
TTI-SeIII 系列通用型高端伺服注塑机	160SeIII ～ 450SeIII	锁模力：16 00 ～ 4 500kN 理论注射容积：358 ～ 2 011cm^3 注射压力：131 ～ 179MPa 实测能效值：0.29 ～ 0.37kW • h/kg	东华机械有限公司
塑料注射成型机	CS-50	锁模力：500kN 理论注射容积：69cm^3 注射压力：235.2MPa 实测能效值：0.38 kW • h/kg	东洋机械（常熟）有限公司
塑料注射成型机	CS-100	锁模力：1 000kN 理论注射容积：69cm^3 注射压力：235.2MPa 实测能效值：0.40 kW • h/kg	东洋机械（常熟）有限公司
塑料注射成型机	CS-130	锁模力：1 300kN 理论注射容积：69cm^3 注射压力：235.2MPa 实测能效值：0.40 kW • h/kg	东洋机械（常熟）有限公司

（续）

设备名称	型号	主要技术参数	申报单位
注塑机			
塑料注射成型机	CS-180	锁模力：1 800kN 理论注射容积：201cm³ 注射压力：215.6MPa 实测能效值：0.33 kW·h/kg	东洋机械（常熟）有限公司
塑料注射成型机	CS-230	锁模力：2 300kN 理论注射容积：201cm³ 注射压力：215.6MPa 实测能效值：0.39 kW·h/kg	东洋机械（常熟）有限公司
塑料注射成型机	CS-280	锁模力：2 800kN 理论注射容积：393cm³ 注射压力：235MPa 实测能效值：0.32 kW·h/kg	东洋机械（常熟）有限公司
中空成型机			
MSZ 系列三工位塑料注吹中空成型机	MSZ30 ～ MSZ135	锁模力（注塑）：289.7 ～ 1 344kN 锁模力（吹塑）：46.7 ～ 235kN 注射/挤出压力：14MPa 最大制品容积：1L 塑化能力：45 ～ 130g/s 实测能效值：0.38 ～ 0.40kW·h/kg	江苏维达机械有限公司

注：1. 注塑机执行 GB/T 30200—2013《橡胶塑料注射成型机能耗检测方法》。

标准指标（节能评价值）：1 级

额定锁模力	节能评价
≤ 1 000kN	≤ 0.7kW·h/kg
＞ 1000 ～ 10 000kN	≤ 0.55kW·h/kg
＞ 10 000kN	≤ 0.4kW·h/kg

2. 中空成型机执行 GB/T 35382—2017《塑料中空成型机能耗测试方法》。

标准指标（节能评价值）：1 级

节能评价：≤ 0.4kW·h/kg

“能效之星”产品目录（2020）（塑料机械）

序号	制造商	产品型号	能效指标（实测值）/（kW·h/kg）	能效指标（评价值）/（kW·h/kg）
注射成型机				
1	东洋机械（常熟）有限公司	CS-280	0.32	优于能效一级
2	海天塑机集团有限公司	MA600III ～ MA14000 III	0.28 ～ 0.36	优于能效一级
3	海天塑机集团有限公司	JU4500III ～ JU40000I II	0.22 ～ 0.38	优于能效一级

（续）

序号	制造商	产品型号	能效指标（实测值）/（kW·h/kg）	能效指标（评价值）/（kW·h/kg）
注射成型机				
4	东华机械有限公司	160SeIII ～ 450SeIII	0.29 ～ 0.37	优于能效一级
5	广东伊之密精密注压科技有限公司	SKII（900 ～ 4800kN）	0.29 ～ 0.39	优于能效一级
塑料中空成型机				
1	江苏维达机械有限公司	MSZ30 ～ MSZ135	0.38 ～ 0.40	优于能效一级

重大技术装备和产品进口关键零部件、原材料商品目录（2021 年版）

设备名称	技术规格要求	销售业绩要求	一级部件	单机免税用量（供参考）	税则号（供参考）	执行年限
乙烯成套设备						
1．乙烯、丙烯、裂解气压缩机	年产量 ≥ 140 万 t	持有合同订单	主轴锻件	4 件	73259910	2022
			叶轮锻件	2 件	84149090	2022
橡塑机械						
1. 混炼挤压造粒机组	年产量 ≥ 20 万 t	持有合同订单	在线熔指测量仪	1 套	90278099	2022
			振动分筛机	1 套	84741000	2022
2. 道路相变自调温材料混炼挤出成套装置	年产量 ≥ 5 万 t	持有合同订单	高温熔压传感器	15 个	90262090	

标准与专利

介绍国际橡胶塑料机械标准化情况，列举塑料机械行业现行标准，展示塑料机械相关专利获奖情况

标准与专利

我国塑料机械标准体系的构成

全国橡胶塑料机械标准化技术委员会（SAC/TC71）是国家市场监督管理总局批准的负责我国橡胶塑料机械行业国家标准、行业标准、国际标准的制修订及归口管理工作的技术组织。

根据《中华人民共和国标准化法》及国务院相关部门的规定，需要在全国范围内统一的技术要求应制定为国家标准。没有国家标准、需要在全国某个行业范围内统一的技术要求，可以制定行业标准。地方标准制定的重点是与地方自然条件、风俗习惯相关的特殊技术要求。国家标准、行业标准、地方标准属于政府标准，由政府主导制定。就塑料机械行业来说，国家标准、行业标准和国际标准由全国橡胶塑料机械标准化技术委员会（SAC/TC71）及其分会负责管理和组织制修订。

团体标准由学会、协会、商会、联合会、产业技术联盟等合法注册的社会团体制定发布。满足市场和创新需要的技术要求，可以制定团体标准。企业标准由企业根据需要自行制定，或者与其他企业联合制定。团体标准和企业标准属于市场标准，由市场自主制定。就塑料机械行业来说，中国塑料机械工业协会团体标准工作委员会负责全国范围的塑料机械团体标准的制修订工作。中塑机协团体标准是对国家标准和行业标准的有益补充。

根据塑料机械的产品特性，塑料机械属于在全国范围流通的产品，原则上在不同地域没有不同的技术要求。为了避免标准之间的交叉重复，造成我国塑料机械标准体系混乱，我国塑料机械行业如有需要制定团体标准，宜由全国性的社会团体制定，确保我国塑料机械标准体系科学、合理。

政府标准与市场标准协同发展、协调配套，形成了一种新型的标准体系。全国橡胶塑料机械标准化技术委员会（SAC/TC71）与中国塑料机械工业协会团体标准工作委员会建立了良好的沟通和协作机制，共同推动塑料机械行业政府标准与市场标准协同发展、协调配套，建立健全我国塑料机械标准体系，进而推动我国塑料机械行业的高质量发展。

塑料机械行业标准目录

序号	标准编号	标准名称	标准类别	备注
国家标准				
1	GB/T 9707—2010	密闭式炼胶机炼塑机	产品	代替 GB/T 9707—2000
2	GB/T 12783—2000	橡胶塑料机械产品型号编制方法	基础	代替 GB/T 12783—1991
3	GB/T 12784—2017	橡胶塑料加压式捏炼机	产品	代替 GB/T 12784—1991

（续）

序号	标准编号	标准名称	标准类别	备注
国家标准				
4	GB/T 13577—2006	开放式炼胶机炼塑机	产品	代替 GB/T 13577—1992
5	GB/T 13578—2010	橡胶塑料压延机	产品	代替 GB/T 13578—1992
6	GB 20055—2006	开放式炼胶机炼塑机安全要求	安全	首次起草，非等效 EN 1417：1997
7	GB 22530—2008	橡胶塑料注射成型机安全要求	安全	首次起草，非等效 EN 201：1997+ A1：2000+A2：2005
8	GB/T 25156—2020	橡胶塑料注射成型机通用技术要求及检测方法	产品	代替 GB/T 25156—2010、GB/T 25157—2010，2021.2.1 生效
9	GB 25431.1—2010	橡胶塑料挤出机和挤出生产线　第 1 部分：挤出机的安全要求	安全	首次起草，等同 EN 1114-1：1996
10	GB 25431.2—2010	橡胶塑料挤出机和挤出生产线　第 2 部分：模面切粒机的安全要求	安全	首次起草，等同 EN 1114-2：1998
11	GB 25431.3—2010	橡胶塑料挤出机和挤出生产线　第 3 部分：牵引装置的安全要求	安全	首次起草，等同 EN 1114-3：2001
12	GB 25433—2010	密闭式炼胶机炼塑机安全要求	安全	首次起草，修改 EN 12013：2000
13	GB 25434—2010	橡胶塑料压延机安全要求	安全	首次起草，修改 EN 12301：2000
14	GB 25936.1—2012	橡胶塑料粉碎机械　第 1 部分：刀片式破碎机安全要求	安全	首次起草，等同 EN 12012-1：2000
15	GB 25936.2—2012	橡胶塑料粉碎机械　第 2 部分：拉条式切粒机安全要求	安全	首次起草，等同 EN 12012-2：2001+A2：2008
16	GB 25936.3—2012	橡胶塑料粉碎机械　第 3 部分：切碎机安全要求	安全	首次起草，等同 EN 12012-3：2001
17	GB 25936.4—2010	橡胶塑料粉碎机械　第 4 部分：团粒机安全要求	安全	首次起草，等同 EN 12012-4：2006
18	GB/T 25941—2010	塑料真空成型机	产品	首次起草，行标 JB/T 5292—1991 已废止
19	GB/T 30200—2013	橡胶塑料注射成型机能耗检测方法	方法	首次起草
20	GB/T 32456—2015	橡胶塑料机械用电磁加热节能系统通用技术条件	产品	首次起草
21	GB/T 32662—2016	废橡胶废塑料裂解油化成套生产装备	产品	首次起草
22	GB/T 33580—2017	橡胶塑料挤出机能耗检测方法	方法	首次起草
23	GB/T 35382—2017	塑料中空成型机能耗检测方法	方法	首次起草
24	GB/T 36587—2018	橡胶塑料机械　术语	基础	首次起草，行标 HG/T 3223—2000 及行标 JB/T 5438—2008 申请废止
25	GB/T 38533—2020	橡胶塑料注射成型机　模具固定和联接尺寸	基础通用	首次起草，2021.2.1 生效
26	GB/T 38687—2020	橡胶塑料机械　外围设备通信协议	基础通用	首次起草，2021.2.1 生效
27	GB/T 39483.1—2020	橡胶塑料注射成型机　接口　第 1 部分：机械和电气接口	基础通用	首次起草
28	GB/T 39483.2—2020	橡胶塑料注射成型机　接口　第 2 部分：数据交换接口	基础通用	首次起草

（续）

序号	标准编号	标准名称	标准类别	备注
化工行业标准				
1	HG/T 2148—2009	密闭式炼胶机炼塑机检测方法	方法	代替 HG/T 2148—1991
2	HG/T 2149—2004	开放式炼胶机炼塑机检测方法	方法	代替 HG/T 2149—1991
3	HG/T 2150—2009	橡胶塑料压延机检测方法	方法	代替 HG/T 2150—1991
4	HG/T 3108—2012	冷硬铸铁辊筒	产品	代替 HG/T 2400—1992、HG/T 3108—1998、HG/T 3118—1998
5	HG/T 3120—1998	橡胶塑料机械外观通用技术条件	通用	代替 HG 5-1541—1983
6	HG/T 3228—2001	橡胶塑料机械涂漆通用技术条件	通用	代替 HG/T 3228—1988、HG/T 3225—1986
机械行业标准				
1	JB/T 2627—2008	塑料挤出硬管辅机	产品	代替 JB/T 2627—1991
2	JB/T 5289—2004	鞋用转盘注射成型机	产品	代替 JB/T 5289—1991
3	JB/T 5290—2008	塑料圆织机	产品	代替 JB/T 5290—2000
4	JB/T 5291—2007	塑料破碎机	产品	代替 JB/T 5291—1991
5	JB/T 5293—2013	可发性聚苯乙烯泡沫塑料自动成型机	产品	代替 JB/T 5293—1991
6	JB/T 5416—2005	塑料挤出干法热切造粒辅机	产品	代替 JB/T 5416—1991
7	JB/T 5417—2007	塑料排气挤出机	产品	代替 JB/T 5417—1991
8	JB/T 5418—2015	聚丙烯不织布机	产品	代替 JB/T 5418—1991
9	JB/T 5419—2008	塑料挤出平膜扁丝辅机	产品	代替 JB/T 5419—2000
10	JB/T 5420—2014	同向双螺杆塑料挤出机	产品	代替 JB/T 5420—2001
11	JB/T 5421—2013	塑料薄膜回收挤出造粒机组	产品	代替 JB/T 5421—1991
12	JB/T 5438—2008	塑料机械　术语	基础	代替 JB/T 5438—1991
13	JB/T 6489—2014	塑料捏合机	产品	代替 JB/T 6489—1999
14	JB/T 6490—2015	塑料压力成型机	产品	代替 JB/T 6490—1992
15	JB/T 6491—2015	异向双螺杆塑料挤出机	产品	代替 JB/T 6491—2001
16	JB/T 6492—2014	锥形异向双螺杆塑料挤出机	产品	代替 JB/T 6492—2001
17	JB/T 6493—2015	塑料薄膜制袋机	产品	代替 JB/T 6493—1992
18	JB/T 6494—2014	料斗式塑料干燥机	产品	代替 JB/T 6494—2002
19	JB/T 6928—2014	塑料挤出带辅机	产品	代替 JB/T 6928—1993
20	JB/T 6929—2015	塑料挤出转盘制鞋机	产品	代替 JB/T 6929—1993
21	JB/T 7251—2014	塑料挤出拉丝辅机	产品	代替 JB/T 7251—1994
22	JB/T 7669—2004	塑料混合机	产品	代替 JB/T 7669—1995
23	JB/T 8061—2011	单螺杆塑料挤出机	产品	代替 JB/T 8061—1996
24	JB/T 8538—2011	塑料机械用螺杆、机筒	产品	代替 JB/T 8538—1997
25	JB/T 8539—2013	塑料挤出吹塑中空成型机	产品	代替 JB/T 8539—1997
26	JB/T 8698—2015	热固性塑料注射成型机	产品	代替 JB/T 8698—1998
27	JB/T 8703—2011	塑料挤出吹塑薄膜辅机	产品	代替 JB/T 8703—1998
28	JB/T 8943—2015	全塑鞋用注射机	产品	代替 JB/T 8943—1999

（续）

序号	标准编号	标准名称	标准类别	备注
机械行业标准				
29	JB/T 10342—2014	塑料挤出异型材辅机	产品	代替 JB/T 10342—2002
30	JB/T 10464—2004	拉条式塑料切粒机	产品	首次起草
31	JB/T 10898—2008	塑料挤出复合膜辅机	产品	首次起草
32	JB/T 10899—2008	塑料挤出双壁波纹管辅机	产品	首次起草
33	JB/T 11343—2013	锥形同向双螺杆塑料挤出机	产品	首次起草
34	JB/T 11344—2013	PVC 塑料配混系统	产品	首次起草
35	JB/T 11345—2013	可发性聚苯乙烯泡沫塑料板材成型机	产品	首次起草
36	JB/T 11346—2013	可发性聚苯乙烯泡沫塑料板材切割机	产品	首次起草
37	JB/T 11347—2013	可发性聚苯乙烯泡沫塑料预发机	产品	首次起草
38	JB/T 11348—2013	塑料挤出流延薄膜辅机	产品	首次起草
39	JB/T 11509—2013	聚氨酯发泡设备　通用技术条件	产品	首次起草
40	JB/T 12787—2016	塑料成型模具温度控制机	产品	首次起草
41	JB/T 12788—2016	塑料成型模具用冷水机	产品	首次起草
42	JB/T 12789—2016	转轮式塑料干燥机	产品	首次起草
43	JB/T 13022—2017	塑料挤出吹塑土工膜辅机	产品	首次起草
44	JB/T 13448—2018	螺杆柱塞式塑料注射成型机	产品	首次起草
45	JB/T 13449—2018	塑料注射成型机用自动取件机	产品	首次起草
46	JB/T 14120—2021	塑料挤出机械用换网器	产品	首次起草
团体标准				
1	T/CPMIA Z01—2019	全电动塑料注射成型机		首次起草
2	T/CPMIA 0102—2020	多组分塑料注射成型机		首次起草
3	T/CPMIA 0103—2021	高速精密塑料注射成型机		首次起草
4	T/CPMIA 0104—2021	立式塑料注射成型机		首次起草
5	T/CPMIA 0202—2022	熔喷法非织造布生产线		首次起草
6	T/CPMIA 0201—2022	聚丙烯熔喷料制备用同向平行双螺杆挤出机		首次起草
国际标准				
1	ISO 20430：2020	塑料和橡胶机械　注射成型机　安全要求	安全	首次起草

〔供稿单位：全国橡胶塑料机械标准化技术委员会塑料机械分技术委员会〕

国际橡胶塑料机械标准化工作现状与展望

一、国际橡胶塑料机械安全标准现状

ISO/TC 270 国际标准化组织塑料和橡胶机械技术委员会是 2012 年 7 月成立的，秘书处设在意大利标准化协会 UN。截至 2021 年 7 月，共有 17

个P成员和8个O成员。我国是P成员，由挂靠在北京橡胶工业研究设计院有限公司的全国橡胶塑料机械标准化技术委员会（SAC/TC 71）秘书处负责ISO/TC 270国内技术对口单位的工作。ISO/TC 270负责用于制备、加工和回收塑料和橡胶的机械领域的标准化工作，包括单机或一组机器的详细的安全要求。这些规定适用于在塑料和橡胶工业使用的机器的设计、建造和使用，处理危险、危险处境和危险事件。此外，技术委员会可能考虑其他方面的标准化工作，如机械的术语、分类和能源消耗的测量。ISO/TC 270下设了三个工作组，分别为ISO/TC 270/WG1注射成型机安全工作组、ISO/TC 270/WG2挤出机工作组、ISO/TC 270/WG3合模系统工作组。

ISO/TC 270/WG1注射成型机安全工作组于2013年年初成立，负责制定橡胶塑料注射成型机安全要求国际标准，由德国承担召集人的工作。共有12个国家的40名注册专家参与，我国提名并注册了11名专家参与国际标准的制定。该工作组负责制定的国际标准ISO 20430：2020《塑料和橡胶机械　注射成型机　安全要求》已经于2020年4月发布。

ISO/TC 270/WG2挤出机工作组于2018年成立，负责制定橡胶塑料挤出机国际标准，由中国和美国联合承担召集人工作。共有11个国家的38名注册专家参与，我国提名并注册了6名专家参与国际标准的制定。目前项目负责人提交了第一版的标准草案ISO/NP 22506《塑料和橡胶机械　挤出机和挤出生产线　安全要求》，工作组尚未正式开展工作，拟于2022年5月召开第一次工作会议。

ISO/TC 270/WG3合模系统工作组于2018年成立，负责制定塑料和橡胶合模系统安全要求国际标准，由意大利承担召集人工作。共有11个国家的38名注册专家参与，我国提名并注册了6名专家参与国际标准的制定。该工作组负责制定的国际标准ISO 23582-1《塑料和橡胶合模系统　第1部分：磁性合模系统安全要求》，目前进展到了WD阶段（工作组草案），拟于2022年5月召开下一次工作会议。

二、OPC UA塑料和橡胶机械工作组标准现状

为了推动中欧橡胶塑料机械的智能制造与互联互通，促进国际贸易的发展，根据全国橡胶塑料机械标准化技术委员会与欧洲塑料和橡胶机械制造商联合会（EUROMAP）达成的共识，OPC基金会于2019年4月成立了OPC UA塑料和橡胶机械工作组，负责制定国际的、第三方的、基于OPC UA的橡胶塑料机械行业智能制造标准。全国橡胶塑料机械标准化技术委员会代表我国面向橡塑机械行业，尤其是注射成型机生产企业，征集了数家会员单位参与标准制定的相关工作。

受疫情影响，全国橡胶塑料机械标准化技术委员会组织行业内有关企业以线上视频会议的形式，参加VDMA组织召开的橡胶塑料注射成型机与热流道设备、液态硅胶配料设备和物料供给系统接口系列标准技术规范研讨会，共计8次。OPC UA塑料和橡胶机械工作组已制定的标准见表1。

表1　OPC UA塑料和橡胶机械工作组已制定的标准

序号	标准号	标准名称	发布日期
1	OPC 40077	塑料和橡胶机械 OPC UA 接口　注塑机和 MES 之间的数据交换	2020-06-01
2	OPC 40082-1	塑料和橡胶机械 OPC UA 接口　外围设备　第1部分：温度控制设备	2020-06-01
3	OPC 40082-2	塑料和橡胶机械 OPC UA 接口　外围设备　第2部分：热流道	2020-04-30 候选发布
4	OPC 40082-3	塑料和橡胶机械 OPC UA 接口　外围设备　第3部分：液态硅胶 LSR	2020-05-11 候选发布
5	OPC 40083	塑料和橡胶机械用 OPC UA　一般类型定义	2020-06-01
6	OPC 40084-1	塑料和橡胶机械的 OPC UA 接口　挤出机械　第1部分：一般类型定义	2020-06-01
7	OPC 40084-2	塑料和橡胶机械的 OPC UA 接口　挤出机械　第2部分：挤出生产线	2020-06-01

（续）

序号	标准号	标准名称	发布日期
8	OPC 40084-3	塑料和橡胶机械的 OPC UA 接口　挤出机械　第 3 部分：挤出机	2020-06-01
9	OPC 40084-4	塑料和橡胶机械的 OPC UA 接口　挤出机械　第 4 部分：牵引装置	2020-06-01
10	OPC 40084-5	塑料和橡胶机械的 OPC UA 接口　挤出机械　第 5 部分：熔体泵	2020-06-01
11	OPC 40084-6	塑料和橡胶机械的 OPC UA 接口　挤出机械　第 6 部分：过滤器	2020-06-01
12	OPC 40084-7	塑料和橡胶机械的 OPC UA 接口　挤出机械　第 7 部分：口型	2020-06-01
13	OPC 40084-8	塑料和橡胶机械的 OPC UA 接口　挤出机械　第 8 部分：造粒机	2020-06-01
14	OPC 40084-9	塑料和橡胶机械的 OPC UA 接口　挤出机械　第 9 部分：切刀	2020-06-01
15	OPC 40084-10	塑料和橡胶机械的 OPC UA 接口　挤出机械　第 10 部分：校准器	2020-06-01
16	OPC 40084-11	塑料和橡胶机械的 OPC UA 接口　挤出机械　第 11 部分：瓦楞机	2020-06-01

目前，OPC UA 塑料和橡胶机械工作组正在制定 OPC 40086《塑料和橡胶机械的 OPC UA 接口　物料供应系统》。全国橡胶塑料机械标准化技术委员会组织国内多家企业参与该标准规范的制定，参加每两周一次的线上会议。

2020 年 11 月，全国橡胶塑料机械标准化技术委员会组织国内会员企业召开该工作组的年度总结会议，就工作组成立以来的工作进行了总结，对正在制定的标准规范工作进度进行了汇报，讨论和安排了下一年度我国会员企业参与该工作组的工作重点，就我国企业主导制定 OPC UA 标准的可能性和将已发布的 OPC UA 标准转化为我国国家标准和行业标准等内容进行了研讨。会议还向会员单位和标准规范参与单位颁发了证书。

三、国外橡胶塑料机械安全标准现状

由于 ISO/TC 270 成立时间较晚，只发布了 1 项国际标准，目前中国橡胶塑料机械安全标准大多采用欧洲 EN 标准。欧洲标准化委员会（CEN）是欧洲标准（EN）的主要提供者，CEN/TC 145 是其中专门负责制定橡胶塑料机械安全标准的技术委员会，秘书处设在意大利标准化协会。CEN/TC 145 的主要工作聚焦在 ISO/TC 270，根据维也纳协议，CEN/TC 145 可以在制定 ISO 国际标准的同时，同步制定 EN 标准。CEN/TC 145 共制定了 16 项 C 类橡胶塑料机械安全标准，还有 6 项制修订工作计划。CEN/TC 145 已发布的标准见表 2。CEN/TC 145 正在制修订的标准见表 3。

表 2　CEN/TC 145 已发布的标准

标准号（项目号）	标准名称	发布日期
EN 1114-1:2011 （WI=00145039）	塑料和橡胶机械　挤出机和挤出生产线　第 1 部分：挤出机的安全要求	2011-10-19
EN 1114-3:2019 （WI=00145078）	塑料和橡胶机械　挤出机和挤出生产线　第 3 部分：牵引装置的安全要求	2019-09-04
EN 12012-1:2018 （WI=00145074）	塑料和橡胶机械　粉碎机械　第 1 部分：切刀式破碎机和切碎机的安全要求	2018-09-26
EN 12012-4:2019 （WI=00145079）	塑料和橡胶机械　粉碎机械　第 4 部分：团粒机的安全要求	2019-06-12
EN 12013:2018 （WI=00145073）	塑料和橡胶机械　密闭式炼胶机炼塑机　安全要求	2018-01-17
EN 12301:2019 （WI=00145075）	塑料和橡胶机械　压延机　安全要求	2019-12-11
EN 12409:2008+A1:2011 （WI=00145072）	塑料和橡胶机械　热成型机　安全要求	2011-10-12
EN 13418:2013 （WI=00145067）	塑料和橡胶机械　薄膜或薄板卷绕机　安全要求	2013-05-29
EN 1417:2014 （WI=00145071）	塑料和橡胶机械　开炼机　安全要求	2014-12-17

（续）

标准号（项目号）	标准名称	发布日期
EN 14886:2008 （WI=00145026）	塑料和橡胶机械　块状泡沫塑料用带刀切削机　安全要求	2008-02-27
EN 15067:2007 （WI=00145025）	塑料和橡胶机械　袋子用薄膜转化机　安全要求	2007-12-12
EN 1612:2019 （WI=00145077）	塑料和橡胶机械　反应成型机和设备　安全要求	2019-10-16
EN 16474:2015 （WI=00145070）	塑料和橡胶机械　轮胎定型硫化机　安全要求	2015-04-22
EN 289:2014 （WI=00145068）	塑料和橡胶机械　平板硫化机 / 压缩成型机和传递成型机　安全要求	2014-06-18
EN 422:2009 （WI=00145040）	塑料和橡胶机械　吹塑成型机　安全要求	2009-06-10
EN ISO 20430:2020 （WI=00145076）	塑料和橡胶机械　注射成型机　安全要求（ISO 20430:2020）	2020-07-01

表 3　CEN/TC 145 正在制修订的标准

标准号（项目号）	标准名称	启动日期	状态
EN 12012-4:2019+A1:2021（WI=00145084）	塑料和橡胶机械　粉碎机械　第 4 部分：团粒机的安全要求	2021-07-09	批准
EN 12012-4:2019/prA1（WI=00145082）	塑料和橡胶机械　粉碎机械　第 4 部分：团粒机的安全要求	2020-10-26	待批准
EN 12301:2019/prAC（WI=00145C02）	塑料和橡胶机械　压延机　安全要求	2021-06-09	待起草
prEN 1417（WI=00145083）	塑料和橡胶机械　开炼机　安全要求	2020-11-02	待批准
prEN ISO 22506（WI=00145080）	塑料和橡胶机械　挤出机和挤出生产线　安全要求	2019-07-12	待起草
prEN ISO 23582-1（WI=00145081）	塑料和橡胶机械　合模系统　第 1 部分：磁性合模系统的安全要求	2018-07-13	待起草

四、中国橡胶塑料机械安全标准现状

橡胶塑料机械制造业在我国机械工业中属于起步较晚但发展很快的行业，步入 21 世纪以来，橡胶塑料机械制造业在我国机械工业乃至国民经济中所占的比重逐年增加，生产、销售、出口贸易和效益均快速增长。要想在产品的设计、制造直到使用、维护的全生命周期内的各个阶段，贯彻“防患于未然”的安全工程原则，就必须要处理好装备自身的安全与安全生产管理的关系，即必须从标准入手，制定出产品的安全标准。因此，橡胶塑料机械安全问题的研究和标准的制定在“十一五”期间被提上了议事日程。

2006 年，全国橡胶塑料机械标准化技术委员会在北京召开了全国橡胶塑料机械安全标准化技术工作会议，讨论确定了橡胶塑料机械专业安全标准制定计划、规划和采用国外先进标准的原则。同年完成了我国橡胶塑料机械首个强制性国家标准 GB 20055—2006《开放式炼胶机炼塑机安全要求》。

2007 年，全国橡胶塑料机械标准化技术委员会全面启动了我国橡胶塑料机械安全标准的研究和制定工作。针对橡胶塑料压延机、密闭式炼胶机炼塑机、橡胶塑料注射成型机等我国橡胶塑料通用加工设备中极为重要的产品，申报了“橡胶塑料通用机械安全标准研究”标准化公益研究科研课题。完成了 GB 22530—2008《橡胶塑料注射成型机安全要求》、GB 25433—2010《密闭式炼胶机炼塑机安全要求》和 GB 25434—2010《橡胶塑料压延机安全要求》3 项强制性标准的制定。

2009—2010 年完成了 GB 25432—2010《平板硫化机安全要求》、GB 25431.1—2010《橡胶塑料挤出机和挤出生产线　第 1 部分：挤出机的安全要求》、GB 25431.2—2010《橡胶塑料挤出机与挤出生产线　第 2 部分：模面切粒机的安全要求》

和 GB 25431.3—2010《橡胶塑料挤出机和挤出生产线　第 3 部分：牵引装置的安全要求》的制定。

2010—2012 年完成了 GB 25936.1—2012《橡胶塑料粉碎机械　第 1 部分：刀片式破碎机安全要求》、GB 25936.2—2012《橡胶塑料粉碎机械　第 2 部分：拉条式切粒机安全要求》、GB 25936.3—2012《橡胶塑料粉碎机械　第 3 部分：切碎机安全要求》和 GB 25936.4—2010《橡胶塑料粉碎机械　第 4 部分：团粒机安全要求》。

2014 年完成了 GB 30747—2014《轮胎定型硫化机安全要求》，这是我国首个先于欧盟发布的塑料和橡胶机械安全标准。这说明中欧在推动橡胶塑料机械产品安全性能方面的目标是一致的，双方都致力于提高橡胶塑料机械产品的安全性能。

我国橡胶塑料机械安全标准的陆续出台将为消除生产过程中的安全隐患，保证橡胶、塑料制品生产操作人员的人身安全，加快与国外先进标准接轨，建立健全我国橡塑机械产品安全标准体系和促进我国产品顺利进入国际市场方面发挥重要的作用。

强制性标准事关人身健康和生命财产安全、国家安全和生态环境安全，是经济社会运行的底线要求。强制性标准整合精简工作是标准化改革的重中之重，是建立新型强制性国家标准体系的首要任务。

2016 年 4 月，全国橡胶塑料机械标准化技术委员会完成了国务院标准化协调推进部际联席会议办公室下达的强制性标准整合精简工作，将归口的 13 项强制性国家标准整合成 1 项强制性国家标准和 13 项推荐性国家标准。这 1 项强制性国家标准是由原来的 13 项强制性国家标准中原则性的、通用的安全要求部分整合而成（例如机器的运动部件不应对操作者产生挤压、剪切等危险），原 13 项强制性国家标准中的剩余部分各自修订为推荐性国家标准，共计 13 项，其中大多数采用 ISO 国际标准或国外先进标准。13 项推荐性国家标准的主要内容为特定机器的具体的危险举例、安全要求及防护措施等内容。例如，注射成型机安全要求标准中规定了注射成型机有哪些危险点；在操作侧的安全防护门打开时，模具、中子和顶出杆等运动部件的运动应停止；在某些特殊的具体工况下，某些运动部件的运动可以被允许等。

2017 年，国务院标准化协调推进部际联席会议办公室下达了强制性标准整合精简结论。2019 年，全国橡胶塑料机械标准化技术委员会根据强制性标准整合精简结论上报了整合后的 1 项强制性标准和 13 项推荐性标准的立项申请，这些立项申请已于 2020 年全部下达。全国橡胶塑料机械标准化技术委员会申请立项的标准见表 4。

表 4　全国橡胶塑料机械标准化技术委员会申请立项的标准

序号	计划号	项目名称
1	20203583-Q-339	橡胶塑料机械　通用安全要求
2	20203663-T-606	橡胶塑料注射成型机安全要求
3	20205061-T-606	橡胶塑料压延机安全要求
4	20205062-T-606	开放式炼胶机炼塑机安全要求
5	20211095-T-606	橡胶塑料挤出机和挤出生产线　第 1 部分：挤出机的安全要求
6	20211096-T-606	平板硫化机安全要求
7	20211097-T-606	橡胶塑料粉碎机械　第 2 部分：拉条式切粒机安全要求
8	20212086-T-606	轮胎定型硫化机安全要求
9	20212087-T-606	橡胶塑料粉碎机械　第 4 部分：团粒机安全要求
10	20212088-T-606	橡胶塑料粉碎机械　第 3 部分：切碎机安全要求
11	20212089-T-606	橡胶塑料粉碎机械　第 1 部分：刀片式破碎机安全要求

（续）

序号	计划号	项目名称
12	20212090-T-606	橡胶塑料挤出机和挤出生产线　第 3 部分：牵引装置的安全要求
13	20212091-T-606	橡胶塑料挤出机和挤出生产线　第 2 部分：模面切粒机的安全要求
14	20212092-T-606	密闭式炼胶机炼塑机安全要求

五、中国橡胶塑料机械接口和通信协议标准现状

我国橡胶塑料机械通信协议标准起步较晚。全国橡胶塑料机械标准化技术委员会于 2016 年 7 月在太原组织召开了 EUROMAP 技术标准分析及转化工作研讨会议，对 EUROMAP 发布的 52 项技术标准从涵盖的范围、标准类型的划分、各个标准主要内容的解读等方面进行了分析。会议最终决定对 EUROMAP 技术标准中一些企业急需、技术水平比较先进的标准进行转化立项制定；对 EUROMAP 技术标准中一些在我国国家标准和行业标准中也有涉及的标准，在我国标准进行修订时参考整合；对 EUROMAP 技术标准中一些发布时间过久、技术水平落后的标准不予转化和采用。

全国橡胶塑料机械标准化技术委员会根据 EUROMAP 技术标准分析及转化工作研讨会议的决议，组织制定了 GB/T 38533—2020《橡胶塑料注射成型机　模具固定和联接尺寸》、GB/T 38687—2020《橡胶塑料机械　外围设备通信协议》、GB/T 39483.1—2020《橡胶塑料注射成型机　接口　第 1 部分：机械和电气接口》、GB/T 39483.2—2020《橡胶塑料注射成型机　接口　第 2 部分：数据交换接口》4 项国家标准。在这些标准制定的过程中，全国橡胶塑料机械标准化技术委员会与 EUROMAP 进行了多次交流，双方达成了在各自的标准中共同使用国际第三方的名称地址、以便实现互联互通的共识，共同推动成立了 OPC UA 塑料和橡胶机械工作组。

六、中国橡胶塑料机械安全标准化工作展望

1. 完善橡胶塑料机械安全标准体系

（1）根据 GB/T 12783《橡胶塑料机械产品型号编制方法》列举的产品类别统计，将进一步研究重点产品安全标准的制定，健全橡胶塑料机械安全标准体系。

（2）尽量在本专业 C 类标准中引用 A、B 类机械安全标准。

2. 加快本专业 C 类标准的制修订速度

（1）应尽快解决量大面广且存在安全隐患产品的无安全标准问题。

（2）今后深入研究和分析我国橡胶塑料机械设备的安全特征、安全功能等安全相关内容，加大采标的力度，使我国橡胶塑料机械安全标准既先进合理又具有可操作性，使设计人员按标准设计出“本质安全”的设备，企业生产出安全可靠的产品，使操作者遵从生产规律安全地使用设备。

（3）根据国务院标准化协调推进部际联席会议办公室下达的强制性标准整合精简结论，全国橡胶塑料机械标准化技术委员会正在组织相关单位进行标准制修订，拟于 2022 年全部完成上述标准的制修订。

3. 加大橡胶塑料机械安全标准的宣传贯彻工作

国家标准只有通过宣传和贯彻，才能被人们广泛接受和掌握，才可能真正在机械设计、制造和使用的全过程中加以实施。全国橡胶塑料机械标准化技术委员会将通过多重信息化渠道组织好宣传贯彻工作，提高各企业对橡胶塑料机械安全标准化工作的重视程度，使企业自觉地在设计、制造和使用过程中贯彻标准，不断提高产品的安全质量水平。同时，国家各级质量技术监督部门也会加大对机械安全标准实施的监督管理力度，有效保证装备制造业的安全生产。

4. 积极参与 ISO/TC 270 的国际标准化工作

全国橡胶塑料机械标准化技术委员会将继续积极参与 ISO/TC 270 塑料和橡胶机械技术委员会及其下设工作组的国际标准化工作，争取我国在 ISO/TC 270 制定标准中的话语权和主导权，及时地将 ISO/TC 270 国际标准转化为我国标准。标委

会将适时提出国际标准提案，争取实现主导制定橡胶塑料机械国际标准零的突破。

5. 加强与国外标准化组织的联系

CEN/TC 145 是专门制定橡胶塑料机械安全标准的国外专业标准化技术组织。目前欧盟 EN 部分标准也在修订，标委会将随时分析和了解动态，适时修订我国的国家标准。

全国橡胶塑料机械标准化技术委员会继续与 EUROMAP 保持长期、紧密的联系和合作，组织国内企业积极参与 OPC UA 塑料和橡胶机械工作组的工作，制定更多的通信协议标准，以实现橡胶塑料机械在国际通信上互联互通。

〔撰稿人：北京橡胶工业研究设计院有限公司何成、王更新〕

第二十二届中国专利奖（塑料机械）

2021 年 6 月 24 日，国家知识产权局发布国知发运字〔2021〕18 号《国家知识产权局关于第二十二届中国专利奖授奖的决定》，共评出 30 项发明、实用新型专利中国专利金奖，10 项外观设计专利中国外观设计金奖，60 项发明、实用新型专利中国专利银奖，15 项外观设计专利中国外观设计银奖，825 项发明、实用新型专利中国专利优秀奖，56 项外观设计专利中国外观设计优秀奖。获第二十二届中国专利奖的塑料机械相关专利见表 1。

表 1　获第二十二届中国专利奖的塑料机械相关专利

专利号	专利名称	专利权人	发明人	奖项
ZL200910261483.X	橡胶注射机平衡注射结构	佛山伊之密精密橡胶机械有限公司	王诗海、王伟霞、许飞、刘成兵、李小海	优秀奖
ZL201110236407.0	用于注塑机的注射装置	佛山市顺德区震德塑料机械有限公司	张贤宝、张帆、赵泽波	优秀奖
ZL201510551952.7	一种施工升降机变频器的刹车检测方法及系统	深圳市英威腾电气股份有限公司	许晋宁	优秀奖
ZL201610380308.2	冷室压铸机	深圳领威科技有限公司	刘相尚、潘玲玲、程德飞	优秀奖
ZL201610432744.X	旋转牵引吹膜生产工艺	广东金明精机股份有限公司	李子平、陈昭楷、邵壮、孙靖寰、林德坡	优秀奖
ZL201821779429.5	一种土工膜喷糙设备及喷头	山东莱芜新甫冠龙塑料机械有限公司	孟国、胡延波、宁伟、张心明、吕雪梅	优秀奖

橡胶注射机平衡注射结构

【背景技术】 传统的橡胶注射机注射装置有四种结构，分别为：塑化料筒与注射液压缸成 90°，单缸注射，注射液压缸与注射料筒呈 180° 在一条直线上；塑化料筒与注射液压缸成 180°，单注射液压缸；塑化料筒与注射液压缸在一边，且塑化部分装在注射料筒里面，双注射液压缸；双缸水平注射结构，塑化部分和注射料筒呈 180° 布局，在两侧水平安装 2 个注射液压缸。这些结构都存在各种缺点。

【发明内容】 该发明旨在提供一种结构简单的三缸立式注射结构，解决橡胶注射机整机太高、不利于低厂房安装的问题，同时注射量的精确度高，可适合多种胶料的成型；注射部分易于实现系列化、模块化，注射结构更加紧凑、可靠，以克服现有技术中的不足之处。

按该目的设计的橡胶注射机平衡注射结构，包括竖立设置的注射料筒，与注射液压缸平面且平行布置，使整机高度降低；塑化部分和注射部分独立，温度容易控制，降低了喷嘴口的胶料硫化量，清理胶料方便；注射料筒与塑化部分连接，内置与注射液压缸传动连接的注射柱塞头，下端设置有喷嘴体。其结构特征是：注射液压缸设置2个以上，均在注射料筒侧，注射液压缸的活塞杆与注射柱塞头传动连接。该结构简单合理，适用范围广，使用寿命长，注射时受力平稳。

用于注塑机的注射装置

【背景技术】 注塑机的注射装置在注射成型的一个循环中，在规定的时间内将规定数量的塑料均匀地熔融塑化到成型温度，以一定的压力和速度将熔料注射到模具型腔中，注射完成后对模具型腔中的熔料进行保压。现在比较常用的是预塑式注射装置，这种装置在注射前先将已塑化的一定量的熔料存放到储料室，然后再由柱塞或螺杆将储存的熔料注入型腔。常见的三种注射装置都存在速度慢、效率低、漏胶、滞料、分解和加工困难等问题。

【发明内容】 该发明涉及一种用于注塑机的注射装置，包括法兰、熔料供应通道、供料筒以及连接至法兰的注射料筒。供料筒通过熔料供应通道将熔料供应至注射料筒，在法兰中设有与注射料筒连通的注射通道，能通过注射通道进行注射；在供料筒中设有供料螺杆，在供料螺杆的前部设置有能够堵住熔料供应通道的供料过胶结构。在该发明中，在注射螺杆的前部设置有注射过胶结构。该注射过胶结构设有过胶圈，既能够堵住熔料供应通道的出口，又能允许注射料筒中的熔料通过。由于没有采用阀门结构来保压，不存在开关阀在安装部位与外界环境存在间隙的问题，因此熔料不会与外界进行高压接触，防止了漏胶。

一种施工升降机变频器的刹车检测方法及系统

【背景技术】 国家对施工升降机的安全要求越来越严格，安全性能已经成为评判其质量的首要条件。制动的好坏会直接影响整个施工升降机系统的安全性，所以定期检测电机制动片很有必要。传统的检测方法不利于实现，简便的检测方法，当制动片处于损坏的临界点时就失去了可靠性。现有技术中，一般利用控制器、编码器结合变频器检测电梯刹车装置，但对施工升降机而言成本过高。因此，在不借助额外设备的情况下，给施工升降机变频器增加制动检测功能很有必要。虽然目前升降机行业中基本还没有变频器具备该功能，但随着施工升降机各方面安全性能的不断提高，制动检测系统将成为不可或缺的一部分。

【发明内容】 该发明提供了一种施工升降机变频器的制动检测方法及系统，以解决现有技术中施工升降机制动检测与保护不易实现的问题。通过刹车检测模块给定变频器一个运行的目标频率和两个目标转矩的方式，在规定时间（第一预设时间或者第二预设时间）内，通过变频器向施工升降机的吊笼施加固定的力来检测制动片或制动装置的完好性，保障施工升降机系统的安全性。该方法无需增加额外的检测设备和控制器，仅由变频器即可实现，成本低；另外通过两次判断（变频器运行达到第一目标转矩或者第二目标转矩的相应时间内，抱闸是否松开），能够分别得到制动损坏或者制动临界损坏的判断结果，提高了施工升降机系统的可靠性。

冷室压铸机

【背景技术】 目前，国内传统的冷室压铸机的合模系统都是三板式的曲肘合模机构，主要由定模板、动模板、尾板、拉杠、曲肘机构、驱动机构、顶出机构、调模机构等组成。过去，由于机器的控制精度不高，这种开合模的运动特性能够满足使用要求，但限制了其开合模的速度，延长了循环时间。同时，曲肘机构中刚性旋转运动的磨损部件多，需要更多的润滑；机台后期的维护工作量较大；动模板、拉杠受力的均衡相对差，会产生压铸飞边，影响产品质量。

【发明内容】 该发明的目的在于克服上述现有技术的不足，提供的冷室压铸机运动平稳性好、开合模时间短、锁模力恒定，确保了产品的质量；设备维护方便，能耗低。冷室压铸机的动模板活动穿设在导柱上，在动模板上连接有动模驱动件，使动模板能够在导柱的轴向方向上往复移动，减小了驱使动模板移动需要的空间，缩短了开合模时间，提高了生产效率。同时，设置有锁紧装置和合模液压缸，提高了定模板锁紧的可靠性以及锁模力的稳定性，确保了产品质量。

旋转牵引吹膜生产工艺

【发明内容】 在生产过程中，中央控制器根据膜泡上升的竖向速度、牵引夹辊的竖向位置、牵引夹辊绕圆环形挤出口的中心轴线水平旋转的角速度、牵引夹辊的两端点在推算时所处的方位，推算出膜泡上的哪些点在经过牵引夹辊时会被折弯 180° 而成为双层塑料膜的侧端点，这些点被定义为预备折叠点。当膜泡上的预备折叠点运行经过冷却风环旁边时，其对应方位的局部厚度控制机构进行膜泡减厚操作，改变对应方位局部厚度控制机构的工作参数，可减小对应方位膜泡厚度 2.5%～6%。

运用该发明制得的双层塑料膜进行纵向冷拉伸时，可以利用牵引夹辊直接牵引，不必先将双层塑料膜剖切成为两片分体的单层薄膜，解决了塑料膜由于存在剖切线的锯齿状微小裂痕伤口而无法承受大幅度纵向拉伸的问题。该发明工艺制得的双层塑料膜适合进行较大比例的冷拉伸，而且双层塑料膜收卷后，各点厚度累积误差沿卷材轴向呈均匀分布态势。

一种土工膜喷糙设备及喷头

【背景技术】 在高速公路、地铁和隧道建设施工中，通常使用土工膜作为防渗的主体材料。但是由于土工膜表面光滑、摩擦系数小，经常会出现滑落现象，给施工造成不便。目前，防止土工膜滑落的方法是：在土工膜表面附着细粒状或丝絮状物料，以增加表面粗糙度，提高摩擦系数。但是，目前的喷糙设备结构比较复杂，制作成本高，在实际生产中不能被广泛应用，无法得到推广。

【发明内容】 该实用新型专利针对现有技术的不足，提供了一种土工膜喷糙设备及喷头，喷洒物料均匀，结构简单，适合广泛应用。喷头内开设有挤出腔，外侧壁上开设有风槽和至少 2 个热风压缩槽。热风压缩槽的一端与风槽连通，另一端延伸至喷头喷出端面且朝向挤出腔轴线。固接在喷头外侧面且将风槽和热风压缩槽覆盖的围板，其上开设有与风槽连通的进风孔。